TO. 아이야

이 글은 어른이 된 너에게 보내는 엄마의 편지란다
끝도 없이 펼쳐진 무한의, 미지의 세계에서
너의 삶에 당당하길
너의 뜻에 겸허하길
너의 길에 묵묵하길
그렇게
너의 꿈을 증명하여
오로지 너로 너의 삶이 채색되길 바란단다

9　　편지를 시작하며

28　　첫번째 편지, 인간
　　　- 앎을 삶으로 연결시키기 위해 너부터 이해해보자

50　　두번째 편지, 이상
　　　- 네 꿈이 현실이 된다는 것을 논리로 이해하렴

70　　세번째 편지, 자연
　　　- 세상이 네게 준 5가지 선물, 결코 훼손시키지 마라

90　　네번째 편지, 소신
　　　- 네게는 무한히 더 높은 단계의 삶이 있단다

106　　다섯번째 편지, 쾌락
　　　- 삶이 주는 최고의 에피파니를 느끼렴!

122　　여섯번째 편지, 가치
　　　- 네 정신에 깊은 주름을 내어라

138　　일곱번째 편지, 원리
　　　- 수준높은 삶을 위한 단 하나의 기준

152　　여덟번째 편지, 성공
　　　- 남의 구사(驅使)를 달게 받지 않는 삶이 진정한 이타란다

168 아홉번째 편지, 조화
 - 손에 쥔 지도믿고 시머스의 구멍까지 가렴

182 열번째 편지, 지혜
 - 지식의 저주에 빠지지마. 고생끝에 낙(落)이 온단다

198 열한번째 편지, 경험
 - 삶의 지혜를 선물할 2가지를 알려줄게

210 열두번째 편지, 이치
 - 정신의 두려움을 떨치려면

228 열세번째 편지, 양심
 - 오물 속에서 인생의 지름길을 발견하렴

242 열네번째 편지, 관계
 - 피는 물보다 진해서 탈낸다! 엄마를 떠나렴!

252 열다섯번째 편지, 오류
 - 잘못할 수 있어. 괜찮아. 하지만 5가지만 알아두렴.

266 열여섯번째 편지, 감정
 - 위로는 안개같아. 위장하지.

280 열일곱번째 편지, 정신
- 네게 접종되어야 할 광기(狂氣)는 어디에 있니?

294 열여덟번째 편지, 시류
- 불안의 시대, 뱀장어처럼 키워서 미안해

310 열아홉번째 편지, 사명
- 불안의 시대, 낙타처럼!

326 스무번째 편지, 이타
- 불안의 시대, 거미처럼!

344 스물한번째 편지, 끈기
- 불안의 시대, 포도나무처럼!

358 스물두번째 편지, 자세
- 네 몸값이 얼마니?

378 스물세번째 편지, 습관
- 고무줄인간이면 곤란해

394 스물네번째 편지, 시간
- 감시하는 자가 없으니 도둑맞지 않도록!

410   스물다섯번째 편지, 창의
       - 창의? 도둑에게 배우렴

420   스물여섯번째 편지, 이기
       - 너부터 키워내야 할 타당한 이유

434   스물일곱번째 편지, 하루
       - 거대한 우주의 시선으로 하루살이처럼 살아라

446   스물여덟번째 편지, 욕구
       - 영혼의 미적분을 감지하렴

460   스물아홉번째 편지, 자유
       - 자유에도 감각이 있어, 초고수 자유인이 되어라

476   서른번째 편지, 계승
       - 네게 스며들게 하지 말고 네가 스며들게 하렴

486   편지를 마치며
       - 엄마의 다짐

편지를 시작하며

지금 억수같은 소나기가 퍼붓고 있어. 오늘같은 날은 태양도 소나기에게 자기의 자리와 시간을 양보하지. 대지가 이 비를 원하니까. 대자연의 거대한 배려는 굵게 쏟아지는 빗줄기로 엄마주변을 차단시킨 채 컴컴한 새벽 책상 앞에서 너의 얼굴을 깊은 사랑으로 떠올리게 하는구나...

거대한 우주속, 작디 작은 점같은 너와 엄마지만 그럼에도 불구하고 엄마는 너에게 뭔가를 전해주고 싶어, 남기고 싶어 이 편지를 쓴단다. 누구나 그렇듯이 부모에 대한 기억은 결코 지울 수 없는 잔상으로 남게 되지. 엄마 역시 너에게 그렇겠지. 이런 의미에서 엄마는 지나온 시간보다 지금부터의 시간이 더 중요할지도 모르겠다. 그래선지 네가 성인이 되면서 엄마삶의 수면에 둥둥 떠오른 몇가지 질문을 건져서 들여다 보게 되었어.

'어른의 어른'이 되려면 나는 무엇을 더 배우고 쌓아가야 할 것인가?
'어른이 된 자녀'의 눈에 비친 '엄마라는 어른'은 어떤 사람으로 보여져야 할 것인가?
그리고, 나중에 이 세상에 없는 엄마를 네가 어떻게 기억하길 바라는가?

사실 우리 모두는 스스로가 알고 있는 자신보다 훨씬 위대한 존재란다. 너 역시 그렇단다. 이는 앞으로 네 앞에 펼쳐질 어른으로의 세상에서 네가 증명해야 할 명제이고 또 이 명제를 믿음으로 지니고 산다면 삶의 어떤 파도에도 네 인생은 흔들리지 않겠지.

너의 인생을 너답게 살지 않는다면 네 인생에 어떤 가치를 부여할 수 있겠니?
너의 삶이 너로서 채색되지 않는다면 누구의 삶을 산다고 하겠니?
너를 위해 무상으로 베푸는 대자연의 신비와 이치를 알지 못한다면 네게 함수처럼 다가올 미래의 시간들을 어떤 기준으로 어떻게 해석해 나갈 수 있겠니?

이 편지는 이렇게 엄마 스스로에게 물은 질문과 너에게 던지는 질문을 중심으로 엄마가 너를 키우며 겪은 경험과 5년이 넘도록 매일 새벽 4시면 만나왔던 책속 성현들로부터 배운 것을 너에게 전하기 위해 쓰기 시작했어. 그렇게 한통 한통 적다보니 30통의 편지가 만들어지더구나. 네가, 물론 엄마도 함께 각자의 삶 앞에 당당하여 서로가 서로에게 의미있는 존재로 남길 바래. 앞으로 엄마가 이 세상에 있든 없든 너라는 존재의 위대함을 지속적으로 발견해서 키우렴, 그렇게 세상을 위해 제대로 쓰이는 존재가 되렴. 이것이 엄마를 통해 태어난 너에게 줘야 할, 주고 싶은 엄마의 정신이며 바람이야.

사실 이 편지를 시작하면서 엄마가 걱정하는 유일한 것이 있다면 미숙한 글솜씨로 네게 전해주려는 '정신의 길'을 제대로 표현해내지 못해, 또는 사용하는 단어들이 낯설고 진부해서 네가 읽기를 중단하거나 이해하지 못하는 난관에 부딪히면 어쩌나 하는 것뿐. 그럼에도 불구하고 네게 편지를 쓰면서 엄마가 알려주고자 하는 바는 너무나 중요하고 네게 꼭 필요하다는 판단이 내려졌기에 엄마는 지금부터 엄마의 수준에서 최대한 정성껏 능력껏 써보려니 너 역시 이 편지를 접한 지금부터 너의 정신을 네게 집중시켜 이해하고 해석하여 삶에서 요긴하게 활용해주길 바란다.

아울러, 한통의 편지가 끝날 때마다 뒤에 여백을 둘거야. 그 여백에는 엄마가 미처 깨닫지 못한 부분이나 네가 엄마의 편지를 읽고 나서 보태고 싶은 내용을 적어보길 바래. 그렇게 엄마가, 그리고 네가 남기고픈 정신이 한통한통의 편지마다 연결, 연계되어 너의 자녀들에게 더 깊고 의미있는 유산으로 전해진다면... 그리고 혹여 이 편지를 읽는 독자마다 자신이 남기고픈 내용이 보태어져 누군가의 자녀에게, 또 다른 자녀의 자녀에게 그렇게 계승된다면 이는 거대한 물결을 이뤄, 진정 '부모'가 전해야 할 삶의 모든 것이 담긴 진정한 '인류의 유산'이 될 것이야.

하나의 물방울이 땅에서 샘솟았어. 말라버리기 전에 다른 물방울을 만나고 또 만난다면 거대한 바다로 향하겠지. 이 편지는 그 첫 물방울인 셈이야. 엄마는 두 번째 세번째 물방울을 만나게 되길 바란단다. 시작은 미약해. 하지만 옳은 시작이라면 결코 사라지지 않고 지속적인 강인한 힘으로 영원을 향할거야. 아... 네가 이 편지를 한통씩 꺼내어 읽는 것만으로도 엄마는 설레고 떨리고 기쁜데 너와 또 수많은 자녀들에게까지 연계된다면 그 감정은 지금 상상조차 할 수 없는 그 이상일거야. 엄마의 부탁... 들어줄 수 있지? 고맙다... 그리고 사랑한다...

나의 사랑하는 자녀, 리율이와 리건이에게 이 책을 유산으로 남깁니다.

이 편지를 읽어주시는 독자 여러분께.

아래의 글은 2022년 2월 18일 고등학교 졸업을 앞둔, 아들에겐 보낸 편지에 지금 군복무중인 내용을 뒤에 살짝 가미하여 재구성한 것입니다. 아들자랑하는 팔불출로 오해받기 십상이지만 아들에게 보낸 편지를 공개하는 이유는 첫째, 이 책에 쓰여진 30통의 편지글은 모두 저의 자녀들을 키우며 나눴던 대화를 기준으로 하였음을 증명하기 위함입니다. 그리고 둘째, 이 글을 통해 독자들에게 진심으로 당부하고 싶은 마음을 전하기 위함입니다. 내 아이의 꿈을 응원해주길, 부모도 함께 꿈꾸기를 바랍니다. 셋째, 필자인 저 역시 제가 직접 쓴 편지내용에 어울리게 저로써 살고 어른이 된 자녀를 위해서라도 제 소신을 지키며 살겠다는, 그렇게 실천하는 학자이자 작가가 되려 한다는 것을 다짐하기 위해서입니다.

우선, 아들 고마워! 편지 공개 허락해줘서!!!

엄마가 왜 공개하는지 네가 알겠지만 엄마 주변엔 특정한 누군가가 아니라 그냥 몇년 앞선 동네 형아, 오빠가 이렇게 꿈 하나로 자신의 모든 환경을 이겨낸 경험이 필요한 사람들이 많아. 자신이 네모인데 세모에 맞춰서 사는 동생들도 많구 자신이 네모인지조차 모르는 친구들도 많아. 심지어 네모인 아이에게 세모처럼 살라고 다양한 이유들을 들이미는 엄마들도 많아. 그래서 우리의 지난 십수년이 그들의 불안감을 조금은 덜어내고 용기를 줄 수 있을지 몰라...고마워, 아들. 그리고 덕분에 엄마도 너와의 시간들을 요리조리 떠올리느라 행복했어!!

할머니 표현대로 '조선팔도에 하나밖에 없는', 사랑하는 아들과 떨어져 산 지도 벌써 4년째. 어떻게 그렇게 어린 너를 아무 연고도 없는 그 깡촌으로 보낼 용기가 났는지 지금 생각해도 우린 너무 용감했다. 그 때 우리는 분명 이성적이진 않았어. 그저 무언가가 이끄는 힘에 의해 그리될 수밖에 없는 선택을 이끈 것 같아. 엄마가 늘 말하듯 '선택하는 것'이 아니라 '선택되어진'.

지금까지 엄마가 성적표를 보자고 한 적이 있었나? 그래선지 엄만 네가 공부를 잘했는지 못했는지 잘 모르겠어. 엄마 기억은 항상 너랑 거미잡으러,

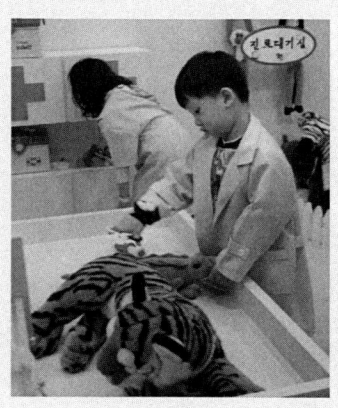

아들이 어려서부터 젤 좋아하던 동물병원놀이

도룡뇽알 나뭇잎으로 숨겨주러, 파충류샵에 놀러 갔던 기억들만 가득하니 말야. 한 때 아빠가 '수학을 이것밖에 못하냐'고 호통을 치고 네가 철철 울면서 엄마 등에 숨었던 기억이 있는 걸 보니 넌 결코 공부를 잘했던 학생은 아니었던 것 같아. 그치?

엄마한테 수학보습학원 딱 1달만 다니게 해달라고 졸라서 엄마가 보냈던 기억이 있긴 한데 그 때도 왜 수학을 배우러 학원에 가지? 엄마는 이해하지 못했어. 그 흔한 학습지도 한 번 안해보고, 한글도 떼지 않은 채 학교에 들어갔던. 지금 생각하면 무지하게 용감했던 우리였다. 그치? 엄마는 공부가 참 중요하지만 공부보다 네가 어른으로 살아갈 100년 이상을 위해 어른이 되기 전까지의 시간을 어떻게 보내는지가 더 중요하다고 생각했던 것 같아.

너는 어릴 때부터 아주 천...천...히 가는 아이였어(달리기빼고). 유독 순수하고 성실한 우리 아들은 지독하게 낯선 것을 경계하고 인위적인 것들을 잘 따라가지 못했어. 말도 느렸고 한글도 느렸고 암튼 뭐든 느렸어. 친구들도 다양하게 많이 사귀기 어려워했고 태권도 다니면서도 줄곧 누구를 때리는 것 같아서 싫다했고. 특별히 배우고 싶은 것도, 하고 싶은 것도 없는, 그래서 조금 걱정스러웠던 그런 아이였지. 그런데 너는 참 다른 아이들이 하지 않는 짓들을 많이 했었어. 네가 초등학생일 때 어느 날 다급하게 엄마에게 빨

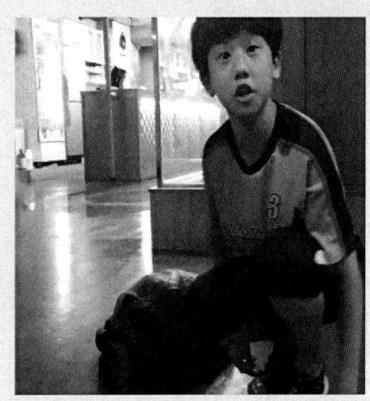

틈만 나면 들렀던 청담동의 파충류카페

리 와달라고…누군가가 던진 돌에 맞아 피흘리는 비둘기를 안고 용기내서 근처 부동산에 들어가 다급하게 엄마에게 전화했던, 엄마는 무슨 큰 일이나 난 줄 알고 놀랐었고… 어디서 주웠는지 검정비닐 안에 (지금 생각해도 끔찍한) 다 죽어가는 비둘기를 넣고 꼭 껴안고서는 얼른 병원가자며 울던 너의 모습은 지금 생각해도…

암튼, 너의 순수함에 엄마는 쩔쩔 매면서 동물병원으로 차를 돌렸지. 물론 엄마는 어른이라 아무 곳에서도 치료받지 못할 것이란 사실을 알았지만 그런 말을 네게 해주는 건 어른으로서 부끄러웠었지. 그렇게 2~3군데 병원을 간 후에야 너는 포기하고 집에 데려가 상자에 넣어두고 네가 몇날몇일을 정성껏 치료해주는 걸 지켜봤지. 결국, 비둘기는 하늘나라로 갔지만 그녀석은 행복했을거야. 생의 마지막에 네 품에서 정성어린 보호를 받았으니 말야.

친구들이 잠자리 꼬리자른다고 식식거리며 분노의 울음을 터트렸던 기억, 친구들 집에서 방치된 채 시들시들해진 올챙이들을 죄다 가져와 우리집을 개구리 왕국으로 만들고서는 걔네들 먹여야 한다고 살아있는 거미, 개미 잡으러 비오는 날 무지무지 돌아다녔던 기억. 네 키가 그 때 너무 작아서 높은 곳에 집을 지은 거미는 전부 엄마가 잡았잖아. 살아있는 채로 잡아야 한다는

파충류사육장 만드는 중

네 잔소리 엄청 들으면서. 그 때 네가 엄청 다그쳤던 거 기억나?

비온 뒤엔 냅다 밖으로 나가 길가로 나온 지렁이들이 사람들 발에 밟히기 전에 옮겨줘야 한다며 손으로 그 녀석들을 잡아 풀밭으로 옮겨주는 게 일상이었고 게다가 마트라도 가면 거기 진열된 무슨 벌레부터 고슴도치, 이구아나 등등, 그 녀석들을 그냥 구경만 하는 게 아니라 '얘네들 온도가 안 맞는데.', '얘네 이렇게 가둬두면 안되는데'하면서 사육조건을 엄마한테 말하며 늘 눈물을 글썽거렸었어. 넌 그렇게 그 부분에 있어서는 다른 아이들이랑 달랐어. 특별했지.

근데 그 때 엄마가 마트에서 했던 말 기억나? '네가 힘을 갖게 되면 이 불쌍한 녀석들이 이렇게 아무렇게나 진열되어 사고파는 문화를 없앨 수 있는 기준을 만들어낼 수가 있다고. 어떤 공부든 너를 힘있게 하는 공부여야 하고 힘을 가지면 반드시 써야할 곳에 써야 한다'고 했던 말. 그 때 참 어렸었는데도 아들은 엄마가 하는 말을 참 귀담아 잘 들어줬었어. 그 조그만 입으로 뭐라뭐라 물어가면서.

그것뿐만이 아니지. 처음 키우기 시작한 파충류로 인해 우리 집 냉장고는 핑키(핑크빛새끼쥐)랑 식용메뚜기로 가득차 엄마가 한동안 냉장고 근처도

직접 만든 파충류사육장

가기 싫었던 기억. 택배상자 열었다가 온집안에 귀뚜라미가...아... 귀뚜라미 천마리가 그 안에 있었을 줄 누가 알았겠니... 그 때 한철 내내 우리집은 가을이었어. 귀뚜라미 귀뚤귀뚤 울어대는... 생각나지?.

파충류집을 제대로 만들어주자고 근처 시골의 한 목재소를 찾아 아무것도 모르면서 어떻게든 만들어냈던 시간들, 새들이 의외로 자기 집을 못짓고 아무 데나 알을 낳아 새끼들이 부화하지 못한대서 20개나 되는 새집을 만들어 긴 사다리 빌려다 벌벌 떨며 나무 꼭대기까지 올라가 매달아줬던, 그렇게 알을 낳고 부화한 것까지 여기저기 자랑하며 기록했던 기억.

이 모든 장면들을 가끔 사진으로 볼 때마다 울아들은 공부는 전혀 안하고 오로지 들로 산으로 벌레들, 파충류들 쫓아다닌 기억밖에 없어. 친구들이 학원 안가는 널 엄청 부러워했지만 친구엄마들은 너랑 어울리는 걸 좀 꺼려하기도 했었다! 넌 모르겠지만.

그런데 아들, 네가 모르는 게 또 있어. 사실 엄마는 아주 갈등이 많았었어. 학교선생인 네 두 이모들이 '그렇게 키우다가 큰일난다', '학원이라도 보내라', '지금 그렇게 놀리면 나중에 크게 울일 생긴다', '파충류좋아하면 못 먹고 산다'. 둘 다 학교 선생이니까 무시할 수 없는 발언들이었고 게다가 아빠

직접 달아준 새장에는 이렇게 아가들이...

마저 '토할 정도로 공부해도 살기 힘든 세상'이라며 엄마와 많이 다퉜었지.

기억할 거야. 네가 파충류키우는 거 아빠에게 허락받으려고 엄마랑 하루 종일 작전짰었는데 아빠가 오시자마자 너는 네 방에 들어가 쩔쩔매고 있었지. 네가 원하는 거니까 엄마가 대변해줄 수 없다고 네가 직접 아빠에게 허락받아야 한다고 엄마는 단호했고. 암튼 그래서 엄마가 네 등을 쓸어주며 '네 진심을 아빠한테 말씀'드리라고. 그런데 '세상에 공짜는 없으니까 아빠가 말씀하시는 조건도 네가 잘 들어야' 할 거라고. 그렇게 어렵게 승락을 받고 본격적으로 우리집은 파충류에 거북이에... 암튼, 그렇게 점점 동물원이 되어갔지. 그치? 그래도 고마웠다. '뱀'까지는 키우지 않아줘서.

음... 가만 생각해보면, 엄마도 어떻게 그런 용기가 났는지 잘 모르겠어. 누나랑 너에게는 어려서부터 '꿈'이라는 단어를 참 많이 말했던 것 같아. 늘 '꿈이 있어야 한다.', '꿈을 위해 살아라.', '꿈이 있으면 반드시 이뤄진다'. 왜 그랬을까? 무엇이 엄마를 그리 만들었을까? 잡지에서 자신의 꿈과 관련된 나양한 사진들을 오려서 벽에 붙이기도 했었지(그 때 네가 초등학교 고학년쯤?). 기억나지? 그 때 더 확실히 알게 됐어. '우리 아들은 정말 동물을, 파충류를 사랑하는구나.' 그 때 엄마랑 약속했던 거 기억나? '치트완국립공원'에서 1달 살기, 갈라파고스군도 손잡고 가기. 엄마가 아직도 그 꿈을 너

다른 친구들 학원갈 시간에 파충류랑 산책하고 얘네들 키우는 게 일상이었던 아들

와 함께 이루지 못해서 미안하다. 하지만 꼭 하자! 꼭 가자! 울아들 꿈노트에, 엄마 꿈노트에 함께 적었던 그것들 우리 꼭 이루자!

지난 10여년은 아슬아슬했던 시간들이었어. 항상 한국교육의 언저리에서 너라는 아이가 과연 제대로 자랄 수 있을까? 자칫 엄마의 미숙된 판단으로 네 미래를 혼란스럽게 만들면 어쩌지? 혹시 꿈도 꺾이고 학교도 제대로 못가는 사회낙오자가 되면 어쩌지? 이 경계에서 엄마는 조금 힘들었거든. 그리고 너도 15살이라는 어린나이에 미국생활이 만만치 않아 방학에 한국올 때마다 가기 싫어했었잖아. 두려워했었구. 그 때도 엄마는 또 심하게 망설였었지. 지금이라도 포기하고 한국고등학교에 보내야 하나 어째야 하나... 과연 수업은 따라갈 수 있을까...

하지만 엄마는 분명한 기준이 있었던 것 같아. 너의 순수한 파충류사랑은 결코 가볍지 않았고, 멸종해가는 이 녀석들을 지키기 위해서는 우리나라에도 인재가 필요할 것이고 이같은 업(業)은 본능적으로 원하는 사람이 아니라면 못해낼 일이라는 것. 그러니 너는 파충류에게 참으로 필요한 인간이고 세상은 파충류가 멸종되도록 두지 않을 것이고 따라서, 너는 세상이 필요한 사람인 것이고. 그러니 네 꿈을 키워주는 것이 엄마의 역할이라는. 어쩌면 엄마의 백마디 말보다 2년에 한번씩 만났던 제인구달, 최재천박사님의 정

양치질도 모르고 축구공도 난생 처음보는 아이들이 있는 오지로 봉사떠난 아들

성어린 조언이 어린 네게 큰 꿈으로 심어진 것 같아.

다른 아이들의 일상인 학교-학원-집-게임과 너는 전혀 다른 행보를 걸었지. 학교-들로 산으로-너의 꿈을 키워줄 어른을 만나러-세상을 보여줄 수 있는 오지로.... 그렇게 너는 조금씩 너의 꿈으로 한발한발 다가갔어....오로지 꿈으로 향한 길....

너무 단순한 논리 덕에 어쩌면 네가 미국의 깡촌으로 유학을 가는 길이 트였고 우리는 아무 준비도 없이, 정말 영어공부도 안되어 있는 상태에서 딱 2달간의 고민 후 결정하고 그냥 넌 떠났지. 엄마는 널 보냈구. 15살. 중졸. 어학연수니 그런 거 없이 바로 입학. 심지어 엄마도 없이 혼자. 정말. 우리 단호했었다. 그리고 멋졌었어.

엄마가 지금 무슨 얘기를 하는지 넌 알거야. 늘 같은 래퍼토리니까. '세상에 잘 쓰이는 사람'이 되기 위해, 말 그대로 '네 꿈'을 위해 넌 무시무시히게 낯선 길을 간 것이지. 엄마가 천만번도 더 얘기했던 것처럼. 세상이 필요한 사람이 되는 것. 남들은 이것을 어렵게 여길지 모르겠지만 엄마는 너무 단순하잖아. 네가 세상에 태어나면서 심겨진 씨앗이 있을거야. 그 씨앗은 세상이 너를 통해 창조하고자 하는 현실이야. 아주아주 네가 어렸을 때부터 그

제인구달, 최재천박사 / 제인구달박사의 글로벌재단에서 10여년 활동했던 아들

렇게 다른 남자아이들처럼 짓궂지 않았던 것은 네가 소심해서가 아니라 너는 남달리 생명에 대한 관심과 온화함이 깊었던 것이었어. 함부로 개미도 밟지 못하고 비온 뒤엔 사람들 발에 밟힐까 봐 지렁이 살려주러 온 동네를 다녔던 녀석이었으니까. 엄만 너의 그 성향이 정말 세상에 필요한 성향이라고 판단했거든. 그걸 도와주고 싶었고. 그래야만 한다고 믿었고.

네가 엄마한테 네 모습을 늘 자연스럽게 보여줘서 엄마가 볼 수 있었어. 그리고 너의 소중한 마음은 그 어떤 공부보다 중요한 것임을 엄마는 온가슴으로 느꼈던 것 같아. 결국, 넌 해냈잖아. 단 한번도 엄마가 미국에 가서 널 도와주지 못했지만 영어도 못하는 네가 그 낯선 환경에서 결국엔 수의학쪽으로는 미국 5위안에 드는 학교에 당당히 장학금 4천만원까지 받으면서 입학해냈잖아.

네가 일군 결과는 기적이야. 기적... 꿈이 현실로 이어지는 모든 과정은 우연의 연속으로 이뤄진 기적의 행보지. 너는 '꿈'을 꾸면 이뤄진다는 것을 증명했다고밖에 말할 수 없어. 세상이 너라는 아이를 통해 자신이 원하는 현실을 이뤄가는 중이라고밖에 말할 수 없어. 단 한번도 유학준비를 한 적이 없고 미국에 연고가 있거나 어떤 기가 막힌 정보가 있었던 것도 아니니까 이건 네가 읽은 파올료코엘뇨의 연금술사에서 말하듯 '간절히 원하면 우주가

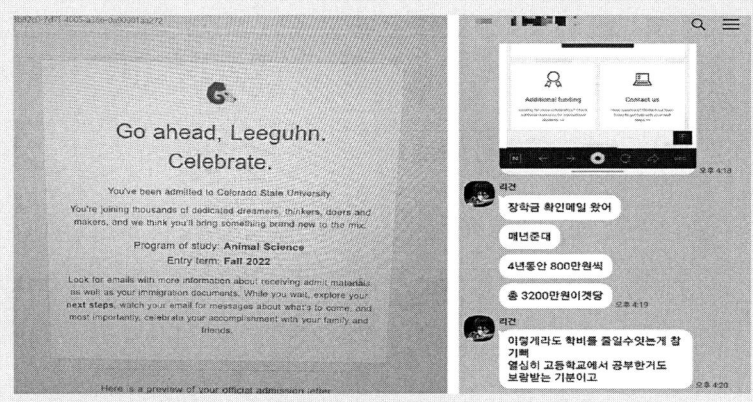

아들의 대학장학증서와 아들과 나눈 카톡내용

소망을 이뤄준다는' 것을 네가 경험한거야. 엄마가 이 책을 너 어렸을 때 읽혔던 거 참 잘한 것 같아. 우리는 믿었잖아. 아주 단단하게.

아들! 넌 분명히 너 스스로 증명해냈어. 영어도 못하고 아는 사람도 없고 능력도 없고 세상이 캄캄해도 '꿈'이 있다면 문제될 것이 없다는 것을. 엄마아빠가 옆에 없어도 '꿈'꾸는 이에게는 어떤 방해물도 오지 않도록 세상이 널 보호해 준다는 것을. '꿈'이 있다면 못하는 영어도 극복하게 하고 외로움도, 두려움도 그 무엇도 널 방해할 수 없다는 것을. 게다가 '작은 꿈'은 '큰 꿈'을 견인한다는 것도. '꿈'은 너의 '미래'를 더 키워준다는 것도. 애초에 파충류가 좋아서 시작했던 작은 꿈들이 동물과학에서 야생동물수의사가 되는 것으로 네 꿈이 점점 커지잖아.

그리고 또,'꿈'은 돈도 벌어준다는 것도 알게 됐지. 장학금 4천만원은 결코 적은 돈이 아니거든. 한국에서는 아마 네가 대학이나 갔을까 몰라. 미안.^^ 아들! 꿈이 있다는 긴 대단힌 행운이지. 하지민 인긴의 징신은 고마워힐 줄을 잘 몰라서 그 사실을 금방 잊어. 꿈이 현실이 될 것 같을 때, 그러니까 잡힐 것 같을 때, 꿈꾸는 미래가 내 것이 될 것 같을 때는 이루 말할 수 없이 행복해 하면서도 꿈이 있는데도 안될 것 같은 두려움에 휩싸일 때는 현실의 모든 것을 원망하게 되잖아. 넌 겪어봤으니 엄마가 지금 하는 말을 잘 이해할 수 있을거야. 결국, 삶을 이끄는 것은 '꿈'이야. 꿈이 잡힐 것 같기도, 잡히지 않을 것 같기도 한 아슬아슬한 경계에서 계속 인간은 우왕좌왕하지만 먼 미래를 보면, '꿈'이 너를 이끈 것이야. 앞으로도 네가 스스로 일궈낸 경험들을 증거로서 믿어야 해.

'꿈'을 꾸고 '꿈'이 너의 안에 터를 잡았다는 것은 그 '꿈'이 현실이 될 때까지 세상이 너의 스폰서가 되어주겠다는 약속을 받은 것이고 자연이 너에게 모든 것을 지원해주겠다는 거래를 성사시킨거야. 왜냐면, 자연은, 세상은, 인간 개개인을 통해 자신의 창조물을 창조시키거든. 사람들이 믿든 안믿든 자연은 그렇게 인간에게 씨앗을 심어서 세상에 내보내. 그런데 네가 너무 충실히 순수하게 그걸 잘 따라준거야. 그래서 네가 품은 씨앗은 발아한 것이고 믿지 않는 이들의 씨앗은 아직 발아하지 못한 것이지. 그리고 발아한 씨앗은 이제 너를 통해서 세상으로 죽죽 줄기를 뻗어 나갈거야.

한마디로, 너는 너의 씨앗을 발아시키는 토양인 것이야. 토양이 가장 중요한 바탕이니까 너는 너 자신을 잘 가꾸는 것에 집중해야 해. 결코 영양분이 부족해지지 않도록 너라는 육신을 잘 가꿔나가야 한다구. 왜냐면, 네 꿈이라는 씨앗이 세상에서 널리 멀리 그리고 이롭게 쓰이려면 토양이 너무나 중요하다는 건 두말하면 잔소리잖아!

그 어떤 경우에도 자연은 자신이 선택한 너라는 사람을 결코 쉽게 내치지 않고 너를 곤경에 빠뜨리지도 않을 것이며 만약, 네가 곤란한 지경에 처한다면 그것은 자연이 더 토양을 튼튼하게 하기 위해 비를 뿌리는 것과 같은 것이야. 혹 네가 고통스럽고 두려움에 휩싸이더라도 자연이 인간을 더 강하게 하기 위해서 천둥번개로 겁을 주는 것과 같은거라구. 그러니 넌 어떤 상황에서든 보호받는 사람이 되는거야. 이 말, 이해할 수 있겠지?

고통과 시련, 두려움과 좌절감 같은 것들도 너에게서 해야 할 역할이 있어서 너에게 가는거야. 왜냐면, 그걸 통해서 네게 없는 근육을 만들고 그 근육이 있어야만 그 다음 길로 갈 수 있거든. 고속도로에는 항상 터널이 있는 것과 같이 반드시 네게 필요해서 너를 찾아가는 감정들이니까 그 감정들까지도 감사히 받아들이는 어른이 되어야 해. 감사한 것은 소중한 것이지? 두려움이나 좌절감도 잘 보듬어서 잘 가게 해야 해.

사실, 너의 유학비는 만만치 않아. 그동안 엄마가 모아놓은 모든 자금을 다 써버리고 지금부터 들어갈 돈도 만만치 않지만 네가 가는 길이 너무 소중하고, 좀 전 말했듯이 세상이 너의 꿈이 현실화되길 원한다면 너의 꿈을 현실적으로 지원할 엄마도 거기 동참시켜서 결코 힘들게 하지 않으리란 걸 엄마는 믿거든. 그래도 가끔은 '내가 왜 이렇게 살아야 하나?' 원망도 있어. 하지만 지금 아무리 되씹어봐도 후회는 없어. 원망은 있는데 후회는 없는, 이상한 감정이지? 그리고 너무 행복해. 그래서 이런 행복을 주는 너에게 너무너무 고맙구. 네 꿈이 소중한 것은 세상에 제대로 이롭게 쓰일 꿈이기 때문이야. 엄마도 너를 통해 덩달아 세상에 이로움을 주는 사람이 된 것이잖아. 그러니까 너무너무 감사하지.

넌 '꿈'이 있는 사람은 자신과 관계된 모든 이들에게 선한 영향력을 끼친다는 것도 증명해 낸거야. 너로 인해서 엄마도 하루하루 허투루 살 수가 없어. 혹 우리 아들의 꿈에 지장을 줄까봐 세상에 도움되는 사람이 되려고 노력하고 있어. 엄마뿐이겠어? 큰이모도 작은이모도 이제는 알잖아. 어떻게 유학준비도 없이 훌쩍 떠나서 그 대단한 학교에 장학금까지 받고 갈 수 있냐고. 역시 아이들은 꿈을 키워줘야 한다고. 꿈이 있으면 잠재력이란 건 무섭게 드러나는 거라고 이제 말하잖아. 교사인 이모들이 그렇게 생각한다면 이모들도 교단에 설 때 그런 마인드로 학생들을 대할 것이고 학생들도 그 영향을 받을 것이고... 꿈은 이렇게 강력하게 전파돼. 넌 많은 어른들이 '알고 있다고 착각하는' 그것을 정말 잘 알려줬어. 증명해준 것이지. 네가 네 꿈에 집중하는 그것이 주변을 변화시키고 있는거야. 심지어 어른들의 고정관념까지.

그러니 아들. 아무 것도 바라지 말고, 그 어떤 의도도 갖지 말고, 그 어떤 계획도 세우지 말고 그저 꿈이 널 이끄는대로 따라가. 분명한 기준이 세워져 있으니 항상 그 기준으로 판단하면 돼. 기분말고 기준으로! 세상은 점점 인공적으로 변해가겠지만 반면 지켜야 할 것들을 잃지 않기 위해 엄청난 돈을 쓸거야. 특히, 생명체에 대해서는 더 강력한 보호를 할 수밖에 없어. 너같이 생명에 대한 소중함이 뼈속까지 담겨 있는 전문가는 아마 여기서기 불러다니며 몸값이 치솟을거야! 정말 '세상에 잘 쓰이는' 사람이 되는 것이지. 그러니 돈을 의도하지도, 직업을 찾지도 마. 그저 네가 좋아하는 그 일을 그 어떤 누구보다 프로답게 할 수 있게끔 너를 키우는 것에만 집중해야 돼. 지금처럼. 계속계속.

가끔 네가 흔들릴 때, 그러니까....고등학교 졸업하고 한국에서 대학가면 안 되냐고 할 때, 대학가면 '이제 홈스테이도 아니고 기숙사 들어가면 난 더 아무도 없고, 두려워'라며 살짝 울음섞인 목소리로 엄마랑 통화할 때 엄마가 슴도 찢어졌어. 저 멀리 타국에서 아들이 두려워서 우는데 같이 울어주지 못하고 단호했던 거 진짜 미안해. 하지만 이런 엄마여서 네가 아마 고민이 있거나 선택의 기로에선 엄마에게 조언을 들으려는 것이겠지. 엄마는 너를 너무너무 사랑하지만 네가 원하는 너의 미래에 네가 잘 갈 수 있도록 네가 완전히 어른이 될 때까지 이끌어주는 어른의 어른이어야만 하기 때문에 네게 '엄마'보다는 '어른'으로의 역할을 해야 할 때가 있어. 한마디로, 냉정해야 할 때 냉정해질 수 있는 것은 엄마가 너로부터 동요되는 감정때문에 너를 약하게 만들고, 너의 미래도 희석시키고 싶지 않기 때문이야. 널 많이 사랑하기 때문에 더 그래야했어.

말리피센트라는 영화봤지? 아이의 삶이 필요로 하는 모험을 박탈하는 부모는 오히려 아이의 의식을 파괴하는 마녀인 거잖아. 엄마는 마녀되기 싫어! 그래도 이제 네가 어른이 되었으니 엄마역할이 점점 없어지겠지. 이제 너는 대학1학기 보냈을 뿐인데 너무나 학교를 좋아하는 네가 신기해! 그 대단한 학교에 한국인은 네가 유일하지. 정말 지독하게 외로웠을텐데도 하고 싶은 공부가 이렇게 재밌는지 몰랐다고 들뜬 목소리로 얘기하며 고등학교 때보다 더 공부를 열심히 하니, 공부 못(안)하고 들로 산으로 너의 꿈을 쫓았던 것이 얼마나 잘 한 것인지...

그래선지 매일매일 더 커지는 너의 꿈과 더 다양한 경험을 스스로 찾는 너의 행로에 엄마는 너와의 통화가 너무나 기다려지고 고마워. 네 덕분에 엄마도 '나의 꿈을 이룰 수 있겠다. 저 어린 아들도 했는데 난들 왜 못할까.' 이런 생각도 들고... 엄마에게 용기줘서 고마워. 군대에 가서도 그 동안 못읽었던 책이나 왕창 읽겠다며 매일 책을 곁에 끼고 사는 네가 너무 고마워. 엄마가 몇 년전에 네게 물었던 적이 있었는데 '엄마는 어떤 사람이야?' 네 대답은 '책벌레지'... 엄마는 아무것도 해준 것 없이 너무너무 미안한 게 많은데 그래도 네가 늘 책읽는 엄마 옆에서 늘 책읽는 어른이 되어가는 것도 너무 고마워.

지금까지 엄마가 쓴 내용을 죽... 읽어봤는데 참 다행이다. 너에게 쓰는 편지에 걱정스러운 글이 없어서. 이게 지금 우리의 현실이잖아. 앞으로 10년 뒤, 네 나이 30이네? 그 때 우리 아들이 한국에 있을지 미국에 있을지, 아니면 저어기 어디 밀림에 있을지 모르겠지만 너의 꿈이 현실이 되어 그 때도 엄마가 이런 기쁨의 편지를 쓰게 되길 바래. 물론, 엄마는 믿지. 엄마는 항상 너를 믿어.

이제 대학교 1학년(비록 지금은 군대에 있지만) 지금부터 본격적으로 네 꿈에 발동이 걸린거야! 우리 잘해내자!!!! 네 말대로 하고 싶은 공부는 너무 너무 재밌으니까!!!!

그리고 마지막으로 잔소리 쪼금 해도 되지? 엄마가 골백번도 더 얘기했지만 무조건 하루 30분 이상은 책을 읽어 의식을 깊게 하는 공부를 해야 해. 영양제 잘 챙겨먹어, 너는 아직 성장기이고 네 옆에 엄마는 없어. 인스턴트에 길들여진 육체는 곧 정신을 파괴하고 그러면 너의 꿈도 사라지고 그렇게 애써서 키워준 세상에게도 네가 등을 돌리는거야. 세상에 쓰임있는 사람이 되겠다는 생각을 단 한순간도 떨치면 안돼. 이것이 네 꿈을 지키고 너를 이 세상에 당당하게 살게 할 신념이야. 그 어떤 것에도 잘하려 하지 말고 그저 너의 꿈이 세상에 이롭게 쓰이게 너의 하루를 잘 살아가는 거 그게 진정한 이타라고 한 엄마의 말, 꼭 명심해주길 바래.

그리고 아직 형성되지 않은 사고들에서는 자유롭길 바래. 가령, 얼마전 네가 말한 성소수자들에 대한 견해나 인권, 한국교육과 같은 문제들에 있어서는 벌써 네 사고를 정리할 필요가 없어. 너로서는 이해가 안되겠지만 세상은 수많은 의미를 담아서 다양한 현상들을 분출하거든. 그러니 네 사고를 경직되게 만들어 세상이 보여주려는 조화를 알지 못하게 네 시야를 막아서는 안될거야. 그냥 이해가 안되면 안되는채로 한켠에 냅둬. 그래야 어느 시점에서 네가 더 큰 시야로 세상의 모순들을, 그리고 다양함들을 포용할 수 있어. 지금까지 네가 본 세상은 아주 일부분일 수 있거든. 앞으로 세상이 널 깜짝 놀래키기도 당황시키기도 흔들어대기도, 경우에 따라선 너의 사고를 파괴시킬 수도 있어. 그럴 때 너의 정신이 제 일을 하게 하려면 지금 겪는 작은 현상들로 네 정신을 닫아서는 안돼. 엄마 잔소리 끝!

아들, 사랑해!!!

첫번째 편지, 인간

학교에서 가르쳐주지 않는 '나'와 '삶'. 네가 너를 모르고 너의 삶을 어찌 이끌지 고뇌하지 않는다면 지금까지 그 긴 시간 학교에서 배운 공부는 그저 좀 괜찮은 도구일 뿐이야. 도구를 손에 쥐었는데 잘못 사용한다면 네 삶에게 좀 미안하지 않겠니? 또한, 네가 열심히 얻은 그 도구를 남의 삶을 위해서만 활용하는 것도 네 삶에게 너무 미안하지 않겠니? 우주는 네게 '삶'을 허락하면서 네 삶을 통해 자신의 뜻을 펼치려 해. 그러니 너의 '앎'과 '삶'은 제대로 연결되어 너의 모든 잠재된 능력을 끄집어내야 한단다. 이는 우선적으로 너 자신을 위함이고 나아가 네가 이 세상에 머물며 영향을 미칠 다양한 범주에서 네가 귀하게 남겨야 할 선(善)을 향한 행적들이 필요하기 때문이지.

앎을 삶으로 연결시키기 위해 너부터 이해해보자

이런 말 들어 봤을거야. '마음이 지옥이면 사는 게 지옥'이란 말. 사람은 어떻게 생각하고 어떤 마음으로 사는지에 따라 삶을 천국으로도, 지옥으로도 만들 수 있어. 많은 사람들이 '감정'을 주체하지 못해, 감정에 지배당한 채 힘들게 사는 것 같아. 우울하고 공허하고 불안하고 두렵고 슬프고… 제 아무리 훌륭한 명함, 외모, 재산을 가져도 자기 자신을 제대로 운용하지 못한다면 사는 것이 지옥같을 수 있단다. 엄마는 네가 정말 행복한 삶을 살길 바래. 그러기 위해서 우선적으로 알아야 할 것이 있다면 '인간', 그러니까 '너라는 사람'이 어떻게 정신과 감정, 감각, 영혼이 연결, 연동, 연계되어 있는지를 이해하는 것이라 여겨. 그래서 엄마의 첫번째 편지는 네가 너를 이해하길 바라는 글이야.

'호랑이굴에 들어가도 정신만 차리면 산다.'는 말 알지? 이미 우리는 알아야 할 기본은 알고 있어. **신체의 힘보다 정신의 힘이 더 강하고 중요하다**는 사실말야. 신체가 어떤 질병에 시달리면 사람들은 어떻게든 살기 위해 애를 쓰지. 그

런데 정신이 아프면 죽으려고 애를 써. 물론, 신체보다 정신이 중요하다고 단정지을 수는 없지만 다양한 삶을 통해 전해들은 간접경험들은 이를 증명해주지. 가령, 오늘내일하며 시한부를 살던 아버지가 '우리 딸 결혼하는 것만 꼭 보고 죽어야지'하면 그것이 현실로 이뤄지잖아. 앞으로 살 날이 얼마 남지 않은 신체로도 10년 이상을 거뜬하게 버티는 경우도 많고 특히 천재지변에 의한 재난과 같은 실제 사례에서도 우리는 인간의 물리적 한계를 넘어선 경우를 종종 접했지. 이렇게 정신은 신체를 이겨내는 존재야.

그리고 또 하나 인정할 수밖에 없는 분명한 사실이 있어. 우리가 너무 쉽게 뱉는 말 중에 '정신을 못차리겠네.', '정신차려!'라는 말이 있는 걸 보면 정신은 진리를 찾아 머무르기보다 이리저리 방황하길 좋아하는 본성이 있다는 것이야. 너는 살아있는 한 잠을 자든 깨어 있든 어떤 공간에 머물게 돼. 집에서 지하철로, 또 학교나 직장, 여행지로. 우리는 자기에게 필요한 어떤 공간을 늘 찾아다니지. 작은 방안에서도 침대에 들어갔다가 책상앞에 앉았다가 때론 방바닥에 몸을 뉘여주기도 하는 등 항상 어떤 공간에 의지해. 이렇게 정신은 신체를 여기저기로 이동시키는 주인이란다.

이렇게 네 신체의 주체, 정신이 방황을 시작하면 네 신체는 바빠져. 자꾸만 여기저기로 널 이동시키거든. 미술관에도, 연주회장도, 군중속으로도, 자연을 찾아나서기도 하는거야. 이로써 너는 충분히 네 정신의 상태를 신체가 가는 길을 통해 가늠할 수 있고 네 신체는 정신의 명령에 무조건적으로 따른다는 것도 이해할 수 있을거야.

그렇다면, **정신이 신체를 이동시켜 얻고자 하는 것이 뭘까?**

네 핸드폰에 저장된 사진들을 보렴. 푸른 초원에서 활짝 웃는 모습. 그 때 네 정신은 왜 널 그리로 이동시켰지? 그리고 무엇이 널 활짝 웃게 했지? 네 눈에 비친 감각이라고 할 수 있겠지? 어떤 연유로 정신이 그 곳에 널 데려다 놓았든 너는 초원을 보며, 초원의 향기를 맡으며 초원이 뿜어내는 모든 기운에 너의 감각을 의지한 채 네 정신은 환기되었을거야. 그 공간으로 인해 너는 활짝 웃는 것이니 정신이 널 이동시키는 이유는 결국 환기를 원했기 때문이지.

환기란 외부의 것을 진입시킴으로써 내부의 일부를 빼내고 새롭게 섞는 현상이지? 이렇게 정신이 환기를 원할 때 우리는 공간을 이동시키려 한단다.

자, 이쯤에서 너는 분명하게 이해했을거야. 네가 주말마다, 또는 자주 여기저기로 바람쐬러 가고 싶다는 것은 네 정신이 더 잦은 환기를 원한다는 신호이고 그것은 정신에서 빼내야 하거나 투입시켜야 할 것이 많다는 의미란다. 한마디로 네 정신이 방황한다는 신호지. 그러한데도 정신에 관심을 두지 않고 신체만 이동시키며 감정의 유희에 빠져 지낸다면 계속 정신은 신체를 더 바쁘게 이동시키며 감정에 좌지우지될거야.

반면, **굳이 신체에게 여기저기 다니라 명령하지 않는 정신을 소유한 사람**을 네 주변에서 찾아봐. 분명 있어. 그들은 성향상 다니기를 싫어하는 경우일수도 있지만 굳이 환기시킬 것이 없거나 실컷 환기가 되어 자신의 정신만으로도 충분히 충만함을 느끼거나 공간의 지배없이 자체적으로 환기를 시킬 수 있는, 자기 정화가 가능한 이들이야. 이런 정신은 **스스로 정리하고 통제할 수 있는, 질서 잡힌 정신**이라고 할 수 있지.

정신이 방황하지 않고 자기자리를 제대로 지키고 있으니 굳이 여기저기 신체를 옮겨가며 이런저런 감각들을 요구하지 않아도 되지. 강한 정신인지는 두고 볼 일이지만 어떤 식으로든 질서잡힌 정신인 것만은 분명하지.

정신의 질서와 체계에 따라 네 삶의 질서와 체계가 만들어지고 그렇게 보내는 일상이 네 인생이 되는 것이야. 그래서 조금 더 정신에 대한 디테일한 얘기를 나누면 좋겠어. 자주 경험하겠지만 복잡한 지하철안에서 너는 무언가에 골똘히 빠져 있었던 경험이 있을거야. 또 조용한 방안에 잘 정돈된 책상앞에서 책을 펼쳤지만 책과 네 눈사이 그 짧은 거리에서조차도 네 정신은 제대로 책에 닿지 못하고 어디로 도망쳐버린, 분명 책을 볼 수밖에 없는 환경인데도 책을 읽어내지 못한 경험도 있을거야. 이 단순한 경험만으로도 **정신은 외부적 공간과 너를 단절시킬 충분한 힘을 지니고 있고, 또한 외부 공간과는 무관하게 너를 외면할 힘도 지니고 있다는 사실을 알 수 있지.** 정신은 이렇게 외부적으로 네게 주어진 공간과 너의 감각을 외면하거나 버려두고 자기가 갈 곳을 가버리는, 신체적 감각과 환경 모두를 맘대로 이탈하는 자유로운 습성을 지닌 존재야.

결국, 집중하지 못하는 것은 자유롭게 방황하는 정신의 본성에게 네가 지는 것이야. 하지만, 복잡한 지하철에서도 정신을 한 곳에 빠뜨릴 수 있는 것처럼(그 빠진 곳이 어디든간에) 어떤 환경에서도 이탈한 정신을 다시 네게로 데려올 수 있어. 다시 말해, **무언가에 집중한다는 것은 네 정신의 자유를 구속한다는 말이 되겠지?** 그렇다면, 무엇이 내 정신의 자유를 구속하기도 해방시키기도 하는 것이지? 이를 아는 것은 아주 중요해. 왜냐면, 네 정신이 네 행동에 명령하고 네 행동에 따라 네 인생이 만들어지니까.

자, 이미 눈치챘겠지만, 정신을 제자리로 앉혀주는 그것이 정신의 움직임을 통제할 수 있는 주체야. 바로 인간이라면 누구에게나 존재하는 **의식**(consciousness)이지.

'정신차려!'라는 말, '정신을 차리게 명령하는' 그것이 있으니까 그런 말을 하는 것 아니겠니? 그 주체가 '의식'이야. 이탈한 정신을 다시 제자리로 데려오라고 지시하는 게 의식이지. 의식이 그걸 알아채는거야. '아. 정신이 또 엉뚱한 곳으로 갔군. 정신 데려와야겠다.'라고 의식하는 순간 너는 너에게 말할거야. '정신 차려야겠다'라고. 그런데 여기서 의식하지 않는 의식, 즉 **'무의식'**은 그냥 네가 평소에 하는대로 널 내버려 둬. 게임에 빠져 시간가는 줄 모르는 경우가 그런 경우야. 그냥 늘 하던대로 '의식하지 않고' 그냥 하는 거, '무의식적으로 그랬어'라는 말처럼. 하지만 의식은 늘 무의식과 싸우라고 정신에게 지시하지. '게임 그만해!'하면서.

의식이 이겨야겠니? 무의식이 이겨야겠니?
의식과 무의식의 밀당,
여기서 항상 의식이 이기는 자가 되어야 해.
단단하게 늘 깨어있는 정신을 소유하려면 말야.

엄마는 너의 삶을 위해 너의 몸이 어떻게 연계되어 연쇄적으로 연동되는지에 대해 아주 중요하게 말해주고 싶어. 그래서, 지금 네게 쓰고 있는 이 글에 조금도 소홀히 하고 싶은 마음이 없어. 짧게, 간단하게, 대충 말하고 싶지 않아. 그러니 너도 네 정신을 잘 부여잡고 잘 따라와주길 바래.

학교에서 가르쳐주지 않는 '나'와 '삶'. 네가 너를 모르고 너의 삶을 어찌 이끌지 고뇌하지 않는다면 지금까지 그 긴 시간 학교에서 배운 공부는 그저 좀 괜찮은 도구일 뿐이야. 도구를 손에 쥐었는데 잘못 사용한다면 네 삶에게 좀 미안하지 않겠니? 또한, 네가 열심히 얻은 그 도구를 남의 삶을 위해서만 활용하는 것도 네 삶에게 너무 미안하지 않겠니? **세상은 네게 '삶'을 허락하면서 네 삶을 통해 자신의 뜻을 펼치려 해.** 그러니 너의 '앎'이 '삶'으로 제대로 연결되어 너의 모든 잠재된 능력을 끄집어내야 한단다. 이는 우선적으로 너 자신을 위함이고 나아가 **네가 이 세상에 머물며 영향을 미칠 다양한 범주에서 네가 귀하게 남겨야 할 선(善)을 향한 행적들이 필요**하기 때문이지.

그런데 이상한 게 있다! 의식이 '게임 그만해!'하며 명령하게 하는 그 주체도 있지 않을까? 그게 무엇인지 '모른다'고 해서 '없다'고 결론짓기엔 뭔가 찜찜하지? 마치 잃어버린 물건을 대충 찾다가 '없어'하고 뒤돌아서는 느낌? 없다고 판단함으로써 네 감정이 편해지길 바라는 치사한 변명? 우리는 그 반대편, 무언가를 찾아내는 쾌락쪽으로 좀 더 가보자.

자, 의식이 알아채게끔 지시하는 그 무언가는 바로 **잠재의식**이야. 쉽게 말해서, 잠자고 있는 의식이지. 잠재의식은 늘 자고 있어서 겉으로 드러나지도 않고 그래선지 네가 알 수 없어. 좀 전 언급했던 '의식'은 너의 행동으로 표현이 돼. '아, 정신차려야지!'와 같이 네가 네게 지시할 수 있는 것과 같이 의식은 네게 직접적인 영향을 미치지만 잠재의식은 계속 잠만 자. 하지만, 자면서도 깨어있는 요상하고 신비로운 잠재의식은 너의 의식이 일을 하지 않거나 나약해질 때 느닷없이 의식에게 출동을 명령해. 이런 잠재의식이 가진 힘이 '잠재력'이야. 잠재력을 키우려면 잠재의식에 대해서도 조금 알 필요가 있겠지?

잠재의식은 한마디로 바보야.

무조건 네가 시키는대로 한다는 말이지. 네가 '계속 게임해도 돼', '나는 게임 밖에 못해'라고 스스로에게 한 명령을 결코 허투루 듣거나 판단하거나 축소시키거나 반박하지 않고 '아! 나의 주인은 계속 게임해도 되는, 게임밖에 모르는구나'라고 받아들여서 그 힘을 비축하고 있다가 네 의식에게 명령하는거야. 반면, '나는 내가 통제할 수 있는 사람이야. 게임을 멈추고 책을 볼 수 있는 정신의 소유자야'라고 네가 시키면 '아! 우리 주인은 스스로 통제할 수 있는 사람이구나'라는 명을 받고 그 방향으로 자신의 힘을 사용하지.

그래서, 우리는 분명하게 알 수 있어. **정신을 움직이는 뿌리가 잠재의식이고 잠재의식을 키우는, 즉, 먹이를 주는 존재가 의식이며 의식을 늘 깨어있게 하는 주체가 바로 실천과 행동이란 것을.** 한마디로, **정신의 힘은 잠재의식에서 비롯돼.** 바른 정신이든 그릇된 정신이든 이는 또 다른 논제니까 다음으로 미루고 지금까지 말했던 논리에 따라 정신의 힘이 곧 잠재의식, 잠재력이라는 결론을 얻을 수 있겠지?

다시 정신에 대한 대화로 돌아가보자. 정신에 아무것도 없는 사람은 없어. 정신이 텅 빈 사람은 없다구. 자연은 모든 곳에 '공간'이라는 것을 마련해 무언가로 채워넣기 때문이야. 채워질 수 없다면 우리는 공간이라 부르지 않아. 우주라는 공간안에 세계라는 거대한 공간이, 또 그 안에 다시 작은 공간들이 구성되어 있고 모든 것에는 그에 합당한 무언가가 채워져 있지. 그 채워진 것들의 종류나 범위에 따라 다양한 이름을 갖게 되는 것이고. **네 정신도 무언가로 채워져 있어.** 그러니까 '생각'이라는 것을 하지. '정신없어'라는 것은 '채워져야 할 것이 아닌 다른 것으로 채워진' 또는 '채워진 것들이 제자리에 있지 않은' 것을 말하지 정신 속이 비어있다는 의미는 아니야.
그럼 정신을 채우고 있는 것은 뭘까?

우선, **'이성'**이라고 불리는 것이야. '이성'의 수준정도나 밀도에 따라 '사고'하는 수준이 달라지지. 그리고 이러한 '이성'을 구성하는 몸체가 바로 **'관념'**이야. 좀 쉽게 말하자면 관성화된 생각덩어리, 이를 '인식'이라고 부르기도 해. 이 덩어리들이 쪼개지거나 섞여서 나름의 질서로 자리잡힌 것이 '지성'이고 배움으로 쌓은 지성과 경험으로 축적된 또 다른 지성의 총체가 '이성'이고.

관념에 대해 조금 얘기해볼께. 탄소라고 다 탄소가 아니지. 탄소의 대부분이 석탄이 되지만 그 중 일부는 다이아몬드가 돼. 관념도 마찬가지야. 네 관념 속을 자세히 헤짚어보면, 네 사고의 수준과 강도를 알 수 있어. 그저 석탄으로만 채워져 있는지 그 속에 다이아몬드도 있는지. 네 정신이 무엇으로 채워져 있는지가 궁금하면 네가 어떤 생각들로 지내왔는지를 연역해보면 돼. 마치 형사가 탐문수사하듯이 말야. 세상의 모든 이치는 원인과 결과, 즉, 인과로 이뤄져 있으니까. 하나씩 거슬러 연역하다 보면 네 정신을 채운 관념의 속성들이 체계적으로 드러날거야.

'관념'은 어떻게 단단한 덩어리가 되었을까? 바로, 네가 겪은 **실재적인 경험**이 원인이 되었고 그것들이 쌓여 굳어진거야. 우리는 이것을 먼저 취한 행동, '**선취행동**'이라고 해. 반복된 선취행동이 시서히 굳어지면서 네게 관념으로 자리잡혔고 이 관념이 굳어지고 커지면서 네 정신의 공간을 메우고 있는거야. 인식이 되고 그 인식으로 올바른 이성적 사고를 할 수도, 그릇된 사고를 할 수도 있지.

'난 뭘 해도 안되는 사람이야'라는 관념에 사로잡힌 사람은 연역적으로 거슬러 올라가면 계속된 실패의 선취행동이 쌓여 있다는 것을 알 수 있을거야. 아까 말했듯이 '난 뭘 해도 안돼'로 관념화된 사람은 잠재의식이 그대로 받아들여서 '내 주인은 뭘 해도 안되는 사람'이라는 방향으로 힘을 키우고 의식이 뭐라도 하려할 때 자신의 힘을 과시하며 의식을 훼방놓지. 그렇게 강력한 힘으로 뭘 해도 안되는 사람으로 자기 주인을 살게 하는거야.

인간은 본성적으로 성장하고 싶은 욕구를 지니고 있단다. 성장이란 '지금'보다 '나중'이 더 나은 것이지. **'더 나은 자신'이라는 결과를 위해서는 지금과는 다른 '변화'가 작용원인**이 되어야 해. 결국, '변화'된 결과를 얻으려면 지금까지 지녀온 '기존의 관념'을 배제할 수 있는 원인이 필요하겠지? 즉, **'더 나은 나'로의 성장을 원한다면 '기존관념'을 잠시 멈추거나 의심하는 것부터 시작해야 해.** 그렇게 단단하게 굳은 관념덩어리를 깨거나 부숴 틈을 만들어 '결과'로 이어지게끔 '원인'을 바꾸는거야. 사람들은 어떤 결과를 원하면서도 늘 원인을 바꾸려기보다 결과를 주무르고 있거든. 입력이 잘못되었는데 출력이 잘 될리 없고 내용물이 부실한데 결과물이 튼실할 수는 없는데도 말이야.

지금까지의 거론으로 정신이 무엇과 어떻게 연동되는지, 그리고 정신이 무엇으로 구성되어 있는지 기본을 알았다면 자, 이제 무엇을 해야 할까?

뭔가를 원한다면, 보다 더 나은 자신이 되고자 한다면 변화를 위해 가장 우선 해야할 행동은 바로 네가 경험한 선취행동으로 만들어진 선취관념들을 무시해 보는 것이야. 관념대로 행동하는 것이 무의식적인 행동을 유발한다면 이제부터는 관념을 무시한, 의식적인 행동을 해보자는 것이지. 그러면, 잠재의식은 의식적 행동의 경험 역시 그대로 흡수해서 저장해. 잠재의식에 새로운 먹이를 줘서 새로운 힘을 키우는거야. 그 때 너는 아마 이렇게 말하게 될거야. '아! 나도 할 수 있구나!', '아! 이런 방법도 있었구나!', '아! 내가 아는 게 다가 아니었구나!'. 뭔가 깨달은 느낌! 아주 감각적으로 너는 느끼게 될거야. 이 감각 역시 네 세포들이 기억해서 잠재의식이 받아들여. '우리 주인은 해내는 사람이구나'하면서 말이야.

잠깐 여기서 네게 당부하고 싶은 것이 있어. 반드시 이 점을 기억해주길 바래. 선취행동으로 만들어진 **'관념을 거부한 새로운 행동'은 많이 불편해.** 안하던 행동이니까 낯설지. 그런데 대부분의 사람들은 '어렵다'라고 착각해. **어려운 것이 아니라 낯선 것**이라는 사실을 꼭 명심했으면 해. 기어다니던 너는 걸었어. 수없이 넘어졌지만 인간의 본성이 걷는 것이니까 넌 본성대로 걸었던거야. '걷는' 낯선 행위의 반복은 기어다니던 아가에게 내재된 '걷고자 하는 욕구'의 힘으로 아가를 걷게 하지. 이와 같이 인간은 본성에서 이끄는 욕구대로 원하는 것을 이룰 수 있는 능력을 이미 DNA에 지니고 있어. 네가 변화해서 성장하고자 하는 욕구 역시 인간의 본성이라고 말했지? 이미 너의 DNA에 담겨있단다. 이미 가진 것인데 사용하지 못하면 아깝잖아, 손해잖아. 이를 끄집어 낼 수 있는 힘, 그 힘 역시 이미 너의 정신에 담겨 있어. 이미 우리에게는 본성(本性)적으로 본유(本有)하고 있는 것들이 아주 많단다. 그러니, '낯설다'와 '어렵다'를 구분하고 낯설거나 어렵다는 감정보다 '낯선' 그것을 '반복'하는 행동에 집중한다면 네게 이미 본유된 자체의 힘으로 반드시 변화가 일어나고 성장할거야. 낯선 경험이 네게 그럴싸한 느낌을 줬다면 **익숙해질 때까지 반복**해야만 한다는 것을 꼭 기억해야 해.

'선취행동의 반복이 관념'이라는 명제를 조금 더 쉽게 말해줄께. 행동이 반복되면 반복된만큼 익숙해지고 익숙해지면 편해지겠지? 편하면 계속 하게 되고 그러다보면 습관이 되고 이쯤되면 이 행동을 '무의식적인 행동'이라고 하지. 즉, 처음엔 의식적으로 했던 행동들이 나중에는 무의식적인 행동으로 체화되고 드러나는거야. 의식안에서 **행동-〉정신-〉감각**은 이렇게 서로 긴밀하게 연결되어 있어.

정신과 행동, 감각, 그리고 의식. 이들의 유기적인 관계에 대한 좀 더 안정적인 이해를 돕기 위해 이제 **감각**에 대해 얘기할거야. 우선, 감각에 있어 도달하고자 하는 명제를 먼저 말하고 넘어가는 게 좋겠어. 바로 **감각은 기억의 근원**이라는 사실이야. 먼저 결론부터 말하는 이유는 대다수의 사람들이 감각을 별로 중요하게 여기지 않기 때문이야. 감각은 그저 누구나 비슷하게 지니고 있고 스스로가 통제할 수 없다고 여기지. 하지만 감각의 기능을 이해하면 놀라운 사실을 알게 될거야.

앞서 말했던 '아! 나도 할 수 있구나!'라는 낯선 경험이 준 그 느낌! 성취감일 수도 보람일수도 신기함일수도 여러가지로 표현되는 그 느낌. 감각이지? 물론 감각에는 우리가 기본적으로 알고 있는 시각, 촉각, 미각, 후각, 청각이 있지만 단순한 기본감각 외에 뭔가 느껴지는 또 다른 감각. 초월적 감각이야. 대개 이것을 감정이라고 표현하기도 하는데 **'감정'**은 '감각을 느끼는 정서상태(감각+정서)'이니까 보다 더 본질적인 얘기를 하고자 하는 지금은 감각이라는 단어에 더 초점을 맞추는 게 나을 것 같아.

감각이 어느 정도로 강력한가에 따라 기억의 우선순위가 정해져. 다시 말해,

기억은 감각의 강도에 따라 순위가 매겨지지. 잠깐 네 기억을 한 번 더듬어보렴. '가장 맛있었던 음식은?' 몇가지가 떠오를거야, 맛있었던 순서대로 말야. 또 10명에게 물어보면 다 다른 대답이 나올거야. 각자 느낀 감각이 다르기 때문이지. 누구는 김치찌개겠지만 누구는 아닐거야. 김치찌개가 가장 맛있었다고 말한 누구는 그것을 언제 누구랑 어디서 먹었는지, 지금껏 먹어왔던 음식이 어떤 것들이었는지 그리고 기타 수많은 변수들을 다 이기고 김치찌개가 1등이 된거야. 이것으로 우리는 알 수 있지. 결코 기억은 이성적이거나 객관적이거나 정량적이지 않다는 것을. 거기에는 분명 미각을 뛰어넘은 복합적인 요소들을 총망라한 그 어떤 감각이 '가장 맛있었던 음식'을 선택하고 판단하는 데에 중요한 변수로 작용했거든. 그래서, **기억은 감각의 강도에 따른 우선순위로 매겨진다**는 것을 우린 이해할 수 있어. 만약 내일, 그 누구가 연인과 행복하게 스파게티를 먹고 그 감각이 최고의 수준까지 도달한다면 이제 스파게티가 1등, 김치찌개가 2등이 될거야. 다시 말하지만, 결코 **기억은 사실적이지 않아. 감각의 지배를 받지. 그래서 기억에 완전한 신뢰를 주면 안돼.**

결국, **너에게 새로운 감각을 주는 '낯선 행동'은 네 과거의 기억도 변화시킬 수 있다**는 것을 이제 분명하게 알 수 있겠지? 새로운 행동으로 얻어진 감각은 기억의 변화를 통해 선취행동이 준 관념도 변화시킬 수 있고 관념이 변한다는 것은 정신을 왕성하게 활동시켜 정신의 힘을 강하게 키워내고 정신이라는 공간을 채우고 있는 이성을 더 날카롭게 다듬지. 그렇게 의식을 확장(expanding consciousness)시키는 것이야.

즉, **안하던 새로운 행동을 하는 것**이야말로 네 감각을 더 민감하게 키우고 너의 정신에 아주 중요한 기능을 보태고 의식을 넓히는, 아주 훌륭한 훈련이지.

나아가 감각을 키워낸다는 것은 단지 정신의 기능을 위해서만은 아니야. 더 큰 것을 불러와. 좀 전 언급한대로 미각을 비롯한 5가지의 감각을 너머선 '초월된 감각'으로 우리 기억의 우선순위가 매겨지고 그 기억들이 미래를 위한 새로운 선취관념으로 형성되는데 새로운 자극, 즉, 안하던 행동이 주는 감각으로서 너는 초월된 감각을 경험하게 되고 이는 너의 이성에 섬광처럼 번뜩이는 직관이나 통찰과 같은 시대가 요구하는 정신까지 채워주지.

여기까지의 이해를 바탕으로 이제 **'초월된 감각'**에 대해 얘기할게. 감각의 정도가 사람마다 다르다는 것은 감각은 객관화될 수 없는 유동체라는 의미가 되겠지? 우리는 먼지가 늘 피부에 닿는데도 피부로 느끼지 못해. 감각이란 것이 실재된 모든 것들을 다 느낀다고는 할 수 없지. 그리고 또, '왠지 이럴 줄 알았어', '그런 느낌이 들더라'와 같은 말을 많이 하는 것에서 우리는 자신에게 미리 알려주는 감각도 있다는 것을 알 수 있겠지? 이렇게 감각은 사실적이지도 않고 개개인이 느끼는 정도가 다르며, 감각을 자극하는 요소가 어디서 어떻게 언제 오는지 모를 정도로 광범위해. 이 가운데 '왠지 이럴 줄 알았어.'와 같이 결코 무시할 수 없는 묘한 감각은 도대체 어떤 경로로 네게 가는 걸까? 엄마는 이것을 **'영혼의 자극'**이라고 표현해.

인간은 신체와 정신 외에 영혼을 지닌 생명체야. 이를 증명해가는 과정은 너무나 장문이 될 우려가 있어 생략하려는데 더 솔직하게 말하자면 엄마는 아직 이를 증명할 정도의 사유수준에 도달하지 못했으나 **사물의 근원을 파고든 루크레티우스나 이성적 탐구를 중요하게 언급한 데카르트, 초절주의의 대가 에머슨**

과 그가 추앙한 스웨덴보그가 영혼의 존재에 대해 논리적으로 증명[1] 해냈으며 엄마의 지성이 이들을 반박할 근거를 찾을 수 없었기 때문에 엄마는 이들이 알려준 논리대로 영혼의 존재에 확신을 가지고 있어. 그러니, 이들의 책을 통해 너 스스로 배워가는 것이 네게 훨씬 더 큰 도움이 될 것이고 네게 아직 영혼의 존재에 대한 확신이 불투명할 수 있을 것을 감안해서 네게 확신을 강요하기보다는 일단 영혼은 존재한다는 가정하에서 대화를 이어갈께.

자, 다시 말하지만, 인간은 육체와 정신, 영혼으로 구성되어 있는데 영혼이 네게 주는 자극에 민감하기 위해 우리는 안하던 새로운 행동을 자주 경험하면서 감각을 키워내야 해. 왜냐면, 우주는 '진리'라는 거대한 이치의 힘을 활용해 이로운 방향으로 세상을 움직이거든. 그래서 영혼은 결코 너를 해로운 방향으로 이끌지 않아. 물론, 가끔 사악한 영혼들이 등장하곤 하지. 이러한 영혼은 우주가 균형을 잡기 위해 일정한 양만큼 등장시킨 것들인데 이 사악한 영혼은 사악한 감각을 누군가에게 전하고 그 사악함을 느낀 누군가는 그것을 피하거나 흡수하거나 선택하겠지. 앞서 논했듯이 선과 악을 논하는 것은 지금 글의 주제와는 별개이니 지금은 영혼에 대해, 영혼이 주는 자극에 민감해야 한다는 것에만 초점을 맞추자. 선한 것은 강하고 오래가고 확장된단다. 우주의 이치가 그러하잖니. 그렇게 이로운 방향으로 세상이 나아가게 하는 것, **'조화'를 위해 균형을 잡아가는 것이 우주의 유일한 일**이야.

영혼의 자극, 엄마는 '섬광같은 자극'이라는 표현도 자주 사용해. 이 자극은 정말 민감한 사람만이 느낄 수 있어. 이를 '직관'이라고 표현하기도 하지. 이 직

---

1 . 루크레티우스는 〈사물의 본성에 관하여〉를 통해 사물의 가장 근원물질이 에너지라는 사실을, 데카르트는 〈방법서설〉과 〈성찰〉을 통해 신의 존재와 영감으로서의 이성을, 랄프왈도에머슨은 〈자기신뢰철학〉과 〈수상록〉을 통해 영감(정령)의 존재를, 18세기의 천재학자 스웨덴보그는 〈나는 영계를 보고 왔다〉를 통해 직접 체험한 영적인 세계를 서술했다.

관은 너무나 강렬해서 아르키메데스가 '유레카'라고 외치며 목욕하다 뛰쳐나간 것처럼 바로 행동으로 옮기게 하는 힘이 있어.

이렇게 강렬한 영혼의 자극이 네게 스스로, 자주 찾아오지만 너의 정신이 질서가 잡혀있지 않다면 이를 감지해내지 못하거나 무시하게 돼. **직관은 정신의 질서가 어느 정도의 수준으로 체계를 갖추고 있어야** 딱! 그 질서 속 틈새에 강렬하게 꽂히거든. 그래서, 체계없는 정신이나 관념덩어리로만 자리한 정신은 영혼이 제 아무리 자극해도 감지할 수 없거나 만약 감지되더라도 그것은 '직관'이 아니라 그냥 야릇하고 엉뚱한 번뜩이는 기분에 불과해. 더 큰 문제는 이런 영혼의 자극을 무시하는 오만한 정신인데... 이런 정신의 소유자는 스스로를 이성적이라고 두둔하지. 영혼이 자신의 살과 뼈와 모든 장기를 뚫고 심장근처까지 가서 그렇게 두드려대며 신호를 주는데도 무시해 버리는거야. 이론적이지 않다고, 합리가 아니라고, 경험에 없다고 하면서 말이야. 그런데 이런 사고가 얼마나 위험한지 아니? 우리는 항상 미래를 향하지. 그리고 쉽게 계획이란 것을 세우고 의사결정을 하는데 이 때 계획이 성취로 이어지기 위해선 수많은 변수들이 고려되어야겠지? 중요한 것은 그 '고려되어야 할 요소'가운데에 결코 지금 예측할 수 없는, 그러니까 지금은 알 수 없는 놈들이 숨어 있다는 사실이야. 다시 말해, 이론적이지 않다, 합리적이지 않다.는 사고는 과거경험으로 '아는 것'에만 초점을 맞추고 '모르는 것'을 무시하는 오류를 범하고 있는 것이지. 이는 대니얼커너먼[2] 도 지적한 바 있는 아주 중요한 문제란다.

그러니 **진정한 '이성적 사고'**란, 관념 즉 '과거선취행동의 결과로 만들어진 인

---

2   데니얼 커너먼(Daniel Kahneman), 심리학자이자 경제학자로 우리에겐 '생각에 관한 생각'으로 알려져 있다. 의사결정에서 아는 것에만 집중하는 사람이 어리석다는 내용은 모건하우절의 [돈의 심리학, 2023, 인플루엔셜]에서 인용되었다.

식'이라는 이성과 '영혼의 자극이라 불리는 초월된' 이성이 모두 복합적으로, 합리와 비합리가 함께 움직이는 이성이어야 한다는 점을 꼭 알아두길 바래. 합리만 내세운다면 사물의 현상만을 파악할 뿐 궁극의 고유본질에는 도달할 수 없어[3]. 비합리는 합리를 초월하여 공리로 이끄는 너만의 감각이란다. 결코 꽃에서 향을 뽑아낼 수 없듯이 정량화된 합리만으로 사물이 존재할 수 없고 사물의 본질을 제대로 파악할 수 없어. 그러니 진정한 '이성적 사고'를 해내는 정신의 소유자가 되어라. 이러한 이성적 사고여야 진정한 앎이라 할 수 있어. 수준높은 앎이 수준높은 격있는 삶의 근간이 된단다.

직관은 앞서 말했듯 행동에 강력한 힘을 주는 느낌이야. 네 영혼이 널 향해 두드리는 간절함이야. 그러니 당연히 직관의 강도와 행동의 강도는 비례하지. 질서잡힌 정신이 느낀 영혼의 자극은 강력한 행동을 통해 강력한 '세상의 질서에 부응한 결과'를 창출하고 그렇지 않은 정신이 느낀 영혼의 자극 역시 마찬가지로 '세상의 질서에 어긋난' 강력한 결과를 창출해. 감각과 정신의 연결은 이렇게 실재화된 결과로 드러나. 이러한 강렬한 자극, 직관으로 사람은 어느날 느닷없이 번뜩! 아이디어가 솟구치고 우리는 그것을 '창의적 발상'이라고 하며 이 발상이 현실화되면 '창조', 이러한 일련의 현상을 우리는 '창발'이라고 해. **질서잡힌 정신은 선한 창발을, 무질서한 정신은 악한 창발을 창출**하지.

지금까지 신체-정신-행동-의식-감각-영혼의 순환적인 연결고리에 대해 언급했는데 순환은 선순환과 악순환이 있어. 어떤 한 곳이 정체되거나 퇴보하면 악순환이 되는 것이기에 언급한 모든 내용들 가운데 무엇 하나 소홀히 하지 않길 바란다. 하지만 핵심은 이들의 **연결고리를 이해해야** 한다는 거야. 이해가 확신

---

[3] 쇼펜하우어 철학에세이, 쇼펜하우어, 2005, 지훈

으로 가는 길은 행동의 반복밖에 없으니까.

이해가 되었다면 이제 너는 '의.식.적.'으로 '행.동.'하면 돼.
무엇을?
'안하던 짓'을!

자, 정리해보자!
감각을 열기 위해 안하던 새로운 행동을 하고! 그것으로부터 영혼의 자극을 감지하여! 정신의 기존질서(선취관념)에 틈을 만들고! 새롭게 정신의 질서를 잡고! 이러한 변화를 먹이로 한 잠재의식에도 새로운 힘이 가해지면! 잠재의식은 다시 정신에게 명령하고! 이 순환이 무의식적인 행동으로 이어져서! 정신은 너를 불편한 곳이지만 낯선 경험으로 다시 안내하며 이는 초월적 감각을 키워내어 너를 창조하는 인간으로 이롭게 이끌지. 바로 지금 이 시대가 강력하게 요구하는 인간이 되는거야.

창조가 강력하면 혁명이 되고
혁명의 결과가 보편이 되면 문화가 되고
문화는 사회의 수준을 결정하며
높은 사회적 수준에서 사는 개인은 당연히
수준높은 성숙한 개인으로서의 삶을 영위하고
이러한 개인이 많아질수록 더 성숙한 사회가 되지.
이런 관점에서
네가 하는 단순한 '안하던 의식적인 행동'은 미약할지라도 창대한 결과로 연계된단다.

이렇게 자신의 몸을 알고 운용하는 사람이 어찌 성공하지 않을 수 있겠니?

어찌 이타적이지 않을 수 있겠니?

어찌 인간적이지 않을 수 있겠니?

어찌 유발하라리가 말한 '무용인간[4]'일 수 있겠니?

어찌 쓸모없는 인생을 살겠니?

그러니, 오늘 엄마편지의 내용을 일단 머리로 논리적으로 이해하길 바란다. **이해하면 소유할 수 있고 소유하면 행동할 수 있고 행동하면 습관이 되고 습관이 된다면 앞으로 너의 모든 판단이 옳고 효율적**일 테니까 말이야. 이렇게 너를 구성하는 신체, 정신, 영혼을 개별적으로 알고 연계해서 이해할 수 있다면 너는 세상을 살아갈 최고의 무기인 너 자신을 제대로 활용할 수 있을거야. 우주가 네게 선물한 그 멋진 삶에 너 자신이 얼마나 훌륭한 도구인지를 알게 되겠지. 귀한 도구로서 귀하게 쓰이렴...

나는 누구에게 강요받기 위해 이 세상에 태어난 것이 아니다.

나는 내 방식대로 숨을 쉬고 내 방식대로 살아갈 것이다.

누가 더 강한지는 두고보도록 하자[5].

4　무용인간 : 유발하라리는 초예측(2019, 웅진지식하우스)에서 인공지능으로 인해 인간은 경제적, 정치적으로 무용(無用)인간이 된다고 예측했다.

5　시민불복종, 헨리 데이빗 소로우, 2011, 은행나무

두번째 편지, 이상

창조는 모두에게 가능하지만 자신의 정신에 창조의 씨앗을 심고 그것을 가슴 깊이 믿는 사람에게서만 실재화된단다. 이를 위해 지식과 기술은 네 꿈을 현실로 만드는 길 위에서 필요한 도구나 방법이니 인생을 지식과 기술을 연마하는 것에만 올인하면 결코 안돼. '목적있는 삶', '창의적인 삶'을 살아야 한단다. 지식과 기술을 꿈을 위해 이용하는 사람이 되어야지, 꿈은 없는데 지식과 기술이 뛰어난 사람이 되는 것은 곧 한계를 만나거나 아니면 남의 꿈을 현실로 만들기 위해 노예를 자처한 사람으로 사는 것이지.

네 꿈이 현실이 된다는 것을 논리로 이해하렴

꿈이 현실이 된다는 것은 진리란다. 이야기를 시작하기 전에 우선 너의 정신에 이 진리가 결코 움직이지 못하도록 붙들어 매어놓길 바래. 다시 말하지만, 꿈은 현실이 된단다! 누구나 이 진리를 자기 것으로 만들 수 있지만 아무나 만들 수 있는 것은 아닐거야. 엄마가 줄 수 있는 최고의 유산이라면 '네가 꿈을 품고 스스로 꿈을 이룰 수 있는 마인드'를 알려주는 것이 아닐까? 그래서, 엄마는 누구에게나 가능한 이 진리를 논리적으로 네게 알려주고 싶어. 인간은 논리가 없으면 이해가 더디거나 어렵거든. 그렇게 '꿈의 현실화'에 대해 몇가지 논리를 말해줄께. 잘 이해해서 네 인식 속에, 그리고 무의식 속에 단단히 뿌리박아 꿈을 현실로 만들어내는 주인공이 되길 바래.

첫째, 세상은 인과(因果, 원인과 결과)의 원리에 의해 가동된단다.

원인은 결과를 위해 작용하는 힘. 결과는 작용된 원인으로 드러나는 실재야.

네 주변의 사물들을 보렴. 바람이 불면 나뭇잎이 흔들리지? 인과다. 후~ 불면 촛불이 꺼지지? 인과다. 뭔가를 툭 치면 넘어지지? 인과다. 책을 보면 모르는 것을 알게 되지? 인과다. 그리고, 지금 너의 모습은 네가 지금까지 선택한 결과겠지? 역시 인과지. 모든 현상은 '자극'이라는 원인을 통해 '반응'이라는 결과로 드러난단다. 다시 말해 실재하는 모든 결과는 너의 사고, 즉 판단이 원인인 것이지.

인과는 무형이든 유형이든, 대자연이 움직이는 원리야. 너는 반응하는 존재일 뿐이구. 원인에 반응하여 결과를 이끌어 내는. 반응하는 존재. 촛불을 끄려면 그만큼의 입김이 들어가야 하지? 나뭇잎이 흔들리려면 그 정도 바람의 강도가 필요하겠지? 뭔가를 넘어뜨리려면 그만큼의 힘을 가해야지? 모르는 것의 정도에 따라 책읽는 양은 다르겠지? 여기서 우리는 원인과 결과는 같은 크기와 질량을 서로 필요로 한다는 것을 알 수 있지. 또한, 전원인 후결과. 즉, 연쇄적으로 일어난다는 것도 알 수 있지. 자, 이제 이 둘을 한꺼번에 바라보렴.

결과가 그리 나오려면 그리된 원인이 필요해. 그렇다면, **원인에는 결과되어질 만큼이 이미 내재되어 있다고 볼 수 있지.** 이해되니? 원인을 이리 주면 결과는 이리 나오고 원인을 저리 주면 결과는 저리 나오지. 내재된 힘이 전제되어야 그 힘만큼 드러나잖아. 그치?

이 **단순한**, **결코** 부정할 수 없는 인과의 원리에 의해 들어간만큼 나오게 되어 있고 나온만큼 또 들어갈 수 있어. 이러한 이치에 따라 바라는 것(꿈)이 네 내면에 투입되면 그것만큼의 결과(현실)가 드러나게 되어 있지. 반대로, **어떤 결과(현실)를 원한다는 것은 이미 결과를 드러내게 할만큼의 양질의 원인(꿈, 소**

망)이 **투입되어 있다**는 논리가 성립되지.

인간은 '논리'가 이해되면 그 방향으로 이끌리게 되거든. 논리적으로 이해됐고 감각도 그렇게 느끼는데 안한다? 그건 선택이니까… 뭐… 하지만, 너는 어리석지 않지. 너는 광활한 내면의 소유자야. 누구나 할 수 있지만 아무나 못한다는 것은 **'능력'이 아니라 '믿음'의 문제**란다. 이성적이지 않다고, 비합리적이라고, 그냥 번뜩이는 느낌일 뿐이라고 그 느낌을 따르지 않는 사람이 수두룩해. 너는 바보가 아니야. 논리가 이해됐고 감각도 그리 될 것이라는 느낌이 든다면 네 꿈을 현실로 이룰 수 있는 것이야! 그렇지 않다면 번개같이 느껴지는 섬광을 발견했음에도 관찰하지 않은 그 이유때문에 한없이 초라한 자신을 부끄러워하는 처지[1] 가 될 지도 몰라.

인간은 욕구의 동물이며 욕구란 '바라는 바', 즉 꿈이야. 따라서, 꿈이 없다는 것은 인간이 아니라는 얘기가 되지. 그래서 꿈이 없으면 살아있는 시체라고 부르는지도 모르지. 거듭 말하지만, 꿈이 현실이 된다는 것이 진리이며 진리는 누구에게나 적용되고 그 '누구'중에 너도 있길 바란다. 단, 누구에게나 적용되지만 좀 전 말했던 원인과 결과 사이에 위치하는 '반응'. 이 반응에 의해 누구나 이룰 수 있는 꿈이지만 아무나 이루지 못하는 것이지. 반응은 감각으로 먼저 다가와. '수퍼맨'이 되겠다는 아이는 수퍼맨을 봤고(시각), 따라하니 될 것 같고(오감 및 초월된 감각) 그래서, 믿는 것이지, 수퍼맨이 될 수 있다고. 목에 보자기를 두르고서는 높은데서 막 뛰어 내리잖아. 그러니까, 감각에서 관념으로, 관념에서 행동까지 '반응'하는 자가 꿈을 이루는 것이야.

---

1 자기신뢰철학, 랄프 왈도 에머슨, 2020, 동서문화사

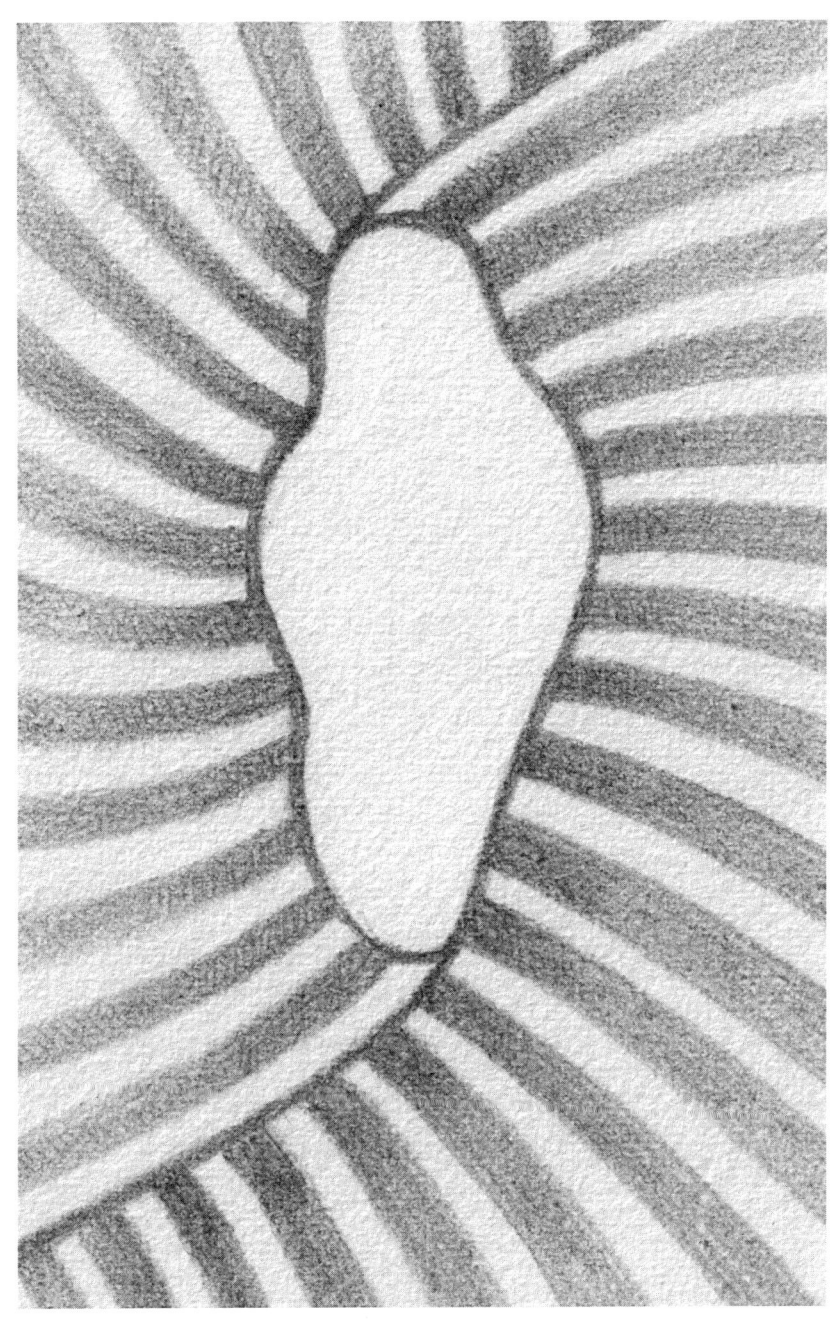

둘째, 관념은 믿지 않아야 할 대상이야.

'관념(觀念)'은 관성적으로 네게 자리잡힌 생각을 말하는데 관념이 네게 자리잡힌 연유가 과연 너 스스로 만든 것인지 남 또는 무언가에 의해 너도 모르게 자리잡힌 것인지 네 머리속을 한 번 들여다보렴. 우리는 이 관념이 실상과 크게 차이가 있다는 것을 아주 잦은 경험으로 이미 알고 있어. 경찰은 선한 일을 하는 사람으로 관념화되어 있지만 실제 그러지 않은 경찰도 많고 배가 아주 많이 나온 여성은 임산부라고 관념화되어 있지만 다른 이유로 그리 된 것일 수도 있고 저 옷은 나에게 안 어울릴거라고 관념화되어 있지만 막상 그런 스타일이 잘 어울릴 수도 있잖아. 실제 아주 과거에는 비타민이 인체에 해롭다고 알려졌었어. 그러한 관념이 지배우위에 있던 시대에는 사람들이 비타민을 안 먹었겠지. 지금은? 비타민은 챙겨먹어야 한다는 관념이 지배적이지. 혹 또 모르지. 이러한 이론적 진실이 또 어떻게 오류로 밝혀질지. 고대 로마시절에는 신의 원죄를 인간이 대신 치러야 한다는 지배적 관념때문에 신전에 서서 자신을 벌하기 위해 아주 가혹하게 스스로에게 채찍질을 했어. 지금은?. 또 아주 우습지만 엄마가 어렸을 때 북한의 누구에겐 혹이 있는 줄 알았단다. 그렇게 배웠으니까. 그런데 자란 후 실제 사진을 보니 혹은 없더구나.

하려는 얘기는 이런 이유로 관념은 그다지 믿을만한 것이 못된다는 말이야. 이렇게 일상속에서 우리는 관념을 벗어난 많은 것들을 경험하는데 과연 관념을 믿어야만 하는 것일까? 아니면 과거의 사고덩어리인 관념을 배제시킨 채 네 앞에 놓인 현상을 제대로 다시 판단한 후 미지의 미래를 유추하는 것이 더 나을까?

기존관념을 배제시킨 후 너 스스로 새로운 사고를 주입시키면서 네 정신을 다시 정리해보길 바래. **정확하게 진실을 알고 그 진실의 본질을 알 때까지 관념은 의심해야 할 대상**이야. 관념에 따라 반응(행동)하게 되는 것이니 네가 스스로 네 관념을 통제하고 조절하는 것부터 필요해. 기존관념 중 냅둘 건 냅두고 버릴 것은 버리고 바꿀 것은 바꾸고.

이런 관점에서 '꿈은 현실이 아니야' 또는 '꿈이 현실이 되는 것은 어려워', '꿈을 꾸는 것은 망상가, 몽상가나 하는 짓이야'라는 관념이 혹시 네게 자리잡혀 있다면 이는 네가 스스로 그리 주입시킨 것인지 아니면 너도 모르는 사이 네게 자리잡힌 것인지 쉽게 가늠이 될거야. 만약 너 스스로의 의지로 그리 관념화해 놓은 것이 아니라면 일단 배제시키렴. 그리고 네 주변에 꿈을 꾸는 사람, 꿈을 이룬 사람들을 떠올리렴. 그러면 너에게 새로운 사고가 등장할거야. '꿈은 이루어지는 것이구나!', '사람은 꿈의 크기만큼 실현할 능력을 이미 가지고 있구나!'라는 감각이 관념으로 새롭게 자리를 잡겠지. 그렇게 자리잡은 관념대로 너는 판단하고 행동하게 되겠지. 그리고 그 방향으로 인생이 만들어지겠지.

이 세상에 단 한사람이라도 꿈을 이룬 사람이 존재한다면 '꿈의 현실화'는 증명된 사실이지. 이 세상에 꿈을 이룬 사람을 한명이라도 아니? 그렇다면 너도 할 수 있는거야! 주변을 둘러봐. 한 사람만이 아닐걸! 수없이 많아. 네 관념 속에 '에이, 내가 뭐라고...', '에이, 엉뚱한 생각말자' 등이 네 꿈을 방해하는 것이지 네가 꿈이 있다면 그것은 이미 결과되어지기 위해 네 안에서 크고 있을걸! 앞서 얘기했잖아, **어떤 결과(현실)를 원한다는 것은 이미 그 만큼의 양질의 원인(꿈, 소망)이 투입되어 있다고.**

셋째, 자연은 한치의 오차도, 오류도, 거짓도 없이 씨를 뿌리면 열매를 맺는단다.

자연을 창조한 거대한 존재는 아주 치밀한 계산에 의해 움직이거든. 인간의 지각으로는 도대체 이해되지 않는 광대한 범주에서 이유(원인)를 드러내고 결과를 만들어내지. 자, 우리가 그 거대한 존재를 이해하기에는 버거울 수 있으니 일상을 예로 들어 볼께.

화분에 씨앗을 심어봤지? 심으면서 무슨 생각을 하니? 잘 자라주길, 예쁜 꽃이 피길 바라지? 씨앗은 원인, 꽃은 결과. 그 작은 씨앗을 한 번 떠올려보렴. 어떻게 그렇게 작고 보잘 것 없는 씨앗에서 싹이 나고 줄기가 하늘로 오르고 잎이 돋고 꽃이 피고 비바람과 해충을 이겨내고 벌과 나비를 초대하고… 마지막에 씨앗은 자신의 결과물인 꽃을 떨구며 스스로 잉태한 여러 씨앗을 다시 땅에 뿌리지. 작은 씨앗 그 자체에는 이미 결과와 결과로 이어질 과정 모두가 알고리즘으로 잘 짜여져 있었던거야. 비바람과 해충을 이겨내는 능력까지 모두. 눈에 보이지도 않는, 사물을 구성하는 가장 기본단위인 원자에 의해 세상은 이것은 이렇게, 저것은 저렇게 자신만의 길 위에서 창조되고 소멸되어 간단다.

인류가 지구상에 존재한 후 수많은 단어들이 생성되고 소멸되었지. '진화해석학'적인 관점에서는 눈에 보이지 않는 비물질이라도 지금까지 인류와 함께 존재해 온 단어에는 그만한 이유가 있기 때문이라는 주장을 해. 인류에 필요하기 때문에 존재해 왔다는 것이지. '지혜', '창조', '소망', '가치'… 수없이 많은 추상적인 단어들. '꿈'도 그 중 하나야. 이유와 가치가 없었다면, 인간에게 무용했다면 벌써 소멸되었을 언어야. 그래서, **'꿈'이라는 단어에도 기가막힌 설계**

가 이미 알고리즘으로 짜여져 있다고 볼 수 있어.

'꿈'을 씨앗에 비유해 봐. 인간은 누구나 꿈을 지니고 태어나지. **'인간의 본성은 욕구'**에 있어. 무언가를 추구하는 동물이지. 배고프면 먹고 싶고 기면 걷고 싶고 피곤하면 쉬고 싶고 무언가를 보면 갖고 싶고... 이런 본성적인 욕구. 꿈은 그 가운데 가장 큰 욕구야. 자아실현을 위한 욕구이지. 자신의 본성적인 욕구인 '꿈'은 누구나 손에 쥐고 세상에 나와. 누군가는 그것을 '삶'이라는 터전에 심고 '인생'이라는 길을 걷지. 하지만 누군가는 있는 씨앗을 심지도 않고 맨손으로 걸어. 이 차이는 아주 다르겠지?

씨앗을 제 아무리 화려한 통에 고이 보관한들 토양에 심지 않으면 결코 열매를 맺지 못해. 꿈을 가지고 태어나도, 즉, 자신이 가지고 있어도 다 이뤄지지 않는 것도 이와 같지. 가슴속에 간직하고만 있는 꿈은 그저 허상일 수 있어. 또한, 씨앗은 조건이 맞지 않아도 열매를 맺지 못해. 사막의 선인장이 추운 북극에서 자랄 수 없는 것처럼. 꿈도 그에 걸맞는 조건들이 필요해. 그리고 하나의 씨앗에서 많은 열매가 맺힌다면 그만큼 많은 씨앗이 창조되겠지? 이는 종족보존이라는 모든 생명체의 기본욕구에 의해 그리 되는 것이야. 여러개 중에 어떤 것은 바람에 소실되기도, 어떤 것은 땅에서 말라죽기도, 또 어떤 것은 배고픈 녀석들의 먹이가 되기도, 그렇게 가혹한 운명들을 피해서 선택받은 하나의 씨앗이 열매를 맺는거야. 잣나무 한그루에서 열리는 잣은 수백개가 넘어. 청솔모가 먹고 사람들이 주워가고 바위틈이나 돌 위에서 죽기도 하고. 그래도 남은 잣이 짜여진 알고리즘에 따라 다시 대지 위에서 뿌리를 내리고 수백개의 잣을 열매로 맺는 것이야. **너에게도 아주 많은 꿈의 씨앗이 내재되어 있어. 이는 분명한 사실이야.** 그 중 어떤 것들은 환경에 의해 소실되기도, 망가지기도, 좌절되기도 하겠지만 결국 강렬하게 꿈꾸던 그것은 반드시 열매를 맺게 되지.

꿈은 꿀수록 커지고 하나의 꿈은 또 다른 꿈을 견인한단다.

지금까지 3가지의 이유를 들어 꿈이 현실이 되는 논리를 네게 이해시켰다고 생각하는데 사실 꿈을 이루는 사람이 드문 것은 그만큼 어렵고 괴롭기 때문이겠지.

바깥으로 뱉어내지 않으면 고통스러운 것이
몸 속에 있기 때문에
꽃은, 핀다
솔직히 꽃나무는
꽃을 피워야 한다는 게 괴로운 것이다[2].

장미는 장미가 되는 것만이 살면서 유일하게 해내야 할 숙명이지. 자신으로 세상에 드러나는 것. 그것은 생명을 가진 모든 존재들이 가장 괴로우면서도 반드시 해내야 할 일이야. 너라는 존재도 너의 꿈을 통해 너를 드러내는 것이 어쩌면 가장 어려울거야. 그럼에도 불구하고 그것을 뱉어내지 않으면 더 괴롭기 때문에 뱉어내야만 하는 것이란다. 자기를 잃은 사람이 어떻게 사니? 무언가에 매달리고 중독되고... 이 모든 것들이 '자기다운' 삶이 아니기 때문이지. 그런데 꿈을 향해 가는 이들의 생기넘치는 표정을 봤니? 너무나 힘들 것 같은데도 행복에 겨워하잖니.

---

2 안도현의 시 '꽃'의 일부

오로지 자신이 되는 것.
오로지 자신으로 사는 것.
그것만을 위해 온갖 시련과 역경을 견디는 것이지.
이렇게
꿈이란 세상에 드러낼 자신의 정체이며 현실은 꿈을 증명해낸 결과란다.

장미씨앗이 장미로서 자신을 증명하듯이 너의 꿈도 자신을 증명해내기 위해 어떤 비바람에도 견뎌낼 힘을 지닌 채 네 안에서 기다리고 있단다. 우리가 살면서 배워야 할 모든 것은 이미 네 주변에 가득해. 자연에게서 우리는 삶을 배울 수 있단다. 우리도 자연의 일부이니 모든 생명체에 무상으로 주어진 그것 역시 모두 네가 네 꿈을 위해 활용할 수 있어. 그 흔하디 흔한 꽃이 주는 생명의 철학을 꼭 네게 적용하길 바래. 감사한 맘으로 겸허하게...

어려서는 수퍼맨이 되겠다. 대통령이 되겠다. 축구선수가 되겠다. 수없이 많은 꿈을 꾸지. 꿈은 그런거야. 아주아주 많이 자주 다양하게 꾸기 시작하지. 그러다가 어느 하나가 네 가슴에 딱! 또는 서.서.히... 씨앗으로 심기면 꽃처럼... 그렇게... 그렇게... 그것이 현실이 되게... 그러니 꿈이 네게 가는 것을 결코 막지마. 나이와 상관없어. 죽기 직전에도 꿈을 꿀 수 있거든. 누구나 언제나 어디서나 양에 상관없이 꿀 수 있어. 머리로 재단하고 가슴에서 밀어내지 말고 아주 다양하고 많은 꿈을 크게 꾸렴!!!

혹 이쯤에서 **씨앗은 보이는 것이니 땅에 심을 수 있겠지만 보이지 않는 꿈은 도대체 어디에 어떻게 심냐**고 네가 물을 수 있겠다 싶은데..

'창조'라는 개념을 우리는 모두 알고 있지. 창조는 기존에 없었던 것이 새롭게 탄생하는 것이야. 무형이 유형이 되는. 아이디어도, 컨텐츠도 모두 무형의 것이야. 우리 인간은 무엇이든 무형을 유형으로 창조하는 기능을 이미 지니고 태어났어. 네가 태어날 때 이미 너의 꿈도 함께 태어났단다. 그런데 그것이 무엇인지 찾지 않고 알려하지 않아서 방치된 것이야.

네가 진정 원하는 꿈을 찾았다면 심어야 한다. 어디에? 너의 정신에. 더 구체적으로는 **초월적인 정신**에 심는거야. 장미씨앗을 심으면서 화려하게 장미가 꽃을 피웠을 때를 네 머리 속에 그리듯 네 꿈의 형상을 구체적으로 머리 속에 그리는거야. 그렇게 화분에 씨앗을 심듯 네 정신에 너의 꿈을 심으며 네 꿈의 결과를 상상하면 돼. 머리속에, 마음속에 깊이 꿈의 씨앗을 심는 것이지.

자, 네 주위를 둘러보렴. 네 눈에 보이는 모든 것들, 먹는 것, 입는 것, 사용하는 모든 물건, 건물들, 모두 **'상상'에서부터 시작된, 무형에서 만들어진 유형**의 것들이야. 그리고 조금 보태자면, 이 유형한 것들이 다시 무형이 되지. 누군가의 호기심(무형)이 어떤 디자인의 옷(유형)을 창조했다면 그 옷이 유행하게 되고 문화(무형)가 되는 거야. 문화가 된다는 것은 보편화되었다는 의미이니 거기서 누군가는 또 독특한 무언가를 상상하고 창조하지.

모든 유형은 무형인 상상에서부터 출발하는 것이야. 이렇게 무형-유형이 연결된 하나의 고리안에서 창조가 거듭되면 체계가 만들어지고 이 체계는 제도, 관습, 법을 생산해내고 이 모든 과정을 초월한, 탁월한 누군가는 예술로 승화시켜 어떤 경지로 그것을 끌어올리지. 무형은 유형으로, 유형은 다시 무형으로, 즉, 누군가는 무형에서 유형을 창조하고, 또 누군가는 유형에서 무형을 창조하는.

세상 모든 것은 창조에 의해 창조된단다. 이 창조의 시작은 **개인의 꿈이고...
이런 이유로 너의 꿈은 세상을 변화시킬 수 있는 힘을 이미 지니고 있어!**

창조는 모두에게 가능하지만 자신의 정신에 창조의 씨앗을 심고 그것을 가슴 깊이 믿는 사람에게서만 실재화된단다. 이를 위해 지식과 기술은 네 꿈을 현실로 만드는 길 위에서 필요한 도구나 방법이니 인생을 지식과 기술을 연마하는 것에만 올인하면 결코 안돼. '목적있는 삶', '창의적인 삶'을 추구해야 해. 지식과 기술을 꿈을 위해 이용하는 사람이 되어야지, 꿈은 없는데 지식과 기술이 뛰어난 사람이 되는 것은 곧 한계를 만나거나 아니면 남의 꿈을 현실로 만들기 위해 노예를 자처한 사람으로 사는 격이지.

창의는 네 가슴에 심은 무형의 씨앗을 세상으로 드러내는 너의 정신활동이야. '창의'라는 단어가 현대사회에서 최고의 능력이라 불리는 현상만으로도 '무형의 유형화', 즉, '꿈의 현실화'가 누구에게나 가능하다는 것을 인정할 수밖에 없어. 그러니 보이지 않는 씨앗을 심으면 보이는 열매가 맺어진다는 사실을 믿어야 해. 자, 꿈은 현실이 된다는 것이 점점 더 네 머리속에 각인되고 있겠지? 결코 의심없이 믿길 바란다. 그래서 많은 씨앗을 네 정신에 심고 가슴으로 믿길 바란다.

처음 얘기를 시작할 때 인과에 대한 얘기를 했어. 원인과 결과 사이에 네가 할 일은 '반응'하는 것이라고. 어떠힌 호기심이 생기면, 즉, 무언가를 하고 싶다는 욕구가 생기면, 그것이 원인이야. 그리고 시작이지. **호기심이 네 꿈의 씨앗인거야.** 좀 전까지 아무 것도 몰랐는데 방금 네 감각에 포착된 무언가로부터 네게 호기심이 생긴거야. 그치? 네 경험이나 머리가 아니라 어디선게 네게 느낌으로 전해진거야!

세상이 네게 자극을 보낸 것이지.
이 자극에 네가 어떻게 반응하면 좋을까?
무시? 판단? 해결? 아니면...?

어떻게든 네 인식이 이에 대해 반응하겠지. 말했듯이 '꿈은 허상이야'라는 관념이 있으면 무시를 택할 것이고 '꿈은 현실이야'라는 관념이라면 소중히 가슴에 심겠지. 세상이 네게 보낸 자극, 호기심은 결코 무시하지 않길 바래. 네 인식에서 계산이나 비교따위를 하며 이 느낌을 거부하게 허락해선 안돼. 이것이 꿈의 시작이거든. 창조의 씨앗이거든.

앞서 거론한대로, '반응'은 관념을 행동으로, 행동은 결과로 이어지게 하는데, **꿈이 현실이 되는 모든 과정을 주도적으로 끌고 가는 너의 가장 중요한 힘은 바로 '믿음'**이란다.

성서에 있는 말씀을 인용하고 싶구나. 종교를 떠나 지금까지 말한 이치를 이렇게 근사하게 단 하나로 정리한 문장은 그 어디에서도 볼 수가 없었거든.

'믿음은 바라는 것들의 실상이요, 보이지 않는 것들의 증거이니[3]'.

'믿는다'는 것은 바라는 것(꿈)의 실상(현실)이요,
보이지 않는(꿈) 것의 증거(현실)라잖니.

---

3 히브리서 11장 1절

꿈의 현실화.
이상의 구체화.
무형의 유형화.
사고의 현시화.
정신의 물질화.
관념의 형상화.

꿈은 현실이 된단다. 그러니, 꿈이 현실이 되길 바란다면 가장 먼저 무엇부터 해야 할까? 일단은 꿈이 있어야겠지? 그러니. 꿀 수 있는만큼, 꾸고 싶은만큼, 결코 머리로 계산하지 말고 크고 다양한 많은 꿈을 꾸렴. 그리고 그 씨앗을 네 정신에 심고, 믿으렴. 씨앗은 자체에 이미 모든 비바람을 이겨낼 힘까지 내재하고 있으니 너는 씨앗을 심고 너보다는 네 '꿈'의 씨앗이 자체적으로 지닌 힘을 더 믿어보렴. 너는 그 씨앗을 세상에 내보내는 든든한 토양이면 된단다. 싹이 나고 열매가 맺히는 자연의 이치에 따라 거대한 자연은 자연의 일부인 네게서도 씨를 뿌리고 열매가 거둬지길 바라고 도울거야.

네가 꾸는 꿈은 반드시 현실이 돼. 네가 꿈을 꾸면 너는 누군가의 꿈이 돼. 그러니, 네가 꿈을 꾸고 이뤄내는 것을 대자연과 온우주는 바라고 있어. 네가 너의 꿈을 이룰 수 있다는 것이 이치로 이해되길 바란다. 원인과 결과는 같은 크기로 이미 존재한다고 앞서 했던 말, 결과로 얻고자 하는 크기만큼 이미 네 안에 그 크기를 만들어낼 작용의 힘은 내제되어 있다는 엄마의 말을 논리적으로 이해했지?

그렇다면 이제 너는 기능인이 되어야 해. 꿈을 현실로 만들어 내는 기능인. 즉,

씨앗에게 양분을 제대로 제공하는 토양처럼 네 꿈이라는 씨앗이 현실로서 열매맺도록 제대로 너를 도구삼아 활용할 줄 아는 기능인. 지식과 기술을 연마하여 **네 꿈의 크기에 적합한 능력으로 널 키우는 것이 네가 해야할 전부야.**

과거 네가 바래 왔던 꿈의 크기의 결과가 지금 네 현실이야. 더 큰 꿈을 꾼다는 것은 지금까지의 너보다 더 큰 네가 네 안에 존재하고 있다는 증거야. 원래 큰 것 안에 작은 것이 들어있는 게 당연하지만 인간은 그렇지 않단다. 작은 네 안에 광활한 더 큰 네가 들어있단다. 하지만, 너는 네 안의 '더 큰 너'를 끄집어내야 할 숙제를 치러야 한다는 말도 되지. 그 숙제를 해나가는 과정이 '성장'이야.

네가 꿈을 심고 믿는다면 네가 해야 할 일은 '너를 키우는 것'뿐이야. 사람들은 뭔가를 바라면서도 심지 않지. 심었다 해도 믿지 않지. '될까?'하며 자꾸 의심하지. 그러면서 자신은 운이 없다고, 되는 일이 없다고 한탄하지. 꿈이 현실이 되는 가장 기본적인 '심고', '믿는' 것을 하지 않으면서 자신을 자학하지. 너는 결코 그런 어리석은 사람이 되지 않을 것이라 믿는다.

잔소리많은 엄마라 마지막으로 당부하건데 꿈이 현실이 되었다면, 즉, 원하는 바를 이뤘다면, 이제 '현실화된 꿈'은 세상이 키워줄거야. 세상이 키워주려면 '꿈'의 정체가 세상의 마음에 들어야겠지? 세상은 뭘 원할까? 어떤 꿈을 이뻐하고 키우고 보호해줄까? 일단, 모두에게 이로워야겠지. 좋은 것을 남에게 주고 싶듯이 이로운 것이어야 세상은 많은 이들에게 너의 창조된 꿈을 퍼뜨리겠지. 그렇게 한 번 펼쳐진 꿈은 스스로 몸집을 부풀리고 스스로 자라나. 그러니 너는 그것의 창조자로서 가장 기본적인 소양을 갖추는 것에 나태하면 안된단다. **꿈은 인격의 크기만큼 자라거든.** 세상은 결코 세상에 이롭지 않은 것을 그리 오래 널리 멀리 퍼뜨리지 않아.

그리고 또 하나, 자연은 오늘도 태양을 네게 보내고 철마다 꽃으로 네게 좋은 향을 느끼게 하고 멋진 배경을 네 시야에 포착시키고 서늘한 바람으로 네 땀을 식혀주지. 자연은 이 모든 것을 무상으로 무한정 제공해. 그런데 말야. 무한정, 무상제공이라고 공짜가 아닌 것이야. 자연이, 세상이 네게 원하는 게 있어. 딱 하나! **더 큰 꿈으로 이어나가라는 것이야. 꿈꾸기를 멈추지 말고 네 속의 커다란 너를 계속 끄집어내어 더 세상을 이롭게, 조화에 보탬이 되길 바라는 것이야. 결국, 지속적으로 꿈을 꾸며 살라는 것이지.** 이 단 하나가 무상으로 무한정 받는 모든 보상에 대해 네가 치러야 할 대가야.

결국, 꿈을 이루는 것은 네가 세상에 빚진 채무를 갚아나가는 거야. 그러니, 꿈을 이루기 위해 매진하는 것은 당연히, 마땅히 해야 하는 것이지, 네가 선택하는 것이 아니란다. 게다가 꿈을 이루는 것은 네가 '꿈의 현실화'에 또 하나의 증거로 보태지면서 누군가의 꿈을 위한 타당한 증명가 되기에 너의 잉여를 세상으로 환원하는 행위지. 그러니, 너는 꿈을 이루는 의무를 통해 꿈을 나누는 권리를 즐기면 되는 것이란다.

오늘도 엄마는 믿는다.
너의 오늘이...
네 꿈이 현실로 다가가는 또 하나의 날임을...

세번째 편지, 자연

큰 시련은 너를 강하게 하기 위한 자연의 의도라고 했지? 그 시련 속엔 여러 엉킨 사람들과의 관계도 포함되어 있겠지? 그러니 네 인생에 등장한 모든 악연도 호연도 다 자연의 선물인 것이지. 살면서 네게 영향을 미칠 '인간'들의 '관계'에서 좋은 사람, 나쁜 사람 이렇게 편가르지 마라. 그저 오는 사람 감사히 여기고 그 사람으로 인해 어떤 득을, 또는 어떤 해를 입어도 탓하지 마라. 인연이 된다는 것은 마치 음악가가 좋아하는 음계든 싫어하는 음계든 모든 것을 섞어 음악을 완성하듯 네 인생에 오는 사람도 그렇게 각양각색으로 모여서 네 인생의 거대한 '관계'를 만들지.

세상이 네게 준 5가지 선물, 결코 훼손시키지 마라

네가 지닌 수많은 것들 가운데 결코 훼손시키면 안되는 것이 있어. 네가 가진 것 가운데 최고로 소중한 것이겠지. 어리석은 사람은 자신이 살면서 쌓아놓은 능력이나 지식, 재산이 마치 최고인양 그것을 믿고 강하다고 우쭐대지만 현명한 사람은 자신이 그것들을 쌓아올 수 있었던 데에는 자연이 준 거대한 선물이 존재했기 때문임을 안단다. 그리고 무엇을 얼마나 어떤 방식으로 지니고 있든 겸손하게 감사해하지. 그리고 결코 함부로 사용하지 않지.

네가 지닌 최고의 것은 무엇일까? 오늘 이 편지를 통해 거대한 자연이 네게 무엇을 선물했고 또 그 위력이 어느 정도인지 왜 소중히 여겨야 하는지를 인지하고 깨닫고 감사히 여기는 계기가 되길 바래. 이를 위해 자연의 커다란 진리, 즉, 대법(大法)을 이해하고 혹여나 어떤 갈등이 존재할 때는 네가 만든 인위적인 것들보다 세상의 조화를 관장하는 대법의 원리에 따르길 바란다.

자연이 네게 준 첫째는 너의 신체야.

최초의 인류, 그러니까 그들이 생물학적으로 어떻다는, 기존에 네가 가지고 있는 모든 생각들을 다 내려놓고 그냥 최초에 다른 동물들과 마찬가지로 초원의 동물가운데 하나인 인간의 모습을 그려봐. 빠르지도 않고 뾰족한 발톱이나 송곳니도 없고 나무를 잘 타지도 못해. 물론, 당시엔 나무를 잘 탔거나 뾰족한 송곳니가 있었을 지는 모르지만 더 거대한 동물들 틈에서 작고 보잘 것 없었겠지.

엄마는 살면서 두려움에 휩싸일 때가 많아. 너도 그렇겠지... 그럴 때 이런 질문이 떠올랐어. **'인간이 가장 두려움을 느꼈을 때는 언제였을까?'** 태초의 인간은 나무 위에서 살았다잖아. 땅 위에서 살기에는 너무 약해서 말야. 그러다가 먹을 것이 부족해 결국 나무 아래, 땅으로 내려오게 되었는데. 생각해 봐, 얼마나 무서웠겠니? 발바닥에 닿는 감촉도, 어디서 출몰할 지 모르는 천적도, 새로운 먹거리를 찾아 떠나야 하는 미지의 공간과 시간도... 전혀 알지 못했던 새로운 터전에서 삶을 시작해야 하는 그 두려움... 그렇게 새로운 서식지에서 다른 동물들과 마찬가지로 도구나 지식없이 땅 위에 발을 딛고 천적을 이겨가며 생존해냈던 거야. 약한 자는 도태되고 강한 자는 살아남고. 그렇게 말야. 그렇게 점점 강인해져 동물의 왕이 된 종이 바로 인간이고 그렇게 진화에 진화를 거쳐 강인한 DNA로 태어난 1인이 너야.

그런데 그렇게 강인해진 인간의 신체는 지식과 도구로 인해 약해지는 모순에 빠졌지. 도끼라는 것을 손에 쥠으로써 도끼없이는 나무를 자를 수 없게 되었고 활을 손에 쥠으로써 더 빨리 뛰지 않아도 사냥이 가능했어. 이렇게 신체는 도구로 인해 점점 약해져 갔어. 만약, 인간이 도구없이 지냈다면 지금의 모습은 아니겠지? 더 강해졌던가 아니면 벌써 지구상에서 사라졌던가.

그런데 인간에게는 단 하나, 보이지 않는 무기가 있었어. 뇌야. 뇌가 강해진거지. 드러난 신체만으로는 생존이 어려우니까 인간이라는 종이 살아남기 위해서 뇌를 사용하게 된거야. 봐봐. 우리 몸 속에서 마치 금고에 고이 보관되듯 딱딱한 뼈안에 안전하게 보관된 장기가 뇌말고 뭐가 또 있니? 아무튼, 인간이 도구를 사용하면서 신체는 둔해지고 약해졌어. 반면, 뇌가 강해진거야. 도끼와 활을 만드니 총도 만들게 되었고 뇌가 성숙하면서 집단을 구성하고 규칙과 규범을 만들고 거래라는 것도 하게 된 것이지. 지금 인간의 진화를 논하고자 하는 것은 아니니 이 얘기는 여기까지만 하자.

강조하고 싶은 말은 그래서, 자연이 네게 준 신체는 훼손시키면 안된다는 것이야. 이미 아주 강하거든. 원초적으로 강한 힘이 있거든. 그리고 **도구에 의존하지 않을 때 너는 점점 더 강해진다**는 말이 하고 싶었어. '신경'이라는 것이 네 몸 구석구석 어느 한 곳도 빠뜨리지 않고 연결하고 있어. 네 새끼발가락의 작은 상처 하나에도 신경은 발가락에서 가장 먼거리에 있는 머리 꼭대기 뇌로 연결되어 아픔을 느끼게 하고 이 감각이 널 괴롭혀 마음을 흐트러뜨리며 기운을 빼내고 모든 것이 귀찮아지게끔 하지. 괜히 여기저기 아픈 듯한 착각도 불러오고 말야. 발가락 상처가 뇌로 가는 길이 외부를 통하지 않잖아. 분명히 내부에서만 이동하잖아. 다리통에서 가슴통으로 그리고 그 위의 머리통으로.

모든 것이 모든 것과 연결되어 있단다. 그러니 네 몸 어느 곳 하나 소홀히 다루면 안돼. 이 말은 네 신체 모든 것은 스스로 강해지면서도 서로 연결, 협력하여 널 더 강하게 키워내고 있다는 의미야. 그러니 외부에 의존하기보다 스스로 생성, 소멸, 정화시키도록 네 몸을 믿어주고 네 몸에 시간을 내어주고 기다려야 해. 조금 열이 난다고 해열제를 먹거나 조금 소화가 안된다고 소화제에 의존하거나 조금 피가 난다고 연고를 바르는 행위나 처방들이 당장엔 통증이 없어져 후련함을 느낄지 모르지만 네 신체는 분명 그 강도에 비례하여 스스로의 힘을 잃게 해.

앞서 말했듯이 도구가, 지식이 너의 신체를 약하게 해. 지금 네 신체를 약하게 하는 것은 어쩌면 너무나 쉽게 구할 수 있는 '약'일거야. **되도록 약에 의존하지 마라.** 외부로부터 너를 바꿀 수 있는 것은 응급상황이거나 생명의 유지를 위해서가 아니라면 되도록 거부해라. 너 스스로 널 구성하는 세포가 일을 부지런히 하게끔, 약보다는 영양에 신경써라. **치료보다는 면역에 관심을 갖고 통증이라는 감각에 집중하기보다 내성을 키우는 해석에 집중해라.** 스스로 치유할 수 있는 네 신체를 믿어 봐. 네 몸의 면역을 담당하는 면역세포의 절반 이상은 장 속에 있어. 그러니 바람직한 음식을 먹고 잘 배설하는 것이 너무나 중요하단다. 그리고 이 면역세포는 힘을 키우기 위해 억제세포, 대식세포, 기억세포 등 여러 가지 세포들로 연합해서 자기들끼리 나쁜 세포를 꽁꽁 묶어두고 쳐부수고 방어하고 지키고 있어. 그런데 몸이 아플때마다 약을 먹으면 면역세포는 할 일이 없어져. 네 몸이 어떻게 되겠니? 그러고 보니 세포공부를 해보는 것도 좋을 것 같아. 세포를 알면 네 몸안에서 얼마나 많은 전투가 벌어지고 있는지, 이들 전투를 통해 네가 얼마나 강해지는지를 생물학적으로, 물리적으로 이해할 수 있단다. 네 신체와 정신과 영혼은 자연이 가장 최적으로 만들어준 선물이지. 신체는 스스로 무슨 일을 해야 하는지 안단다. 그리고 훨씬 효과적으로 그 일들을 해낸단다. 일시적인 '편안함'과 '안이함'은 자연이 준 '너라는 자연'을 훼손시키는 주범이야. 당장의 편안함을 멀리 하면 지속적인 평안함을 누릴 수 있어.

네가 스스로 부여받은 그 힘을 순수하고 강하게 지녀야 하는 의도,
외부에 의존하지 않고 너 스스로를 지켜낼 수 있는 의지,
네가 지닌 가치를 그대로 수용하고 보존하며 유지시켜야 하는 의미,
스스로를 지켜낼 수 았다고 믿는 본성적인 자아와 현실적 자아간의 의리.
이렇게 너를 믿고 무한한 감사를 보내고 네 뜻을 위한 습관을 만들길 바래.

자연이 준 두번째 선물은 네가 익히 '자연'으로 알고 있는 '자연 그 자체'야.

별, 달, 해, 바람, 구름, 비, 산, 동식물, 우주 등. 자연이 있는 곳에 네 시야가 머물기를 바란다. 살면서 널 어지럽게 한 것들을 자연이 평안하게 도와줄거야. 게다가 더 큰 선물도 준단다. 바로 진리로 널 데려간다는 거야.

학문을 탐구하는 것만으로는 삶을 살아가기는 꽤나 어려워. 아니, 어쩌면 불가능해. 지식은 말 그대로 지식일 뿐이야. 그냥 덩어리지. 과거로 지나가 버리는, 시대에 어울리지 않으면 쓰레기가 되는, 삶을 살기 위한 하나의 일시적이고도 기본적인 도구야. 그 도구 하나 가지고서 난해하고 복잡한 삶을 잘 살아갈 수는 없어. 삶은 산수가 아니라 변수도, 미지수도, 함수도 있는 응용이 가득한 수학이거든. 만약 지식으로 세상에서 누가누가 잘사나 내기한다면 공부 잘하는 아이들이 잘 산다는 결론이 나겠지? 지식으로, 기술로 숙련된 일류대학을 나온 자들이 정말 잘 살겠지? 물론, 지식이 많으면 잘 살 확률은 높일 수 있어. 하지만 실상은 그렇지 않은 경우도 상당하잖아? 지식은 필요한 도구지만 반드시 필요한 것이 아니며 지식이상의 상위지식이 보태지지 않으면 지적허영이나 부리는 자만한 자로 널 전락시킬 수 있어.

우리 삶에 정말 필요한 도구는 지식이상의 '지혜'야. **삶은 지식만으로는 위험한 곳인지. 하지만 삶의 난해한 엉킨 것들에 있어 지식으로 해결되지 않는 지혜를 알려주는 유일한 스승이 자연**이야. 탁 트인 풍경 앞에 널 세워봐. 혼탁해진 네 시야가 맑아지면서 솔솔 부는 바람은 네 정신의 오물들을 털어주고 일렬로 바지런히 움직이는 개미는 너의 나태함을 반성케 하고 기가막히게 집을 짓는 벌들은 연합과 협력의 디테일한 짜임새로 이뤄진 삶의 질서를 알게 해주지. 똑똑 떨어지는 물한방울에서 꾸준함이 갖는 강력한 힘도 배우고 돌틈 사이에 이쁘게 핀 들꽃을 보며 강함과 약함의 조화를 감지하고 하늘을 가렸던 구름이 걷히면서 너의 영혼의 소리도 듣게 해주지.

사람이 가만…히… 허공을 응시하다가 눈물이 주루룩… 흐르는, 그런 경우가 바로 영혼의 소리에 반응하는 것이 아닐까? 자연은 항상 네가 끙끙 앓던 문제를 통해 '진정한 앎'의 세계, 즉 진리의 길로 너를 안내할거야. **오성의 결핍은 어리석음**[1] 이야. 자연에게서 너의 오성은 충분히 자극받게 될 것이기에 자연에 감사히 순종한다면 넌 결코 우둔한 사람이 되지 않아. 자연은 자신의 곁에 가까이 오는 모든 이의 오성을 열어주거든.

어지러운, 난해한, 그리고 복잡하면서도 진통이 지속되는 것이 삶의 본성이야. 하지만 늘 말했듯이 **사람은 반드시 어떠한 사태를 통해 강해지지.** 신은 겁쟁이를 통해서는 자신의 어떤 일도 시도하지 않는다[2] 잖아. 겁쟁이들은 자신의 운명을 건드리지 않아. 정신은 고통과 수난을 인내함으로써 마침내 그것들을 얕보게 되는[3] 새로운 정신을 얻게 되는데 말야. 자연은 이렇게 널 강인하게

---

1 인생론, 쇼펜하우어, 2010, 나래북
2 자기신뢰철학, 랄프 왈도 에머슨, 2020, 동서문화사
3 인생철학이야기, 세네카, 2017, 동서문화사

키우기 위해 부정적인 사태를 네 인생에 등장시켜. 그것이 자연의 의도야. 거대한 선물이지. 이렇게 삶은 **불쾌이면에 해결의 통쾌, 정화의 유쾌, 그리고 극복의 상쾌**를 선물하면서 이 모든 쾌(快)들이 얼마나 삶을 '살만한' 것인지 알게 하는 배움과 재미의 연속이야.

자연은 자기 자체를 통째로 네게 무한정 제공하고 있어, 지금 이 순간에도! 그러니 항상 자연으로 시야를 넓혀 네게 포착된 모든 것들을 외면하지 말고 담고 느끼고 깨달으렴. 네가 눈으로 보는 시야가 전경이라면, **자연은 네게 전경 뒤에 숨은 배경을 일깨워 줄거야.** 이면, 즉 본질을 보려 하고 알아가고 깨닫기 위해 항상 자연을 찾아 도움을 구하고 따르는 지혜로운 자가 되길 바란다.

자연이 준 세번째 선물은 네 주변에 머무르는 '사람'들이야.

아직 젊은 너에게 '사람'에 대해 거론한다는 것은 어쩌면 위험할 수도 있다는 생각이 드는구나. 괜한 편견으로 너의 경험에 제약을 줄 수도 있으니 말야. 그래도 살면서 너를 가장 힘들게 하는 것도 사람일테고 너를 가장 기쁘게 하는 것도 사람일 것이니 얘기하는 게 좋을 것 같아. 사람은 사람을 피곤하게도 행복하게도 하지. 누군가는 사람때문에 살고 누군가는 사람때문에 죽지. 사람은 이렇게 네 인생에 지대한 영향을 미쳐.

싫든 좋든 너에게로 인연이 되어 오는 모든 이들을 자연이 주는 선물이라고 여겨봐. **큰 시련은 너를 강하게 하기 위한 자연의 의도**라고 했지? 그 시련 속엔 여러 사람들과의 엉킨 관계도 포함되어 있겠지? 그러니 네 인생에 등장한 모든 악연도 호연도 다 자연의 선물인 것이지. 살면서 네게 영향을 미칠 '인간'들의 '관계'에서 좋은 사람, 나쁜 사람 이렇게 편가르지 마라. 그저 오는 사람 감사히 여기고 그 사람으로 인해 어떤 득을, 또는 어떤 해를 입어도 탓하지 마라. **인연이 된다는 것은 마치 음악가가 좋아하는 음계든 싫어하는 음계든 모든 것을 섞어 음악을 완성하듯 네 인생에 오는 사람도 그렇게 각양각색으로 모여서 네 인생의 거대한 '관계'를 만들지.** 그래서, 몽테뉴는 '인생을 살려면 선과 악을 모두 다룰 줄 알아야 한다[4]'고 했어.

인간관계로 인해 좋지 않은 사태가 벌어져도 모든 것은 너와의 인연에서 유인된 것이지 상대방의 탓만은 아니란다. 그렇게 관계로 인해 벌어진 사태 역시 널 강하게 키우기 위한 시련이라는 점을 여러 차례 말해 지겹겠지만 꼭 명심하렴. 즉, **감정에 초점두지 말고 해석에 초점을** 두면 될 듯하다. **또한, 사람과의 관계가 가까워지든 멀어지든 그러한 거리에 연연해하지도 마라.** 지금 만나는 사람이 영원하다고 여기겠지만 실상은 그렇지 않거든. 어려서부터 성인이 될 때까지 수천수만명과 인연을 맺지만 어른들에게 친한 친구가 몇인지 물어보면 그저 몇 명정도 말할 뿐이야. 살면서 지나간 수많은 사람들은 자연이 네게 사람을 가르치기 위해 보낸 선물이야. 잘났건 못났건 그들에게서 배우길 바란다. 못난 사람에게선 못난 짓이 무엇인지를 배워서 저렇게 살면 안되겠다를 알고, 잘난 사람에게선 잘난 짓이 무엇인지를 배워. 네게 오는 모두는 너를 세상에 잘 쓰이게 하는 기회로 신이 네게 보낸 사람들이야.

좋은 사람을 네게 머무르게 하려면 네가 먼저 좋은 사람이 되어야 해. 선한 이들이 너에게로 오게 하는 유일한 길은 네가 먼저 선한 사람이 되는 것뿐이야. 같은 기운들끼리 모이게 되어 있어. 결코 **선에서는 악을 찾을 수 없고 악에서**

---

[4] 에세이, 나는 무엇을 아는가, 몽테뉴, 2005, 동서문화사

는 선을 찾을 수 없거든. 그러니 네가 먼저 선한 자가 된다면 선한 자들이 네 곁에 머무르게 되지. 가족도, 친구도, 지인도, 모두모두 자연의 선물로서 소중히 여기고 존중한다면 너 역시 그들에게 소중한 존재, 존중받는 존재가 될거야.

자연이 준 네번째 선물은 '욕구'야. '꿈'이라고도 하지.

꿈에 대한 얘기는 엄마가 너무 많이 거론해서 더 할말이 있을까 모르겠다만 어떤 경우, 어떤 순간에도 간과할 수 없고 줄이거나 약하게 또는 대충 말하고 싶지 않은 소중한 단어란다. 왜? 너는 창조해내야 할 자연의 숙제를 가지고 태어났으니까. 앞서 거론한 세 가지의 선물은 자연이 누구에게나 비슷하게 주었을지 모르지만 꿈이라는 선물은 각자에게 모두 다르게 주었단다.

너에게는 너만의 꿈을 선물했지. 네 손에 쥐어준 선물은 오로지 너에게만 준 것이지. **하늘이 내려준 재주(천재, 天才)는 누구나 가지고 태어났어. 너도 당연히!. 그 천재성을 세상에 발현시키는 것이 네가 평생 해야 할 의무라고 강하게** 말하고 싶어. 많은 사람들이 '꿈'을 허상이라 여기며 '욕구'를 욕심으로 착각하지. 아니야. 꿈이 없다면 세상은 진화하지 않아. 세상의 진화는 모두 누군가의 꿈으로부터 비롯된 것이야.

인간은 '추구하는' 동물이면서 인간만이 유일하게 무형의 것을 유형으로 창조해내지. 창조 뒤에 일어나는 변화가 진화야. 인류가 진화한 것은 누군가가 꿈을 꾸고 그 무형의 것이 유형으로 창조되었기 때문이거든. 조금 더 멀리 가고 싶고 빨리 가고 싶고 보이지 않는 곳에 무엇이 있는지 궁금해하는, 그런 욕구로 인해 인간의 100m달리기의 신기록도 깨고 미지의 섬도 발견하고 상상에만 그쳤던 달에도, 다른 행성에도 가는 것이지. 꿈이란 것은 지금은 도저히 상상할 수조차 없는 그 너머까지도 널 데려가는 존재란다.

인간은 '추구하는' 동물이야.
너도 추구해야 해.
어떻게? 간절하게!
무엇을? 너의 꿈을!

너의 간절한 욕구는, 그리고 그 욕구가 실체화된 결과는 자연이 준 선물이야. 그러니 자연이 이끄는대로 따라야 한다. 네 머리로, 이성으로, 지식으로 '될까 말까'를 계산해서 판단하지 말고 그저 꿈이 이끄는 길로 순순히 너를 맡기렴. 너의 계획과 판단은 오히려 방해가 될 수 있어. 왜냐면, **꿈이라는 것은 현실에 없는 것인데 네 머릿속의 판단은 현실에 근거하기 때문이지. 미래의 것을 이루는 방법은 현실적 경험으로 가득찬 지금의 네게는 없어.**

다행인 것은 꿈은 자기 길을 스스로 알아서 간다는거야. 세상에 발현되기 위해 너를 찾아온 것이니 네가 할 것은 아무 것도 없단다. 그저 그 꿈의 주인공으로서 어울리도록 너를 연마하기만 하면 돼. 자칫 너의 계획이 꿈이 하는 일을, 꿈이 가는 길을 망쳐놓을 수 있으니 개입하지 말고. 아마 지금 이 글로는 도대체 이해되지 않을지도 모르겠지만 어느 날, 어떤 곳에서 너는 분명히 느낄거야. 네 가슴에 간절한 그것이 네가 전혀 예측할 수 없었던 어떤 계기로 인해 네 심장을 두근거리게 하는 그 때, 방법도, 이유도 모르지만 그저 그리 가고 있는 너 자신을 발견할 것이고 그리 가는 기쁨에 너는 감격해 하겠지.

널 강력하게 두드리는 그 심정이 이끄는 길을 가렴.
방법은 꿈이 알아서 다 찾아낼테니 말야.
어떤 편견도 계획도 의심도 갖지 마라.
꿈은 꿈이 가는 길이 있고,
꿈이 이뤄지도록 일은 꿈을 쫓을 것이고
너는 꿈과 일이 너를 선택하도록 늘 연마하며 자격을 갖춰가면 되는 것이야.

그러니, 자연이 너를 통해 세상을 변화시키려 너에게 심어준 꿈을 결코 훼손시키면 안된다. 자연은 결코 세상에 해로운 일을 하지 않아. 이롭게 하기 위해 네게 꿈을 심었지. 네 꿈을 현실로 발현한다는 것은 곧 자연이 너를 통해 자신의 일을 하게 하고 너는 그 고마움의 대가로 그 일이 현실이 될 수 있도록 도구가 되어 주는거야. 네 꿈이지만 자연의 혜택을 누린 자로서 의무를 다하는 것이란다. 네가 그저 원자에 지나지 않았을 때, 세포에서 두 다리가, 머리가 생기기 전부터 네게 심겨진 꿈. 네가 세상에서 펼쳐야 할 꿈. 이것이야말로 세상 누구에게나 허락한 것이 아니라 유일하게 너에게만 허락한 비밀스런 자연의 선물이지.

펼치든 말든 그건 오로지 네 선택이야. 원래 선물이라는 게 주는 사람의 마음과 받는 사람의 마음이 다르지 않니? 소중히 간직하든 사용하든 쓰레기통에 쳐박든 그건 받은 사람의 자유야. 선물의 가치를 아는 사람의 몫이지. 가치를 보는 눈은 사물을 보는 눈보다 더 깊은 눈이란다...

시력이 아니라 시선에서 **지력(智力)과 심력(心力)으로, 그렇게 전심력(專心力)**이어야 볼 수 있단다.

자연이 준 다섯번째 선물은 '사태'야.

사람이 살다보면 좋을 때도 안좋을 때도 있어. 당연한 말이지. 그런데 이 모든 사태는 지나간 사소한 원인들이 모여서 하나의 모양새를 갖추게 되어 네 인생에 진입한 것이란다. 때로는 이쁜 모양새로, 때로는 미운 모양새로 말야. 이 모든 사태를 그저 좋고 싫고 나쁘고와 같이 감정적으로 판단하는 것은 아주 우둔한 자들의 반응이야. 물론, 감정은 소중하니까 좋을 땐 웃고 즐기고 그렇지 않을 때 떨기도 울기도 하겠지. 하지만 그런 감정은 일시적일 뿐, 더 중요한 것은 **사태에 대한 해석**이란다.

사태가 어떤 모양새로 오든간에 이는 분명히 네게 선물이야. 왜냐면 하나하나의 작은 원인이 '사태'라는 결과로 드러나면서 긴 인생 잠깐 쉼표찍어 결론짓고 정리하려는 의도거든. 그 결론이 다시 그 다음 이뤄질 일의 작용원인이 되는 것이고. 그렇게 사소한 것들을 모아서 정리하는 마침표야. 물론 마침표는 다음을 위한 쉼표이기도 하고. 일상의 사소한 것이 모이면 분명 드러낼만한 덩어리가 되고 그렇게 네 앞에 느닷없이, 갑자기 그러한 모습으로 나타나는 것이지. '이 세상의 어떤 사소한 것도 함부로 상상해서는 안된다. '이 세상의 모든 것은 예측할 수 없는 숱한 작은 것들이 합쳐진 것이다. 사람들은 상상속에서만 그런 것들을 간파하고 서두르다 보니 그것이 빠져있다는 것조차 알아채지 못한다. 그러나 현실의 모든 것은 속도가 느리고 말할 수 없이 상세[5]'하단다.

엄마 역시 공포스러운 사태들을 수없이 겪었지. 하지만 이제 알아. 그 속에 진짜 보석같은 선물이 담겨 있다는 걸 말야. **제 아무리 무섭고 공포스러운 현실**

---

5 말테의 수기, 라이너 마리아 릴케, 2001, 민음사

일지라도 널 도우러 온 것**이야. 그런 모습이어야 할 이유가 있어서 그런 모습으로 온 것이지. 이 선물을 한마디로 표현하자면 **'자각' 내지 '경고'**라고 말할 수 있을 것 같아. 아무리 좋아도 경고로 해석될 때도 있었고 아무리 공포스러워도 자각시켜주는 사태들이 많았어. 나아가 **'징조', '조짐'**으로 여겨지기도 했어. 이렇게 좋은 일이 한꺼번에 터지다니. 하면서 마냥 좋은 감정이 들더라도 잠깐 내려놓고 어떠한 조짐으로 해석해보기도 하고 왜 나한테만 이런 사태가 벌어지지? 하며 엉엉 울다가도 기가 막히게 그것이 징조로 느껴지는 쾌감을 얻기도 했거든. 그러니 사소한 사태 하나하나에서 의미를 찾고 만약 의미가 별 것 아니라면 제 아무리 이상한 모양새로 오더라도 돌맹이 쳐다보듯 그냥 흘깃거리고 무시하렴.

그러니 이 역시 자연이, 세상이 널 강하게 만들기 위해 테스트를 한 것이며 그 테스트를 겸허하게 통과함으로써 더 큰 사람으로 우뚝서는 것이야. 모든 문제는 네가 문제보다 작기 때문에 힘들게 여겨지는 것이란다. 문제보다 네가 크면 문제가 아니겠지. 그러니 어떤 사태 앞에서도 당당해라. **'나를 키우기 위한 세상의 테스트가 시작되었구나.', '나를 강하게 만들어서 어디 근사한 곳에 쓰이게 하려는 의도겠구나.'** 라고 여기길 바래. 그렇게 당당한 인간을 세상은 원하지 않겠니? 사태에 감사하렴. 경고로 알려주고 징조와 조짐으로 대비하게 하고 자각시켜주니 얼마나 커다란 선물이니...

자연이, 세상이 네게 무상으로 무한정 자꾸만 선물을 해.
너의 몸, 네가 머무를 자연, 인연이 될 소중한 사람들, 너의 꿈, 그리고 널 키우기 위한 사태. 이 5가지의 위대한 선물은 항상 곁에서 널 키워주고 지켜주고 가끔 야단도 치고 시련도 줄 것이야.

그러니 감사하렴. 사랑하렴.

감사와 사랑이 넘친다면 자연이 네게 준 이 선물은 오로지 너의 것으로 스며들어 너를 통해 세상을 이롭게 할 거야. 네가 이 모든 것을 사랑하면 할수록 소중히 여기게 될 것이고 소중한 것은 결코 훼손시키지 않지.

이 글을 쓰며 조지 허버트[6]의 단시(短詩)가 생각나네...
네가 얼마나 위대한 자연인지
대자연이 얼마나 네게 위대한 친구인지...
네게 전해주고픈 시야...

사람의 몸은 완전히 균제를 이루러 조화를 이루고 있다.
팔은 팔과 그리고 전체는 세계의 전체와,
각 부분은 가장 멀리 떨어진 것도 동포라고 부를 수 있다.

그것은 머리와 발이 은밀한 친교를 맺고 있고,
그 머리와 발이 달과 조수(潮水)와 친교하기 때문이다.

아무리 멀리 있는 것도
사람이 이것을 잡아 그 먹이를 보존하지 않는 것은 없다.
사람의 눈은 가장 높은 별도 끄집어 내린다.
사람의 몸은 작으나마 전세계이다.
사람의 육(肉)속에 그 지기(知己)를 찾을 수 있기 때문에
풀은 기꺼이 우리의 육체를 치료한다.

---

6 조지 허버트(George Herbert, 1593~1633) : 허버트는 고풍스러우면서도 신선함을 잃지 않은 많은 시편들을 통해 깊은 신앙심에서 우러나온 지혜의 참된 목소리를 차분하게 들려주고 있다(허버트시선, 지식을 만드는지식에서 발췌

우리를 위하여 바람은 불고,
대지는 휴식하고, 하늘은 움직이고, 샘은 흐른다.
우리가 보는 것은 무엇이나 모두 우리에게 이롭다.
우리의 기쁨으로서, 아니면 우리의 보물로서,
전세계는 우리의 찬장이거나
아니면 우리의 오락실이다.

별은 우리를 침실로 유인하고,
밤은 커튼을 끌어닫고, 해는 그것을 열어 젖힌다.
음악과 빛은 우리의 머리를 시중들고
만물은 그것이 내려와 존재할 때엔
우리의 육체에 다정하고,
올라가 원인이 될때엔 우리의 마음에 다정하다.

사람은 많은 하인의 시중을 받으면서 이 많은 시중을 못 느낀다.
사람이 병들어 창백하고 야위어 터벅터벅 걸어갈 때엔
어느 길이나 그를 도와준다.
아 위대한 사랑이여.

사람은 한 세계이고
또한 자기를 섬기는 또 한 세계를 갖고 있다.

네번째 편지, 소신

소신이 무엇인지 모르거나 외면하는 삶은 숫자만 불리는 연명하는 인생이라 할 수 있으니 어떤 순간에도 자신이 정한 길에 있어 소신을 지켜가길 바란다. 소신이 필요한 어떤 순간에는 상당한 타격이 올 것같아 겁도 나겠지만 결과적으로 더 위대한 시선이 네 인생을 들여다보고 있단다. 당장의 '손해'처럼 느껴지겠지만 그 위대한 시선이 절대적으로 널 보호해 줄거야. 더 큰 '이로움'을 위해 지금 잠깐 '겁나는 상황'이 필요할 뿐이야. 그저 '겁'이라 포장된 길을 지나고 있을 뿐이야.

네게는 무한히 더 높은 단계의 삶이 있단다

'소신'이란 단어 참 무겁지. 단어는 알지만 내 것 삼기에 버겁지. 바쁜 우리 일상과는 다소 멀고 낯설지. 왠지 독립운동가처럼 나라를 구한 역사 속 인물들에게나 어울릴 법한, 그렇게 책이나 드라마에나 등장하는 그런 단어지. 하지만, 인간이라면 또 자신을 사랑한다면, 이 단어를 가슴 한가운데에 깊이 품고 살길 바래. 게다가, 소신을 가지면 상당히 편하고 단순한 삶을 보장받은 것이란다. 그래서, 오늘은 너의 평안하고 가치있는 삶을 위해 '소신'에 대해 얘기해볼까 해.

소신을 가지면 더 편하고 단순해진다! 뜬금없겠지만 들어봐.

우선 정신이 너무 활발하게 움직여 다른 곳에 신경쓸 겨를이 없어지고 해야할 것을 남에게 묻지 않아도 돼. 왜냐면 자기 스스로 해야할 것이 마구마구 생기니까. 지켜야 할 그것에 집중하게 되니까. 서 있어야 할 그 곳에서 움직이지 않으니까. 그래서 '뭘하지?', '어디로 가지?', '어떻게 하지?' 하며 망설이는 데 시간이 필요치 않아. 어줍잖은 지식으로 남들에게 조언하고 훈수뒀던 시간이 자신의 소신을 지키기 위한 길위로 옮겨질 것이며 갈등과 불안으로 보낸 시간들은 야망과 열망있는 미래로 이동하여 오로지 도달해야 할 그 곳에 가기 위해 자신의 일상을 거기에 맞추게 되거든. 자신이 정한 길을 걷느라 옆길을 볼 새가 없으니 삶이 얼마나 단순해지겠니? 그리고 그렇게 걸어가는 길이 자신이 가고자 하는 길이니 다람쥐쳇바퀴 도는 삶에선 벗어난 것이지. 의미있는 걸음이지. 정말 자신의 길을 간다는 뿌듯함으로 혹, '이 길이 아니면 어쩌나'와 같은 의심이나 '내가 제대로 가고 있나?'와 같은 불안에 힘들더라도 '길에서 벗어나는' 자신을 허락하지 않지.

신화 속 인물인 악타이온은 여신의 벌을 받아 사슴으로 전신했다가, 제 손으로 기른 사냥개들에게 물려서 찢겨 죽었어. 그런데 악타이온이 이런 변을 당한 것이 팔자가 그래서지 딱히 어떤 죄를 범해서는 아니었다고 해. 그에게 죄가 있었다면, 길 잃은 죄밖에 없었다지 [1]... 길을 잃은 그 자체로서 어떻게 죄가 될까... 이에 대해선 15번째 편지에서 얘기하도록 할께. 여하튼 **자신이 가야할 길을 어디서든 잃지 않도록 너와 네 길을 지켜주는 덕(德)이 바로 소신**이야. 소신은 참으로 단순하고 바람직하고 가치있게 지녀야 할 덕이란다. 하지만, 단순하다고 쉬운 것은 아니지.

소신(所信)이 뭘까?
믿는 바를 따르는 것!

---

1 오비디우스의 〈변신이야기〉에 의하면 악타이온이 숲속에서 길을 잃고 헤매다가 달의 여신으로 순결을 중요하게 여기는 아르테미스가 목욕하는 장면을 보게 되었고 이 분노로 악타이온을 사슴으로 전신시켰다.

'자기삶의 길'이 '희망의 길'이라는 믿음이 있다면 하루하루가 흥미와 재미와 관심과 쾌락으로 가득차겠지. 이리저리 고개돌리며 갈팡질팡 우유부단한 삶에서 **정확하게 봐야 할 곳을 보고 걷는 걸음에는 구구절절 변명이 따라붙지 않아.** 그저 자신의 감각이 이끄는 곳으로 걸으면 된단다. 누구에게 도움청할 것도 없고 질문할 것도 없지. 오로지 모든 해답은 네 속에 있으니까 말이야. 자신이 어디로 무엇을 위해 걷는지를 모른다면, 그저 남들따라 걷게 되지.

'양떼처럼 앞에 가는 무리를 그저 뒤따라가는 짓을 하면 안된다(중략). 저 스스로 판단하기보다는 남을 믿기를 좋아하면, 삶에 대해 아무 판단도 없이 늘 남을 믿음으로써, 그 때문에 잘못이 이 사람에게서 저 사람에게로 전파되어 우리를 쓰러뜨리고, 마침내 전락의 심연으로 빠뜨리게 된다. 우리는 남이 지나간 길을 밟음으로써 자멸한다. 사람이 모여든 곳에서 멀어지기만 해도 우리는 이 병폐에서 벗어날 수 있다[2].'

사회적 동물인 인간이 남들따라 가는 것은 어쩌면 가장 쉬운 길일지 몰라. 이런 현상들은 바로 우리 옆에서 일어나고 있어. 정의를 기준으로 삼아야 할 법정에 비리가 난무하고 사회를, 국가를 개선시켜야 할 정치에 부정이 가득하고 생명이 담보되어야 할 의료현장이 외모를 가꾸는 돈벌이에 혈안되고 진리를 알려줘야 할 교육이 경직되고 획일화되고, 세금으로 복지를 도모해야 할 곳에 가장 큰 도둑이 숨어 있고, 공공의 이익을 위해 자본을 활용해야 할 기업들이 자신의 탐욕을 더 우선시하는 현실에서 우리는 너무나 쉽게 자신의 소신을 버리고 '다들 이렇게 하는데 뭘...'이라며 타협하지. 이러한 타협이 쉬워지면 '타협'이 '보편'이 되기 때문에 인간은 점점 타협에 무뎌지게 될텐데... 큰일이지...

---

2 인생철학이야기, 세네카, 2017, 동서문화사

그래서 개개인에게 '소신'이란 '지니면 좋은 것'이 아니라 '반드시 지녀야 할 덕'이 아닐까 싶어. 네가 무슨 일을 하든 **그 일이 추구하는 가치에 부합하는 선택과 판단이 소신을 지키는거야.** 더 큰 것을 위해서 작은 것들이 희생되어야 한다거나 자신의 것을 지키기 위해 윤리를 소외시키는 경우가 너무 쉽게 용인되는 사회에서 사실 소신을 지키며 산다는 것은 소수의 몫일지도 몰라.

왜 소수일까?

신성한 어떤 책에 따르면, 세상을 지배하는 신이 자신의 의도와는 다르게 사람들이 자꾸만 어리석어지자 2명의 천사에게 지시했어. 한천사에게는 세상에서 지혜롭게 자신의 소신을 지키며 사는 사람들을, 다른 천사에게는 지켜내지 못하는 어리석은 자들을 모두 자루에 담아오라고 했지. 그런데 첫번째 천사는 아주 쉬웠어. 몇 명 안되니까. 두번째 천사는 너무 수가 많아서 시간도 오래 걸렸을 뿐 아니라 자루에 담아보니 너무 무거워서 날아 오를 수가 없었대. 그래도 억지로 날아 올랐는데 자루가 터져버려 죄다 지상으로 쏟아져 버리고 그렇게 세상에는 자신의 사명을 위해 소신을 지키는 이보다 소신이 뭔지도 모르고, 알더라도 쉽게 버리는 인간들이 많아진거래. 신은 어쩔 수 없다고 여기며 이들이 어떻게 세상을 물들여가는지 지켜보기로 했대.

우리 사회가 아직은 건강하게 유지될 수 있는 것은 소신을 지켜내는 소수들의 힘이 다수의 힘보다 더 강력하기 때문이야. 네 주변에도 많이 있겠지. 국수면발 하나를 뽑더라도, 옷깃하나를 재단하더라도, 권력이 보장되는 제안앞에서, 돈이 굴러 들어오는 유혹앞에서, 사업의 이익을 보장하는 타협앞에서, 자신의 가치를 결코 훼손시키지 않고 소신을 지켜내는 사람들. 이 **소수의 사람들**

이 인류의 거대한 시간을 앞에서 이끌고 있어. 현실에선 다소 못나보이고 초라해 보일지 몰라도...

위대함은 먼 시간 뒤에 찬란한 모습으로 드러나게 되어 있어.
위대함은 결코 근사한 포장만으로 드러나지 않아.
그렇게
위대함은 순간이 아니라 영원한 힘을 갖게 되지.

더 깊이 거론하자면, 사람들은 이로운 곳으로 향하지. 이로운 것은 선한 것이며 선(善)은 강하지. 인간의 힘보다 더 강한 초월된 어떤 힘이 결국 선이 이기도록 만들어. **전체의 질서를 위해 이로운 방향으로 모든 것을 향하게** 하지. 너는 어디를 향해 서 있니? 네 발걸음은 어느 방향으로 내딛고 있니? 사실 우리가 일상을 살면서 '소신, 소신'하며 살지는 않아. 그럼에도 불구하고 뜻밖의 달콤함이 널 유혹할 때, 포기와 맞딱뜨린 위기앞에 봉착했을 때, 뭔가 어긋남이 감지될 때, 그런 순간이 인생에 반드시 있거든. 그 특별한 지점에서 반드시 소환해야 할 가치가 '소신'이야. 그런데 소신 뒤에 숨어서 반드시 등장하는 고약한 녀석이 있어.

꼭 명심해.
악마는 천사보다 신비로운 목소리로
천사보다 더 빠른 속도로
천사보다 더 오랫동안 너에게 속삭인다는 것을.

왜 신은 항상 천사보다 악마를 더 빨리, 더 이쁘고 사랑스럽고 보기 좋은 모습으로 네게 보낼까? 너를 테스트하기 위해서! 너를 더 강하게 만들어 귀하게 쓰려구! 네가 타협이나 유혹에 흔들릴 때마다 꼭 명심해.. '신이 날 선택해서, 나를 강하게 키워내, 나의 선택이 옳았음을 증명하길 바라기 때문'이라고. 신은 게으른 자를 통해서는 그 어떤 일도 도모하지 않으시며 [3] 올바르지 않은 것을 위해 기도하는 사람은 신의 도움을 얻어 성공할 수 없단다 [4].

자신이 물려받은 모든 재산을 고대의 유령을 소환하는 데에 쓰면서 아름답고 충만한 인생을 살기로 결심한 니콜리 [5]처럼 자신이 추구하고 관심갖지 않는 나머지 것에는 무관심한 상태, 왜 이 상태를 아름답고 충만하다고 표현했을까? 우리는 뭔가 오감을 너머 최고의 경지에서 감탄을 느낄 때 입에서 절로 '아름답다...'라는 4글자가 튀어나오지. 뭐라고 표현할 어떤 말도 찾지 못할 때... 아름답지... 그것 자체로 이미 꽉 채워져서 충만하지. 소신을 갖는다는 것, **소신 있게 산다는 것은 아름답고 충만한 인생을 사는 것**이야. 소신을 지키며 산다면 설사 결과가 패배로 끝날지언정 치욕을 느끼진 않지. 오히려 스스로가 자랑스럽겠지.

소신이 무엇인지 모르거나 외면하는 삶은 숫자만 불리는 연명하는 인생이라 할 수 있으니 어떤 순간에도 자신이 정한 길에 있어 소신을 지켜가길 바란다. 소신이 필요한 어떤 순간에는 네 손에 쥔 것을 잃을 것 같은 상당한 타격에 겁도 나겠지만 결과적으로 **더 위대한 시선이 네 인생을 들여다보고 있음을 잊지 마라.** 당장의 '손해'처럼 느껴지겠지만 그 위대한 시선이 절대적으로 널 보호해 줄거야. 더 큰 '이로움'을 위해 지금 잠깐 '겁나는 상황'이 필요할 뿐이야. 그

---

3 자기신뢰철학, 랄프 왈도 에머슨, 2020, 동서문화사
4 키루스의 교육, 크세노폰, 2005, 한길사
5 스티븐 그린블랫은 '1417, 근대의 탄생(2013, 까치)'에서 에피쿠로스의 철학을 지키기 위해, 그것을 계승한 루크레티우스의 금언서를 찾기 위해 자신의 전재산을 사용하기로 한 니콜리에게 아름답고 충만한 인생이라 표현했다.

저 '겁'이라 포장된 길을 지나고 있을 뿐이야.
늘 말하지만, 너는 귀하고 소중한 존재란다.
귀하고 소중한 존재는 귀하고 소중하게 쓰여야 해.
그렇게 귀하고 소중한 증명을 해내는 너는 귀하고 소중하게 보호될거야.

그럼에도 불구하고 기분 좋을 때, 능력이 뭔가 결과로 보여질 것 같을 때, 사람들은 소신을 들먹이지만 자신에게 조금이라도 손해를 끼칠 것 같은 느낌이 들 때 소신은, 아직 멀쩡한데 작아진 신발처럼 버리지도 신지도 못하면서 한켠에 쳐박아두게 돼. 개통시키지 않은 핸드폰같이 중요한데 소용없는 취급을 받게 되지. 그런 사람들이 항상 네 주변에 있을거야. 천사의 찢어진 자루에서 떨어진, 그런 어리석은 사람들 말야. 이들은 너에게 소신보다 더 중요한 것이 있다며 혀를 부지런히 움직일거야. 그렇게 항상 네 옆에서 네게 조언할거야. '내가 다 경험해봐서 안다. 네가 세상을 몰라서 그렇다, 이번 한번인데 문제될 것 없다. 남들도 다 그렇게 산다' 라고. 이런 사람들은 천사가 자루에 담아 데려가려다가 떨어뜨린 당사자가 자신이라는 것도 모를걸!

또 살짝 헷갈리게 하는 사람도 있어. 마치 자신이 엄청나게 소신있는 것처럼 보이지만 실제 작은 책임도 지지 못하는 사람들. 가령, 지금 이 격변의 시대에 자기 인생 제대로 돌보지도 못하면서 정치걱정, 경제걱정, 남걱정으로 바쁜 사람들. 지금 해내야 할 일도 제대로 하지 못하고 자기 생존도 제대로 책임지지 못하면서 자기가 마치 커다란 책임을 떠안고 산다는 착각에 빠진 사람말야.

바빌로니아의 노예해방에 들떠 마구 소리치며 기뻐하던 한 사람에게 위대한 철학자 랄프왈도에머슨은 이렇게 말했대. '가서 당신의 아이나 사랑하시오.(중략) 먼 곳에 있어 이룰 수 없는 그 사랑이 집에서는 원망이 될 것이오[6]'라고. 또 전쟁터에 나가는 키루스에게 그의 아버지는 이렇게 말했지. '자기 자신이 진정 선하고 고상한 사람임을 증명하는 데뿐만 아니라 자기 자신과 자신의 가정에 좋은 삶을 제공해주는 데 최선을 다하는 것이 가장 훌륭하며 가치있는 임무란다[7]'라고. 신은 인간을 창조하면서 개개인이 자신의 가치관으로 자신의 미래를 위해 자신이 지켜내야 할 것을 먼저 지키고 보여줌으로써 증명하게, 증명함으로써 이로운 사람이 되길 가장 우선적으로 바라고 있어.

진심으로 바라건데 네 인생부터 먼저 구름위로 올려 놓아라. 제 아무리 비바람이 거세고 천둥번개가 너를 위협해도 구름위는 고요하단다. **경제적으로, 정신적으로, 정서적으로, 관계적으로, 신체적으로 너의 인생, 너의 가족, 너의 소중한 이들부터 그리 만들렴**. 그리 한다면 너는 아마도 더 큰 곳에 서 있는 자신을 발견할 것이야. 이러한 자세가 살면서 지켜야 할 소신의 가장 기본적인 책임이란다.

물론, 신이 어떤 시기마다 등장시키는 천재(天才)들. 탁월한 사명감으로, 특출난 능력으로, 남과 다른 배포로, 자기 인생과 자신의 가족을 희생하고 대의를 위해 선출된 인간들도 있어. 만약에 너에게 그런 기회가 온다면 주저하지 말아야 한다. 하지만 그런 기회에 선택되지 못한 평범한 우리네 인생에서는 자기 자신부터, 자기 가족부터 챙겨야 해. 이 말을 오해없이 듣길 간절히 바란다. 이기적으로만 살라는 말이 아니라 진정한 **이타를 위해 기본이 되는 자리(自利)[8] 부터 실천해야 한다**는 의미로 받아들여야 해.

---

6 자기신뢰철학, 랄프 왈도 에머슨, 2020, 동서문화사
7 키루스의 교육, 크세노폰, 2005, 한길사
8 자신을 이롭게 하는 자세

개인이 있어야 조직이 있고 조직이 있어야만 사회가 존속되지. 사회가 있어야 국가가 있고 국가가 건강해야 개인은 성숙한 세계의 시민이 될 수 있으며 이 세계가 더 큰 우주의 질서에 부합하는데 일조하는 것이야. **우주의 시선으로 볼 때 초유기체로서의 개인이 무너지면 전체가 무너진단다. 기본부터 먼저 세우는 것이 소신의 시작이야.** 소신은 책임지는 것이잖아. 자기인생, 자기가 선택한(된) 것들에 대한 책임. 아무리 전쟁과 질병이 인류가 탄생한 이후로 끊이지 않았다 하더라도 지금껏 역사는 소신을 지킨 소수로부터 혁명이 일어나고 재창조되면서 진화가 거듭되는 것을 증명했지. 이 모두가 소수가 행하는 '선'의 힘일 것이야. 무슨 나라를 구하라는 것도, 지구를 구하라는 것도 아니며 그저 네 인생부터 제대로 다져놓으란 말이야. 앞서 말했듯이 국수면발을 뽑더라도, 요리를 하더라도, 어떤 상품을 만들고 프로그램을 개발하더라도, 강아지 한마리를 치료하더라도, 그 어떤 일에서라도 그 일과 자신의 가치를 품은 소신을 기준으로 삼길 바란다. 그렇게 '의미'를 찾아가는 것이지. 자기 인생 제대로 구하라는 이 말이 얼마나 큰 뜻을 품고 있는지 아니? **한사람 한사람이 자리(自利)를 실천함으로써 삶의 의미와 가치를 위해 소신을 지킨다면 이 우주가 얼마나 아름답고 행복할지** 상상해 봐...

자, 이제 스스로를 점검해 봐.

나는 과연 멀쩡한가?
나는 과연 준비되어 있는가?
나는 과연 나를 온전히 세워 더 큰 일을 도모할만큼 나를 키우고 있는가?
나는 과연 나에게 그런 자격을 스스로 부여할 수 있는가?

말로는 선한 영향력을 끼치는 소신어쩌구하면서 핑계뒤에 소신을 숨기고 조직에 굴복하는 이들이 너무 많아서 세상이 힘들어 해. 그저 네 가슴에 품은 꿈, 그리고 그것을 이루기 위한 소신. 그것에는 부모와도 타협하면 안된다. 하긴 자식이 자신의 뜻을 지키겠다는 데 반대하거나 방해하는 부모는 부모자격이 없다고도 말할 수 있겠다. 여하튼, 네가 스스로 부여한 그 소신만큼은 그 어떤 것앞에서도 싸구려취급하지 마라. 그것이 네가 태어나서 유일하게 지켜내야 할 몫이고 유일하게 끝까지 지니고 걸어야 할 소중한 것이야. 이사람 저사람 인생에 끼어들어 이런말 저런말에 흔들리며 이러저러한 곳들을 전전하며 말같지도 않은 조언과 위로에 소신을 뒤로 숨긴 채 감정에 흘러가는 사람이 되서는 안된다.

항상 우리가 진부하다고 치부해버리는 진리안에는 커다랗고 깊은 의미가 담겨 있단다. 소신이 있으면, 즉, **네가 뜻하는 바가 있다면 그것이 길을 만들어 줄 것이야.** '뜻이 있는 곳에 길이 있다'는 말 알지? 네게서 '뜻'이 싹을 틔우면 '뜻'이 자체의 힘으로 길을 만들 것이야. 여러번 강조해서 네게 말했듯이 미래는 현재 너의 관념 속에 존재하는, 즉 현재까지의 경험으로 재단해서는 안돼. 지금까지의 경험이 물론 도움이 되겠지만 그것은 양념에 불과해. 미래에 일어나지 않을, 탄생될 그것은 그것만의 새로운 길이 개척될터인데 과거의 경험으로 이건 이렇고 저건 저래야 하고, 계획하며 판단하는 것은 어리석단다. 경험이라는 손에 잡힌 것으로 미래를 잡을 수 있다고 속단하지 마라. 미래에 탄생할 것은 아직 네 손에 없단다. 네가 가고자 하는 길 위에서 소신을 지킨다면 반드시 너의 뜻은 너에게 길을 내어줄거야.

이 글을 마무리하면서 소로우가 전선주밑에 앉아서 들었다는 그 소리를 너와 엄마 둘 다 '아이'가 되어 함께 손잡고 들어보고 싶구나.

'아이야, 마음에 깊이 새겨 절대로 잊지 말아야 한다.
지금 네가 걷고 있는 삶보다 더 높은 단계의 삶,
무한히 더 높은 단계의 삶이 있다.
그 길은 멀고 험하지만
네 인생을 모두 바쳐서라도 꼭 도달해야 할 소중한 길임을 결코 잊지 말아라[9].'

사랑한다...
너의 뜻을,
너의 길을,
그 길을 걷는 너를......

---

9 소로우의일기, 헨리 데이빗 소로우, 2003, 도솔

다섯번째 편지, 쾌락

수학을 잘한들 인생의 함수를 풀어내지 못하고
영어를 잘한들 타문화와 공감을 느끼지 못하고
물리를 잘한들 세상의 원리를 이해하지 못하고
생물을 잘한들 자연의 이치를 깨닫지 못하고
지리를 잘한들 혼자서는 어디도 가지 못하고
경제를 잘한들 자신의 통장을 채우지 못하고
경영을 잘한들 구성원의 비난을 면치 못하고
철학을 잘한들 인생의 결이 매끄럽지 못하고
음악을 잘한들 소리와 소음을 구분하지 못하고
체육을 잘한들 건강하지 못해 질병에 시달린다면
그저 머리만 복잡하고 큰 가분수인간이 되는거야.

삶이 주는 최고의 에피파니를 느끼렴!

당연하다는 것을 알면서도 당연하게 행하지 못할 때, 참 어이없고 당황스럽지. 인간이 성장하려면 계속 자신이 모른다고 여겨야 하는데 뭐 잘났다고 아는 지식을 휘두르는지... 자신은 모르지 않다고, 모르는 것이 아니라 잠시 잊었다고, 다 들여다 보이는데 자꾸 그리 얘기하면 결국 '나는 어리석습니다'라고 고백하는 꼴밖에 안된단다.

'나는 모른다.', '나는 무지하다'는 것을 인정하고 명심하는 자만이 지속적으로 자신을 '배움'의 터에 머무르게 할 수 있어. 자기 자신을 성장시키기 위해 배움의 문을 여는 자야말로 '지혜'로운 자로 불릴만 하지. 삶은 지식이 아닌, 지혜가 동반되어야 진짜 삶이겠지? 이걸 모르는 이는 없겠지?

하지만 이리 당연한 것을 행하는 자는 드물어. 아는 것(앎)이 사는 것(삶)으로 연결된 것이 지식이 지혜로 승화되는 것이며 지혜로운 삶이어야 너의 삶이, 너의 인생이 충분한 가치를 지니겠지. 그래서, 오늘은 **'배우는 것'이 얼마나 환상적인 인생으로 널 안내하는지** 제대로 일러주고 싶구나...

'말을 탈 줄 아는 사람들 중 어느 누구도 배우기 전에 말을 탄 사람은 없듯이'[1] 배우지 않고 알아지는 것은 거의 없어. 또한 본능적을 타고난 감각 외에 네가 알고자 하는 모든 것은 '배움'으로 얻을 수가 있지. 그러니 엄마의 말을 '나는 계속 모르는 사람이니 자신감없이 살라는 말인가?'로 여기지 말고 **계속 배우며 알아가는, 오히려 자신있는 사람으로 너의 한계로부터 벗어나라는 의미로 이해해주길 바래.**

모든 배움은 종류를 막론하고 처음엔 알파벳을 외우는 것처럼 시작하지. 그것을 모아 단어를 익히고 단어는 다시 숙어가, 문장이, 문구가, 글이, 책이 되지. 그렇게 글과 말은 단지 활자의 실체를 너머 그 이면에 '의미'와 '가치'를 담게 되거든. 지식이나 기술도 마찬가지야. **지식이나 기술이 모여 인지가 되고 인지가 삶이라는 실재에 대입되어 지혜의 단계에 이르게 된단다.**

그 경지의 끝이 어딘지 모르면서 '안다'고, '더 이상 배울 게 없다'고 여기는 것은 이제 알파벳 겨우 읽으면서 '나 영어할 줄 안다!'라고 자랑하는 어린아이와 같지. **계속 자신의 무식을, 무지를 인정하고 들여다봐야 한다.** 삶은 드라마보다 더 드라마다워서 항상 새로운 경험을 할 수밖에 없어. 새로우니까 지식만으로는 이해도, 해결도 한계가 있겠지? 그래서 삶 자체가 지닌 본성이 난해(難解, 이해하기 어려움)인 것이야.

---

1 키루스의 교육, 크세노폰, 2016, 한길사

수학을 잘한들 인생의 함수를 풀어내지 못하고
영어를 잘한들 타문화와 공감을 느끼지 못하고
물리를 잘한들 세상의 원리를 이해하지 못하고
생물을 잘한들 자연의 이치를 깨닫지 못하고
지리를 잘한들 혼자서는 어디도 가지 못하고
경제를 잘한들 자신의 통장을 채우지 못하고
경영을 잘한들 구성원의 비난을 면치 못하고
철학을 잘한들 인생의 결이 매끄럽지 못하고
음악을 잘한들 소리와 소음을 구분하지 못하고
체육을 잘한들 건강하지 못해 질병에 시달린다면

그저 머리만 복잡하고 큰 가분수인간이 되는거야. 지식자체는 그저 정보의 조합으로 탄생한 일시적인 개념일 뿐, 허상이고 추상이란다. **지식은 삶에 적용될 때, 즉 앎이 삶으로 경험될 때 비로소 '가치'의 의복을 입는 것이야.** 또 말하지만 자신의 무식을, 무지를 바라봐야 한다. 인생이란, 삶이란, 사람이란, 자연이란, 네가 걸어가는 그리고 걸어가야 할 길이란 온통 미지의 것들이라 볼 수도 알 수도 없단다. 가보지 않은 길이기 때문에 지금 존재하는 지식만으론 풀 수 없어. 지식을 쌓고 또 쌓고 더 쌓아서 그것의 뭉치가 서로 연결되고 연결된 것들끼리 서로 충돌하여 소멸될 것들은 소멸, 새롭게 창조될 것들은 창조시켜 너만의 지혜로 승화시켜야 해.

영어를 잘 하려면 알파벳을 아는 것이 기본이지? 즉, 지식을 쌓는 것은 기본이야. **'아는 것'은 기본**이라는 것이야. 기본은 매우 중요하기 때문에 반드시 시작에 놓여야 해. 기본을 무시하고 몇발짝 앞에 서면 안돼. 지식이 많다고 자랑

하는 것은 활과 창의 사용법만 외운 채 전쟁터에 나가는 것과 마찬가지야. 기본을 안다고 자랑하는 자체가 너무나 한심스러운 것이지. **기본만으로는 응용이 버거워. 삶은 응용인데** 말이야. 많이 아는 사람이 잘 산다는 공식은 어디서도 찾아볼 수 없어. 하지만 잘 살기 위해서 많이 다양하게 아는 것은 중요하단다. 지식을 갖추는 기본이 선행된 후 거기에 행동의 양이 보태져 지혜로운 삶을 영위하고 이는 더 가치있는 삶으로 널 안내할 것이야. 한마디로, **명시적 지식은 기본, 실천적 지식이 암묵적 지식으로 체화될 때 지혜로운 사람**이 되는 거야. 알파벳을 외우고 단어와 숙어를 많이 알아도 말 속의 의미를 공감해야 소통이듯, 활과 창의 사용법을 알고 실전훈련이 병행되어야 전투를 승리로 이끌겠지. 살아남겠지. 장군도 되겠지. 그것처럼 삶을 위한 지식(명시적)을 알고 그것을 행하는(실천적) 지식이 병행되어야 지혜(초월적 지식)로운 삶이 가능해.

여기서 '~답다' 또는 '~스럽다'라는 말의 의미를 잠깐 고려해보면 좋겠는데... 사람답다는 어떤 사람을 의미하는 걸까? 지식인답다는 것은 지식을 어떻게 활용하는 이를 두고 하는 말일까? 여성스럽다, 남성스럽다, 어른스럽다... 단어 옆에 바짝 붙은 '스럽다', '답다'가 그럴싸하게 어울리는 사람이 되기 위해서는 계속 자신이 모른다는 것을 인정하며 배움에서 발을 떼면 안 될 것이야. **어울리지 않으면 어울리지 못해. 대접받지 못하고 도태되지.** 사람다움에 어울리지 않는다면 사람다운 사람과 어울리기 어렵고 어른스러움에 어울리지 않는다면 제 아무리 어른처럼 굴어도 어른 대접을 못 받지. 배움은 너를 무엇에든, 누구에게든 어울리게 해 줄거야.

그렇다면, 학교를 졸업한 어른은 어디서 무엇을 어떻게 배울 수 있을까? 사실 이런 질문은 우인(愚人)들이나 하는 질문이지만 아직 삶의 기간이 짧은 너희들은 경험의 폭이 좁을 수 있기에 몇 가지 알려주려 하는데 괜찮겠지? 정답은 없겠지만 현인(賢人)들의 책을 통해 배운 해답은 의외로 간단해.

'모든 것, 모든 이에게 배움이 있다.'

아주 뛰어난 인간을 만나면 '저렇게 살아야 하겠구나'를,
간혹 아주 사악한 인간을 만나도 '저렇게 살면 안되는구나'를,
전혀 배울 게 없는 이를 만나도 '저렇게 되지 않으려면 나는 뭐라도 배워야겠다'라도 배우지.

직접경험이 부족할 수밖에 없는 물리적 한계는 '책'으로 채울 수 있단다. 책은 수천년전의 경험많은 이들의 지식과 지혜가 모두 담겨 있지. 종이와 인쇄기술이 없었던 시절 양피지에 필사가들이 하나하나 옮겨 적으며 지금 네 손에까지 들려진 바로 그 책에는 가히 놀라운 삶의 지혜들이 널 기다려. 그래서 **유행하는 책보다는 유행에서 멀어진, 하지만 오랜 기간 넓은 세상 많은 이들에게 읽히고 또 읽히는 그런 책들부터 선별하여 읽기 바래.**

그리고 책을 읽다 보면 알 것 같으면서도 결코 이해할 수 없는 혹은 이해가 버거운 부분을 자주 만나게 될거야. 그럴땐 잠시 멈추렴. 그리고 그 부분을 그냥 네 머리 한켠에 냅두렴. 그리고 다른 책을 잡으렴. 이해안되는 그 부분은 경험의 결핍때문이야. 삶에서 직접 체험하거나 또는 다른 책을 통한 간접체험을 통해 그 부분이 메워진단다. 그러니 어려운 책이라고 포기하지 말고 다른 책을 읽고 수주일 뒤 다시 읽어보면 그 부분이 이해되는 신기한 경험을 하게 될거야. 몇 주전까지 이해 안되던 것에 무엇이 보태졌길래 이해가 되는 걸까? 안다는

것은 그렇게 활자만으로 가질 수 있는 것이 아니라는 사실을 스스로 증명하는 경험을 가져보면 좋겠어. 그러면 그만큼 넌 성장하는 것이지. 너의 무지가 채워지는 것이지. 너의 삶이 조금 더 높이 고양되는 것이지. 그런데 책이라고 다 양서는 아니야. **한 번 읽히고 사라지는 책들이 난무한 지금, 요령이나 비결을 알려주는 책은 되도록 멀리하고 근본을 알려주는 책을 읽어야 해. 쉽게 단숨에 읽히는 책보다는 한장한장 읽다가 덮기를 반복하게 하는 그런 책을 읽으렴.** 널 멈추게 하는 책은 너를 자극하여 네 자신을 들여다보게 해주는 책이라 너의 부족하거나 구멍난 공간을 진리로 채워줄거야.

그 책 속의 글이 네 눈을 통해 네 가슴에 도달하는 데는 시간이 필요해. 눈에서 가슴으로 간 활자들은 네가 걷는 사유의 길에 차곡차곡 쌓이게 되니 한장한장 더디더라도 그런 책이 네게 양서가 될거야. 단, 책을 읽으며 네 삶에 대입하지 않는다면 그것은 지적허영이야. 꼭 기억하길 바란다.

이제 **배움을 지속하면 얻을 수 있는 여러가지 이득**에 대해 말해볼께.

그 중 제일은 **남들이 보지 못하는 것을 볼 줄 알게 돼.** 보이지 않는 것을 볼 수 있는 시야를 가지게 되지. 네 앞에 자리한 두 눈이 사물을 인식시켜주는 사물의 대변자라면 **네 정신의 눈은 보이지 않고 인지되지 않았던 것들을 볼 수 있는 눈**이라고 할 수 있어. 이 눈은 모두가 보편적으로 믿고 있는 지금의 지식이 곧 하잘 것 없는 거짓으로, 철썩같이 믿고 따랐던 이론들이 한낱 견해에 불과하다는 것을 보게 하고 사물에 담겨 있는 소중한 가치를 느끼게 해주며 한마디 말속에 담긴 상대의 지혜를 간파하여 네 귀가 어디에서 열려야 할 지, 네 두 다리가 어디를 향해 걸어야 할지 알려주지. 이렇게 배움은 네 정신의 시력을 상승시키고 날카롭게 다듬어 준단다. 우리는 이것을 지혜라고, 통찰이라고, 혜안이라고, 요즘 단어로는 메타지식이라고 하지.

두 번째 이득은 **너무나 커다란 쾌락을 맛볼 수 있다는 것**이야. 배움을 통해 지속적으로 나아지는 너를 만난다는 것은 '새로운 자신'을 만나는 경험을 의미하겠지? 어제까지 몰랐던 자신이 오늘 창조되고 오늘의 나보다 더 멋진 내일의 나를 기대하는. 얼마나 큰 희열이고 쾌락인지 한번 빠지면 헤어 나오질 못하지.

세상에서 제일 재미난 장난감이 자기 자신이란다. 수없이 들쑥날쑥거리는 수많은 감정을 정신과 연결시켜 노는 재미, 그 재미로 인해 드러나는 현실, 이렇게 자신을 장난감삼아 노는 재미가 곧 성장이지! 노는 것이 배우는 것이야! 이 최고의 쾌락에 제발 맛들리길, 길들여지길, 중독되길 바란다. 또한, 이와 같은 **쾌락은 너를 절제의 삶으로 안내할거야.** 남들이 소유하고 싶어 안달난 것들에서, 과하게 집착하는 그것으로부터 너를 해방시켜주지. 너는 충분히 너만의 놀이로 내면을 가득 채우고 있으니 무언가를 소유하여, 즉, 외부로부터 주어지는 것에 의해 일시적으로 즐기는 삶이 아닌, 영원한 것을 가슴에 품고 즐길 수 있는 일상의 쾌락과 충만감을 얻게 되는거야.

사람은 유유상종이라서 비슷한 사람들끼리 모이게 되어 있어. 더 정확하게 말하자면 모이는 것이 아니라 서로가 서로를 끌어당긴다고 할 수 있지. **배움을 원하는 사람들 옆에는 항상 배움이 간절한 이들**이 모이게 돼. 배움은 곧 성장이니 네가 배움에서 얻는 이득이란 **성장하는 사람들과 항상 어울릴 수 있다는 것**이며 이들과 인생의 가치를, 격을, 수준을, 그리고 이치를 깨달아가는 관계들이 형성될거야. 이들과 함께 지식을 너머 삶을, 인생을, 사람을, 세상을, 그리고 모든 것의 가치를 나누고 쌓을 수 있어. 이것이 배움이 주는 세번째 이득이고 더 나아가 더불어 함께 하는 삶을 통해 너는 점점 더 너 자신을 알아가게 될거야. **알면 이해하고 이해하면 소유하고 소유하면 소중해지고 소중해지면 사랑하게 되지. 자기자신을 진심으로 소중히 사랑해줄 수 있는 자신이 되어 모든 것을 사랑할 줄 아는 사람이 되어가는 것이 배움이 주는 네번째 이득이야.**

시간은 항상 사람을 어디론가 데리고 가는데 그 먼 길의 끄트머리로 갈수록 점점 몸은 작아지고 약해지고 굳어진단다. 단 한사람도 예외없이 그 길을 가지. 정신도 마찬가지야. 굳어져. 파괴되고 소멸돼. 하지만, 물질로서 파괴되고 소멸되는 것은 어쩔 수 없다 하더라도 **배움이 있는 한 정신이 굳어져 고착되는 것을 막거나 시간을 지연시킬 수** 있어. 배움이 주는 다섯번째 커다란 이득이지.

물론, 젊은 나이에 벌써 고착된 편견이나 고정관념들을 가진 이도 있지만 주로 오랜 세월을 산 사람에게서 더 두드러져. 그렇지만, 배움을 지속한 '오래된' 사람들은 오히려 젊은이들의 그것보다 훨씬 유동적이고 넓고 깊은 정신을 보유하고 있어. **정신이 굳어지는 것은 때가 늦어 고칠 수 없는 것이 아님을 증명해주는 어른.** 자신을 이러한 어른으로 만들어주는 배움 앞에 항상 순종한다면 충분히 너도 그러한 어른이 되고 또 너를 닮고 싶은 젊은이들이 너와 같은 어른으로 성장할거야.

그리고 마지막으로 가장 큰 이득을 말하려 해. 책과 세상을 통한 삶의 배움은 **처음엔 모르는 것을 알게 하지만 그것이 새롭게 아는 것과 충돌하고 깨지고 섞이며 정리되는 과정은 네게 새로운 인식을 창조시키는 깨달음을 주지.** 이 모든 과정이 성찰이란다. 배움은 성찰을 이끌고 성찰은 너의 본성으로 널 데려가고 그 빛을 보는 순간 너는 너만의, 너여야, 너이길 바라는 자신만의 인생을 찾아 가꾸게 될거야. 진정 성공적인 인생이지.

너는 너 스스로 태어난 것이 아니란다. 음... 그러니까. 네 안에서 자꾸만 뭔가가 창조되잖아. 지금의 너보다 계속해서 더 커지잖아. 큰 것에서 작은 것이 나오는 원리에 따라 큰 무언가가 네 속에 있으니 자꾸만 네 안에서 뭔가를 꺼내어 창조해내는 것이거든. 즉, 엄청나게 거대한 무언가가 너를 태어나게 했고 **지금까지 커다란 네 안의 존재가 자꾸 네게서 뭘 끄집어내어 세상으로 보내는** 것이지. 네 안에 커다란 존재가 작은 널 지속적으로 키우고 있고 작은 네가 커다란 존재를 내면에 품고 있는, 아주 모순적인 이 진리가 너에게서 역동적으로 순환되고 있단다.

네 안의 커다란 너를 믿고 그 존재가 꺼내주는 창조물을 소중히 드러내라. 커다란 존재를 품은 너의 전(全)우주성을 믿고 오로지 너로서 너의 세상을 만들어보렴.

인간의 신체는 물리적인 변화만 일으키는 것이 아니라 정신과 영혼이 이끄는 화학적인 변화를 통해 가공할 힘을 창조시키고 있단다. 분명 살면서 한계에 부딪히는 경험을 하게 돼. 어쩔 수 없어. 누구나 한계에 부딪혀. 그런데, 한계를 극복하기 위해선 한계가 필요하지? 그러니 한계는 이유를 가지고 네 앞에 놓인 경계인 것이지. **자기 내면의 무한함을 아는 사람은 한계를 만날 때 스스로를 한계에 멈춰세우지 않아.**

무한한 것을 아니까!
그 너머를 아니까!
더 큰 존재가 자신을 이끄는 것을 믿으니까!
네 안에는 끄집어내야 할 커다란 존재가 있으니까!

무한한 너를 위해 유한한 지금을 살아가는, 무한성을 위해 유한성을 넘어서는 너는 커다란 우주란다. 이를 실감하는 것이 배움의 가장 큰 이득이야. 고리타분하게 읽혀지는 글을 여기까지 읽어주니 참 고맙기도, 기특하기도, 너의 미래가 기대되기도 하는구나.

짧게 2가지만 당부하자. 먼저, **하루에 일정 시간을 내어 죽은 성현들을 만나길 바래.** 성현들의 삶의 철학과 사유의 정신을 만나라는 의미지. 그들이 네게 인간을, 삶을, 세상을 알려줄거야. 그들의 가르침을 잘 따르렴. 그들은 네가 손을 내미는 순간순간 네게 위대한 희망과 가치의 쾌락을 선물할거야. 그리고 또 하나는, **양이 채워져야 질적인 승화가 일어난단다.** 이는 물이 끓는 것과 같아. 99도까지 액체였던 것이 100도라는 열의 양이 채워지는 순간 기체가 되지? 질적으로 다른 차원이 돼. 정신도 마찬가지야. 지식의 일정한 양이 채워져야 질적인 승화를 통해 다른 차원의 지혜가 돼. 처음엔 일정량이 채워지도록 배우는 과정을 반복해야 해. 양이 쌓이면 그것이 너에게 지혜로 승화되어 삶을 제대로 살아가는 힘이 되지. 그러니 계속 채우고 채운 것이 삶에서 지혜로 승화되도록 결코 멈추지 마라...

이 길이 사유의 길이야. 네가 평생 걷길 바라는... 엄마가 걷는 사유의 길은 커다란 행복이 있는 길이란다. 많은 이들이 걸어왔고 또 걸으며 행복해했던, 누구나 걸을 수 있고 참된 자신만의 인생을 원한다면 걸어야 할 길이지.

엄마는...
그 누구보다...
너와 함께 걷고 싶구나.....

여섯번째 편지, 가치

너는 지금 네가 아는 것보다 훨씬 위대한 존재란다. 네가 그렇게 여기든 그렇게 여기지 않든, 인간은! 그리고 너는! 광활한 우주를 품은 존재야. 마음먹은대로 무엇이든 할 수 있는 존재지. 네가 세상에 지금까지 올바른 인성과 건강한 정신, 신체로 살아있다는 것 자체는 너 자신이나 부모의 능력이나 헌신때문이 아니야! 더 크고 위대하고 명확한 이유가 있어서야. 세상이 너란 사람이 필요해서야. 세상이 널 잘 쓰려 함이야. 세상이 너를 통해 구현해낼 것이 여전히 존재하기 때문이야. 이것이야말로 네가 마땅히, 기꺼이 네 길을 걸어야 할 위대한 이유이지.

네 정신에 깊은 주름을 내어라

언젠가 엄마도 모르게 이제 과거의 나를 만나도 '잘해왔다. 그렇게 살았기에 지금의 내가 있는 것이야. 이제 네가 아무리 유혹해도 끌려가지 않을 자신이 생겼어. 지금의 나는 그 때의 나와 아주, 정말 너무나 다르거든.'이라고 쓰고 있더라구. 그리고 곰곰히... 생각에 빠졌지. 2019년 2월 새벽독서를 시작하고 5년이 훌쩍 넘은 지금, 5년전 과거의 엄마가 제 아무리 지금의 엄마를 호출해도 그리로 돌아가지 않을 자신이 생겼다고나 할까? 무엇이 엄마를 이리 바꿨을까... 노트에 정리하면서 너와도 이런 대화를 나누고 싶어졌어...

엄마의 지난 5년은 알다시피 치열했다. 누군가가 볼 때엔 '그까짓 것'이겠지만 천성적으로 나태한 엄마에게 새벽4시 기상, 매일 2시간이상 새벽독서를 지켜내는 것은 '치열'이었거든. 5년간 엄마는 아주 변했어. 한 것이라곤 새벽에 일어나 책을 읽은 것뿐. 독서는 글을 쓰게 만들었고 글은 엄마자신을 알게 했고 알게 되니 다시 엄마를 리셋할 수 있었고 리셋이 되니 과거로는 돌아가기 싫고 돌아가지지 않는거지. 브**라는 글쓰기 플랫폼에 지금 3년째 매일 새벽 5시 발행을 지켜오면서 독자 4천명 가량이 모이고 수많은 덧글과 응원을 받는 이유는 아마도 엄마글이 좋거나 남들보다 뛰어난 필력을 지녀서는 아닌 듯해. 대부분 **'어떻게 이렇게 오랜 기간을 매일 새벽 5시에 발행할 수 있느냐?'** 라고 물으셔. 이 플랫폼은 예약발행이 안되거든. 이러한 행위가 글의 실력보다 더 인정받고 신뢰를 준 것 같아.

이를 인내, 꾸준함, 집중, 의지가 뛰어나다고 독자들이 칭찬을 하기도 하지만… 엄마는 아니라고 고개를 저어. 그런 게 아니라고… 나는 그렇지 않다고… 단지 **'행위를 반복하다 보니 습관이 된 것뿐'**이라고… **'용기, 의지, 인내, 성실 그런 것들을 출동시키지 않고 그냥 하기로 했으니 한 것뿐'**이지. 자, 오늘은 이 얘기를 해보자.

길을 가다가 '어? 여기 누가 지나갔나 봐'. 분명 길은 아닌데 길인 듯한 길을 본 적이 있지? 특히 낯선 길을 가거나 산길을 오를 때 반듯한 길 옆으로 누군가가 지나간 흔적이 있는, 길은 없는데 길이 될 것 같은, 그런 길을 만나기도 해. 누군가가 한번, 두번 지나가면 땅은 길이 돼. **서 있으면 땅이지만 걸으면 길이 된단다.** 그런데 신기하다! 다음에 다시 가보면 그 길을 누군가가 계속 걸었는지 진짜 길이 되어 있고 풀들이 길 양옆으로 나있어. 계속 누군가가 밟아서 길이 되면 주변의 환경을 바꿔버리지. 생태계까지도 말야. 그런데 더 신기한 건 잘 나있던 길이었는데도 아무도 지나다니지 않으면 그 길은 없어져. 잡초로, 풀들로 덮여서 아예 흔적도 찾을 수 없게 되지.

정신도 마찬가지란다. **너의 정신에도 여러 길들이 있어.** 길끝에 당도했을 때 내려진 결정을 우리는 '판단'이라고 하고 판단에 의해서 너의 삶의 길이 만들어져. 정신의 길은 현실적인 삶의 길을 만드는 근원이 되지.

그렇다면 너의 정신에 길을 내는 것은 무엇일까? 바로 행동이야. 서 있지 않고 걷는 행위가 땅위의 길을 내듯 정신도 행동을 계속 하면 곧고 길고 바른 길이 나. 없는 길을 바라보면서 '아, 여기로 갈까, 저기로 갈까. 여기로 가면 이러이러하겠지?' 아무리 모든 지식을 동원해서 생각해도 길은 나지 않아. 일단 걸어야 해. 걸으면 길이 되고 가보면 계속 가야할 길인지, 가서는 안되는 길인지 알게 되지. 정신도 마찬가지야. 행동을 해봐야 계속 해도 될지, 해서는 안되는지 알 수 있어.

정신의 길은 행동이 만든단다. 그리고 그 길을 우리는 **'습관'**이라고 하지. 한마디로, **습관은 행동의 반복으로 네 정신에 새겨진 길이야.** 자, 너의 정신은 어떤 길로 채워져 있니? 구불구불한 길, 낭떠러지로 향하는 길, 태양을 마주하는 길, 온갖 꽃으로 찬란한 길. 너무나 많은 길들이 있는데 너의 정신은 어떤 길로 만들어져 있으며 그 길은 어디로 향하고 있니?

길이 존재한다는 것은 가야할 방향이 있다는 의미겠지? 서울에서 부산으로 가려면 아무리 천천히, 기어서 가더라도 경부고속도로를 타면 무조건 부산에 도착하게 되어 있어. 사람들을 서울에서 부산으로, 또는 그 반대로 가게 하는 것이 경부고속도로의 기본적인 존재이유야. 즉, **방향이 길의 존재이유이지.** 방향이 없다면 제 아무리 좋은 승용차로 제 아무리 신나게, 제 아무리 열심히 달려도 '여기가 어디지?' 결론은 막막해. **길의 존재이유는 방향으로 향하기 위함이며 방향의 존재이유는 목표, 나아가 목적을 이루기 위함**이지.

너의 정신의 길은 무엇을 위해 존재하니?
바로, 너의 꿈을 위해서여야 하지 않을까?

꿈을 위한 길, 길을 위한 행동, 행동의 반복으로 만들어진 습관. 고로, 습관을 어떻게 만드느냐가 결국 꿈을 이루느냐 그렇지 못하느냐를 결정하지. 똑똑하고 영리하고 지식이 많은 사람들은 너무 많아. 기술이 훌륭하고 기능적으로 숙련된 자질을 갖춘 이도 너무 많아. 하지만 이들 중 누구는 성공하고 누구는 그렇지 못하지. 이유가 뭐지? 개개인의 차이는 있겠지만 분명한 사실 하나는 명석하고 지식이 풍부한 것이 전부가 아니란 사실이야. 그것들을 보완, 보충, 보호해 줄 무언가 더 큰 것이 존재한다는 말이야. 엄마는 이를 습관이라고 말하고 싶단다. 대부분 새해가 되면 결심을 해. '올해는 이것을 이룰거야.'하면서. 하지만 결과는? 작심삼일.이라는 말이 아주 유명한 걸 보면 3일 이상 못 버티는 사람들이 대다수라는 것인데. 왤까? 인내가 부족해서? 끈기가 없어서? 뭐, 여러가지가 있겠지만 엄마는 **'생각이 많아서', '자만해서'**라고 말하고 싶어.

무슨 말이냐면. 무언가를 이루겠다, 해보겠다는 것은 안해 본, 못 이뤄본 것이 잖아. 그런데 자기 머리속에 담긴 인식으로 자꾸만 판단하는거야. 이렇게 하면 저렇게 되겠지? 이렇게 해봤자 안되겠지? 라고 말야. 안가본 길은 그냥 가봐야, 아니 생각하지 말고 일단 행동해야 가야할 길인지 아닌지 알 수 있는데 자기를 너무 믿는 자만(自慢)이 생각을 불러오고 그것이 머뭇거리고 망설이게 자기발목을 잡는거야. 뭘 하겠다고 하면 일단 그냥 해야 해. 새로운 결과를 만들려면 새로운 습관이 필요하니까. 초기엔 머리보다 다리가, 이성보다 행동이 더 필요해. 그 유명한 아이슈타인의 명언이 있잖니. '같은 행동으로 다른 결과를 내려는 사람은 정신병자다.' 그리고 20대에 자수성가로 백만장자가 된 젊은 청년도 이렇게 말했지. '완벽해져서 시작하지 말고 시작하고 완벽해져라[1]'고. 새로운 습관을 만드는 유일한 방법은 낡은 습관을 빼내는 것뿐이며 낡은 습관을 빼내는 유일한 방법은 새로운 습관을 만들 행동을 반복하는 것뿐이야. **습관은 새로운 습관으로만 바뀐단다.**

그리고 이렇게 습관을 만드는 과정에서 얻어지는 보석같은 선물이 너무 많아. 닭이 먼저인지 달걀이 먼저인지는 몰라, 인내심이 있어서 습관이 되는 것인지, 그냥 하다보니 습관이 되어 인내심이 생긴 것인지. 엄마의 경우엔, 또 엄마가 코치로서 여러 피코치들을 상대한 경험을 보태어 주장한다면 인내심, 용기, 성실성, 꾸준함. 이런 거 없어도 **'생각내려놓고 그냥 행동'이 반복되면 습관은 만들어지고 그 과정에서 인내심도 용기도, 꾸준함도 하나씩 드러나** 갖춰지더라구. 그렇게 가다 보면 원하는 결과가 딱! 내 눈앞에 등장하고.

사실 용기가 감정의 영역같지만 아니다! **머리에서 계산만 제대로 하면 용기는 저절로 생긴다!** '안하는 것보다 하는 게 나은 계산', '나에게 유리하다는 것을 아는 이성'. 용기는 이렇게 머리에서 딱 정리되면 가슴에서 저절로 뿜어져 나와. 자연발생적으로 용기는 드러나지. 그러니까 우리는 무서워도 주사를 맞고 어려워도 공부를 하고 두려워도 자꾸 시도하잖아. **용기가 필요한 것이 아니라 해석이 필요하다**는 말이지.

그렇다고 해서, '아무 것도 필요없고 무조건 행동만 반복하면 돼!' 라는 말은 아니야. 잠깐 말했듯이 서울에서 부산을 가려면 기더라도 경부고속도로에서 기어야 해. 즉, 행동을 견인하는 힘은 목표에 있어. 뚜렷한 방향안에서 명확하

---

[1] 롭무어 : 래버리지, 결단, 머니, 확신의 저자

게 드러나 있는 목표. 서울에서 부산까지 가려면 대전, 대구를 지나야 하지. 이처럼 뚜렷한 방향안에서 장/중/단기 목표가 세워져 있다면 이 목표의 힘이 널 이끌거야. 그 방향으로 '그냥' 하는 행동의 반복이 목표를 너에게 다가오게 하는 것이지.

'만일 단 한 사람이 자기 본능 위에
반석처럼 몸을 세우고 단단히 거기에서 지키고 있으면,
이 거대한 세계가 도리어 자기 편으로 향하여 오리라[2]'

이 과정에서 보물처럼 **인내심도, 성실성도, 용기도, 두려움을 떨쳐내는 탄력성도, 불편함을 이겨내는 능력**도 모두 얻게 된단다. 그렇게 네가 원하는 삶의 길을 만들기 위해서는 습관을 만들어야 하고 습관이란 행동이 지나간 정신에 새겨진 길이니 행동의 반복만이 유일한 방법이며 '그냥' 행동할 수 있는 동력은 네가 가고자 하는 방향이 있기 때문이고 그 방향이 너무 멀고 추상적이니 중간중간 구체적인 목표를 세워보는 것이야.

목표, 닿고 싶은 그 곳, 얻고 싶은 그 것을 떠올릴때 그것을 이룬 너의 모습을 상상하렴. 심장이 뛰고 온몸에 소름이 돋고 정신이 반쩍! 일사천리로 제자리를 잡는 그 느낌이라면 그것은 진정 네가 열망하는 대상이야. **열망할 대상을 찾고 그 느낌을 매일 상기하면 너의 행동에 힘이 붙는** 느낌이 들거야. 첫발을 내디딜 때 힘있게 내딛어. 처음 길을 낼 때 깊게 내란 말이다. 첫 3주, 1달가량은 결코 타협없이 밀어붙여. **한번 잡힌 주름은 쉽게 없어지지 않거든. 그러니 네 정신에 깊은 주름을 내어라.** 그렇게 만들어진 습관은 좀처럼 없어지지 않아. 이

---

2 수상록, 랄프 왈도 에머슨, 2013, 나래북

미 알잖니? 습관 바꾸기가 무지 어렵다는 사실 하나만으로도 습관이란 깊은 주름과 같다는 것을. 거듭 강조해서 말하지만, 새로운 습관은 기존의 습관을 없애는 것만이 유일한 방법이며 그냥 행동을 반복하게 하는 동력은 네가 가야할 길의 끝에 네가 원하는 것이 있기 때문이야.

자, 잠깐 시선을 다른 관점으로 옮겨볼까? 목표는 네가 원하는 것이 맞아. 네가 만든 것도 맞아. 하지만, 더 큰 시선에서 너를 바라보렴. 그러면 **목표란 너를 통해서 세상이 구현하고자 하는 정체**로 보일거야. 목표란 너밖에 할 수 없기에 너에게 주어진 의무로도 보일거야. 목표란 너여야만 해낼 수 있기에 너에게 시련을 줘서라도 이루게 하려는 의도가 담겨 있음을 알게 될거야. 또한 목표란 너를 더 높은 차원으로 이동시켜줄 결과이며 너를 증명해낼 물리적 현실이라는 거대한 관점을 갖게 될거야. 없던 길을 낼 때 하다 못해 작은 호미라도 있다면 작은 돌들을 치우며 갈 수 있겠지. 이런 의미에서 목표는 네 손에 쥔 무기이기도 해. 목표없이 길을 내기엔 우리 모두는 너무 약하단다. 가다 보면 가기 싫어지고 힘들면 주저앉고 싶고 이미 나 있는 길이 그립고 그리로 돌아가면 훨씬 편할 것도 같고... 그래서 자꾸 뒤돌아보려 하지. 이 편지의 젤 처음에 엄마가 말했지? 이제는 과거의 엄마가 지금의 엄마에게 제 아무리 손짓해도 돌아가지 않을 자신이 생겼다고. 그렇게 엄마도 숱한 시간을 뒤돌아보고 편했던 길 위에 안주하고 싶었었지.

그런데 절대로. 뒤돌아보지 마라.
소돔과 고모라 성이 멸망할 때 롯의 아내는 도망하다가 천사의 경고를 무시하고 뒤를 돌아보았다가 소금기둥이 되었다[3].

---

3 창세기 19장 26절

지금은 '소돔'이라는 작은 푯말로 존재하는, 요르단의 사해 남쪽으로 추정되는 도시 소돔, 사람의 바위는 롯의 아내가 소금기둥으로 변한 것이라는 전설이 전해진다.

소금기둥. 알지? 소금은 부패를 막기 위한 것이야. 네가 가던 길을 멈추고 뒤를 돌아보며 과거에 지나던 길을 염두에 두는 것은 과거의 인식, 과거의 환경, 과거의 네 모습 속에 다시 너를 가둬버리겠다는 의미란다. 절대 부패되지도 않은 상태에서 그렇게 과거 속에 갇혀, 영원히... 안된다. 절대 안된다. 인간은 성장하는 동물이고 **너는 지금 네가 아는 것보다 훨씬 위대한 존재란다**. 네가 그렇게 여기든 그렇게 여기지 않든, 인간은! 그리고 너는! 광활한 우주를 품은 존재야. 마음먹은대로 무엇이든 할 수 있는 존재지. 네가 세상에 지금까지 올바른 인성과 건강한 정신, 신체로 살아있다는 것 자체는 너 자신이나 부모의 능력과 헌신때문이 아니야! 더 크고 위대하고 명확한 이유가 있어서야.

세상이 너란 사람이 필요해서야.
세상이 널 잘 쓰려 함이야.
세상이 너를 통해 구현해낼 것이 여전히 존재하기 때문이야.
이것이야말로 네가 마땅히, 기꺼이 네 길을 걸어야 할 위대한 이유이지.

널 성장시키는 습관을 들이기에 혼자가 힘들다면 함께 하는 이들을 찾아보렴. 밑빠진 독에 물을 채우는 유일한 방법은 독을 물에 빠뜨리는 것이지. **구멍난, 끊어진, 채 길이 나지 않은 정신에 제대로 길을 내어줄 유일한 방법은 그런 정신을 갖춘 이들 속으로 네가 들어가는 것**이야. 읽는 책을 바꾸고 만나는 사람을 바꾸고 자주 가는 공간을 바꿔라. 환경은 무조건 너에게 영향을 미친단다. 네게 불평불만을 늘어놓는 사람들, 매번 부정만 하는 이들을 멀리 하고 차원을 달리 해석하는 이들, 더 큰 시선으로 현상을 바라보는 이들, 자신보다 더 큰 이로움을 위해 자신의 쓰임을 갈구하는 이들 속에 너를 진입시켜라.

네 귀와 네 혀와 네 손과 네 다리가 무엇을 듣고 무엇을 말하고 무엇을 만들고 어디로 걸어갈지 네 주변의 사람들을 보면 알 수 있지. 네 주변의 10사람을 평균내면 너의 모습이야. 네가 약해서가 아니라 인간이 원래 주변의 영향을 많이 받아. 그러니, 돈을 들이더라도 너와 성장의 에너지를 주고 받을 수 있는 사람들의 커뮤니티로 들어가렴. 아마츄어는 돈을 내고 움직이지만 프로는 돈을 받고 움직인단다. 무료는 책임지지 않겠다는 선언과 다름없으니 무료좋아하지 말고 프로들에게, 전문가들에게 **정당한 대가를 지불하고 너를 성장시킬 수 있는 자조모임이 있다면 과감하게 투자하고 너를 키워라.** 이는 소비가 아니라 투자란다.

이렇게 너의 정신이 제대로 된 습관의 길로 무장될 때 너는 네가 바라는 그 지점에 서게 된단다. 언제 서게 될지는 아무도 몰라. 준비가 되었다고 세상이 널 판단할 때 너를 반석 위에 세울거야. 그 때까지는 그냥. 해야 할 행동을 반복하며 너의 존재가치를 갈고 닦아 지켜내렴. **뒤돌아보고 싶어도 앞으로 전진하고 편안함이 널 유혹해도 불편함을 선택하고 익숙함쪽으로 네 다리가 움직이려 해도 네 정신이 낯선 곳으로 향하게** 다리에 명령해야 해. 그렇게 지속하다 보면 세상이 말할거야. '이 녀석, 제대로 쓸만한 녀석이네. 세상에 필요한 이 일에는 네가 제격이다.' 그리고는 너를 번쩍 들어다 네가 어울릴 그 자리에 세워둘거야. 그리고 네게 방해가 될만한 모든 일들을 알아서 처리해주고 거둬 줄거야. 그렇게 너는 자유롭게 너의 가치를 증명하는 삶을 이뤄나가게 돼.

이에 대한 근거로서 2가지 얘기를 들려줄께.
릴케는 홀로 고립된 채 하루 종일 돌을 깎고 그림그리는 데만 집중해 있는 로댕을 보며 이렇게 읊조렸어. '그 분을 둘러싸고 있는 사물들이 자라날수록 그 분에게 미치는 방해물들이 빠른 속도로 사라져 갔습니다. 그 분을 에워싸고 있는 현실로부터 모든 소리가 차단되었기 때문입니다[4].'라고.

그리고 성공학의 대부라 알려진 나폴레온힐이 존포스터의 글을 인용하며 말했지. '불굴의 정신력을 지닌 사람에게는 불의의 사고조차도 피해가는 것을 보면 참으로 경이로운 생각이 든다. 처음에는 험악해 보이는 운명도, 불굴의 정신력을 지닌 사람에게는 고분고분해져서 말을 잘 듣게 된다. 단호하고 결단력이 있는 정신의 소유자를 보면, 그의 주위가 깨끗해지고 그에게 자유가 주어지는 것을 느낄 수 있다[5].'

---
4 젊은 시인에게 보내는 편지, 릴케, 2014, 동서문화사
5 황금률, 나폴레온 힐, 2009, 비즈니스맵

네가 지금 너의 정신의 길을 제대로 재단장하는 과정은 익숙한 너를 떠나 낯선 너를 만나는, 다소 불편한 시간을 마주하겠지만 분명한 사실을 네게 알려준단다.

너야말로 세상이 바라던 사람이라는 사실.
그렇게 너의 가치를 스스로 증명해낼 수 있는 사람이라는 사실.
그런 너이기에 세상의 보호를 받을 자격이 있는 귀한 사람이라는 사실.
그럼으로써 네게 자유와 존엄의 가치가 너의 심연깊이 자리잡혀 간다는 사실.

일곱번째 편지, 원리

가야할 곳 먼저, 가고 싶은 곳 나중
먹어야 할 것 먼저, 먹고 싶은 것 나중
봐야할 곳 먼저, 보고 싶은 곳 나중
해야할 말 먼저, 하고 싶은 말 나중
들어야 할 말 먼저, 듣고 싶은 말 나중
읽어야 할 책 먼저, 읽고 싶은 책 나중
잡아야 할 것 먼저, 잡고 싶은 것 나중
배워야 할 것 먼저, 배우고 싶은 것 나중
써야할 것 먼저, 쓰고 싶은 것 나중
줘야 할 것 먼저, 주고 싶은 것 나중
이해할 것 먼저, 이해시키고 싶은 것 나중
한마디로,
해야할 것을 먼저 하고, 하고 싶은 것은 나중에

수준높은 삶을 위한 단 하나의 기준

우리는 모두 더 높은 곳을 향하지. 물론 자기 삶을 더 단단한 반석위에 고양된 높은 위치에 올리는 것은 자신에게, 그리고 세상을 위해 이로운 일이지. 그런데 간혹 남과 비교해서 더 많이 가지려, 더 높은 위치에 오르려 애쓰는 삶과 헷갈려하면 안된단다. 자신의 존재 위에 서는 것과 남과 비교해 남 위에 서는 것은 다른 차원이거든…. 그래서 오늘은 수준있는 삶에 대해 이야기해볼까 해.

위아래를 쳐다보며 비교하며 산다는 건 비겁한 삶이야. 위를 본다는 것은 너 스스로 자신을 하찮게 보는 것이며 아래를 본다는 것은 네가 어떤 결과에 대해 우쭐거리는 자만이 시작됐음을 증명하는 셈이지. 또한, 우쭐대기 위해서 인색해지겠지. 왜? 계속 우쭐댈 수 있어야 하니까. 나눌 수가 없어져. 그리고 계속 더 많은 걸, 더 좋은 걸 보여줘야 하니까 가짜가 되기 십상인 길로 가는 거야. 그러니, 수준어쩌구하는 말에는 동참하지 말고 그런 생각조차 하지 않길 바란다. **진정 수준을 논하려거든 '인간의 격', 즉 인격수준부터 점검해야 해.**

네가 고등학교를 졸업하고 대학에 들어가기 전 운전면허증부터 취득했지. 대학에 들어갈 때도 어떤 기준과 자격이 필요했다. 하다 못해 동네 편의점에서 아르바이트를 하더라도 이력서로 자격을 검증받잖아. 어떤 일이든 자격(자질의 격, 수준)이 갖춰져야 해. 그런데 우리 대다수가 **인간의 자격, 인격에 대한 자격증은 있는지 없는지, 또 어떤 수준의 자격증인지, 자신을 들여다보는 것에는 간과하고 있다고 생각하지 않니?**

운전면허증보다 내 인격이 하찮아서인가? 아니면, 제대로 면허증따고서도 신호무시하며 맘대로 운전해도 된다는 것인가? 이도저도 아니면, 태어날 때 자격증따위 필요없었으니 인격없이 살아도 된다고 착각하는 것인가? 우리 한번 생각해볼 필요가 있지 않겠니?

음... 창조주가 우리를 세상에 내놓을 때는 모두에게 일정 수준이상의 자격을 갖춰서 내보냈다고 여겨. 본능, 본성과 같은 것이지. 최소한 '인간'이어야 한다는, 그리고 무한정으로 자신을 키워내도 된다는 자격말야. 그것을 살아가면서 더럽히고 깎아먹는 것은 자기 자신이지.

(자)격이 있는 삶과 그렇지 않은 삶...
(인)격을 갖춘 사람과 그렇지 않은 사람...
인간으로서의 자격부터 갖춰야 인간다운 수준을 논할 수 있겠지?
따라서, '수준'을 논하려면 자신의 '인격'부터 점검해야 해.
남과 비교하는 수준은 처음에 말했듯이 오히려 너 자신을 하찮게 보거나 우쭐거리는 인간으로 전락시키지. 하지만, 자기 스스로 자신을 재단하고 검열하며 스스로 갈고 닦은 인격은 그 자체로 너를 빛나게 할거야. 그 자체로 너의 수준이 드러나.

그러니, 지금처럼 **명품에 눈길주지 말고 일상이 명품이 되는 삶**을 사는 방향으로 가라. 명품이라면 흔히 말하는 무슨 브랜드들일텐데 어떤 이들은 명품을 정말 가지고 싶어 하면서도 명품가진 사람들을 속물이라 비웃지. 그런데 그 명품을 소유한 사람의 수준이 우리가 일상적으로 마트에서 물건사듯 그렇게 명품을 살 수 있는 수준을 지녔다면 그들에겐 명품샵이 마트인거야. 그런 삶까지 자신의 삶을 올려놓으면 그건 그저 일상이 되지만 그런 수준이 안되면서 명품 하나 걸친다고 결코 명품인생이 되는 건 아니야.

몇백만원받는 월급으로 최고급승용차를 몬다거나 겨우 생계를 유지할 정도를 벌면서 명품 가방을 들거나 하는 것은 '나는 자존감이 없어요'를 증명할 뿐이야. 그 명품의 값을 치르기 위해 수개월간 다른 누군가의 노예로 더 자신을 구속시켜야 할 것이고 또 스스로 반짝이지 못하고 반짝이는 명품뒤에 초라한 자신을 숨기게 되지. 아니면, 그 명품을 들면 자신의 인격도 명품이 될 것 같은 무지한 사고의 소유자인가? 결코 너의 삶을 싸구려취급하지 마라. 고급승용차나 명품 한트럭 가져다 줘도 너 하나로써 더 큰 빛을 발하는 사람이 되어야 한단다. **수준에 맞게 소비하고 소유하는 사람이 되어라.** 정신적으로, 육체적으로, 관계적으로, 경제적으로, 사회적으로 많게, 크게 소유하고 싶다면 먼저 너 자신의 수준부터 높여야 해.

수준을 높이고 싶다면 기준이 높아야 한단다. 기준은 말 그대로 시작점이니까. 기준은 기분에 의해 정해지는 것이 아니라 네 삶의 확고한 기본으로 정해야만 해.

기준. 기분이 아니라 기본이어야 한다!
'너'의 인격의 시작점을 높이 잡아라.
그렇다면, 기준을 어떻게 잡아야 높이 잡는 것일까? 여기에서 한가지 꼭 명심해주길 바라는 게 있어. 아니, 외워두길 바래. 절대 거스를 수 없는 원리라는 것이 있거든. 원칙은 관습과 사회, 문화에 따라 바뀔 수 있지만 원리는 변하지 않아. 흔히 이치라고도 섭리라고도 진리라고도 하지.

세상 모든 것에 양극이 존재한단다. 보이는 것의 이면에는 보이지 않는 면이, 형상의 이면에는 본질이 존재한다는 의미지. 어둠이 있으면 빛이 있고, 낮이 있으면 밤이 있지. 아래가 있으면 위가 있고 앞이 있으면 뒤가 있고. 작용이 있으면 반작용이 있고 차가움이 있으면 뜨거움이 있지. 네가 얻고자 하는 것이 있으면 잃어야 할 것이 있고 네가 열고자 하는 곳이 있으면 닫아야 할 곳이 있고 네가 선택할 수 있는 것이 있다면 선택할 수 없는(선택해서는 안되는) 것이 있단다. 양극에 대해서 좀 더 알고 싶겠지만 설명하자면 이 지면으론 모자라니 간단히 이 정도만 거론할께, 이런 이유로 **권리를 행사하고 싶다면 누릴만한 대가를 먼저 치러야 해. 즉, 의무를 먼저 이행해야** 하는 것이 원리이지.

네가 어렸을 때 사탕을 달라고 조른 적이 많아. 그 때마다 '밥을 먹으면 사탕을 먹을 수 있다.' 또는 '치카치카를 1일 3번하는 날엔 사탕을 주겠다.'고 했어. 밥을 먹거나 치카치카를 하는 것이 대가를 치르는 것이고 사탕은 보상이지. 의무를 먼저 이행하면 권리(사탕)를 누릴 수 있어. **의무는 선택할 수 없어. 해야 하는 것이니까.** 하지만 **권리는 선택할 수 있어.** 사탕이 먹기 싫으면 안 먹어도 돼. 권리는 선택이거든. 따라서, **권리를 가진 자에겐 늘 자유가 보장**되지. 반대로 권리 먼저 누리고, 즉, 사탕만 많이 먹고 치카를 안한다면 앞으로 너에게 사탕을 줄 수 없게 되지. 치카(의무)를 하지 않고 순간의 즐거움(권리, 보상)을 먼저 누리면 네가 의무를 할 때까지 달콤한 사탕은 먹을 수 없게 돼. 자유로부터 멀어지지. 권리를 누릴 수 없다는 말이야. 이러한 원리는 일상의 모든 곳에 다 적용된단다.

한마디로, **해야할 것 먼저, 하고 싶은 것 나중.**

이런 의미에서 네가 기본으로 갖춰야 할 기준은
가야할 곳 먼저, 가고 싶은 곳 나중
먹어야 할 것 먼저, 먹고 싶은 것 나중
봐야할 곳 먼저, 보고 싶은 곳 나중
해야할 말 먼저, 하고 싶은 말 나중
들어야 할 말 먼저, 듣고 싶은 말 나중
읽어야 할 책 먼저, 읽고 싶은 책 나중
잡아야 할 것 먼저, 잡고 싶은 것 나중
배워야 할 것 먼저, 배우고 싶은 것 나중
써야할 것 먼저, 쓰고 싶은 것 나중
줘야 할 것 먼저, 주고 싶은 것 나중
이해할 것 먼저, 이해시키고 싶은 것 나중

전자는 의무, 후자는 권리
전자는 대가, 후자는 보상
전자는 구속, 후자는 자유
전자는 필수, 후자는 선택

이해되지? 엄마는 이를 쉽게 **계산서와 영수증**이라고 말하거든.

계산서가 쌓이면 부채, 영수증이 쌓이면 잉여,
계산서가 쌓이면 악순환, 영수증이 쌓이면 선순환,
계산서가 밀리면 쫓기는 삶, 영수증이 쌓이면 여유있는 삶,
계산서가 쌓이면 예측불가한 삶, 영수증이 쌓이면 대안있는 삶.

이렇게 잃어야 얻어지고 버려야 채워지고 나가야 들어갈 수 있음을 경험으로 체득하고 지금 잃는 것이 곧 얻음이고 지금 버리는 것이 곧 채워짐이며 지금은 나가지만 곧 새로운 진입앞에 서게 되는, 내려가면 올라가고 무너지면 쌓아지고 갈아내면 뒤덮이고 파괴하면 재건되고 소멸돼야 생성되고 포기해야 집중되는 인생의 흐름에 역행하지 않고 순행하는, 수준있는, 격있는 삶이 네 삶이길 바래. 이런 삶이라면 반드시 네 인생 어디선가 출몰할 지 모르는 폭우 앞에서 홀딱 젖은 채 발만 동동구르는 게 아니라 폭우 뒤에 비칠 햇살을 누릴 수 있고 아울러 햇살 뒤에 또 닥칠 폭우마저도 예지하는 예측가능한 삶을 살게 되는 것이란다. 그러니 지금 네가 기준으로 삼아야 할 것은 양극의 원리에 의해 의무, 대가, 구속을 먼저 치름으로써 권리와 보상, 자유를 자신의 것으로 온전히 누리는 격있는 삶이 네 삶이어야 해.

이러한 기준으로 3달 정도 너의 일상에서 우선해야 할 의무들을 먼저 실천해봐. 그러한 마인드와 행동이 삶의 기준이 된다면 그 기준점부터 점점 더 책임감있는 사람이 되어갈 수 있어. 당연히 이는 원리니까 어떤 경우에라도 결코 기준이하로 네 삶의 격이 떨어지지 않아. 이런 너라면 너의 삶의 격은 높아질 수밖에 없지. 인격은 곧 삶의 격이니 당연히 너의 수준도 높아지고 삶의 질도 높

아지고 이상도 꿈도 모두 현실이 될 가능성이 아주 커지지.

보여지는 것으로 수준을 논하지 말고 보이지 않는 것으로 수준을 높여가렴. 보이는 모든 것은 보이지 않는 내면의 증상, 현상이란다. 그 어떤 보이는 것도 보이지 않는 이면이 제대로 채워지지 않는다면 허상에 불과하거나 아주 잠깐 맛보는 요란한 잔치에 불과하단다. 허상은 사실이 아니야. 아무리 근사한 명품, 명함, 명색으로 자신을 화장, 치장, 분장, 포장, 심지어 변장을 한다 해도 금방 들통나버리는 참 환장할 노릇의 막장인생이 돼. 결코 너 자신을, 너의 삶을 그리 이끌면 안된다.

기준을 제대로 잡으면 수준(인격)은 저절로 높아져. '어떤 사람의 계획이 자신이 양심을 만족시켜 온 인격이라는 원동력으로 그 계획을 실행한다면, 지금의 어떤 힘도 막을 수 없는 원동력, 아니 올바로 해석하거나 이해할 수 있는 사람이 거의 없는 원동력의 거대한 흐름의 도움으로 성공을 향해 나아간다[1]'는 것을 엄마는 체험으로 알고 책에서도 숱하게 접했단다. 이러한 너의 인격이 기준으로 자리잡힌다면 수준이 저절로 높아질 수밖에 없어. 너도 모르는 무한한 에너지가 너를 더 필요한 곳으로 이끌테니까 말야.

엄마는 그래서 늘 조심스럽단다. 매일 쓰는 글, 그리고 코칭과 강의가 두렵기도 하고 위험하다고도 여겨. 명품핸드백같은 것은 잠깐의 보여지는 것에 그치겠지만 글이나 강의는 사람의 정신에 침투하는 것이라 함부로 내뱉을 수가 없어. 그래서 매일 새벽독서를 하는거야. 출력(글이나 강의)보다 더 많이 입력(독서)되지 않으면 요란한 명품핸드백으로 나를 포장한 것과 별반 다르지 않으니

---

1 황금률, 나폴레온 힐, 2009, 비즈니스맵

까. 너도 너의 나이에 맞게, 너의 일상에서 명확한 원리를 기준으로 우선해야 할 것들을 우선하길 바란다. 나이에 걸맞지 않게 너무 어른스러울 필요도 없고 철없는 어린아이같아서도 안될 것이야. 그저 이러한 원리를 기준삼아 너의 나이에 딱 맞는 너만의 기준을 스스로 세우고 그 기준아래로는 자신을 허락하지 않기를 바란다. **너 스스로 존중받을만한 자신을 만들지도 않으면서 세상이 널 존중해주길 바라면 안돼**. 그러니 너 스스로 기준에 맞지 않게 삶을 꾸리지 않도록 '**너**'와 '**너의 삶**'을 분리시켜 삶을 바라보렴.

너의 기준, **사고와 건강과 정서와 관계**에서 어떻게 기준을 정하고 그 기준에 맞춰 우선순위를 정할까부터 시작해 보는거야. 학생이면 학생으로서, 사회인이면 사회인으로서, 어른이면 어른으로서, 시민이면 시민으로서, 인간이면 인간으로서. 그 기준부터 정하고 거기서부터 출발한다면 너의 수준은 무한하게 자기 속도를 유지하며 높아질 것이야.

자, 꼭 명심하렴
수준을 높이려면 기준이 높아야 하고
기준을 잡으려면 기본이 마련되어야 하며
기본을 갖추려면 기초부터 단계별로 가야 한다.

기초를 세워 기준이 잡힐 때까지는 어떤 타협도 네게 허락하지 마. **기초를 다져 기본을 만드는 과정에서는 수준을 논하면 안된다**는 말이야. 수준은 한참 멀리 있어. 안타까운 것은 대다수의 사람들이 기본을 갖춰가는 과정에서 포기에 익숙해지거나 자만에 빠져버린다는 사실이야. 조금 해보다가 안되겠네 포기하고 조금밖에 안해 봤으면서 전체를 아는 양 떠들어대지. 이러한 타협은 '나는 기준없이 대충 살아도 돼'라고 자기 삶을 스스로 방치하거나 '나는 기준과 타협해도 높은 수준을 출력해낼 수 있어'라는 오만이 무의식에 존재한다는 의미니까. 기준을 잡는 기본과정은 자신의 현주소를 인정하는 것에서부터 시작해야 해. 나아가, 기준을 잡아가면서 자신이 하고자 하는 무언가의 가장 낮은 하위수준을 결정짓는 자기인정의 자신감, 기본적 배움에 순종하여 자기기만에 빠지지 않겠다는 다짐도 아울러 챙겨야 할 것이야.

자, 이렇게 기준이 단단하게 잡혔다면 **지속적인 수준향상을 위해 도전**하도록 하렴. 수준을 논하는 차원에서 도전하지 않는 것 역시 기준정도만으로도 난 높은 수준으로 점프할 수 있다는 자기기만에 빠진 것이며 너를 낭비하는 것이야. 네게 무한한 잠재력을 사용하지 않겠다고 네 안의 자아에게 명령하는 셈이지. 그러니 네 삶의 수준, 격을 지속적인 도전으로 높이렴. 상승시키렴. 그렇게 너의 존재위에 더 큰 너를 계속 세워보렴.

다시 말하지만.
수준이 높으려면 기준이 높아야 한다.
기준은 기본을 전제로 해야 한다.
기본은 기초위에 세워지되 기분에 좌우되서는 안된다.

기초와 기본으로 다져진 기준은 자체의 기세로 기지개를 켜는 기상의 힘이 있어. 이렇게 깨어나는 기상의 기운은 자체속도와 자체증폭력으로 높은 수준까지 너를 끌어 올려 줄 토대가 될 것이며 아울러 네게 올 수많은 기적과 기회로 너를 연결시켜 줄거야.

여덟번째 편지, 성공

작지만 이루려는(성공해 내려는) 의지,

그 의지가 갖는 의미,

의미에 담은 의도,

의도에 담긴 선한 기운,

그 기운의 강도,

그 강도를 유지하고 지속시키는 인내,

인내를 익숙하게 유지시켜줄 매일매일의 작은 행동들,

그리고 그 행동에 담긴 마음.

그 마음에게 명령하는 정신(mind)과 정신의 힘(mental).

이 연역된 연결고리를 총체적으로 '자세(attitude)'라고 하지.

다시 말하지만, '운', '기회'는 자세의 우수성으로 받은 부상(副賞)이야. 선물이지. 선물이라 네가 결정할 수 없고 운과 기회가 너를 찾아가. 선물의 종류나 크기, 시기 모두 네 계획이나 판단 밖에서 일어나. 그래서 '뜻하지 않은 성공'이 널 찾아가는 거라구! 선물을 원한다면 너는 매순간 자세만 다듬으면 돼. 그러면 '운'과 '기회'가 자석처럼 네게 달라붙지. 너의 자세가 너를 운과 기회의 자석으로 만들어 줄거야.

남의 구사(驅使)를 달게 받지 않는 삶이 진정한 이타란다

세상에는 '성공'에 대한 수많은 경구와 명언들이 있어. 그런데 이 것들에 담긴 함정과 함수를 읽어내지 못하면 오히려 성공이 네게서 등을 돌릴 지 모르니 몇 가지만 본질적으로 들여다보도록 하자. 엄마는 너의 인생이 성공으로 달리길 가장 바라는 1인이니까! 엄마의 말이 궤변처럼 들릴 지도 모르겠다마는... 진정한 성공이 무엇인지 오늘은 아주 쉽고 단순하게 말해주고 싶어. 우선 성공을 규정한 몇가지 명제에 대한 엄마의 궤변같은 생각을 얘기해볼께.

궤변 1. 실패를 두려워하지 말라고?
'실패를 두려워하지 말라'는 말을 귀가 따갑도록 들었을거야. 하지만 이 말에는 묘한 함정이 있단다. 실패는 두려운 것이야. 두려워하지 않을 수가 없어. 실패를 두려워하지 않을 정도의 멘탈을 가진 사람은 그리 흔하지 않아. 두려움은 피할 수 없어. 그냥 안고 가는거야. 그게 용기지. 그러니까 '실패를 두려워하지 말라'는 말에는 '도전을 두려워하지 마라. 안하던, 못하던, 해내야 하는 그런 도전에는 반드시 실패가 있을 수 있다'는 의미지. 도전은 안 해본 것이라 낯설어. 안하던 것을 하면서 실패 안하기가 쉬울까? 어쩌면 **도전을 하면서 실패하지 않으려는 마음은 오만일 수 있잖아.** 아니면 어설픈 도전이거나. 그러니, 낯선 그 것을 그냥 하면 돼. 그냥 하면 되는 것은 그냥 하는 거야. 도전에는 감정이 필요없어. 그냥 하는 거니까. 도전과 함께 부록처럼 오는 실패는 충분히 두려워해도 돼.

하지만 **도전도 안하면서 실패가 두려운 이유는 네 기억 때문이야.** 모든 감정은 반복될수록 스스로 커져서 네 속을 꽉 채운단다. 그래서 지레 겁먹는다는 말이 나온 거지. 두려움도 그래. 하지만, **두려움도 쓸모 있어. 두려움이 극도로 커질 때, 그래서 너무너무 실패를 겪고 싶지 않을 때 그때 기다리던 성공이 와.**

도전-실패-재도전-또 실패-그러다가 성공.
그래서 결국엔 모든 과정을 딛고 성공!!
그런데... 그런데 말이야.
진짜 실패가 뭔지 아니?
도전하지 않는 것!
도전무-실패무-결국 결과는 0!
아무 것도 안하면 아무 일도 일어나지 않아. 뭐, 이런 삶이 아무 일도 안 일어나서 무난하게 보이기도 하겠지만 길게보면 **인생자체를 실패로 만들겠다는 위험할 정도로 야심찬 계획**인거지.

그리고, 성공하면 두려움이 끝날까? 성공해도 두려워. 계속 지키고 싶은 욕구가 생기니까. 즉, 두려움은 늘 네 안에 있는 감정이니 **'두려움'이 도전하고 안**

하고의 기준이 되면 안 된단다. 네 안에 있는 욕구가 세상으로 나오고 싶어 안달난 신호가 '두려움'이란 느낌이지. 그러니 너의 '도전'은 널 통해 세상이 뭔가를 하겠다는 신호인 것이야. 뭐와 함께? 두려움 손잡고! 왜? **용기는 항상 두려움의 손을 잡고 등장하거든.** 그러니 두려움없이는 갈 수 없어. **성공은 네가 원하는 때에 네가 오게 하는 것이 아니라 성공 자체가 '이제 너에게 가도 되겠다'고 판단한 그 때에 너에게로 간단다.** 그러니 실패가 두려우면 두려워하고! 그 두려움을 잘 이용해 봐. 극도로 두려워도 돼. 두려움의 크기만큼 용기도 커지고 성공도 덩달아 커지니까. 도전은 감정이 필요없으니 그냥 하고 그 뒤에 찾아오는 실패도 그냥 당하고. **그렇게 실패가 너무너무 싫어질 때 성공은 알아서 네게 등장할거야.** 가능성 앞에서 한발짝도 물러서지 않는 정신앞에 신이 도우려 서 있대[1].

궤변 2. 실패는 성공의 어머니라고?

'실패는 성공의 어머니'라는 말도 많이 들어봤지? 이 말은 진리야. 실패없는 성공은 드무니까. 하지만 이 말에도 역시 함정이 있단다. 내가 너희들의 엄마인데 '엄마'라는 존재는 궁극적으로 자신보다 자식이 더 잘난 사람으로 잘 살아가길 본능적으로 바래. 실패가 엄마이고 성공이 자식이면 분명 성공은 실패보다 커질 수 있어. 하지만 어떤 엄마는 자식을 망치기도 하잖니. 엄마의 그릇된 지식과 인품이 자식의 인생을 오히려 망가뜨리지. 그런데 엄마없이 자식이 태어날 수 있을까? 흔하지는 않지만 최첨단과학의 힘으로 엄마라는 존재없이 인간이 태어나기도 하지. 그러니까, **실패없는 성공도 있어.** 그러니 **실패와 성공을 부모자녀관계로 보지 말고 그저 인과관계로** 보면 좋겠다. 어떠한 현상을 접할 때 네 사고 속에 그것을 풀어내는 명제가 어떻게 규정되어 체계를 만들고 있는지

---

[1] 키에르케고르선집, 키에르케고르, 1994, 집문당

는 너무 중요해. 현상을 바라보고 해석하는 틀이 되거든. 그러니 실패와 성공을 부모자녀관계가 아닌, 인과관계로 사고의 틀을 재정비하면 아마도 너의 실패가 다른 관점으로 보일거야.

그렇다면 **'실패없이 바로 성공이 오는 경우'는 어떻게 해석해야 할까?** 동쪽에서 씨를 뿌렸는데 서쪽에서 싹이 틀 수도 있어. 전체적인 시각에서 보면 실패없는 성공은 없지만 부분적인 시각에서, 그러니까 지금 이룬 '실패없는 성공'은 이미 쌓아온, 너도 감지못한 채 지나간 수많은 선취경험에서의 실패들이 모여 지금 성공의 열매로 맺어진 것이라 할 수 있지. 그래서, 어떤 이가 별로 실패하지 않고 뭔가를 이루는 것처럼 보일 때, 부러워하거나 질투하지 말고 그 사람이 보이지 않는 곳에서 일궈왔던 노력과 작은 성공, 작은 실패들이 쌓여 이룬 것임을 알아야 해. 여기서 우리는 커다란 진리를 알게 되지. **뿌린대로 거둔다. 모든 것에는 이유가 있다. 그리고, 모든 것은 모든 것과 연결되어 있다. 전체는 부분의 합이 아니다**... 지금 네게 좌절감을 맛보게 했던 그 모든 실패들이 더 큰 성공을 위한 영양분이 되어줄거야.

또한, 대개 원인이 있어야 결과가 오지만 결과가 먼저 온 후 이유가 찾아지는 경우도 있단다. 그러니 **'실패'에 초점맞추지 말고 '성공'에 초점맞춰야 해.** 네가 관심두는 것, 초점맞추는 그것이 무엇이든 너의 에너지를 먹이삼아 자라. 실패에 초점맞추면 실패가, 성공에 초점맞추면 성공이 커지지. 물론 실패+성공=결과이니 실패에 초점맞춰 실패의 결과를 가져가든 성공에 초점맞춰 성공의 결과를 가져가든 어차피 어떤 결과든 얻게 되어 있어. 미래를 보든 과거를 보든 모두 인생이지만 어디에 초점맞추는지는 선택이야. 초점맞춰진 그 곳이 더 단단하게 자라지.

궤변 3. 실패를 거울삼는 것은 정도껏만!

따라서, 실패를 거울삼는 것은 제대로 해야 한다. 이번의 실패가 진짜 나의 성공을 위한 양분인지 해석할 수 있어야 할 것이야. 양분이라는 판단이 들면 그것의 남길 것만 남기고 나머지는 기억에서 없애라. 즉, **실패를 거울삼는 것은 정도껏만 하라**는 말이다. 실패를 거울삼으면 네 시야에 실패만이 가득차게 돼. 게다가 '백개의 눈을 지닌 거울처럼[2]' 거울은 너의 실패를 백개로 보여주고 있으니 네 해석이 오히려 오류가 될 수도 있어. **같은 방법으로는 다른 결과를 낼 수 없지**. 그러니 거울삼아 잠깐 보되 오래 기억하지는 마. 사실 실패를 거울삼지 않아도 돼. 성공을 가져오려면 실패한 그 방법으로는 안되잖아. 그것에서 무언가가 삭제, 추가되어 그 자리를 다른 무언가로 채워야 하잖니. 그러니 실패를 거울 삼되 아주 잠깐만.

과거가 네 정신을 잡고 있으면 미래로 걷기가 어려워. **네가 바라는 미래의 성공을 가져오려면 미래로 시선이 옮겨져야 해**. 그런데 거울을 오래 들여다보고 있으면 과거에 잡혀버린 네 정신이 그 실패와 정이 들겠지. 또한, 사람은 지각하려면 우선 감각적으로 먼저 느껴야 하는지라 실패에서 느낀 감각이 네 지각활동을 제한하게 돼. 그러니 실패를 거울삼는 것은 정도껏만. 그냥 휙. 지나쳐.

작은 성공은 큰 성공을 견인한단다. 그러니 성공이란 단어를 결코 어떤 순간이라도 머리속에서 지워버리거나 흐리게 두지 말라는 것이야. 간혹 어떤 이들은 '성공'을 너무 거창하게 여겨서 오히려 '성공? 나같은 사람이 무슨...'이라며 자기 인생에서 성공이라는 단어를 스스로 없애버려. 혹시 네 머리속에 만약 이런 생각이 있다면 지금 당장 없애라. 부탁 아니고 명령이다. 성공은 작든 크든 성

---

[2] 니체의 '차라투스트라는 이렇게 말했다.'에서 '백개의 눈을 지닌 거울처럼 사물들 앞에 드러누울 뿐 그 사물들에게서 아무 것도 원치 않을 때, 그런 것을 나는 온갖 사물에 있어서 때묻지 않은 앎이라고 부른다'고 했다.

공인 것이야. 네가 엄마에게서 건강하게 잘 태어난 것도 성공, 기다가 걷는 것도 성공, 갓난 아기때 병원에서 포기할 정도로 크게 아팠지만 잘 이겨낸 것도 성공, 초중고등학교를 무사히 잘 보낸 것도 성공. 이번 시험에 몇점을 받겠다고 목표한 것을 이룬 것도 성공, 가고 싶은 학교에 간 것도 성공. 모든 것이 크기와 시간, 나이와 무관하게 성공이야. 그러니 '성공'을 너무 거창하게 여기지 말고 밥먹듯이 그저 일상언어로 지녀야 할거야. 그래야 그것이 네게서 떠나지 않아. 떠나지 않는 것을 우리는 '습관'이라고 하지. 성공도 습관이고 실패도 습관이야. 습관은 일상을 만들고 일상은 인생을 만들지.

이렇게 작은 성공은 더 큰 성공으로 이어져. 기다가 걷다가 뛰게 되는 것처럼. ABC를 외워야 단어를, 문장을 읽어내는 것처럼. 성공은 이렇게 작은 것에서 시작해 서로 연쇄적으로 네 인생에 등장하지 결코 독립적으로 어느 한 순간에 짠하고 등장하는 마법이 아니란다. 그러니 '일상'속에서 가볍게 여기는 모든 것들에서 작은 성공들이 습관이 되길 바란다. 그러고 보니 성공, 참 쉽고 단순하지? '성공적인 인생'이라는 말이 거창해 보이지만 이 시작은 작은 성공에 대한 기억, 그 기억이 주는 동력, 그 동력으로 지속적으로 성공을 이어가는 작은 행보들이 쌓여 만들어진단다. **작은 성공을 가볍게 취급하지 말고 작은 성공이 큰 성공을 견인**한다는, 이 연쇄적인 인과의 원리를 꼭 기억하렴.

운, 기회는 자세(Attitude)의 부상(副賞)이야. 성공은 연쇄적으로 발생하면서 그 부피를 키워나가는 것에 대해 이해했다면 조금 더 보태보자. 서로 인과되어 연쇄적이며 자신의 몸집을 키우지만 아주 드물게, 그러나 누구에게라도 삶에서 몇 번은 뜻하지 않은 성공이 제 발로 찾아온단다. '행운'이라는 것이지. '기회'라고도, '운'이라고도 불리는 그 것. 이렇게 이름붙여진 것들은 누구에게든 인생에 몇번은 찾아와. 드문드문 오겠지만 반드시 와. 이것은 무슨 초능력으로 감지하는 것이 아니야. 공부를 잘 한다고 알 수 있는 것도 아니지. 바로 너의 삶의 자세에 달려 있단다.

작지만 이루려는(성공해 내려는) 의지,
그 의지가 갖는 의미,
의미에 담은 의도,
의도에 담긴 선한 기운,
그 기운의 강도,
그 강도를 유지하고 지속시키는 인내,
인내를 익숙하게 유지시켜줄 매일매일의 작은 행동들,
그리고 그 행동에 담긴 마음.
그 마음에게 명령하는 정신(mind)과 정신의 힘(mental).
이 연역된 연결고리를 총체적으로 '**자세(attitude)**'라고 하지.

다시 말하지만, '운', '기회'는 자세의 우수성으로 받은 부상(副賞)이야. 선물이지. 선물이라 네가 결정할 수 없고 **운과 기회가 너를 찾아가.** 선물의 종류나 크기, 시기 모두 네 계획이나 판단밖에서 일어나. 그래서 '뜻하지 않은 성공'이 널 찾아가는 거라구! 선물을 원한다면 너는 매순간 자세만 다듬으면 돼. 그러면 '운'과 '기회'가 자석처럼 네게 달라붙지. **너의 자세가 너를 운과 기회의 자석으로 만들어 줄거야.**

양이 쌓이면 질적인 화학변화가 일어나지. 양이 쌓이면 질적인 승화가 일어난다는 것을 너는 이미 알고 있을거야. 물은 99.9도까지 끓어도 액체지만 마지막 100도가 되는 순간, 열의 양이 쌓여 수증기인 기체로 차원을 달리 하지. 우리는 이를 임계점, 터닝포인트라고 말하기도 하는데 네가 성공하고자 하는 그 모든 것에도 반드시 어디까지는 양을 쌓는 것이 성공의 기본원리야. **작은 성공의 양이 계속 쌓이면 그것은 자체적으로, 그러니까 성공 스스로! 다른 차원으로 상승하려는 움직임**을 가지거든. 그래서 네 능력과 네 한계를 뛰어 넘은 다른 차원의 능력인 '운'을 불러오지. '기적과도 같은!, 신비로운!' 현상이 네 인생에 계속 개입하지!!! 게다가 **운은 절대 혼자 오지 않아. 더 큰 기회까지 업고 온단다!** 그러니 너는 제 발로 널 찾아가고 있는 '기회'나 '운'을 미리 바라지 말고 네 발로 할 수 있는 작은 성공을 위한 행동의 양을 쌓는 것에만 집중하렴. 그것이 운이 널 더 빨리 찾을 수 있도록 널 보여주는 능력이거든. **너의 자세는 운과 너를 잇는 교신채널이야.** 그래서 성공은 아무나 할 수 있지만 누구나 가질 수 없어. 왤까? 99까지 쌓는 것을 하지 않거든. 양은 채우지 않고 바라기만 하거나 기회나 운에 의지부터 하려 하거든. 성공이라는 단어를 무시하거나 혹은 겁부터 먹는 사람들도 많고 말야.

이제, '큰 성공은 작은 행동이 모인 결과'라는 명제에 논리를 갖게 되었지? '너의 자세가 성공을 위한 자석'이라는 명제 또한 이해로서 확신하지? 논리는 이치에 따른 것이라 이성적 인간이라 불리는 우리에게 논리는 확신을 주지.

아주 작은 네 행동 하나하나에서 성공하려는 습관을 길러봐. 아침에 제시간에 일어나는 것부터 성공, 이부자리 정리도 성공, 양치질, 세수도 성공, 작은 업무에서도 성공, 웃기 싫은 사람 앞에서 한번 웃어주는 것도 성공, 그냥 스치듯 지나가는 모든 것에서 성공을 경험해보렴. 매순간 치열하게 열정적으로 깊이 고민하고 사는 게 삶을 진하게 사는 것이 아닐 수 있어. 이 작은 사소한 행동들에서 기분좋게 성공해내는 것이 어쩌면 더 네 삶을 곧게 걸을 수 있도록 도울거야. 이미 너에게는 이부자리 정리나 양치질, 세수, 밥먹기와 같이 굳이 성공을 의식하지 않아도 성공하는 것들은 아주 많아. 지금 네가 서 있는 그 자리, 그 나이에 걸맞는 새로운 성공습관을 가지면 돼. 새로운 습관을 가지는 것도 이미 지난 성공들처럼 반복된 행위만 하면 돼. 인사, 식습관, 표정, 집념, 배움 등, 나이에 따라 지녀야 할 성공요소들 모두는 습관으로 만들어진 자세지. 그러니 오늘부터 하나하나 자신의 생활을 점검해보렴. 자신을 또 다른 눈으로 바라보면 아주 쉽게 알 수 있단다. 네가 원하는 너의 자세를 지금부터 매일 성공적으로 마무리해보렴. 또 말하지만, 성공, 별 거 아니지?

나아가 **성공의 천적, 감정을 지배하렴.** 성공에 대한 매커니즘이 너무 분명하지 않니? 작은 실패는 작은 성공으로, 작은 성공은 조금 더 큰 성공으로, 그렇게 점점 성공이 네 몸에 체화되면서 도전은 별로 두려운 존재가 아니며 도전으로 체험한 실패의 경험이 차곡차곡 쌓아서 커다란 성공을 앞당기는, 이게 단순한 성공매커니즘이잖아. 이게 성공이 가는 길이야. 성공이란 길이 이런 길이라구. 넌 작은 행동의 성공을 습관화시키는 것만 하면 돼. 이 단순한 매커니즘에 모두가 고개를 끄덕이지만 그럼에도 불구하고 성공을 늘 어려워하는 이들은 왠지 아니? 성공의 길 곳곳에 놓인 돌맹이들이야. 어떤 감정은 디딤돌이, 또 어떤 감정은 걸림돌이 되기도 하지. 이 구분을 못하고서 매번 돌맹이에 치여서 넘어지는 사람들이 있어. **성공이 감정에 방해받는 것이지.** 좋다면 흥분이 지나치고, 두려우면 좌절에 빠지고, 충분히 일어날 수 있는데도 지팡이 달라고 소리치고, 약이 필요없는데도 괜시리 절름거리고, 날개짓 몇번만 하면 되는데 바닥에 엎어져 파닥이는…인간내면에 무조건 자리를 틀고 있는 이 수많은 감정들에게 매번 당하는 것이지. 어떤 감정이든 네게서 모습을 드러내려는 그 녀석들을 통제하고 조절하지 못하면 너의 에너지는 성공의 길을 걷는데 쓰이지 않고 매번 돌맹이청소하는데에, 그러니까 감정을 억제, 통제하는 데에 온 에너지를 다 소진하기 때문에 성공은 이제 남의 얘기처럼 들리지. 그렇게 돌맹이청소하다가 주저앉거나 되돌아가는 거야.

언제 어떤 감정이 네게 모습을 드러내더라도 그것을 통제할 수 있는 힘이 이미 네게는 있어. 그 힘의 원천이 자세야. 이미 **네게 있는 그 커다란 힘의 지배주체가 자세**란 말이지. 성공은 자체동력으로 결과를 향해가고 있을테니 너는 매커니즘의 어디에 네가 서 있는지 이성이 자리를 잘 지키게 하고 감정이 놀자할 때 감정과 놀지 말지, 얼마나 놀아줄지 결정해야 해. 명심하렴. **성공의 천적은 감각에 반응하는 감정**이야. 감정이 너의 주인인지 네가 감정의 주인인지 명확하지 않니? **네가 감정의 주인이어야 한다.**

마지막으로 당부하고 싶은 것은, **성공 후 너의 자세란다. 성공은 끝을 의미하는 것이 아니야.** 더 큰 성공으로 이어지는 과정이지. 성공은 끝이 없어. 소크라테스나 에피쿠로스와 같은 훌륭한 철학자들의 유언이나 아우렐리우스와 같은 성현들의 당부, 인생의 고백록을 쓴 성아우구스티누스, 톨스토이, 루소와 같이 위대한 성현들도 자기 생에 다하지 못한 것을 기록으로 후손들에게 남겼어. 후손들이 해주길 바라는거지. 인간은 죽어서도 이루고 싶은 욕구가 존재하는 것이 인간의 본성이야. 그래서 **성공은 끝없이 욕구하는 것**이지.

어리석은 사람들은 '끝없이 욕구를 추구'하는 것을 '만족하지 못하는' 사람이라 흠잡기도 해. 그런 돌아볼 가치도 없는 말은 그냥 무시해 버려라. '욕구'와 '만족'의 자체본성(단어자체가 지닌 본질적 성질)은 '무한성'이야. 무한한 것을 유한하게 해석하는 오류에 동조할 필요는 없단다. 욕구도 만족도 너는 무한하게 느낄 수 있어. **인간이 무언가를 욕구한다면 이미 그 안에는 욕구를 현실시킬 능력의 싹도 돋아나고 있단다.** 따라서, 욕구가 커지면 싹은 더 무럭무럭 자라고 만족도 더 커지지. 욕구와 만족. 이 둘은 비례해. 이렇게 무한성을 지닌 것을 사람이 의도적으로 멈출 수는 없어. 의도적으로 '이쯤에서 그만하자.'라고 단절하는 것 역시 '그만하고 싶은 욕구'를 만족시키기 위한 선택이니까. 욕구를 추구하는 자체가 네게 만족을 줄거야. 그러니 네가 추구하는 모든 시간이 네게 만족인 것이야. 너는 죽는 순간, 아니 그 너머까지 네 삶의 주인이어야 한단다. 주인답게 살고 네 후손들이 그것을 계승하게 하는 삶. 그러니 결코 어떤 순간에라도 성공이란 단어를 머리속에서 지우지 말고 자세를 흐트러뜨리지 마라.

성공은 너답게 온전히 네 삶을 살아내는 것이야.
너다운 삶, 유일한 삶이 자연에게 무상으로 받은 모든 빚을 갚는 이타야.

네가 네 인생을 너답게 살아내는 것은 너만이 할 수 있는 유일한 성공이며 이는 결국, 창조주가 너를 세상에 내보낼 때의 목적에 부합한 삶을 살았다고 증명하는 것이지. 그렇게 세상의 조화에 이로운 네가 되지. **네 인생을 너답게 살아내는 것이 궁극의 가장 위대한 이타란다.**

사회의 경쟁 마당에 임하거들랑
인생의 진두에 나서라!
결코 남의 구사(驅使)를 달게 받는 가축이 되지 말라.
상대를 압도하는 용자가 되라!

(중략)

위대한 자의 생애를 돌아보고
인생을 숭고하게 가꾼 뒤
이 세상을 떠나는 날,
시간의 모래 위에 영원한 발자취를 남기고 가라[3].

여기까지 긴 글 읽으며 너는 커다란 궤변 하나를 발견했을거야. 그리고 이 궤변이 진리로서 깨달아졌을거야. 죽을 때까지 성공이란 없어. 하지만, 매 순간이 성공이지. 결국, **성공은 만족 이후에 오는 불만족에 대한 끝없는 추구**란다.

엄마는 엄마를, 너는 너를, 각자의 삶에서 성공을 끝없이 추구하며 매순간 성공하는 모습을 서로에게 보여주자꾸나. 엄마는 엄마의 하루를 성공으로, 너는 너의 하루를 성공으로 즉, 자신의 성공이 무한한 이타의 실천이니 우리 그렇게 하루하루 성공을 만들어 보자!

---

3 롱펠로우(Henry Wadsworth Longfellow, 1807~1882, 미국시인)의 시, '인생찬가' 가운데

아홉번째 편지, 조화

믿으렴.

참을성있게 견디며 섣불리 판단하지 않는 너의 강인함을,

묵묵히와 꾸준히를 이길 수 있는 것은 그 무엇도 없다는 너의 지성을,

목적있는 삶을 사는 것이 인간의 의무이자 가치라는 너의 신념을,

그렇게 너는 너보다 더 큰, 지금 네가 몰라보는 더 큰 너를 스스로 끄집어낼 수 있는 존재임을.

손에 쥔 지도믿고 시머스의 구멍까지 가렴

네 인생에 반드시 거머줘야 할 것은 단 하나.
네 인생의, 네가 가야할,
목적지가 표시된 지도 한장.

다른 것은 손에서 다 놔버려도 된다.
다른 무엇을 쥐고 있지 않아도 된다.
다른 무엇을 쥐려 하지 않아도 된다.
그저 네가 걸어가야 할 방향, 목적, 표지
그저 네가 당도해서 서야할 그 자리.
그저 네가 맺어야만 할 꽃과 열매
그리로 가는
지도한장이면 충분하단다!

지금 네가 몇살이건 상관없단다. 지금 네 위치가 어떻든, 학벌이, 능력이, 부모가, 외모가, 돈이... 뭐가 어떻든 상관없단다. 지도를 따르는 자는 무조건(그래, 무조건이다) 자신의 삶을 가치있게 만들어낼 준비가 된 셈이니, 아니 그 표지가 그려진 지도에 널 당도시키는 것이 우주가 네게 한 약속이며 넌 우주의 힘으로 네 인생을 키워나갈 수 있는 존재이니 네 환경이 어떻든 손에 쥔 지도따라 걸어보렴. 어쩌면 이 지도 한장을 갖기 위해 그 어려운 공부해가며 그리 많은 고민과 갈등이 있었을지도 모르지. 결국, **'공부'의 이유는 '삶의 가치'를 증명하기 위한 것**이잖아. 지금까지의 열심에 동반된 고통이나 불안, 이 모두가 지도 한장 손에 쥔 것으로 모두 보상이 된단다! 다시 말하지만, 자신이 당도해야 할 표지가 그려진 아름답고 명쾌하고 선명한, 지도 한장이면 충분하단다. 다소 희미해도 괜찮고 구불구불해도 상관없어. 깊은 계곡이 있어도, 돌아가는 여러 갈래길이 있어도 그저 지도를 따르면 된단다.

지도를 본 적이 있지?
지도를 한 눈에 담아봐. 길이 없는 곳은 없단다. 이 대륙에서 저 대륙으로 산으로, 물로, 길로, 어떤 식으로든 연결되어 있지.
지도를 본 적이 있지?
가장 선명한 단거리를 알 수 있단다. 이 대륙에서 저 대륙으로 가기 위한 지름길.
지도를 본 적이 있지?
네가 가려는 목적지 외에도 놀라운 미지의 목적지들이 또 있단다. 이 대륙으로 가려 했으나 저 대륙으로 갈 수 있는 새로운 눈이 트이기도 하지.
지도를 본 적이 있지?
네가 가려던 그 목적지보다 더 크고 넓고 황홀한 지점을 알려준단다. 이 대륙에서 저 대륙까지 가는 것이 네가 스스로 만든 한계라면, 더 갈 수 있다고, 더 광활한 대지를 보여주겠다고 벼르고 있지.
지도를 본 적이 있지?
네가 서 있는 그 곳에서 사방으로 길이 뻗어있음을 보여준단다. 이 대륙에서 저 대륙으로 가기 위해 이미 알고 있는 길 하나가 아니라 사방팔방으로 너무 많은 길이 있지.

그러니 너는 네 세상의 지도를 펼치고 네 목적지를 정하고 그 곳에 표식을 넣고 그리로 가는 너만의 길을 찾아 노선을 표시하거라. 이제, 모든 염려와 부정을 멈추고 네가 표시한 노선을 따라보렴. 지도에는 목적지를 향하는 '**방법**'은 어디에도 표시되어 있지 않지만 이는 걱정하지마. 세상이 알려줄거야. 단, 세상은 네가 대가를 치른 뒤에 알려준다고 으름장을 놓기도, 놀리기도 하지. 하지만 당황하거나 놀라지 말고 결코 길에서 벗어나면 안된다. 세상은 널 주시하고 있어. '이 길로 가기엔 넌 너무 약해! 이렇게 해도 안 떠나?'하며 널 시험하기도 해. '신은 자신이 선택한 자를 결코 응석받이로 두지 않고 시련을 통해 단련시킨다. 선한 사람은 강하게 훈련시키고 그렇지 않은 사람은 나약한채로 둔다[1]'고. 그러니 그냥 걸으면 된단다. 모든 역경은 널 지도의 목적지로 데려가기 위한 훈련인 것이니까. 머뭇거려도 괜찮고 늦어도 괜찮고 멍청하게 한참 서 있어도 괜찮아. 겁내도 되고 실수해도 돼. 여긴가 저긴가 한참을 두드려도 된단다. 우리는 이 과정을 '**방황**'이라고 하지.

방황하는 자는 아름다워. 그냥 행선지도 없이 부유하는 것은 방황이 아니야. **아름다운 방황**은 한걸음 더 내딛고 길에서 벗어나지 않으려 자신을 장전시키

---

1 인생철학이야기, 세네카, 2017, 동서문화사

는 잠깐의 물러섬이며 그렇게 힘을 비축하는 너무나도 가치있는 여정이란다. 방황하며 쩔쩔매는 그 시간조차도 너는 목적지로 향하고 있는 것이지. 어쩌면 방황하지 않는 젊음이, 인생이 더 위태롭고 초라한거야. '아프리카 진지바르에 고양이가 몇마리나 있는 세어보기 위해 지구를 한바퀴 돌 필요가 있을까? 하지만 그보다 더 나은 일을 할 수 있을 때까지는 그것이라도 하라. 그렇게 하다 보면 마침내 지금의 내부로 통한다는 '시머스의 구멍[2]'을 발견하게 될지도 모른다[3].' 그렇게 네 손에 지도를 믿으렴. 그렇게 시머스의 구멍까지 네 인생을 끌고가보렴.

단, **의심은 하지 마라.** 목적지가 정해졌다면 의심하지 마라. 이것이 확신이고 믿음이란다. 의심하지 않는 것! 목적지로 갈 수 있다는 확고한 믿음이 있다면 세상은 그 무엇도 이겨낼 수 있는 '의지'를 네게 선물하고 '의지'는 '방법'이 너에게 향하도록 이끈단다. '무지의 구름'이라는 책에서는 이같은 믿음과 의지를 '적나라한 의지[4]'라고 표현했지. 네가 얼마나 강렬한 에너지를 품고 있는지, 네가 얼마나 간절한지, 그리고 네가 얼마나 세상에 필요한 사람인지를 증명하는 길에서 **의심보다는 믿음이 우선**되어야 해. 그러니 네 손에 들려진 지도 한장이면 충분하단다. 그 표지로 가는 모든 조건들은 너의 강렬한 믿음이 자석이 되어 세상이 네게 가져다 줄 것이야.

그럼에도 불구하고 혹시나 믿음이 흔들릴 때면, 오래된 방황에 힘이 빠졌다면 오그만디노와 파올로코엘뇨의 책을 읽으렴. 동화작가, 소설가에서 영성학자로 추앙받는 이 두 작가의 책은 엄마에게 아주 커다란 힘을 줬단다. 오그만디

---

2 1818년 존 클리브스 시머스(John Cleves Symmes, 1780~1829)가 '나는 지구의 속이 비어 있고 그 안에서 사람이 거주할 수 있다고 선언한다. 지구 속에는 몇 개의 단단한 동심구가 존재하며 각각의 극 부분은 열려 있다.'고 주장했다.
3 월든, 헨리 데이빗 소로우, 2017, 열림원
4 무지의 구름, 작가미상, 1998, 바오로

노의 4가지 동화는 모두 읽고 파올로코엘뇨의 책 가운데 '연금술사'와 '아크라 문서', '아처'를 읽도록 해. 여기 담긴 내용은 남들이 뭐라 하건 네가 너의 목적을 추구하고 그리로 갈 수 있는 강력한 정신으로 널 무장시켜 줄거야. 책에는 항상 해답이 있단다. **인생에 정답은 없어도 오답은 있지. 그러니 정답을 찾으려 말고 해답을 구하렴. 안가본 길의 정답이 네 머리에 있을리 없잖아. 그러니 그릇된 오답만 피해가면 그 자체로서 이미 해답의 길을 가는 셈이야.** 주변의 누군가에게 넋두리나 하소연, 푸념할 시간에 책을 읽으렴. 그러면 네가 간절히 원하는 대답이 마치 기다렸다는 듯이 네 눈앞에 등장할거야.

성공하는 사람과 실패하는 사람의 차이는 아주 간단해. 누구나 목적을 향해 목표를 정하고 계획을 잡고 반복훈련을 위한 행동을 하지. 여기까지는 아무나 누구나, 말 그대로 나이불문하고 해. 어릴수록 더 잘하지. **목적->목표->계획->행동** 말이야. 그런데 반복하여 훈련하는 과정에서 수많은 시행착오와 실패를 경험하거든. 반복과 훈련에는 시행착오가 반드시 동반되니까. 여기서! 어떤 이는 '아, 내가 목표를 잘못 세웠나?', '이 길이 아닌가?', '다시 더 곰곰히 생각해 봐야겠는데?'하며 과거로 돌아가서 손에 든 지도를 바꾸려고 하지. 하지만 어떤 이는 그저 행동만을 반복해. 손에 지도를 들기까지 이미 충분히 자신을 들여다 봤거든. 그렇게 지도를 믿고 반복을 통해 자신의 힘을 키우지. 잠깐 생각해보면 전자의 경우, 고심하고 고뇌하며 마치 자신의 삶에 진지한 듯 보이겠지만 그는 철저하게 자신을 의심하며 그 길을 회피하려는 비겁하고 게으른 사람이며 자기 내면의 큰 자아를 외면하는 약한 존재지. 반면, 후자의 경우, 생각없는 바보처럼 보이겠지만 그는 철저하고 확고한 맹목적인 신념아래 계속 전진하는, 부지런하고 자신에게 떳떳한, 적나라한 의지를 드러내는, 내면의 큰 자아가 현실의 자아를 데리고 승리를 만들어내는 존재지.

결국, 전진과 후퇴, 성공과 실패로 갈라지는 지점은 '의심'이 등장하면서부터야. '의심'한다는 것은 마음이 둘로 셋, 넷으로 갈라져 있다는 증거야. 즉, '믿음'의 부족이야. 그런데 이상하지? 데카르트는 무엇이든 의심하라 했는데 말야. 이 말의 깊은 의미는 자기가 갈 방향에 대해 의심하라는 것이 아니야. '지금 내가 최선을 다하고 있나?', '지금 내가 하는 고민이 한계를 극복하려는 것일까?', '내가 여기까지 와서 포기한다는 것은 나를 무시하는 것이 아닐까?', '내가 이토록 간절한 것은 나보다 더 큰 의지가 나의 의지를 꺾으려는 시도인데 내가 이기려 해도 될까?'와 같은 더 큰 네가 되는 것의 방해물을 제거하기 위해 스스로를 자꾸만 들여다보는 질문을 하라는 것이야. 실제 데카르트도 삶의 근원을 파고드는 규칙들을 만들겠다는, 신과 영혼의 존재를 근원적으로 명증하겠다는 자신의 목적을 위해 끊임없이 스스로를 의심하고 반복하여 행동했단다. **자신의 목적지를 의심하는 것이 아니라 그 목적을 향하는 자신의 한계에 대해 지속적으로 의심**했던 것이지. 숱한 오해와 비판과 외면이 있었지만 결코 목적지를 바꾸지는 않았어. 그 곳으로 가는 경험을 쌓고 방법들을 깨우치기 위해 9년이나 방황을 하면서도 오로지 그 길에서 벗어나지 않았지. 그렇게 자신이 원하는 탐구의 깊이를 파내려갔지. 끊임없이 자기 속에 내재된 심정과 관념을 의심하면서... 그 결과 아무도 반박할 수 없는 근원적인 명제를 도출해낸 거야.

성공. 앞에서도 말했지만 거창한 것이 아니잖아. 그저 자신이 원하는 삶의 길을 묵묵히 가는 것이야. 지도. 지도에 그려진 그 길. 그 길을 가는 자체가 성공이야. 아무리 늦게 가더라도 갈 수 있단다. 방법이 없다고 좌절하거나 멈추지 말고 믿으렴. 참을성있게 견디며 섣불리 판단하지 않는 너의 강인함을, 묵묵히와 꾸준히를 이길 수 있는 그 어떤 것도 없다는 너의 지성을, 목적있는 삶을 사는 것이 인간의 의무이자 가치라는 너의 신념을, 그렇게 너는 너보다 더 큰, 지금 네가 몰라보는 더 큰 너를 스스로 끄집어낼 수 있는 존재임을.

혹시 아니?
네가 아는 너보다 네가 더 큰 존재일지?

안가본 길을 가는 것에는 안해본 방법이 필요한 것이지 이미 나와 있는 방법안에서 찾아지는 것이 아니야. 안가본 길이니까. 현실에 해답이 없으니 미래인거지. 그러니 지도를 보면서 이미 네 안에 존재하는 방법, 가령, 바다를 건너려면 배를 타야 하네, 와 같은 '이미 아는 것'들을 염두에 두지마. '배를 타야 하네-> 어떤 배를 타지?-> 비싸네, 오래 걸리네-> 그러면 어떻게 돈을 벌지? 다음에 갈까? 간다고 뭐 뾰족한 수가 있겠어?' 와 같이 이미 있는 방법가운데 하나를 꺼내들면 말 그대로 '배가 산으로' 가게 돼. 본질에서 벗어나게 되고 그러다 보면 두려워지고 하기 싫어지고 안해도 그만이고... 목적에서 완전히 벗어나지.

대다수의 사람들이 이 과정에 머물러. 이는 방황이 아니라 **포기를 위한 변명 찾기**에 불과해. 마치 오래동안 심사숙고하는 신중한 사람처럼 보이기도, 철저하게 계획하고 준비하는 이성적인 사람처럼 보이기도 하겠지만 결과는 변명을 찾아 타협해버린 어리석은 사람이야. 방법을 모르겠다고 징징대는 것은 모순에 빠진 바보같은 짓이야. **가보지 않은 미지의 미래를 걸으면서 현실에서 방법을 찾는 한심한 행위**는 하지 않길 바란다. 네가 가고자 하는 길. 그 목적지가 정해졌다면 방법은 세상이 알려줄거야. 새로운 길엔 새로운 방법이 필요해, 그저 한걸음 떼고 또 다시 한걸음 떼고. 그렇게 묵묵히 가. 무언가를 찾아낼 때까진 하던 것을 계속 해. 그러다 보면 너는 너도 몰랐던 비밀들을 알게 되지. '아! 나에게 이런 면이?' 한번도 꺼내쓸 기회가 없어서 너조차도 몰랐던, **비밀스럽**

게 묻혀 있던 너의 면면이 드러나게 돼. 의지의 제복을 입은 너의 미세한 영혼의 감각세포들이 바로 이런 일을 하는거야. 그리고 또 있어. 가다보면 '아! 이런 방법도 있었네!', '와우! 여기서 이 분을 만나게 되다니!' 와 같이 전혀 예측하지 못했던 기운들도 네게 끌려올거야. 그러니 너는 그 길을 갈 수 있도록 매일 너를 연마하기만 하면 돼! 무엇으로? 믿음으로! **믿음은 네 안의 모든 의지를 연합시키고 의지는 너를 행동으로 이끌며 행동은 의지의 힘을 모으지.**

많은 사람들이 작은 목표 하나를 이루면 거기에 울타리를 치고 그 안에서만 높이높이 탑을 쌓고 자기 내면이 갈구하는 삶과 점점 멀어져. 심지어 내면과의 경계마저도 한계로 인식하고 그것이 자기 운명이라고 한정짓는 것 같아. 자신을 스스로 그만한 크기로 규정짓는 것이지. 그런데 인간의 내면은 무한하잖니. 자기 자신을 겨냥해서 노는 것만큼 고상한 놀이가 어디에 또 있겠니?

너의 시선을 내면으로 돌려라
그러면 너의 마음속에서 아직 발견되지 않은 수천개의 지역을 찾아낼 수 있을 것이다.
그곳을 여행하라.
그리한다면 마음 속 우주지리학의 전문가가 될 것이다.[5]

지도 한장이면 충분하단다.
지도를 믿는 마음이면 충분하단다.
아름답게 방황하며 묵묵히 걷는 자세면 충분하단다.
네 머리속이 아닌, 세상이 알려준 새로운 방법과 방식에 순종하면 충분하단다.

---

5 윌리엄 해빙턴(1605-1664)의 '나의 명예로운 친구, 기사 에드'에서 발췌

너도 몰랐던 더 큰 존재인 너를 탐험하고 그 자체에 한계를 두지 않으면 충분하단다.

이미 모든 것이 널 위해 준비되어 있어. 너는 무엇이든 가질 권리가 있고 어떤 욕구라도 성취할 자격이 있단다. 원하고 믿고 걸으면 된단다. 이는 비단 엄마의 말이 아니라 많은 사상가, 철학가들이 강조하는 가르침이야. 세상은 너의 명령을 기다리고 [6] 있으며 언제든 네가 원하는 세상의 문은 열릴 수 있는 것이 아니라 열리는 것이야. 이는 우주의 약속 [7] 이란다.

---

6 네빌고다드의 저서, '세상은 당신의 명령을 기다리고 있습니다(2009, 서른세개의 계단).' 제목인용
7 여기가 끝이 아니다. 린 그라본, 2021, 나비스쿨

열번째 편지, 지혜

지식이 꿈을 만들게 하기보다 꿈이 필요로 하는 지식을 쌓아보자. 지식, 즉 능력의 차이는 5배에 불과하지만 의식의 차이는 100배가 넘게 무한정한 차이를 만들어. 그만큼 지식위주의 시대는 너의 의식, 영혼을 말살하고 너를 평준화시켜 고만고만한 사람이 되게 해버리는 함정이란다. 아는 것이 사는 것으로 체화되어 네 삶이 되지 않는 한 넌 영원히 악마가 걸어버린 지식의 저주에서 헤매게 돼.

지식의 저주에 빠지지마. 고생끝에 낙(落)이 온단다

사회적으로 성공했고 결혼생활도 괜찮았고 게다가 부유했지만 모든 것이 무의미하게만 느껴졌던 톨스토이는 그의 고백록에서 '사람이란 소중한 무언가를 믿기 때문에 사는 것[1]'이라는 결론을 내렸단다. 비할 바는 아니지만 엄마 역시 너희들 키우면서 뒤늦게 무의미한 삶에 방황했던 시간들이 깊고 길었던지라 비슷한 결론을 내리고 살고 있지. **산다는 것은 나의 가치를 증명해내는 것**이지. 그러기 위해 나를 알고 내게 주어진 사명에 대한 믿음의 카펫 위를 묵묵히 걸으며 나의 가치를 증명해내는 것이라고.

어쩌면 우리가 너무 지식과 물질위주의 사회를 만든 것에 대해 벼락을 맞고 있는 것은 아닌가 싶기도 해. 많이 배우고 많이 벌기 위해 정말 누구보다 치열하게 앞만 보고 산 엄마세대. 그 삶의 방식이 거름망없이 통과되어 그대로 너희들에게까지 전해진 듯한 안타까움이 크지. 이제는 지식의 양이 아니라 삶의 의

---

[1] 고백록, 톨스토이, 2018, 현대지성

미와 진정한 가치를 추구하며 사는 삶이 얼마나 고귀한지를 서서히 알아가고 있는데 이같은 감정을 젊은 네가 깨달아주길 바라는 마음은 너무 성급한 듯 싶지만 그럼에도 불구하고 엄마가 네게 누누히 강조하고 싶은 것은 네게 **무상으로 주어진 시간과 자연, 그리고 환경을 맘껏 사용하면서 너만의 길을 찾고 너의 뜻을 펼치고 너다운 삶을 살아야 한다**는 것이란다.

물질에 대한 추구는 수많은 인재들을 '전문직'이라는 함정 속에 빠뜨리며 영혼 없는 자본주의의 노예를 생산했지. 그리고는 지금 마치 레밍(lemming)쥐처럼 어디로 가는지도 모른 채 너희 모두를 나락으로 추락시키는 듯해. 스스로 레밍쥐를 자처하며 너도나도 비슷비슷한 직업을 추구하고 비슷비슷한 옷을 입고 비슷비슷한 스펙을 위해 비슷비슷한 능력으로 고만고만한 경쟁을 위해 고만고만한 시야로 다같이 같은 방향으로 앞만 보고 달리며 결국 다같이 함정에 빠지고야 마는… 혹여 그 속에서 이탈되어 자신이 꿈꾸는 삶을 만날까봐 오히려 두려워하는… 모순과 역설에 빠져 있지만 그것이 정상이라 착각하는…**각자의 개성은 '불안정'이라는 3글자로 너무 쉽게 무시되어 버리는 시대.**

그런데 말이다. 이제 **'지식의 저주'**에서 풀려나야 할 때란다. 이미 알고 있듯이 지금은 '뉴노멀(new normal)' 시대지. 새로운 표준으로 기준이 바뀌고 '파괴적 혁신[2] (disruptive innovation)'이라 불리는, 전혀 예측하지 못한 위협에 끊임없이 노출되는 격동의 시대이며 낙관이 통하지 않는 시대, 과거의 영광을 돌이킬 수 없는 시대, 영원한 위기의 시대. 이것이 네가 살아갈 시대의 현주소[3] 야. 양이 아니라 질로 승부해야 하는 시대가 도래했지. 쉽게 말해, 상점이 없

---

2 파괴적 혁신 : 미국의 경영학자 클레이튼 크리스텐슨 하버드대 교수가 1997년 저서 《혁신 기업의 딜레마(The Innovator's Dilemma)》에서 처음 소개한 개념
3 혼창통, 이지훈, 2010, 샘앤파커스

어도 온라인으로 판매가 가능하고 저가경쟁이 아니라 공짜와 경쟁해야 하고 유형이 아니라 보이지 않는 서비스, 즉 무형의 질적 수준을 논해야 하는, 그야말로 철저히 기존의 상식이 파괴된, 개인의 스펙이 아니라 스토리와 창조성이 최고의 자원으로 등극된 시대가 된 것이야. 이제 예측이 아니라 현실인거지. '새로운 시대가 온다(A Whole New Mind)[4]'로 유명한 미래학자, 다니엘핑크(Daniel Pink)는 우리가 왜 새로워지고, 창조적이지 않으면 안되는지의 이유를 '3A'로 요약했어. Asia(아시아), Automation(자동화), Abundance(풍요).

이제 현실이 된 이 3단어를 그래도 잠깐 언급하자면, 인도 등 아시아의 신흥인력이 미국과 같은 선진국의 엔지니어로 자리잡았고 이제는 인력초과 현상이 일어나 이들의 임금은 결국, 평균수준 정도로 하락했어. 그러니, 남들이 하지 않는 일을 또 찾아야 하고 게다가 기계가 인간을 대체한다는 사실을 인정하지 않을 수 없게 된 현재, **창의적이지 않으면 안된다**는 것은 너무나 잘 알테고 물질풍요 시대에 인간의 욕구는 더 끊임없이 새로운 무언가를 원하기 때문에 지금 현재를 거부하고 잠재된 욕구를 읽어내는 창의적 인재야말로 시대가 필요한 인재라는 것이지. 이에 대해서는 이견이 없을 것이라 여긴다.

그러니 **절대 레밍쥐[5]가 되서는 안돼**. 레밍쥐의 DNA에는 앞으로 달리는 것밖에 없나봐. 지금 네 주변을 봐봐. 인간의 DNA가 아니라 레밍쥐의 DNA를 가진 자들이 많이 보일거야. 앞에서 뛰는 쥐의 꽁무늬를 놓칠까 봐 무작정 앞만 보고 뛰는 레밍쥐. 모두가 취직하려 난리고 자기 개성으론 먹고 살기 힘들다며 **'자신의 천재성'은 펼쳐보기도 전에 창고에 가둬버리고선 남들만큼 사는 것**

---

4 새로운 미래가 온다, 다니엘핑크, 2007, 한국경제신문
5 레밍쥐는 나그네쥐라고도 하는 설치류의 일종으로 집단자살로 유명하다. 집단자살에는 여러 설들이 있다.

이 자기 꿈이 되어버린, '행복이 별건가요?', '돈 많이 벌려면 어떻게 해야 해요', '꿈이요? 일단 취직부터 해야죠.' 자신이 미래를 설계하려기보다 정해진 몇개의 길안에 자신을 구겨서라도 넣고야 말겠다는 말도 안되는 사고방식이 너희 세대에 주입되었어. 그렇게 앞만 보고 옆사람보다 조금 빨리 당도한들... 낭떠러지야.

그렇게 죽으라 공부했는데 고생끝에 낙(樂,즐거울 락)이 오기는 커녕
N포세대, N잡러가 되는, 고생끝에 낙(落,떨어질 낙)이 되는 세대.
그러니
'지식의 저주'에 빠지면 안된다!!!

잠깐 스스로에게 질문해볼래? **"나는 지금 왜 여기에 서 있지?"** 네가 지금 서 있는 그 자리에 대해 너 스스로 답하지 못한다면 잠시 멈춰. 그냥 멈추라구. 조금 비굴하게, 비겁하게 보여도 괜찮아! 부모님께 말씀드려. 나의 꿈을 위해 조금만 도와달라고, 내 꿈을 펼치기 위해 도끼날[6]을 갈 시간이 필요하다고! 이러한 잠깐의 비겁과 비굴은 결코 부정이 아니라 더 위대한 자신을 발견하기 위한 '**의도된 물러섬**'일 뿐이니까! 그렇게 네 손에 든 지도를 펼치고 너의 길을 걸어야 해. 낙타처럼 앞무릎을 꿇고 네 삶에 명령된, 합당한 짐을 당당히 등에 싣고 뚜벅뚜벅 걸어야 해. 스스로가 가치있는 일을 하고 있다고 느낄 때. 그러한 너의 가치가 작은 점만한 크기로라도 세상의 변화에 일조한다는 믿음이 네 안에서 싹을 틔울 때 진정 너의 삶이 시작되는 것이야. 그렇지 않다면 너는 네 소중한 삶을 남의 것으로 채우고 있는 것이란다. 어디선가 들은 얘긴데...사람의 신체는 심장이 멎을 때 죽지만, **사람의 영혼은 꿈을 잃을 때 죽는대.** 그래서 꿈이

---

[6] '나에게 나무를 베는 데 6시간이 주어진다면 도끼날을 가는데 4시간을 쓸 것이다.' 라는 유명한 링컨의 명언으로 무언가의 기본, 기초를 만드는 데에 많은 시간을 할애하라는 의미다.

없는 사람은, 즉, 사명과 신념이 없는 사람은 살아있는 시체라고 하나봐. 너 스스로에게 깊은 질문을 던져. 그리고 인식의 창고에 너의 꿈을 당당하게 꺼내렴. 그 어두운 심연에서 간절하게 너를 기다렸던, 네가 들여다보지 않을까 한껏 움츠리고 있는 너의 꿈을 세상으로 내보내렴.

지식이 꿈을 만들게 하기보다 꿈이 필요로 하는 지식을 쌓아보자. 지식, 즉 능력의 차이는 5배에 불과하지만 의식의 차이는 100배가 넘게 무한정한 차이[7]를 만들어. 그만큼 **지식위주의 시대는 너의 의식, 영혼을 말살하고 너를 평준화시켜 고만고만한 사람이 되게 해버리는 함정**이란다. 아는 것이 사는 것으로 체화되어 네 삶이 되지 않는 한 넌 영원히 악마가 걸어버린 지식의 저주에서 헤매게 돼. 아주 무서워. 알만하면 세상이 변하고 또 어찌어찌 자격증 하나 따면 또 세상은 널 버리고 저만치 앞서 가있지. 그만큼 급변, 예측불가한 사회에서 지식에 이끌리는 신념은 쓰레기통에 쳐넣어 버려야 해. 네 능력을 숫자화시키는, 마약같은 공모전나 자격증에서 과감히 등을 돌려도 괜찮아!

유명한 잡스는 어려울 때 그를 일으켜 세워준 것은 능력이 아니라 '내가 하는 일을 사랑하는 것, 나 스스로가 위대한 일이라고 믿는 일을 하는 것[8]'이라 했고 나심탈레브도 노동을 파는 노동인간과 아이디어를 파는 아이디인간을 구분짓고 자신은 아이디어 인간이 되기로 했다고 선언[9]했으며 버진그룹의 리처드 브랜슨 역시 '나는 때때로 지금 하고 있는 일이 재미있는지, 그 속에서 행복한지를 스스로 묻는다. 그것만이 유일한 잣대다. 만약 즐겁지 않다면 나는 더 이상 그 일을 하지 않는다.'고 했어. 이름만 대면 알만한 이들이 너를 상대로 사

---

7 일본전산이야기, 김성호, 2009, 샘앤파커스
8 혼창통, 이지훈, 2010, 샘앤파커스
9 블랙스완, 니콜라스나심탈레브, 2018, 동녘사이언스

기를 치는 게 아니라면, 이들의 말을 한번쯤 귀담아 들어보는 건 어떨까? **왜 성공한 많은 사람들은 '지식'보다 '꿈'을, 자신의 '가치'를 위해 헌신하라고 말하는 걸까?** 그렇게 하다보면 돈은 저절로 쫓아온다고, 아니 그렇게 해야 시대에 맞게 경제적으로도 안정을 얻게 된다고 하는 것일까? 이런 말을 진부하다고 간과하지 말고, 시대가 변했음을, 그래서 다른 류의 인간을 -이를 신인류라고도 하더라- 원하기 때문이라고 생각해보렴.

지식, 즉 능력은 세상에 차고 넘쳤으니 이제는 지식의 가치를 더 높게 고양된 정신과 결합시켜 인류를 위해 자신을 사용할 인재가 필요한 것이지. 이를 우리는 **미덕(virtue)**이라고 해. **지혜(wisdom)**라고도, **의식(consciousness)**이라고도 하지. 칙산트미하이는 '아무리 좋은 조건일지라도, 이 시대가 지향하는 것을 이루기 위해선 지식만으로는 위험하다. 중요한 것은 지식의 부정적인 영향을 피할 수 있을 만큼 피해야 하는데 이는 지혜의 특별함으로 가능하다[10].'고 했어. 또한, '지혜로운 사람은 많이 알면서도 모르고(know all-know little) 심도 깊은 이해를 하면서도 불필요함은 없애고(dive deep-fly high), 순간과 전체(now-not now), 복잡함과 단순함(complexity- simplify), 그리고 자신에게 집중하면서도 타인을 고려하는(only me-no me) 등 상반된 모순(paradox)을 모두 포용하는 사람[11]'이야. 그래서, 지혜로운 사람은 지식과 감정 모두를 통합하여 **지식의 해독력**으로 자신을 운용하는 사람이지.

자, 얘기나온 김에 지식만 믿고 까부는 사람들을 현시대 지능연구의 최고라 불리는 스턴버그(R.Sternberg)가 제발 이제는 지식믿지 말고 지혜로운 사람이 되라며 '지식이 많은 사람들이 범하는 오류 5가지'를 알려줬는데 잘 읽어보렴.

---

10 4차혁명시대 지혜로운 MOTHER, 김주원, 2019, 피엔에이월드
11 Mick, D. G., T. S. Bateman. & R. J. Lutz., 2009

첫째, **비현실적 낙관주의**(Unrealistic optimism). 나는 지식이 많으니 뭐든 알고 있다고 믿는 오류야. 우스갯소리 한마디 할까? 세상에서 가장 무서운 사람은 자기가 모르는 게 뭔지 알려고 하지 않는 사람이래. 그런데 더 무서운 자는 모르는 그것에 소신이 있는 사람. 더더더 무서운 사람은 무지한 소신을 지키기 위해 부지런하기까지 한 사람! 우습기보다 무섭지? 한 마디로 **'지식믿고 까부는 사람 = 경직된 사고의 소유자'**이지. 얼마나 무섭니? 사고가 경직되었다? 굳었다는 거잖아. 돌처럼 단단하게. 그것도 지식이 많을수록 더 크고 더 단단한 돌이 될거야. 깨야 할 필요도 못 느끼고 깨려니 아플 것 같고 그러니 주장을 하기 위해 목소리는 커지고 우기고 게다가 상대방을 무시하고 깔봐야만 자신이 우위에 서서 인정받는다는 착각에 빠진 사람.

둘째, **자기중심주의**(Egocentrism). 지식이 많은 사람은 자기가 옳다고 믿기 때문에 모든 상황에서의 잘못은 타인에게 있다고 주장하지. 자기는 다 알기때문에 자기 잘못은 없다는거지. 네 주변에 너무 많지? 그런 사람? '잘난 사람'들 특징이기도 해. 이들은 늘 변명하기 바빠. 그렇게 많이 배우고 그렇게 좋은 자리에서 그렇게 좋은 옷을 입고 그렇게 근사하게 말하지만 다 변명이야. 변명이 습관으로 고착되면 사회의 악이 되지. 아는 것은 진짜 많은데 그 지식의 대부분이 해로운 방향으로 영향을 미치게 되지.

셋째와 넷째는 **전지**(Omniscience)와 **전능**(Omnipotence). '전지전능'이라는 단어가 다소 추상적이지만 어떤 사람인지 딱 감이 오지? 자기는 공부도 너무 잘했고 S대까지 나왔으니 더 이상 배울 것이 없다고, 자기는 다 안다고, 그러니까 덤비지 말라고, 까불지 말라고, 얕보지 말라고, 나는 못하는 게 없다고. 또 이렇게도 표현해. '내가 다 알아서 해줄게.' S대를 나오면 뭐하니. 남들과 별반 다르지 않고 오히려 자만만 가득해서 다른 이들을 자기보다 못한 존재로 바라보고 사는, 불쌍한 존재일 뿐이지. 특히, 국영수를 잘해야 하는, 죽으라고 공.부.만 해야 좋은 대학가는 우리나라의 교육환경에서 잘 나가는 사람일수록 이런 자만에 빠지기 쉽지. 자만은 자기만 모르는 치매이며 베푸는 영혼이 없을 때 서둘러 침입하는 퇴보[12]이며 자기통제밖에서 자신을 위협하는 간질병[13]인데 스스로를 그런 환자로 만들어버리는 치명적인 결과를 낳지. 창날을 가는 것을 수치스러워 하는 사람은 실상 자신을 겁쟁이[14]로 여기기 때문이란다.

마지막 다섯째, **불사신(Invulnerability)**. 무적의 불사신. 단어는 좀 우습지? 자신은 천하무적이라는 거야. 내가 어느 대학출신인데!! 내가 난데!!!! 내가 누굴 아는데!!! 내가 어디어디 다니는데!!! 내 직업이 뭔데!!! 다 덤벼!!! 뭐 이런 거지. 세상에 아무 것도 무서운 게 없는 사람. 자신감이 넘치는 게 아니라 자존심만 강한 바보. 그래서 자기가 바보니까 남들도 바보로밖에 보지 못하는, 참으로 불쌍한, 어쩌면 배운 건 많은데 자기가 어디를 향해 어떻게 살아야 할지 모르는 열등감에 사로잡혀 어떻게 표현해야 할 지도 모르는 무능한 사람이지. 공부 잘 한다고 오냐오냐 키워지면서 얻은 혜택이 오히려 삶의 무능함을 이끈 것이야. 이쪽이 기울면 반드시 저쪽이 들고 일어나는 법이란다.

자, 스턴버그가 말한 지식이 많은 사람에 대해서 공감이 되니? **중요한 것은 지식이 많은 것이 사단을 내는 것이 아니라, 지식만 많은 것이 사단인게지.** 지식이 많은 것은 바람직한거야. 지혜의 기본도 지식으로부터야.

---

12 차라투스트라는 이렇게 말했다. 니체, 2000, 책세상
13 그리스철학자열전, 디오게네스 라에르티오스, 2008, 동서문화사
14 키루스의 교육, 크세노폰, 2015, 한길사

기본적인 지식을 바탕으로 사고체계가 제대로 구성되면 지능(intelligence)이 되고 지능을 바탕으로 보편적인 진리를 쫓고 자기 내면의 소리를 따르며 실천할 수 있는 힘을 가진 자가 지혜로운 사람이란다. 지식, 능력을 우습게 보거나 필요없다는 식으로 무시하라는 것이 아니라 지식과 능력의 한계에 갇혀 버리는 저주에 걸리지 말라는 말이란다. **지식이 '알기 위한' 기능이라면 지혜는 '아는 것을 옳은 방향으로 실천'하는 기능이지.** [15]

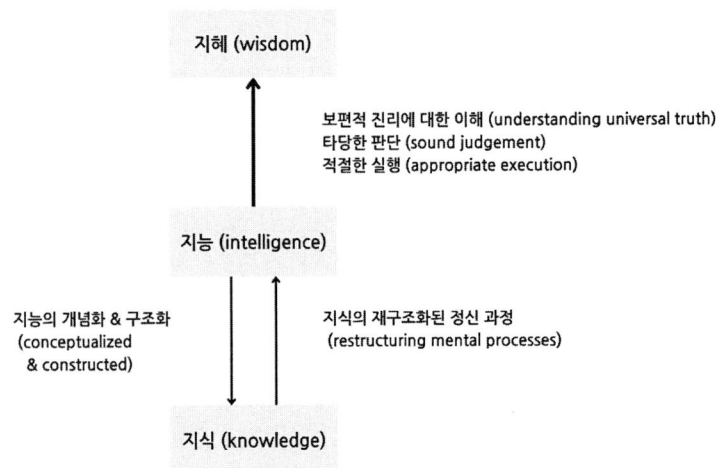

[그림] 지식 - 지능 - 지혜의 계층구조 (Liew, 2013)

지식과 능력은 반드시 '비교'를 전제로 해. 시대에 맞게 누구보다 더 잘하는지 못하는지, 어떤 기준에 따라 높은지 낮은지 '비교'되지. 그리고 지식은 각론에 불과하다. 이론으로 대변되는 지식은 각론이기에 총론안에서 소멸, 변화될 수밖에 없어. 따라서, 총론을 이해하지 못한 지식은 무조건 새로운 지식에 의해 소각될 운명에 처하지. 또한, **지식과 능력은 경쟁의 함수속에서 오히려 빛이**

---

15 Liew, A. (2013). DIKIW: Data, Information, Knowledge, Intelligence, Wisdom and Their Interrelationships. Business Management Dynamics, 2(10), 49-62.

나기에 감정을 파도치게 하는 바람같아. 누구보다 잘하면 우쭐하다가 누구보다 못하면 좌절하는. 최고가 된 듯한데 더 잘난 놈이 나타나면 밀려난 최고는 세상의 눈밖에 나버리지. 그래서 결국, 지식은 감정을 요동치게 하는 원인이 돼. 지식이 많으면 자신감, 열정, 의욕, 성취감 등등 모든 것들이 널 위로위로 올리며 자극하다가 갑자기 너보다 더 뛰어난 놈이 나타나는 순간 자신감은 좌절감으로, 열정은 무기력으로, 의욕은 비참함으로, 성취감은 패배감으로 변해버려. **지식은 감정과 뗄레야 뗄 수 없는 원수지간같아.** 그러니, 지식은 활용도구일 뿐이니 더 높은 정신활동을 통해 너의 머리속 지식과 가슴속 감정을 제대로 이해, 해석, 사용할 줄 아는 사람이 되어야 한단다.

조감도를 그리고 건물의 못을 박는 이나 숲의 토질을 알고 나무를 심는 이와 마찬가지로 인간 그리고 자신만의 본성을 알고 그에 맞는 지식을 습득하는 이가 되길 바래. 이렇게 교육열이 높은 환경에서 자랐으니 너나 나나 다 지식이 많단다. 알만큼 안단다. 그러나, 지식의 저주에 빠지지 않으려면, 혹 빠졌다 하더라도 얼른 함정에서 나오려면, **네가 사랑하는 일을 찾고! 네가 사랑하는 그 일이 세상을 위하는 위대한 일이라는 믿음**을 먼저 가지길 바란다. 이러한 믿음없이 살기에 네 인생은 너무나 아까워. 스티븐 스필버그가 '이렇게 재밌는 일을 하면서 돈을 받는다는 사실이 믿어지나요?'라고 말한 것을 잘 생각해보렴. 물론 이들 모두가 어려운 과정, 고통스럽고 힘겨웠던 시간들을 보내어 얻은 결과지. 하지만, 그 고통스런 과정 자체도 이들에겐 즐거움으로 가는 길이었고 자신의 삶을 만들어 가는 과정이었던거야.

고통스럽지만 자신의 삶이 어디론가 향하고 있는 느낌이 들거든.
자신의 삶이 가다 보면 솟구치는 지점을 만날 것 같은 믿음이 생기거든.

고통은 반드시 이면에 쾌락을 동반한단다.

그러니 제발 네가 원하고 세상이 네게 원하는 그 일을 위해 네 젊음의 즙까지 짜내어보렴.
네 정신의 정수에 '너의 존재가치'를 단단히 고정시키렴.
그렇게 거대한 우주의 퍼즐 한조각이 되렴.

우주는 딱 너여야만 하는 퍼즐의 위치와 크기와 모양을 마련해 두었단다. 우주 전체에 단 1사람, 무조건 너여야만 하는 그 자리는 반드시 존재한단다. 그러니 네 정신속에 수많은 지식의 파편들이 하나의 퍼즐조각이 되도록, 섞고 뭉치고 솎아내서 그 퍼즐이 완전체 속에 자기자리를 찾아갈 수 있도록, 너의 지식을 의심하고 새로운 지식을 투입하여 초월된 지식을 지닌 지혜로운 사람이 되렴.

열한번째 편지, 경험

사람은 가슴이 뛰어야 머리가 다리에 명령한다! 가슴이 뛰지 않는 일을 어떻게 열심히, 자기 자신을 파괴시키고 극으로 몰고 한계를 극복하면서까지 하겠니? 가슴이 뛰어봐야, 그 쾌감과 전율의 감각을 느껴봐야, 계속해서 맛보고 싶어하거든! 그렇게 네 시야에 네 가슴을 뛰게 할 무언가를 자꾸만 등장시켜. 그렇게 쾌감에 전율해보고 그것이 네 머리속의 질서들을 파괴하면서 아! 이거였어? 이런 게 있어? 이렇게도 된다구? 에피파니를 느끼게 해야 해! 그 느낌! 그 최고의 전율은 네게 통찰이나 직관, 그리고 초월된 지식을 선물할거야!

삶의 지혜를 선물할 2가지를 알려줄께

잠깐 네 주변을 둘러볼래? 온통 네모야! 창, 책, 노트, TV, 핸드폰, 노트북, 티슈, 식탁, 봉투 등. 엄마는 네모가 참 좋다! 빛을 전해주는 창, 정신을 살찌우는 책, 내 속내를 담은 노트, 상상을 불러오는 브라운관, 세상의 소식을 듣고 엄마의 소중한 글이 모두 담긴 노트북, 사랑하는 너를 보고 듣게 해주는 핸드폰, 모든 걸 깨끗하게 닦아주는 티슈, 맛있는 시간을 보내게 해주는 식탁, 뭐든 가득 담아내는 봉투... 그러고 보니 주변이 거의 네모더라구. 방도, 책상도, 포스트잇도, 인덱스도 다 네모야. 당연하게 있어야 할 자리에 있는 것들. 그냥 늘 그 자리에 있어서 별로 관심두지 않았던 것들인데 어느 순간 찬찬히... 깊게 들여다보다가 너에게 해줄 말이 생각났어. 네 시야에 포착된, 네 손에 닿은, 네 곁에 그저 그렇게 놓인 것들을 단순한 사물이라 여기지 말고 하나하나가 너와 만나는 순간, 어떤 의미를 갖게 된다면 네 인생이 훨씬 재미나고 풍성해질 것 같아서 말야.

앞서 지식만 쌓는 것은 오히려 지식의 저주에 빠지는 우려가 될 수 있음을 얘기했는데 이번 편지에선 진짜 삶의 지식을 어떻게 쌓아야 할지, 많은 사물들 가운데 너에게 무한의 경험을 줄 수 있는 2가지를 얘기해볼까 해. 물론, 엄마의 머리속, 일상속의 경험들을 꺼내놓는 것인데 바로 노트북이나 핸드폰, 그리고 책이야. 여기서는 TV나 노트북, 아이패드, 핸드폰 모두를 그냥 핸드폰이라고 할께. 우리는 어느 새 이것들에 종속되어 버린 것 같아. 어쩔 수 없이 이들 속에서 하루를 보내지. 지금 시대엔 이렇게 사는거지. 많은 사람들이 신년이 되면 핸드폰 사용을 줄이겠다고 하는데... 글쎄... 얼마나 지켜질까? 엄마는 굳이 그럴 필요까지 있을까 싶어. 굳이 그 재미난 도구를 사용하지 않을, 줄일 필요까지는 없을 듯하다. 핸드폰이 내 인생에 일단 깊이 들어와 있다면 굳이 줄이는 방향 말고 제대로 영향을 미치도록 잘 사용하는 게 낫지 않을까? 어차피 네 에너지를 어딘가에 쓰는 것인데 있는 물건 안쓰려 애쓰는 것보다 있는 물건 제대로 효과적으로 쓰는 데에 에너지를 쓰는 것이지. 전자는 소모, 소비라면 후자는 축적, 투자가 되겠지.

드라마와 영화를 자주 보렴.

오전 수업을 다 끝내고 엄마는 오늘도 영화한편을 봤어. 그리고 후다닥 점심 먹고 이제부터 글쓰기에 몰입하려구!! 네가 살면서 겪은, 그리고 겪을 경험들은 어쩌면 너무나 단순하고 한정된 것들이란다. 물론, 그 경험을 무시하거나 비하하는 것은 아니야. 하지만 이 좁은 땅덩어리에서, 평범한 부모의 울타리 안에서, 한정된 사람들 안에서, 이렇게 좁게 만들어진 너의 범주에서 쌓은 작은 경험들에는 무조건 한계가 있단다. 하지만, 네가 살아야 할 세상은 이미 international을 너머 global, 아니 우주까지 진화한 세상이야. 이 세상을 온

몸으로 경험하기에는 시간이나 공간, 비용면에서 너무나 제약이 많지. 그래서 간접경험이라도 네게 무한의 세상을 경험시켜 줄 수 대상이 있다면 그것이 바로 드라마와 영화인 것 같아. 많은 엄마들이 '머리'속에 무언가를 넣는 것에는 집착을 너머 집요하면서도 가슴속에 무언가를 넣는 것은 치부하거나 간과하는 경향이 있어.

그런데 말야. **사람은 가슴이 뛰어야 머리가 다리에 명령한다!** 가슴이 뛰지 않는 일을 어떻게 열심히, 자기 자신을 파괴시키고 극으로 몰고 한계를 극복하면서까지 하겠니? 가슴이 뛰어봐야, 그 쾌감과 전율의 감각을 느껴봐야, 계속해서 맛보고 싶어하거든! 그렇게 **네 시야에 네 가슴을 뛰게 할 무언가를 자꾸만 등장시켜.** 그렇게 쾌감에 전율해보고 그것이 네 머리속의 질서들을 파괴하면서 아! 이거였어? 이런 게 있어? 이렇게도 된다구? **에피파니**[1]를 느끼게 해야 해! 그 느낌! 그 최고의 전율은 네게 통찰이나 직관, 그리고 초월된 지식을 선물할거야!

수많은 경험들이 있겠지만 영화나 드라마가 비교적 손쉽게 강렬한 자극을 전해줄 수 있는 도구같아. 물론 어떤 영화, 어떤 드라마를 보느냐에 따라 다르겠지만 이런 선택이야 개인의 개성에 달려 있겠지. 성향과 감정에 따라 다양하게 그저 네가 원하는대로 보렴. 단, **하나에 중독되지 않는 정신으로 봤으면 해. 중독은 완벽한 치우침이야.** 그렇게 되면 치우침에 감춰진 이면이 힘을 쓰지 못해서 삶 자체가 치우치게 돼. 그러니 너의 취향? 성향?은 말 그대로 취향이고 성향이어야지 편협이나 중독으로 함몰되도록 해서는 안될 것 같아. 사실 지금

---

[1] 에피파니(epiphany) : 초자연적인 것의 출현, 현시(顯示), 강림(降臨)을 뜻하는 영어 단어로 갑작스럽고 현저한 깨달음 혹은 자각을 뜻한다. 일반적으로 이 용어는 과학적으로 획기적인 성과 혹은 종교적이거나 철학적인 발견을 묘사할 때 사용된다. 그러나 이 용어는 어떤 문제나 현상을 더욱 새롭고 깊은 관점에서 이해했을 때의 계몽적인 깨달음을 경험하는 상황에서 언제나 사용될 수 있다.(위키피아 발췌)

과 같이 OTT[2]가 엄청난 창작물을 쏟아내는 시대에 뭘 봐야할까에 대한 대략적인 기준이 없다보니 대다수의 사람들이 '인기', '재미', '광고', '요약된 영상'들을 보며 선택하곤 하는데 그 이면에는 엄청난 자본주의의 힘이 움직여. 많이 광고하면 많이 보게 되지. 많이 봐야 많이 버니까. 그래서 엄마는 주로 믿음직스런 감독과 배우가 선택한, 그러니까 그들의 작품선택을 믿고 그들의 것을 주로 봐. 왜 알잖아. 이런 배우가 선택한 작품이면 **재미를 떠나 의미**가 있을거야. 이 감독이 연출한 작품이라면 **광고를 떠나 권고**할 무언가가 담겨 있을거야. 싶은 기준말야.

로맨틱 멜로를 보면서 감정을 읽고 법정이나 수사, 의학쟝르를 보며 소신을 배우고 역사극에서는 책에서 부족한 서사들을, 그리고 공상, 상상이 펼쳐지는 판타지를 통해 과거나 곧 현실이 될 미래로도 떠나봐. 극에 등장하는 '가정'을 보며 다시금 '정(情)'을 알게 되고 '조직'을 보며 '이해관계'를 염탐하며 '사회'를 보며 위계와 서열, 그리고 구조와 힘에 한탄하기도 하고 '국가'를 보며 뜨거운 가슴을 느끼기도 하지. '세상'을 만나면 가보지 못한 그 곳을 염원하기도 하고 '자연'을 만나면 신이 네게 준 모든 것에 감사함을 알게 되고 '우주'를 탐험하면서 우주 속 작은 점에 불과한 너와 직면하기도 하고 그럼에도 불구하고 중심이 너라는 사실도 받아들이게 되지. 라이온킹, 토이스토리와 같은 애니메이션을 보면서 이러한 스토리와 영상이 주는 무한상상과 아름다운 감성이 인간사회를 아직도 따스하게, 순수하게 유지시키는 원동력이구나도 느끼고 또 '쉰들러 리스트', '아름다운 인생'과 같이 실화를 바탕으로 한 영화를 보면서 당시 시대적 배경을 눈과 귀로 경험하고 한 사람의 소신이 얼마나 많은 이들에게 영향을 미치는지를 가슴으로 느끼고 감동하길 바래.

---

2 OTT(Over-the-top media service) : 인터넷을 통해 방송 프로그램·영화·교육 등 각종 미디어 콘텐츠를 제공하는 서비스

엄마는 20대에 스탠리큐브릭, 팀버튼, 히치콕, 키에슬로브스키, 레오까라 감독들에 심취했었고, 왕가위의 등장에 박수를 보냈고, 스필버그에 놀라면서 영화에 빠져 들었었지. 영화광이었던 엄마는 영화한편을 꼭 4번씩 봤었단다. 처음엔 그냥 스토리를, 두번째엔 감독의 의도를 중심으로, 세번째엔 영화음악을 느껴가며, 마지막엔 다시 복합적으로 전체를 감상하며. 그렇게 영화는 엄마에게 갈 수 없거나 가보지 못한 시대와 세상, 만날 수 없는 인물들, 결코 내 안에 있는지도 몰랐던 감성들을 경험시켜줬어.

두번째 네모는 눈치챘겠지만 책이야.

책에 대해서는 정말 할 말이 많고 또 그 중요성에 대해서는 굳이 엄마까지 얘기하지 않아도 될 정도이니 여기서는 네가 앞으로 접하기를 바라는 책들을 소개삼아 그저 나열할게. 성현들의 이야기에 귀를 열고 그들의 가르침이 네 삶에 조금씩 체화되길 바래. 한순간 유명한, 훌륭한, 뛰어난 사람은 많아. 하지만 오랜 시간 많은 사람들에게 영향을 미치는 성현들은 소수야. 여기 적은 책 리스트만은 네가 꼭 읽길 바래. 분명 네 정신에 **굵고 단단한 체계를 세우는 맥**이 되어 줄거야.

벤자민 프랭클린을 만나 삶을 위해 네게 장착해야 할 기본자세들을 체크하고
소로우를 만나 소신과 정의, 본질과 자연의 위대함을 체험하고
에머슨을 만나 자기만의 철학을 스스로 배워, 채워, 세워보고
세네카를 만나 인생이란 무엇인지 제대로된 가르침을 받아보고
릴케를 만나 인간이 사유한다는 것이 얼마나 깊고 아름다운지 느껴보고
나폴레온힐을 만나 성공이란 단어의 실체와 깊이, 방향을 인지하고

귀곡자를 만나 처세술을 배우며 진정한 관계의 묘수를 익히고
올더스헉슬리를 만나 방대한 지식을 하나의 궤로 꿰는 통달도 경험하고
루크레티우스를 만나 세상이 움직이는 기본 중의 기본원리를 터득하고
에피쿠로스를 만나 궁극의 쾌락에 동의와 동감을 보내고
알랭드보통을 만나 인간의 언어가 주는 아름다운 조화도 느껴보고
파올로코엘뇨를 만나 현실감있는 통찰도 경험하고
스웨덴보그를 만나 함께 영혼의 영적세계를 탐험하여 너의 인식을 깨보고
리차드파인만을 만나 진짜 자기 자신으로 사는 게 어떤 것인지도 따라하고
오그만디노를 만나 두루마리의 비법을 전수받고 아카바같은 별친구도 만들고
톨스토이나 괴테를 만나 네 인생의 서사가 철학이 되는 소중함도 깨닫고
몽테뉴를 만나 신사의 철학속에서 네 삶의 채색과 결을 점검하고 다듬고
네빌고다드와 월레스와틀스를 만나 천재의 단순함과 부(富)를 가치를 배우고
나심탈레브를 만나 사회를 이롭게 하는 학문의 맛도 느껴보고
데카르트를 만나 네 또래 그에게 네 정신을 맡겨 이성과 논리의 가닥을 잡고
제인로버츠를 만나 열세한 개인의 위대하고 신비로운 사상도 접해보고
발타자르그라시안에게 네가 아는 지식을 모두 내려놓고 지혜를 구해보고
마르쿠스 아우렐리우스를 만나 따끔한 회초리 한대 부탁드려보고
크세노폰을 통해 키루스를 만나 최고의 리더십을 익혀보고
칼릴지브란, 예이츠, 셰익스피어, 블레이크 등의 문학에서 소멸되어 가는 감성을 다시 호출해보렴.

책은...너의 영원한 친구이자 스승이란다. 친구란 오래된, 만나면 좋은, 가끔 사는 얘기나 나누는. 그런 존재라기보다 너의 동반자로서 삶의 길을 함께 걸으며 삶의 결을 온화하고 깊게 다듬고 언제든 네게 필요한 이야기를 서슴없이

나눌 수 있는 존재가 아닐까 해. 책이 네게 친구이길 바란다. **책을 친구로 삼으면 더 없이 소중한 여럿의 친구들을 네게 소개시켜 줄거야. 자연과 우주와 세상과 신과 책속의 다양한 인물들이 모두 너의 삶 곳곳에서 교제를 청한단다.** 그렇게 네 인생에 스며들어 살면서 결코 너를 외롭게 하거나 비탄에 빠지게 하거나 과거에 잠식당하게 하거나 현재에만 몰두시키거나 허상같은 미래를 그리게 내버려두지 않지. 정말 소중한 친구는 너만의 삶에 네가 잘 어울리도록 이끌어 준단다.

매일 네가 많은 시간을 보내는 디지털과 꼭 친구삼길 바라는 책과 같은 아날로그, 이 2가지 다른 차원의 세상 속 수많은 경험들을 모두 네 것으로 만들어가길 바란다. **미래는 기억속에 있지 않고 앞으로 네 기억의 공간을 채워줄 것들이지.** 네 경험은 네 기억으로 남겠지. 영화를 비롯한 극속의 간접경험들이 네 기억의 양을 풍성하게 채워주고 책은 풍성해진 기억속, 미진하거나 불안정한 틈새를 찾아 단단하게 이음새를 만들어 준단다. 그렇게 네 정신 속의 기억들이 올곧고 단단하게 채워지길 바래.

행운과 기적은 미래에 있지 과거에는 없어. 네 걸음 앞에는 수많은, 엄청난 크기의 행운과 기적들이 대기중이야. 네가 원하는 미래가 너를 기다리며 두 팔벌리고 기다리고 있어. 세상은 네가 원하는 미래를 만들어주기 위해 만반의 준비를 갖추고 여기저기에서 네게 신호를 보낸단다. 그 신호는 네가 경험하는 직, 간접적인 현상, 사물들속에 하나씩 담겨져 있어. 그 조각들을 하나씩 찾아내어 연결시키면 그것이 기적으로, 운으로 네 앞에 등장한단다. 그러니 네게 가까이 있는 것들, 당연하게 여기는 소소한 것들을 항상 귀하게 여겨야 해. **소중하고 중요한 것을 아는데도 미루고 멀리하던 습관에서 가까이 하는 습관으로**

의 변화는 결국 행운과 기적같은 신비로움에 너를 데려가는 유일한 길이란 걸 꼭 명심하렴.

열두번째 편지, 이치

자연은 결코 너를 무균실에서 키워주지 않아.

사태를 겪게 함으로써 오히려 안전하게 너를 보호하고,

난관과 장애를 경험하게 함으로써 오히려 극복의 힘을 키워 한계를 넘게 하고

기울이고 미끄러 뜨리면서 오히려 균형을 잡게 하며,

곤란과 소란을 던져줌으로써 오히려 영속적인 평온을 깨닫게 하고

공포스런 현상으로 오히려 널 용기있게 만들지.

정신의 두려움을 떨치려면

좋을 땐 누구나 좋지. 하지만 안 좋을 때, 그런 상황이 네 앞에 등장했을 때, 그때 어떻게 네 정신이 활동하는지에 따라 인생은 달라지지. 안좋은 사태가 네게 등장하면 항상 갈림길에 놓였다고 여기면 돼. 용기를 내든 두려움에 벌벌 떨든, 정면으로 맞서든 비겁하게 피하든, 선택하는거야. 안 좋은 일이 생긴 것은 선택해야 할 때. 즉, 노선을 점검할 때라고 해석해야 해.

자, 사태앞에서! 너의 정신에게 이렇게 명령하길 바래.
'메세지를 찾아라.'
드디어 보물찾기 한판이 벌어지는 것이지!!!

널 두렵게 하는, 이해할 수 없는, 외면하고 싶은... 그러한 모든 것에는 자연의 숨겨진 의도가 있단다. '메세지를 찾는다는 것'은 곧 자연이 그 사태를 지금, 네게, 일으킨 숨겨진 의도를 찾아내는 보물찾기 게임이야. 어떤 의도든 그 의도를 찾고 이유를 연역으로 알아가 보렴. 그 이치를 네가 안다면 현상을 현상으로만 보지 않고 무언가로부터 인과된 메세지로서 이성적으로 해석할 수 있어. 지금 벌어진 일의 본질을 보게 되지. **모든 현상은 '추론'이나 '유추'보다 '해석'의 힘으로 이해되고 해결되거든!** '현상을 현상으로 보지 않는 힘'은 감각이 전해준 메시지를 감정에 의존한 채 해석하지 않는 이성의 힘이야. 결코 흥분해서 판단의 오류를 만들거나 그릇된 해석으로 일을 그르치는 일은 없을거야.

이는 어떤 일에도 다 해당된단다. 널 기분좋게 흥분시키는 일에서도, 널 가혹하게 벌하는 일에서도, 널 불안에 떨게 하거나 잠못 이루게 하거나 저 바다 깊은 곳으로 던져진 느낌이 들게 하거나… **모든 상황에서 자연은 널 위해 어떤 이유를 담은 쪽지 하나를 숨겨두지.** 항상 그것을 찾아서 펼쳐봐야 해. 그 쪽지엔 황금보다 귀한 보물이 담겨 있어. 안 좋은 일이 인생에 쑥! 등장하면 사람들 대부분은 감정부터 상하지. 불안해하고 심지어 이 사단이 왜 일어난건지 두려워하지. 겁부터 내. 하지만, 인생에서 벌어지는 일 가운데 절반이 안 좋은 일들일텐데 이들의 모양새는 다 다르겠지만 어느 것 하나 예외없이 불안과 두려움을 달고 와. 패키지야. 그리고 너의 감정부터 겨냥해.

'미운 사태 VS 너'

화살을 날리는 주체는 '미운 사태'이고 과녁은 너의 감정이야. 그러면 일단 피하고 보려는 게 사람의 본능이야. 그런데 불안이나 두려움은 피해지지 않아. 결코 없어지지도 않아. 그러니까 사태를 보지는 못하고 감정만 부풀려져. 두려움의 다른 면을 봐봐. **두려움이 있어야 흥분된 정신을 잠시 진정시킬 수도 있거든. 두걸음 갈 것을 한걸음만 가게도 하지. 두려움은 아주 요긴하게 쓸 수 있**

는 감정이야. 하지만 뭐든 과하면 사단이 나는 것처럼 그 녀석 힘이 너무 강할 때 너는 제압당해. 한걸음도 내딛지 못해. 결국, 두려움과 맞서려 하지 말고 두려움을 달래주고 두려움과 손잡고 가는 방법을 터득해야만 할 것인데 이에 대해서는 **이치를 깨닫는 방법**외엔 없단다.

이 말을 명심하길 바래. 엄마는 이 진리를 철학자 루크레티우스에게 배워 확신을 가졌지. 그는 '정신의 두려움은 빛이 아니라 이치로써 떨쳐버릴 수 있으니[1].'라고 했어. 진리를 따른다면 두려움을 없애려, 극복하려는 수많은 에너지의 수고와 시간의 낭비를 줄일 수 있을거야. 그 에너지와 시간을 이치를 깨닫는 곳으로 사용하렴. **이치를 깨닫는다는 것은 지금까지 얘기한 자연의 숨은 의도를 찾는 쪽으로 네 정신을 쓰는 것에서 얻어질거야.** 두려움을 떨치려 두려움에 관심을 계속 갖는 한 관심받는 그 녀석은 더 덩치를 키우니까 방향을 완전히 바꿔서 네 정신은 보물을 찾는 것에만 사용하길 바란다. 또 한번 더 강조하지만, 이치를 안다는 것은 곧 자연의 숨은 의도를 파악하는 것이야. 이치.란 논리적이거든. 네 이성이 연역적으로 그 이유를 찾아가면 돼. **감정에 먹이를 주지 말고 이성에 먹이를 주란 말이야.** 담장 밑에 숨겼는지 지붕 위에 숨겼는지 계속 찾다 보면 발견되어지고 발견되면 그 다음 녀석도 찾게 되고 결국, 네 앞에서는 그 어떤 것도 숨지 않지. 아니, 숨겨봤자 찾아내니까 숨길 필요도 없지.

이 말은 네 앞에 닥친 어떤 사태든 남과 다른 해석, 보다 진화된 해석으로, 보다 고양된 높은 질서에 의한 해석으로, 보다 깊이 들여다본 본질적인 해석으로 그 일이 네게 일어난 의미를 알게 된다는 것이야. 또 알면 알수록 찾는 애를 쓰지 않고도 쉽고 편안하게 해석이 돼. 알면 이해하고 이해하면 소유할 수 있거

---

[1] 사물의 본성에 관하여, 루크레티우스, 2012, 아가넷

든. 인간의 이성은 기존에 지니고 있던 로고스[2]가 새로운 로고스를 만났을 때 **분출되고 생성**된단다. 그러니까. 지속적으로 의미를 찾는 과정은 네가 더 명철하고 깊이있는 본질적 해석이 가능한 이성의 주인공으로 널 키워주는 것이야. 정말 귀한 보물을 늘 손에 들고 사는 것이지.그러니 어떤 현상에서든 네 감정이 먼저 움직이게 해서는 안돼. 감정은 잠시 내버려두고 이성이 출동하도록 정신에게 네가 명령해야 해. **정신이 멀쩡한데 감정한테 패한다면 굴욕이겠지?**

여기서 잠깐 감정이 어떤 속성을 지니고 있는지 말해주려 해. 잘 들어야 할거야. 너의 과거부터 지금까지를 죽.... 기억해 봐. 두려움없이 살았던 적이 있었나? 두려움이 지속되었던 적이 있었나? 반면, 기쁨없이 살았던 적이 있었나? 기쁨이 계속 지속된 적이 있었나? 결국, **어떤 감정이라도 네게 들어갔다가 나간다는 것이야.** 감정은 네가 강제로 없애지도, 주입시키지도 못해. 그저 네게 들어왔다 나가는, **예고없이 찾아오는 손님**같은 거야. 나쁜 감정을 억지로 없애지도, 좋은 감정을 애써 숨기지도 못하잖아. 결국, **감정을 일으키는 주체는 네가 아니란 말이지.** 만약 네가 감정의 주체라면 우울이나 두려움이나 불안을 네가 만들 필요가 없잖아. 감정의 주체는 네가 아니야. 감정은 어떤 사태에 따라 붙어. 그리고 널 조종하다가 자기 할 일 끝내면 그 자리를 다른 감정에게 이양하고 나가는 것이야. 느끼고 조절하는 것은 네가 주체이지만, 감정을 발생시키고 대체하는 것은 네가 주체가 아니라는 사실.

그렇다면 네게 감정을 발생시키는 감정의 근원, 즉 주체는 뭘까? 사태야. 현상이야. 네게 일어난 사태가 네게 이 감정 저 감정을 마구 던지지. 너는 아무리

---

2 로고스(logos) ; 언어(말), 진리, 이성, 논리, 법칙, 관계, 비례, 설명, 계산 등의 개념을 포함하고 있는 그리스어로, 그 어원은 '말하다'(혹은 '말한 것')에서 나왔다. 로고스는 일상적 언어에서 차차 이성, 사유, 정신이라는 인간의 고유한 정신적 기능과 관련된 개념으로 발전.[네이버 지식백과]

피하려 해도 그걸 받게 되어 있어. 인간은 죽을 때까지 부정정서든 긍정정서든 다 지니고 살 수밖에 없거든. 오늘 하루만 보더라도 화가 났다가 가라앉았다가 기분이 좋았다가 나빴다가 계속 수시로 바뀌잖아. 이런 증상이 감정의 발생 주체가 네가 아니며 현상과 함께 들어왔다가 나간다는 것을 증명하잖아. 사람은, 너는 무조건 감정에 노출되고 어떤 사태로 인해 기쁨도 슬픔도 네게 가는거야. 자, 꼭 명심해야 해. **'감정을 일으키는 것은 내가 아니다!'**라는 사실을. **그러니까 주체도 아닌 네가 너에게 찾아온 감정을 없애려, 다른 감정을 만들려 노력할 필요가 없어.** 손님이라고 했잖아. 그저 들어왔다 나가는 존재. 감정은 그렇게 너를 지나 자기 갈길을 가는 거야. 그 녀석 가는 길에 네가 필요했던 거지. '손님'이라는 속성이 원래 선물을 주고 가기도 하고 피해를 입히기도 하잖아. 감정도 마찬가지지. 때론 선물같기도 하지만 때론 해를 입히기도 하지. 그냥 그런거야. 주체가 아닌 녀석에게 힘쓸 필요 없어. 잠깐 들렀다 가는 녀석을 그저 데리고 놀다가 보내주면 돼.

그렇다면 어떤 감정이든 함몰될 필요가 없다는 사실이 분명해지지? 주객이 바껴서 손님이 네 집을 차지하면 안되겠지? 하지만, 우리는 **두렵고 불안하고 우울한 감정들에 못견뎌하지.** 빨리 내쫓고 싶지. 하지만 그게 잘 안되지. 왜냐? 그걸 내쫓고 싶어서 계속 그 쪽으로 관심을 두니까. 빨리 잔뜩 먹여서 배부르게 하면 나갈까, 싫은 내색 팍팍 내면 나갈까? 싫겠지만 그 녀석이 원하는 것은 '관심'이거든. 배불리 먹이거나 싫은 내색 팍팍 내거나 어떤 식으로든 관심을 받는 한 계속 머무르려고 해. 그러니 관심을 끊어줘야 해. 그냥 알아서 놀다 가도록. 그러면 재미없어서 나가. 우리가 늘상 우울하지도 늘상 기쁘지도 않은 것이 그 때문이야. 예고없이 들어왔다가 예고없이 나가기 때문.

자, 여기서 잠깐 생각해보자. 아침에 우울했는데 오후가 되면 기분이 좋아지는, 때론 반대의 경우도 아주 많이 경험했지? 그럼 우울이 기쁨으로, 기쁨이 우울로 이동하는 그 사이에 뭐가 있었니? 우울이든 기쁨이든 감정의 주체가 네가 아닌데 이러한 이동경로에 뭐가 있었냐구? 바로 **너의 행동**이 있었어. 우울했는데 그냥 하던 일에 집중했거나 기뻐 날뛰고 싶었지만 가야할 곳으로 향했거나 네가 감정에 따르지 않고 미리 정해진 또는 하기로 한 주.체.적.인 행동이 있었어. 그 행동이 감정을 밀어내는 거지. 그리고 그 빈 공간에 새로운 감정이 진입하는거야. 가령, 우울했는데 네가 오늘 하기로 한 프로젝트의 자료를 제대로 잘 만들었다면 '앗싸! 드디어 끝냈다!!' 쾌재를 부르지. 행동이 우울을 밀어내고 쾌감을 들인거야.

즉, **감정의 이동주체는 행동**이야.

조금 더 보태볼까? 누군가는 우울할 때 우울을 달래려 커피를 마시거나 음악을 듣기도 한대. 물론 개인의 취향이고 시비(是非)하고 싶지는 않지만 좀 더 근원에서 따져보면 그러한 행위 역시 우울이라는 감정에 초점이 맞춰진, 우울에게 관심을 주는 행동이야. 같은 방향의 다른 행동일 뿐이야. 네게 들어온 우울이 나가는 것은 우울 자체가 결정하지 커피나 음악이 떠밀어서 내보내지 못해. 오히려 관심을 준 것이기 때문에 더 몸집을 키워. 그래서 또 다른 방법, 더 나은 방법을 자꾸만 찾다가 결국 우울증에 걸리게 되고 (우울증으로 병원에 가기까지 얼마나 많은 시도들을 했겠니) 커피나 음악보다 더 찐한 관심을 주는, '약'이나 '상담', 심하면 술이나 중독성약물과 같이 외부에 의존해서 정신이 망각되도록 스스로를 해치지.

그러니 감정에는 '관심두지 않는 관심'만 가진다! 그리고 행동을 하되 기존에 하려 했던, 자신이 미리 정해놨던, 해야 하는, 하고 있던 그 행동을 묵묵히 한다! 부정 정서에 관심두지 않는 방향의 행동말야.

지금까지 한 말 잠깐 정리해볼까? 감정의 주체는 내가 아니다. 감정은 나를 통해 자기 갈길을 간다. 느닷없이 찾아오는 손님이니까. 손님은 선물을 들고 오기도 해를 끼치기도 한다. 감정은 내가 주체가 아니라서 내보낼 수 없으니 스스로 나갈 때까지 가만히 내버려둔다. 감정의 이동주체는 행동이다. 단, 기존에 하기로 한 행동이어야 한다. 주인이 자기할일만 하니 머쓱해진 손님은 알아서 나간다. 그리고 또 다른 감정이라는 손님은 곧 또 들어온다. 이제 루크레티우스의 말, '정신의 두려움은 빛이 아니라 이치로써 떨쳐버릴 수 있으니.'를 이해하겠니?

자, 하던 얘기로 다시 돌아가보자. **'어? 이 일이 나에게 일어난 이유가 뭐지?'** 좋은 일이든 불쾌한 일이든 이 질문부터 습관적으로 해봐. 그리고 하나씩 그 현상이 벌어진 사태를 연역의 줄기를 따라 거슬러 가보는 것. 그러면 퍼즐처럼 맞춰져. 이유, 즉, 근거를 알게 되면 깨닫게 되지. '아! 자연이, 세상이, 온우주가 나에게 (이것을) 알려주려 했구나!'라고. 물론, 당시에 곧바로 알 수 없을지도 몰라. 하지만 알 수 없는 것은 퍼즐 한 조각이 맞춰지지 않아서이니 그냥 한 켠에 내려놓고 지내 봐. 가깝거나 먼 훗날 어떤 현상과 딱! 마주하면서 그 이유가 드러나. 그러면서 퍼즐이 완성되는 쾌감을 느낄거야. 드디어 네게 온 미운 사태와 함께 따라온 감정의 이유까지 알게 되는 그 순간, 밉게 와서 널 괴롭힌 모든 것들에 감사하게 되지.

'왜 하필 저 팀에 내가 들어가게 된 거야?', '왜 하필 오늘 접촉사고가 난거야?', '왜 하필 나한테만 이런 일이 벌어지는거야?' 등등 대부분의 사람들이 '왜 하필'이라면서, 현상을 부정하는 쪽으로 일단 시선을 보내. 불평부터 하지. 감정부터 혹은 감정만을 쓴다는 말이야. '불평', '불만', '비난'. '이런 일이 생기지 않았어야 하는데'라는 '부정', 그리고는 그 일이 터진 것에 대한 '변명'에 심하게 '불안'하기까지. 'ㅂ'으로 시작되는 단어는 별로 도움이 안돼. 'ㅂ'이 사는 동네는 바보동네야. 왜냐면 얘네들은 자기들끼리 똘똘 뭉쳐서 널 상실감에 빠뜨려.

상황이나 현상에 **불안**해지면 이에 대한 **방어**기제로 현상을 **부정**하게 되고 **부정**은 **불쾌**한 감정을 통해 **불평**이나 **불만**섞인 언어와 행동으로 드러나며 이는 사실을 왜곡, 오류화시킬 가능성을 높여서 결국, 자신의 안전한 공간으로 **비겁**하지만 숨겨줄 수 있는 **변명**을 찾게 돼. **변명**은 사실과 다르거나 왜곡된 것이기에 옳게 포장되기 위해서 현상을 **비난**하도록 이끈단다. 왜냐면, 관계란 정당성의 대립이니까 대상을 **비난** 내지 **부정**하면 자신의 정당이 상승하거든. **비교**에 의한 일시적인 상승은 곧 추락을 예고하는데도 불구하고 그렇게 자신을 이끌지. **비난**은 **변명**의 몸집을 더 강하게 키우고 수습이 안될 정도의 **비굴**한 아첨꾼으로 자신을 내몰고 스스로가 **비참**해지는 꼴을 면치 못하게 되면서 결국 **비웃음**의 대상이 돼. 스스로 자신을 **바보**로 만든 것이지. 여기서 더 나아가 심연의 자아는 자신을 **배신**하여 **바보**로 만든 현실의 자아에게 **보복**하기 위해 강인함을 버리고 **불쌍**한 자아를 자처한단다. 이렇게 **불쌍**하고 **부실**하고 **부진**해진 심연의 자아는 현실의 자아가 무너지든 말든 아랑곳하지 않고 자아를 **부정**하며 **비애**속에 자신을 가둔 채 현실적 자아와 심연의 자아를 **분리**시켜 버리기도, 더 악하게는 **분절**시켜 버리기도 해. 무섭지...

그런데, 이 **모든 'ㅂ'을 다 합쳐도 이겨낼 수 있는 'ㅂ'** 하나가 있어. 'ㅂ'이 사는 동네에서 아마 얘가 가장 강력할거야! 바로 **'변화'**야. '왜 하필'로 시작되는 언어부터 변화시켜 봐. '무슨 신호지?', '무슨 메시지지?', '뭘 알려주려는 거지?' 하면서 변화를 시도하는거야. 거듭 강조하지만 **세상은 어떤 사태를 일으켜서 널 성장시킨단다.** 사람들은 그렇게 길들여져 있는 것 같아. 돌부리에 걸려 넘어졌지만 나중에 알게 돼. 그 돌이 걸림돌이 아니라 디딤돌이었음을. 그렇게 우리는 길들여져 있으니 '변화'가 필요해. '왜 하필 저 돌이 내 앞에 있는거야?'라고 감정부터 출동시키지마. '나를 넘어뜨린 이유가 뭐지?'와 같은 수동적인 사고여야 해. 넘어진 김에 잠시 그늘에서 쉬면 되고 쉬는 동안 네가 그동안 고민하던 어떤 문제에 대한 기발한 아이디어가 떠오를 수도 있고 기가 막힌 우연이 네 앞에 기적처럼 나타날 수도 있고 또 신기하게도 그 길이 네가 잘못 들어서서 되돌아가야 할 길일지도 모르거든. 그 때 알게 되지. '아! 잘 넘어졌다', '신기하네! 어떻게 딱! 그 때 그 자리에서 넘어졌을까!' 하면서 말야.

엄마는 이런 경험이 아주 많아. 약속을 했지만 약속이 겹쳤을 경우나 갑자기 약속을 변경해야 할 때, '왜 이리 꼬이지?'라고 불평하지 않아. '이유가 있겠지'라고 그냥 내버려 둬. 그러면 신기하게도 상대가 먼저 전화해서 말하더라구. '교수님 죄송한데 제가 (이러이러해서) 약속을 좀 바꿔주시면 안될까요?' 해. 신기하지? 그렇게 해서 굳이 내 쪽에서 먼저 미안할 일을 만들지 않게 되면서도 두 개의 약속을 오히려 더 편한 동선으로, 또는 회의내용에 따라 자연스레 연결되던 경험이 여러번이었어. 또 어떤 이는 갑자기 아파서 중요한 회의를 놓쳤는데 본인 탓에 회사에 지장을 줄까봐 전전긍긍했대. '어떡하지? 왜 하필 오늘같이 중요한 날..!!'하면서 원망을 하다가 잠시 멈춰서 '일이 이렇게 되는 데는 이유가 있겠지'했대. 그런데 병원에 가서 초기암을 발견했지 뭐야. 이 외에도 아주 많아. 비행기표를 간발의 차로 구입하지 못했는데 항공사의 배려로 더 빠른 경유의 노선으로 탑승한 경우, 저 일을 내가 하고 싶었지만 못하게 되었을 때도 오히려 더 나은 조건의 일이 생기는 경우...

우리 인생이란 게 이렇단다. 다소 좁은 간격의 '시간'이나 '기간'으로 보면 이 모두를 단순한 우연 정도로 말할 수 있겠지만 긴 의미를 담은 '세월', '시대'라는 관점에서 보면 과거 수년전의 그 '말도 안되는' 상황들도 '아. 이런 이유로 인해서 그 때 그랬었구나'를 깨닫게 돼. 그러니 **어떤 모양새를 띄고 오더라도 네게 오는 모든 사태에는 부정의 옷을 입히지 마.** 그러니 명심하렴. **네가 관심을 갖는 쪽이 힘을 갖는다는 사실을.** 손해본 것, 즉, 일어난 부정적인 사태에 불평, 불만을 표시하며 전전긍긍하거나 짜증을 부리는 쪽으로 관심을 쏟으면 부정인 그 사태가 힘을 키워.

'신의 패권은 항상 한쪽이 무겁게 마련[3]'이어서 **세상에 먼저 드러나는 면이 있지만 먼저 드러날 뿐 그 배후에는 평정을 위한 다른 쪽이 반드시 숨어 있단다.** 지금 손해처럼 보일지라도 손해의 다른 한쪽은 이익. 네가 모르는 한쪽에서는 그 '손해의 진가'인 이익이 자라고 있을텐데 그렇게 네가 손해에 관심을 두면 손해가 힘을 키우고 이익이 힘을 잃지. 그러니, 손해에 관심두지 않고 이유를 찾고 어디선가 너에게 깨달음을 주기 위해 이런 일이 생겼나보다...하며 침착하게 이성으로 해석하면 관심두지 않는 손해 쪽은 서서히 힘을 잃고 대립극의 이익이 힘을 키우는 것이야. 그 이익이 바로 **'쪽지에 적힌 보물'**이야. 다시 말하지만 네가 관심두는 쪽이 커져. 걱정하면 걱정이 오히려 현실이 되고 불평불만을 늘어놓으면 불평불만할 일이 더 많아지지. 감정으로 대처하면 감정이 키

---

3 그리스 철학자 소포클레스의 말, 그리스철학자열전(동서문화사)에서 인용.

워지고 이성으로 대처하면 이성이 더 활발하게 움직여 정신의 힘이 강해지지.

치치거리고 툴툴거리는 너의 표정과 말투는 그래서 중요해. 표정이나 말투, 글과 같은 것은 네가 세상을 향해 '나는 이런 사람입니다.'라고 내보내는거야. 부정의 에너지를 내보내면 그것은 세상에서 자기랑 비슷한 친구들을 잔뜩 만나서 힘을 키우고는 다시 자기가 태어난 곳, 너에게로 오지. 아까 말한 그 'ㅂ'들이 사는 동네말야. 거기서 잔뜩 패거리를 만들어서 네게로 다시 돌아와. 반면, 긍정의 에너지를 내보내면 이 또한 마찬가지로 같은 친구를 데리고 네게로 가. '설상가상'이란 말 알지? 안 좋은 일이 겹쳐서 일어나고 좋은 일도 '겹경사'라는 말처럼 겹쳐서 일어나는 법이야. 모두 네가 어떤 에너지를 세상에 보내느냐에 달려 있어.

자연은 결코 너를 무균실에서 키워주지 않아.
사태를 겪게 함으로써 오히려 안전하게 너를 보호하고,
난관과 장애를 경험하게 함으로써 오히려 극복의 힘을 키워 한계를 넘게 하고
기울이고 미끄러뜨리면서 오히려 균형을 잡게 하며,
곤란과 소란을 던져줌으로써 오히려 영속적인 평온을 깨닫게 하고
공포스런 현상으로 오히려 널 용기있게 만들지.

그렇게 자연은 널 가르치며 자연 스스로도 인간을 대상으로 실험을 해. 모든 인간이 자연의 실험실에서 이리저리 굴려지고 내동댕이쳐지며 사는거야. 이 세상 어떤 누구도 무균실에서 아무런 고통없이 그렇게 살아갈 수 없어. 그래서 **네가 해석으로 이해해야 하는 것은 '현상'이 아니라 '현상이면에 숨겨진 자연의 의도'여야 해.** '나에게 벌어진 이 사태가 무엇을 의미하는 것일까'에 대해 고찰하는 이에게 자연은 항상 길을 알려주고 길을 터주고 그 길을 가는 방법까지 자연답게 슬쩍슬쩍 던져준단다.

그리고 또 하나, 총량이라는 게 있어. 인간에게 주어진 모든 희노애락에는 각각 다 총량이 있어. 어떤 누구도 평생 기쁘게만, 평생 괴롭게만 살지 않는다는 거야. 안 좋은 일도 자기 모양새대로 무언가를 하려고 그리 부지런히 자기를 드러내는 것이고 좋은 일도 마찬가지고. 어려서 고생 많이 한 사람이 나이 들어서 삶이 활짝 피는 경우도 있고 또 반대로 너무 귀하게 자란 이가 오히려 엄청난 고통을 겪기도 하지. 네게 안 좋은 사태가 벌어졌을 때 '앗싸! 고통의 총량이 줄었네!'하면서 감사하길 바란다. 어떤 이유에서든 갑자기 인생에 쑥~ 끼어든 부정적인 사태에 대한 해석은 그렇게 자연이 계산한대로, 너를 더 너답게 살게 하기 위해 네 인생에 쑥! 끼어든거야.

하지만 지금 이 편지에서 언급한대로 사고하는 것이 결코 쉽지는 않지. 그래서 결국, 중요한 것은 마인드야. 마인드, 즉, 정신이 그렇게 이성을 움직이는 쪽으로 힘을 기르면 기를수록 아까 말한 'ㅂ'으로 시작되는 단어를 사용할 일이 별로 없어져. 그래도 'ㅂ'이 너의 감정에 진입한다면 '변화'를 즉시 떠올리고 '메세지가 뭐지?', '이건 무슨 신호지?', '내가 뭘 바꿔야 하지?' 하며 습관적으로 감정을 배제하고 이유를 찾도록 연습해 봐. 연습은 반복이고 반복은 습관이 되며 습관은 너를 완전히 변화시켜. 이런 습관을 갖게 되면, **너는 사태에 함몰당하지 않고 네 인생의 길을 제대로 갈 수 있는 주체적인 네가 된단다.** 네 인생에 무섭게, 두렵게, 낯설게 등장한 모든 사태들도 다 자기 가야할 길에서 너를 통과해야 하기에 네게 잠시 머문 것이야.

엄마가 네게 주고 싶은 유산 가운데 가장 으뜸으로 주고 싶은 것이 주체적으로 네 인생을 살아가는 데 필요한 엄마의 경험이야. 더 질높고 격있는 경험을 주기 위해 엄마도 오늘 거론한 내용을 훈련할거야. 그리고 네게 보여줘야지... 보여주는 것이 진정한 가르침이니까...

열세번째 편지, 양심

너의 양심은 전체를 발효시킬 효모가 될거야. 양심은 너에게만 적용해야지 타인에게는 강요하지 말아라. 다들 이렇게 할 것이라 기대도 말고 다들 이렇게 해달라는 의지를 보이지도 마라. 그저 너 스스로 보여주는 것이 가장 훌륭한 가르침이란다. 누구를 지적하고 판단하고 변화시키려는 의지를 모두 너자신에게로 향하게 하렴. 네가 양심적으로 판단을 한다면 분명 '판단된 결과'가 비양심적으로 판단된 결과와는 다른 길을 갈 것이기에 그와 연관된 모든 것이 변하게 되어 있단다. 그러니 모든 의지는 너 자신에게만 사용하렴. 너부터 성장시켜라. 그렇다면 혼란스러운 세상 어떤 곳, 어떤 일, 어떤 환경에서도 너는 전체를 발효시킬 효모가 될 것이야.

오물 속에서 인생의 지름길을 발견하렴

지난 주말 미사중에 엄마가 딴생각에 빠져 있는거야. 분명 엄마는 두 손을 모으고 바른 자세로 신부님강론을 듣고 있었는데.... 외형은 아주 착실한 신자인 듯 보이지만 엄마의 정신은 딴짓하러 탈출했더라구.

순간...
참... 양심없다... 겉과 속이 다르다니...
참... 비겁하다... 신께서 너를 초대하여 이리 성찬을 베풀고 있는데 넙죽 받으려고만 하다니...
참... 비굴하다... 머리로는 딴생각하면서 겉으로는 그래도 점잖게 보이고 싶었나보지?

다시 정신을 가다듬고 미사에 전념하려 했지만 늘 말하듯 촐싹맞은 정신이 들락날락대며 엄마를 괴롭혔어. 그래도 정신과 싸우며 미사를 끝내고 집에 오는 길에 엄마의 양심(良心)에 어디가 고장났는지, 어디가 부실한지, 또 어디에서 균형이 어긋났는지... 그러다가 네게 이 글을 써야겠다 싶었지.

이렇게 나이가 가득찬 엄마도 때론 겉과 속이 다른, 스스로가 비굴하게 느껴지는 짓을 하곤 해. 젊은 너희들은 더 하겠지(아닐지도... 그렇다면 미안해). 그런데 괜찮아. 이런저런 경험을 모두 해보는 것이 젊음의 특권이라고 여기니까. 하지만 굳이 경험하지 않아도 알아야 할 것들이 있지 않겠니? 사람이 화장실 들어갈 때랑 나올 때 마음 다르고 돈 빌릴 때랑 갚을 때 마음 다르고 내 것 줄 때랑 남의 것 받을 때 마음 다르고... 좀... 비양심적이지? 굳이 이런 비굴한 양심은 안 겪어봐도 되지 않을까? 이런 소소한 것들에서부터 남들처럼 말고 기준을 세우고 따른다면 정말 양심적인 사람이 되지 않을까? 정말 바람직한 사람이 되지 않을까? 정말 사람다운 사람이 되지 않을까? '양심을 지켜라.', '양심적인 사람이 되라.'고 하는데 **양심이 뭘까?** 그리고 그 '양심'이란 것을 어떻게 해야 '지키는 사람'이 되는 걸까? 결론부터 말할게.

양심은 신탁(神託)이란다.
신의 부탁.

신이 모든 이를 세세하게 살필 수 없기 때문에 인간을 세상에 내보낼 때 '양심'을 심었지. 이것만은 지켜달라는 부탁에 '양심'이라는 이름붙인거야. 그렇게 인간 스스로가 자신의 뜻에 어긋나지 않게 '선'을 지향하길 바랬던것이지. 그렇게 인간 누구에게나 똑같이 심장 근처에 심어서 세상에 보냈다구. 거절할 수도 있겠지. 왜? 부탁이니까. 그런데 거절하지 않고 수용한다면 더 유리한 인생을 살 수 있겠지. 왜? 신이 왜 부탁했겠니? 너를 위해서, 나아가 인간을, 인간사를 위해서겠지. 한사람 한사람이 신의 부탁을 들어준다면 세상이 더 조화롭고 이로운 방향으로 흐르겠지? 그래서, 자기 자신에게도 이롭게 세상이 돌아가겠지? 그러니까 신의 부탁, 즉 양심에 따르는 게 너와 모두를 위해 이롭겠지?

처음에 인간에게 부여한 양심의 크기는 아마도 비슷하지 않았을까? 누구에게는 무겁고 크고 찐한 양심을, 누구에게는 가볍고 작고 연한 양심을 주시진 않았을 것 같아. 비슷한 크기와 무게, 탁도의 양심을 주셨겠지. 그런데 왜 누구는 '양심적'으로 살고, 누구는 '비양심적'으로 살까? 유전적, 환경적, 기질적, 뭐 여러가지 이유가 있겠지만 과연 어떤 이유들로 인해 점점 양심의 기준과 수준, 밀도가 달라지는 걸까?

어떤 일을 경험하면서 자칫 비굴함을 느끼면서도, 비겁한 행동인 것을 알면서도 행동할 때가 있을거야. 무슨 나라를 구하는 것도 아닌데 뭘... 소소한 인간관계나 일에 있어 그냥 그렇게 선택하게 되지. 손을 잡아줘야 할 때 뿌리치기도, 손을 놔야 하는데 애써 아첨하듯 부여잡기도 하겠지. 목숨이 달려 있거나 거대한 협상이 아니니까 깊이 고민하지 않는 거지. 아주 쉬운 예로, 늘 같이 밥 먹지만 서둘러 운동화끈을 매는 사람도 있고 늘 허드렛일을 도맡아 하는 사람도 있고 늘 팔짱끼고 구경만 하는 사람도 있고 소소한 거짓을 입에 달고 사는 사람도 있어. 어떤 조직이든 여러 군상들이 있어.

부모와 자녀관계에서도 그래. 부모가 해주는 것을 당연하게 받아들이기도 하고 부모도 자녀의 몫을 당연하게 자기몫으로 취하는 경우도 있고 부모는 권력으로 자녀를 상대하기도 하고 자녀는 자식의 권력으로 부모를 좌지우지하기도 하고. 친구관계에서도 누군가가 공정과 공평에 모순된 잣대를 들이대고는 지배우위에 서기도 하지. 요즘같은 SNS 시대에 어떤 기사나 정보가 옳지 않더라도 사실여부를 떠나 우리는 동조하기도 하고 여론에 묻어가기도 해. 침묵이 경우에 따라서는 아주 비겁한 행위가 되는 줄 알면서도 편하니까 대다수가 침묵하지. **삶은 다양한 관계들이 비선형적으로 구성된 거대한 거미줄**이야. 정의와 부정이 혼잡하게 섞여서 소신과 타협이 나란히 너의 선택을 기다리지.

자, 우리가 살면서 매순간 겪는 이 숱한 경험들에 있어 개개인이 모두 '양심', 아니 '신탁'을 염두해 두고 판단하고 행동한다면! 과연 우리 개인과 조직의 삶, 나아가 전체 생태계가 어떻게 변해갈까? 그리고 그 변화는 너에게 어떤 영향을 미칠까? 당연히 이롭게, 선하게, 강하게 변화를 일으키며 너의 삶도 이로운 방향으로 흐르겠지.

선한 것은 이롭고 이로운 것은 유리하고 유리하면 강해지니까.

아무도 모르니까, 다들 이렇게 하니까, 내 양심이니까 한번 눈 질끈 감을 수도 있지만 **'신탁'이라는 더 위대한 관점에서 자신의 양심을 관리한다면** 한번 질끈 감은 눈, 더 똑바로 뜨게 되고 이왕 내일 할 것들, 오늘 해버리도록 자신을 움직이겠지. 성향이나 성격의 문제가 아니야. 양심의 문제도 아니야. 이미 양심은 모두에게 있으니까. 양심이 얼마나 촘촘하게 자기 안을 채우고 있느냐, 즉 **양심의 밀도**를 따져보면 답이 나오지.

자, 양심은 모두가 태어나면서 부여받았단다. 그러니 '양심없는'이란 말은 적합하지 않지. 너무 작거나 너무 안써서 고장났거나 너무 허술해서 딴 것으로 채워져 있거나겠지. 즉, **양심의 유무가 아니라 양심의 밀도의 차이**에 의해서 삶의 질은, 나아가 모든 생태계의 변화는 이롭게도, 해롭게도 진화되는 것이야. 눈 질끈 감을 때 더 똑바로 뜨면, 양심이 하나 더 추가되어 밀도는 더 촘촘해지지. 미룰 것을 오늘 해버리면서, 해야 할 말을 지금 하면서, 참아야 할 것을 지금 참으면서, 잡았던 손을 지금 뿌리치면서, 찢어야 할 종이를 지금 찢음으로써, 같은 크기로 부여받은 양심에 더 촘촘하고 강력한 밀도를 만들어가는 삶이 진정한 어른으로 성장하는, 나아가 나의 삶을 싸구려취급하지 않고 소중히 여기는 삶의 자세가 아닐까 싶다.

밀도는 양의 경쟁이야. 양심을 지켜낸 경험이 10인 것과 100인 것은 숫자로 10배 많아진 것뿐만 아니라 10배 이상으로 촘촘한 밀도를 지닌 것이지. 즉, 양심으로 꽉 차 있어서 다른 공간이 없다는 말이야. 사람마다 비슷한 크기의 양심에 비슷한 나이, 비슷한 경험, 비슷한 행과 불행을 겪는다고 볼 때, 이 과정에서 사용한 양심의 양이 양심에 부여된 공간을 채우게 돼. 양심이 10개 채워진 공간과 100개 채워진 공간은 당연히 그 밀도가 다르지. 비슷한 크기에 10만큼 채워지면 빈 공간에 뭐가 차겠니? 양심이 아닌 것들로 채워져 있겠지. 그런데 100이 채워진다면 촘촘해서 다른 것이 들어올 공간이 없고 그렇게 채워진 양심의 강도는 엄청난 위력이 있겠지. 크기가 아니라구! 양이라구! 밀도라구! **양심은 있고 없고나 적고 크고가 아니라 밀도의 차이이며 밀도는 양으로 채워진다구! 그러니 밀도가 허술한 양심은** 어쩌면 네가 기회주의자가 되도록 유혹하는 **양심**이라고 할 수 있어.

긴 말이 필요없을 듯하다. 살면서 거창한 계약이나 협상앞에 네가 서게 될 때가 있을거야. 이 때 필요한 2가지가 **소신과 소신을 지키기 위한 양심**이지. 능력은 다들 비슷비슷해. 계약조건도 대등소이해. 다 거기서 거기야. 그런데 조금 더 나은 위치에 서려고, 조금 더 상대의 것을 내 것으로 가지려고, 조금 더 빠르게 오르려고 위대한 소신을 져버리고 신의 부탁에 때를 묻히는 짓은 당장에 높고 빠르게 오를 것 같지만 추락도 무서운 속도로 찾아올거야. 왜냐면 사람과의 약속을 지키지 않아도 내 속이 찜찜한데 신의 부탁을 거절한 정신이 오죽하겠니. 계속 널 괴롭히겠지. 결국 그 양심에 미약하든 강하든 느껴지는 통증을 잊기 위해 더 크게 양심을 외면하면서 '양심을 어기는 습관'에 자신을 길들이게 되고 그렇게 인생이 골로 가는거야.

이렇게 사소하게 한번 양심을 어겨서 무서운 추락을 맞이하는 인생이 되지 않으려면 소소한 작은 판단에서부터 양심의 양을 계속해서 쌓아야 해. **소소한 일상에서의 양심적인 작은 판단들이 모여 거대하고 위대한 선택**을 할 수 있는 네가 되는 거야. 작은 선택이라 할지라도 양심에 기준한 선택은 위대한 선택으로 이어져. 위대한 선택을 하기 위해선 일상의 소소한, 사소한, 다소 보잘 것없는, 하나도 표가 안 나는 그런 사태, 사건, 상황, 현상들에 있어 양심의 밀도를 촘촘하게 쌓아가길 바래. 용기? 용기도 물론 필요하지만 용기 역시 인간본성 자체에 이미 내재된 것이라서 **용기는 네가 양심을 지키는 순간 알아서 출동**할 거야. 그러니 용기낼 필요없어. 용기란 녀석은 이미 계산끝난 게임에는 알아서 출동해. 양심을 지키는 것이 더 위대하다는 계산이 되면, 즉 이치에 따라 행한다면 용기내려 애쓸 필요없어. 저절로 출동하니까. 자, 너의 일상을 한 번 들여다보렴. 친구를 비롯한 인간과의 관계, 학업이나 일같은 대상과의 관계, 네가 사용하는 물건들에 대한 사물과의 관계. 모든 관계에서 너는 양심을 어떤 기준으로 적용하고 있니? 여기선 이렇게, 저기선 저렇게. 너 편한대로 어떤 때엔 신의 부탁을 수용했다 어떤 때엔 외면했다 하면서 신을 농락하고 있지는 않니? 양심을 신탁이라는 관점에서 바라보길 바란다. 한결같은 기준으로 매번 선택이 이뤄진다면 다소 일시적으로는 더딘듯, 어리석은듯, 오류에 빠진듯, 나만 바보가 된 듯, 뒤쳐지는 듯 느껴질 지 모르지만 **정도(正道)를 가는 길이 그 어떤 길보다 지름길이며 탄탄대로**라는 것을 곧 깨우칠 것이야. 전장에 나가는 아들, 키루스에게 그의 아버지가 한마디했어. "네가 진정으로 현명한 것보다 더 빠른 지름길은 없단다[1]." 네가 아무리 힘이 약하고 고생이 되더라도, 비록 꾸물거리며 갈짓자 걸음으로 걸어간다고 하더라도 돛대를 달고 노를 저어가는 다른 사람보다도 어느 결에 앞서가게 된다는 것을 살면서 종종 알게 된단다. 그리하여 다른 사람과 나란히 서거나 다른 사람을 앞질러 갈 때 비로소 참다운 스스로의 감정이 생기는 법[2]이야. 그렇게 지켜내야 할 것을 지키는 삶이 오히려 지름길이란다. 엄마도 이 말을 네게 전하고 싶구나. **현명(wisdom)하다는 것은** 선(善)의 진리를 따르는 초월적지식의 실천이거든. 소신의 실천, 실천에 필요한 양심을 지키라는 의미이지.

양심의 밀도. 이 개념을 이해했다면 2가지만 간단히 더 첨언하도록 할께. **첫째. 너의 양심은 전체를 발효시킬 효모가 될거야.** 양심은 너에게만 적용해야지 타인에게는 강요하지 말아라. 다들 이렇게 할 것이라 기대도 말고 누구에게 이렇게 해달라는 의지를 보이지도 마라. **그저 너 스스로 보여주는 것이 가장 훌륭한 가르침**이란다. 누구를 지적하고 판단하고 변화시키려는 의지를 모두 너자신에게로 향하게 하렴. 네가 양심적으로 판단을 한다면 분명 '판단된 결과'가 비양심적으로 판단된 결과와는 다른 길을 갈 것이기에 그와 연관된 모두도 변하게 되어 있단다. 그러니 **모든 의지는 너 자신에게만 사용**하렴. 너부터 성장시켜라. 그렇다면 혼란스러운 세상 어떤 곳, 어떤 일, 어떤 환경에서도 너는 전체를 발효시킬 효모가 되는 것이야.

---

1 키루스의 교육, 크세노폰, 2016, 한길사
2 젊은 베르테르의 슬픔, 괴테, 1999, 민음사

둘째, **양심은 '신독(愼獨)의 실천'**이란다. 신독이란 혼자 있더라도 도리에 어긋나는 일을 스스로 삼가할 줄 아는 자세야. 여기서 강조하고 싶은 단어는 '<u>스스로</u>'야. 누구에 의해서, 어떤 룰이나 환경에 지배되서 너의 행위가 바뀐다면 너는 여기선 이렇게, 저기선 저렇게 행하는, 양심의 허술한 밀도가 파놓은 기회주의자가 될 함정 속에 있게 되지. 홀로 있더라도 스스로의 기준에 적합한 사람으로 자기를 관리할 줄 아는 자기조절력. 자기발화력을 지닌 사람이길 바란다. 신독의 실천이 양심을 지키는 기준이 된다면 어떤 자리 내지 위치, 어떤 타협 내지 위협, 어떤 부탁 내지 청탁, 어떤 유혹 내지 현혹에서라도 널 지켜낼 수 있어. 당장의 달콤함은 신이 자신의 부탁을 제대로 지키고 있는지를 시험하기 위한 테스트라는 것을 다시 한 번 명심하고.

전쟁터에 나가는 것도 아닌데 엄마의 말이 좀 비장하게 들렸을 지 모르겠다만 사소한 일들이 모인 것이 네 인생의 최종결산[3]이란다. 공든탑이 왜 무너질까? 탑을 쌓는 것에만 공들였기 때문이지. 탑을 쌓을 때 소소하다고 치부된 '보이지 않는 정신'의 틈이 맨홀만큼 커지면서 근사하게 공들여 쌓은 탑도 무너뜨리는 것이야.

전체를 지켜주는 것은 소소한 양심의 축적이고
전체를 무용지물로 만들어버리는 것은 소소한 타협의 축적이야.

소소한, 결코 티나지 않은 미미한 것부터 지켜내는 위대한 선택들이 모인다면 분명 너는 '위대한 자신'을 발견하고 그 길위에서 인생을 자유롭게 유영할 수 있을 것이야. 스스로를 고양시키는 쾌락을 얻게 될 것이고 고귀하고 고결한 삶

---

3 소로우의 일기, 헨리 데이빗 소로우, 2003, 도솔

이 주는 진정한 행복을 느끼고 보여주고 나눌 수 있는 자가 될 것이야. 결국, **양심이 필요한 순간은 악취가 풍기는 오물속**이란 말이다. 타협이, 위협이, 거짓이, 배신이, 유혹이 네게 저울을 들이댈 때 소신과 신의 부탁을 떠올리렴. 눈 한 번 질끈 감아도 되는 그 사소한 순간, 괜찮다고 취급되는 작은 행위들에서 너는 보석을 발견하는 쾌거를 이루도록 하렴. 신의 부탁을 외면하지 않는 대가를 치름으로서 보석을 손에 쥔 지름길을 선택하길 바란다. 고대연금술에 등장한, 진정한 보석은 '오물에서 발견하리라!' 이 말의 참의미와 가치를 네 인생에서 증명하길 바란다.

끝으로, 하나만 물어보자! 넌 네 부탁 잘 들어주는 사람이 좋니? 매번 믿고 맡겼는데 실망시키는 사람이 좋니? 또 네 부탁을 매번 들어주는 사람에게 어떻게 대하니? 답이 딱! 나오지? 그래서 **양심을 지키는 것은, 양심의 밀도를 높이는 것은, 가치있는 인생의 지름길이며 보증수표**란다!!!

열네번째 편지, 관계

엄마가 널 고이게, 썩게 한다면 엄마를 거부하거라.

물과 피. 너의 신체에 결코 없어서는 안될, 중요한 2가지의 액체지. 이 2가지가 없으면 생명을 유지할 수가 없어. 엄마의 삶이 네 안에 있는 듯 없는 듯한 물처럼, 네 몸에 유유히 흐르며 영양소를 전해주는 피처럼 네 인생에 잔잔하게 스며들어 너의 생명력의 에너지가 된다면 너무 행복할거야. 하지만 물과 피의 점도나 탁도에 이상이 생기면 네 생명에 상당한 타격이 오듯 엄마와 함께 나누며 섞인 너의 정신과 자세가 혹 네 인생을 혼탁하게 어지럽히거나 정체된 채 고이고 썩게 한다면 과감하게 엄마에게 등을 돌려야 한다. 제 기능을 하지 못한다면 무용한 존재이기에 넌 과감해져야 할 거야. 그러지 못하면 네 인생은 더 큰 타격으로 힘겨워질테니 말이야.

피는 물보다 진해서 탈낸다! 엄마를 떠나렴!

제목을 보고 혹 당황했니? 아니면 좋아했니? 이도저도 아니면 겁이 나니? 제목에 당황했다면 엄마가 일정부분 널 속박했구나 싶고 제목에 좋아했다면 엄마가 상당부분 널 속박했다 인정해야 할 것이고 제목에 겁이 났다면 엄마가 네 전체를 속박한 것이니 너에게 당장 엄마를 떠나라고 말해야겠다. 아이야, 엄마란 존재가 네게 어떤 존재여야 할 지, 또 어떤 존재로 있고 싶은지에 대해 몇가지 조목조목 네게 말하고 싶어. 이는 엄마로서의 나를 근사한 부모로 치장하기 위한 것이 아니라, 먼저 경험한, 먼저 산 자로서 네가 경험할 역할에 올바른 본보기가 되고 엄마의 경험을 네가 디딤돌삼아 이 담에 네가 올바른 부모가 되길 바라는 간절함으로 여겨주길 바란다.

우선, **엄마는 너를 '엄마의 자식'이 아니라고 여긴단다.**

너는 세상에 필요한 존재로서 엄마의 신체를 통해 창조된 거대한 우주란다. 너는 엄마의 자식이 아니라 세상의 자식이야! 그러니, 가족관계에서의 질긴 인연이 끈적거리는 피처럼 네 인생에 질척거리게 해서는 안된다. 엄마가 기성세대의 관념에 의해 새로운 세상을 살아갈 네게 시대에 맞지 않는 요구나 주장, 견해를 내비친다면 과감히 거절하길 바란다. 더 큰 세상, 가보지 않은 미래는 엄마의 경험속에 없어. 엄마가 살아보지 않은 세상속으로 너는 엄마를 뒤로 하고 당당하게 미래로 걸어야 해.

둘째, **엄마는 너에게 설득당하고 싶단다.**

널 위해서라면 목숨까지도 내어줄 수 있는 유일한 존재가 아마 엄마일거야. 네가 원하는 '뜻'이 있는데 모든 것을 다 주려는 엄마를 설득하지 못한다면 넌 세상을 설득하지 못해. 설득은 근거와 논리로서 가능하단다. 주장과 의견만으로는 설득이 어렵지. 주장이 설득이 되려면 논리를 입혀야 해. 논리란 이치에 따라야 하구. 이치없는 논리는 비약이거나 미약이야. 논리없는 주장은 우기기구. 목소리 큰 놈, 힘센 놈이 자기 뜻대로 하는 것은 설득이 아니라 위협이고 협박이고 어쩌면 유혹이지.

그러니, 이치에 따른 논리로서 네가 원하는 것이 간절하다면 엄마부터 설득해내렴. 엄마를 설득하지 못하면 세상 그 어떤 것도 설득하기 힘들어. 모든 걸 다 주고자 마음먹은 이를 설득하지 못하는데 어떻게든 주지 않으려는 세상을 어떻게 설득해내겠니? 엄마를 설득하지 못하면 넌 설득당하는 인생을 살게 되니까 엄마를 설득하고 납득시키는 것을 통해 세상과의 거래를 배워보렴. 엄마는 설득당하는 순간, 아주 행복할거야.

셋째, **엄마는 너의 유일한 경쟁상대가 되고 싶단다.**

사실 살다가 알게 되겠지만 어떤 누구와도 경쟁할 필요가 없단다. 넌 세상에 유일하니까 네 경쟁상대는 없어! 하지만 엄마는 **유일한 너의 경쟁상대가 되고 싶고 네게 지고 싶단다.** 먼저 산 사람이 더 나은 후손을 양성하지 못한다면 엄마의 삶도 초라해 질거야. 너는 엄마의 삶을 위해서라도 무조건 엄마보다 잘.살.아.야.해. 너는 세상이 필요로 해서 탄생된 존재란다. 그리고 별로 잘난 엄마는 아니지만 엄마보다 나은 삶을 사는 주인이어야 해. 그러니, 엄마를 이기고 세상으로 나아가렴. 엄마는 항상 너와 치열하게 '잘 사는 삶'을 경쟁할 것이지만 계속 패하고 싶어. 하지만 끝까지 '가치있는 삶'으로 진검승부를 겨룬 끝에 패하고 싶단다. 그 때 진짜 행복하겠지. 물론 이러한 경쟁으로 서로가 더 가치있는 삶으로 성장해 나간다면 승패는 아무 의미가 없어. 말 그대로 공진화(Co-Evolution)인 것이니까!

넷째, **엄마는 네게 '닮아도 좋을 사람'이 되고 싶단다.**

크게 남길 것이 없어 안타깝지만 평범한 삶을 살아온 엄마는 그저 네게 '닮아도 좋을' 그런 어른이고 싶어. '엄마처럼 산다면 참 가치있는 인생'이라는 것을, 삶을 사는 자세와 정신을 네게 보여주고 싶단다. 어마어마한 재산을 물려줄 수도, 대단한 명예를 갖게 해줄 수도 없지만 삶을 올바르게 사는 정신과 자세가 어떤 것인지 보여줌으로서 네게 스며들게... 그렇게 닮아도 괜찮은 어른이라면 엄마는 행복할거야. **옳은 것은 강하고 강한 것은 이롭고 이로운 것은 오래 가거든.** 엄마의 삶이 가랑비에 옷젖듯 네게 서서히 스며들어도 무해한, 오히려 이로운, 닮아도 좋을 어른이 되어 볼께.

그렇지만 혹여나. 다섯째, **엄마가 널 고이게, 썩게 한다면 엄마를 거부하거라.**

물과 피. 너의 신체에 결코 없어서는 안될, 중요한 2가지의 액체지. 이 2가지가 없으면 생명을 유지할 수가 없어. 엄마의 삶이 네 안에 있는 듯 없는 듯한 물처럼, 네 몸에 유유히 흐르며 영양소를 전해주는 피처럼 네 인생에 잔잔하게 스며들어 너의 생명력의 에너지가 된다면 너무 행복할거야. 하지만 물과 피의 점도나 탁도에 이상이 생기면 네 생명에 상당한 타격이 오듯 **엄마와 함께 나누며 섞인 너의 정신과 자세가 혹 네 인생을 혼탁하게 어지럽히거나 정체된 채 고이고 썩게 한다면 과감하게 엄마에게 등을 돌려야 한다.** 제 기능을 하지 못한다면 무용한 존재이기에 넌 과감해져야 할 거야. 그러지 못하면 네 인생은 더 큰 타격으로 힘겨워질테니 말이야. 물론 엄마가 네게 최소한으로 개입하겠지만 그럼에도 불구하고 엄마의 굳어버린 정신 속에는 고정된, 선입된 관념들이 존재하는지라 네게 도움은 커녕 방해가 되는 짓을 할 수도 있어. 때론 나이를 들먹이며, 때론 먼저한 경험을 들먹이며, 때론 엄마가 널 안다고 주장하며, 때론 엄마의 감정을 드러내며 네가 엄마말을 듣지 않으면 큰일이라도 날 것처럼 떠들어대기도 하겠지. 하지만 네 뜻이 선명해지고 또 그 길이 옳다는 확신이 섰다면 네가 더 큰 세상으로 나가기 위해 엄마를 거부하는 것에 오히려 행복할 것이야. 엄마 말 잘 듣는 너보다 엄마를 거부하고 세상에 잘 쓰이는 네가 되길 더 바란단다.

여섯째, **엄마는 200년 뒤의 시선으로 널 바라볼거야.**

간혹 엄마는 네가 이해하지 못하는 말을 할 때가 있었지. 엄마의 기준때문이야. 엄마는 네가 행복할 때 가장 행복하단다. 너 역시 너의 자식이 행복할 때 가장 행복할 것이야. 그래서 네가 자식을 낳고 자식이 장성한 모습을 보게 될 50여 년 뒤, 그리고 너 역시 엄마처럼 네 자식이 또 그 자식으로부터 행복을 느낄 때까지. 또 50년. 이렇게 계속 보태니. 엄마는 단지 지금의 너만이 아니라 진정한 너의 행복을 위해 무려 200년 뒤의 시선으로 너를 바라보게 되더구나. 그래선지, 네가 어떤 관념에 휩싸여 판단할 때, 현실의 위기에 몸을 떨 때, 새로운 도전앞에 너를 작게 위축시킬 때, 감사한 것에 감사한 줄 모를 때, 배움앞에서 오만할 때, 비굴/비난/비겁/불평/불만/불안/부정 등 앞서 말한 'ㅂ'동네로 이사 가려 할 때, 가랑비에 옷젖듯 너도 모르게 흡수된 비혼, 둥지족, 딩크족, 뭐 이러한 보편적 현상에 길들여져 미리부터 너의 삶을 규정지으려 할 때, 물질을 정신보다 앞세워 쫓을 때, 네 인생에 진입하려는 수없이 많고 다양한 성장의 파도 앞에서 엄마는 아주 단호하고 냉정해질 수밖에 없단다.

지금까지 엄마가 네게 어떤 존재가 되고 싶은지에 대해 얘기했는데 네게 공감을 얻고 싶구나. 서로 공감이 된다면 너 역시 너의 삶을 단지 너만을 위한 100년의 삶이 아닌, 더 큰 시선으로 너를 들여다볼 필요가 있겠지. 항상 더 큰 시선으로 지금의 너를 바라보는 습관을 들이렴. 그러면 그 **위대한 시선이 엄마보다 더 현명하게 너를 키워주고 보호해 줄거야. 넌 위대한 세상의 자식이니까...** 피가 물보다 진해서 때론 너의 인생에 탈을 낼지도 모를 존재가 엄마야. 세상에서 가장 위험한 곳이 어딘지 아니? 엄마의 치마폭이라잖아. 엄마란 존재는 그래.

그러니 궁극적인 시선에서 **엄마와 너의 관계는 물보다 피같아야겠지.** 세상 어떤 곳이라도 모이고 흩어지며 흐르는 물과 달리 피는 사람의 몸안에서만 기능하지. 또한, 흘러흘러 냇물이 강물로, 강물이 바다로 흐르는 물과 달리 피는 서로 섞이면 아주 곤란해. 엄마와 너의 관계는 어쩌면 피처럼 제한되어서 그 기능이 유지되어야 하고 엄마와 너의 관계가 지속적으로 건강한 피처럼 흐르게 하려면 서로가 독립된 개체로서 존재해야 해. 엄마와 너의 삶이 마구 섞이면 서로의 인생이 아주 소란스럽고 곤란해지니까. 너는 너의 삶을, 엄마는 엄마의 삶을, 서로 독립적으로 살아가야 하기 위해 엄마와 너는 각자의 피를 자기 몸 속에서 기운차게 유지하듯 따로일 때 훨씬 건강한 삶을 사는 것이란다. **상호독립(inter-dependent)이어야 하지. 따로지만 유동적인**. 이를 위해 엄마는 엄마 인생을 잘 살아갈거야. 네가 닮아도 괜찮을 어른으로. 너도 위에 얘기한 6가지를 잘 기억해주고 네 인생을 엄마와 경쟁하며 제대로 삶을 일굴 것을 믿는다. 이것이 엄마가 네게 줄 수 있는 최고의 사랑이란다.

바로 **'지각있는 사랑'**.

열다섯번째 편지, 오류

네가 아무리 깨끗하게 샤워를 해도 가래나 농, 콧물이 안에서 기다리다가 밖으로 나오지. 이미 네 몸속에 있거나 만들어질 것들이잖아. 나쁘고 더러운 것이 나오면 버리지, 다시 너에게로 넣지 않지? 정신도 마찬가지야. 나쁜 것들은 나쁘게 나오게 되어 있어. 너도 모르게 네 안으로 들어간 나쁜 정신들이 '잘못'으로 나오는 거야. 나와야 할 것이 나온 것이지. 그러니 다시 넣지 않아야 한다는 말이야! 즉, '잘못'을 저지르지 않으려 늘 조심하기보다 '잘못'을 저지를 수밖에 없음을 인정하고 그 잘못을 해석할 수 있는 방향으로 네 이성이 움직여 같은 것이 또 나오게 하지 말란 말이지. 네 인생에 '잘못'이라는 것이 개입했다는 것은 '자각'하여 다시 바람직한 것을 넣어주라는 의미야. 그러면 다음엔 바람직한 것이 나오지. 지금의 잘못을 제대로 해석하면 잘못이 몸집을 더 이상 키울 수 없을 뿐만 아니라 같은 모습으로는 결코 등장하지는 않아. 그러니, 잘못을 했더라도 '반성'이라는 감정활동에 집중하지 말고 '자각'이라는 정신활동에 집중하렴.

잘못할 수 있어. 괜찮아. 하지만 5가지만 알아두렴.

살다 보면 숱하게 많은 잘못을 저지르게 돼. 인간은 영원히 완전할 수 없거든. 그렇다고 매번 '잘못했다.'. '어쩔 수 없었다.'로 일관할 수는 없겠지? 그래서 오늘은 이미 저지른 '잘못'에 대해 네가 어떻게 인식하느냐의 문제, 또 하나는 되도록 '잘못'의 양을 줄여야 하는 문제. 이 두 가지에 대해 말해보려 해.

'잘못'은 잘하지 못한 것이지. 그렇다면 우선 잘하는 것을 알면 되겠지. '잘하는 것'이 뭐지? 옳은(선,善) 것, 도움되는(이로운,利) 것이겠지. **잘하는 것을 제거하면 '잘못'한 것이 선명해지지.** 또한, '잘못'은 그것의 경중에 따라 다양한 이름을 갖고 있어. 소소한 것들은 '실수', 규율이나 법에 어긋난 것은 '죄', 자연이 부여한 이름은 '악(惡)'이라 하지. 참고로, 엄마는 네가 죄나 악의 범주가 아닌 법의 테두리 안에서의 실수와 잘못에 국한해서 얘기하도록 할께. 네가 법망을 넘어서거나 자연에 해가 되는 친구라고는 결코 여기지 않으니까 우리 그 정도의 삶의 수준에서 얘기하도록 하자.

자! 네가 잘못했을 경우부터 차근차근 얘기해보자!

우선, **잘못을 처음부터 의도한 것은 아닐거야.** 이것은 분명하지. 가령, 네가 누군가에게 거짓말을 했을 경우, 그 거짓이 어디서 의도되었는지 따져볼 때, 거짓을 통해 얻고자 하는 무언가가 있었을거야. 결국, 얻고자 하는 바를 제대로 얻지 못할까 봐, 즉, **'잃기 싫은 마음' 또는 '얻고 싶은 마음'으로 인해서 거짓을 말하게** 된 것이겠지. 또 이럴 수도 있어. 상대를 제대로 알지 못한 오류. '그 사람은 이렇게 말해줘야 해'와 같은 잘못된 판단 내지 편견때문에 그를 대하는 적합한 방법으로 '거짓'을 택한거야. 물론, 거짓을 잘했다고 부추기는 것이 아니라 지금 '의도'에 대해 얘기하는 중이니 '의도'자체를 폄하할 필요는 없다는 것이야. 거짓을 말한 '의도'가 너의 욕구였으니 너 자신을 '부정'한 사람으로 몰아갈 필요까지는 없다구. 거짓은 잘못이지만 네가 부정한 의도를 품은 부정한 사람이라는 자책까지는 할 필요가 없단다.

그러면 우리는 여기서 분명한 한가지를 짚어낼 수 있어. 의도는 선했으나 방법이 잘못되었다면 분명 의도와 방법 사이에 놓인 **'판단'에서 '오류'**가 생긴 것이 분명해지지. '판단'에 의해서 '선택'이 이뤄지니 '잘못된 선택'을 했던 것이며 잘못된 결과를 초래한거야. 자, 잘못은 판단의 오류로부터 시작된다는 것을 연역해서 이해하도록 해. 그러면 **'잘못'으로 자책하는 감정보다 오류를 찾는 이성의 정신활동**에 너를 더 우선해서 사용할 수 있어. 그렇다면 '오류'가 뭔지 알면 잘못하는 일이 줄어들겠지? **'오류'는 네가 부정한 사람이라서가 아니라 '인식의 결핍' 또는 '결여'에서 비롯**되는 것이야. 배움이 부족해 지식의 양이 적거나 잘못 입력되어 지혜의 깊이가 얕고 힘이 약한 것이지. 결과적으로, '잘못'하는 일은 '배움'으로 확실하게 줄일 수 있다고 결론내도 되겠지? 다시 말하면,

계속 배운다면 오류가 줄어들고, 즉, 인식의 결핍과 결여를 메울 수 있고 그 인식의 깊이와 정도만큼 판단은 제대로된 방향성과 힘을 갖게 되고 그래서 결과적으로 실수에서 악에 이르기까지의 수많은 경중의 잘못을 피해 갈 수 있는 것이야. 아니, 피해간다기보다 너 스스로 안 만들게 되지.

네가 이 글을 읽고 있다면 이 순간 살아있다는 것이고 이는 쓸모있는 사람이라는 증거야. 쓸모있다는 것은 세상에 이롭다는 의미지. 그런데 이롭다는 것이 천사같이 착하다는 말은 아니야. 인간 개개인 안에 천사와 악마가 공존해. 그러니까, **네가 악마같이 나빠서 부정한 잘못을 저지른 것이 아니라 너의 인식의 결여로 인해 악마가 그 틈을 파고든 것이야. 네 안의 악마는 항상 정신의 빈공간에서 살고 있거든.** 그래서 정신을 양식으로 채울수록 악마가 살 공간은 부족해져. 자, 천사같은 네 안에도 악마는 있어. 항상 둘은 같이 다녀. 사람이라면 누구나 눈에 보이지 않는 그림자를 품고 있는 것과 같지. 해가 있을 때 그림자가 모습을 드러내는 것처럼 네게 어떤 상황이 될 때 천사든 악마든 네 안에서 모습을 드러내. 그래서 너 하기에 달려 있어. 태양은 변하지 않지만 네가 움직임으로서 그림자의 크기와 길이를 조절할 수 있듯이 네가 어떻게 무엇을 주입시키느냐에 따라 네 안의 악마의 힘을 조절할 수 있어. **악마에게 먹이를 주려면 정신에 공간을 만들면 되고 천사에게 먹이를 주려면 정신을 배움으로 계속 채워주면 돼.** 채운다는 의미는 인식의 결여와 결핍이 메워진다는 의미지.

누군가가 세상에 탄생한다는 것은 세상에 이롭기 때문이야. 누구나 이로운 사람으로 태어나지. 왜? 세상도, 자연도, 우주도 다들 자기 할 일을 하거든. 모든 천지를 조화롭게 유지시키는 게 그들의 일이야. 그들이 너라는 존재가 필요하니 너를 세상에 태어나게 한 거야. 그런데 네 속에 악마를 심어두고 **잘못을 저**

지르게 하는 것은 그것으로 인해 네게 천사가 있음을 깨닫게 하기 위해서야.** 그러지 않으면 인간은 겸손하지 못하고 늘 자기가 잘난 줄 알고 자연을 세상을 우주를 지배하려 들거든. 인간의 욕망은 끝이 없으니까 말야. 피곤해지지. 그래서 '오류'를 겪게 하고 이로써 네 안의 천사를 호출하는거야. 그렇게 계속 세상을 이롭게 하는 쪽으로 필요한 인간들을 추출해 내.

너에게는 좋은 것만 들어가지 않아. 세상엔 분명 악한 것들이 존재하고 그것은 네가 살아있는 한 어떤 경로로든 네게 침투할 수밖에 없어. 좋은 게 들어가면 좋은 것이 나오고 나쁜 것이 들어가면 나쁜 것이 나와. 네가 아무리 깨끗하게 샤워를 해도 가래나 농, 콧물이 네 안에서 나오지. 이미 네 몸속에 있거나 만들어질 것들이잖아. **나쁘고 더러운 것이 나오면 버리지, 다시 너에게로 넣지 않지?** 정신도 마찬가지야. 나쁜 것들은 나쁘게 나오게 되어 있어. 너도 모르게 네 안으로 들어간 나쁜 정신들이 '잘못'으로 나오는 거야. 나와야 할 것이 나온 것이지. 그러니 다시 넣지 않아야 한다는 말이야! 즉, '잘못'을 저지르지 않으려 늘 조심하기보다 '잘못'을 저지를 수밖에 없음을 인정하고 그 잘못을 해석할 수 있는 방향으로 네 이성이 움직여 같은 것이 또 나오게 하지 말란 말이지. **네 인생에 '잘못'이라는 것이 개입했다는 것은 '자각'하여 다시 바람직한 것을 넣어주라는 의미야.** 그러면 다음엔 바람직한 것이 나오지. 지금의 잘못을 제대로 해석하면 잘못이 몸집을 더 이상 키울 수 없을 뿐만 아니라 같은 모습으로는 결코 등장하지는 않아.

그러니, 잘못을 했더라도 **'반성'이라는 감정활동에 집중하지 말고 '자각'이라는 정신활동에 집중**하렴. 인간의 '감정'이란 유효시간이 굉장히 짧아. 금새 망각하지. 그래서 같은 감정을 매번 느끼면서도 매번 끌어안고 살지. 반성이 잦은 사람은 계속 같은 잘못으로 같은 반성을 반복한단다. 하지만 정신은 달라. 차곡차곡 자신을 키우고 변화시킬 수 있어. 반성하고 자책하는 감정에 사로잡히는 것은 감정의 낭비야. 반성하는 이유는 자각을 위해서인데 **반성만 하고 자각하지 못한다면 그저 감정으로 잘못을 덮어버릴 수 있다는 오만**, 종교인들이 주로 저지르는 행동없이 회개만 일삼는, 다소 효과없는 감정놀이라고 할 수 있어.

네가 잘못한 것을 아는 순간, 네 앞에는 **2개의 문**이 등장하지. **하나는 비굴의 문이고 하나는 신망의 문**이야. 단어에서 딱 감잡았겠지만 **비굴의 문**을 열고 들어가면 핑계들만 투성이로 있어. 이 핑계 저 핑계만 대는, 눈치살피고 요령으로 수작부리는 이들이 이 문으로 들어서. 천하지. 쫄보지. 반면, **신망의 문**을 열고 들어가 당당하게 잘못을 인정하면 잘못보다 더 위대한 신뢰의 길로 나아갈 수 있어. 귀하지. 소중하지. 반성은 정작 용서를 구해야 할 대상 앞에서 눈치살피다 변명 뒤에 숨어서 자기 스스로 자기를 용서해버리는 이상한 결과를 가져와서 비굴의 문앞에 서 있는 쫄보가 될 가능성이 아주 농후해. 니체는 '양심의 가책은 점잖지 못하다[1]'고 했어. 반성 이면엔 비굴함이 숨어 있을 수 있단다…

정리해볼까? 우리 인간은, 너는 잘못을 저지를 수밖에 없어. 네 속에 사는 악마에게 먹이를 줬기 때문이야. 악마의 먹이는 무지(無知)와 무식(無識)이야. 무지와 무식은 정신에 배움의 양식을 주지 않은 너의 자세 때문이지. 하지만, 잘못은 판단의 '오류'때문이지 너 자체가 부정한 사람이어서가 아니라는 사실. 그리고 오류를 '반성'과 같은 감정이 아닌, '자각'으로 이해, 해석하면 오류는 곧 천사를 불러오게 되고 천사는 널 배움으로 이끈다는 사실. 그렇게 오류가 줄어들면 잘못할 확률도 줄어들고 너는 더 선하고 이로운 사람이 되는 것이란다.

---

[1] 우상의 황혼, 니체, 2015, 아카넷

선하고 이로운 것은 세상이, 자연이, 우주가 바라는 쓸모를 갖는다는 의미이니 너는 세상에 더 필요한 사람으로 되는 것이야. 모든 것을 갖춘 완벽한 자연이 크게 필요하다고 판단한 사람에게 많은 것들을 지원하지. 세속적인 물질부터 영적인 선물까지. **말하자면, '행운'같은 것이야.**

그런데 혹 누군가는 '왜 세상에는 이리 악한 사람들이 많지? 왜 신은 인간을 선하게 창조하지 않았을까? 도대체 신이 있는거야 없는거야?'라며 툴툴거리기도 해. 그런데 이런 발상은 결코 도움되지 않아. **없는 답을 찾아 헤매는 정신의 낭비**지. 신이 만든 것은 신이 알지 인간은 알 수 없어. 네가 무언가 필요해서 만들었다면 그 필요목적은 그것을 만든 사람인 너밖에 모르거나 네가 제일 잘 알지. 남이 들쑤신다고 그것의 목적을 완전히 이해할 수 있겠니? 겨우, '이유가 있겠지' 정도로 마무리될걸! 마찬가지야. 신의 목적은 신이 알지, 인간은 몰라, 간혹 이를 안다고 하는 사람들도 있지만 그도 신이 아닌 이상 완벽히 안다고는 할 수 없겠지. 데카르트가 이렇게 말했어. '신의 목적을 알아내려는 것은 주제 넘는 짓²'이라고. 참 명쾌하지?

그러니, 네가 **잘못을 저질렀을 때 그 잘못의 원인, 즉, 어떤 인식이 결핍되서 이 사태가 일어났는지에 국한해서 사고하는 버릇**을 가지렴. 잘못은 뒤로 하고 세상탓, 신탓, 운명탓하는 것은 네 이성을 혼란스럽게 하며 널 데리고 노는 악마의 소행이야. 지금의 잘못을 연역적으로 이해하려는 사고활동으로 정신에 먹이를 주면 악마는 자기랑 놀아주지 않는 너를 떠나게 되고 천사는 너를 대견히 여겨 더 큰 정신, 즉, 전체에서 바라보는 거대한 시야를 선물할거야. 큰 시야가 없으면 수많은 경우의 수에 단 하나의 퍼즐조각만 들고 덤비는 격이야. **부분적**

---

2 방법서설, 데카르트, 1997, 문예출판사

으로 보면 '잘못'일 수 있는 사태가 네 인생 전체를 볼 때 '필요'에 의해 의도된 사태인 경우가 아주 많아. 그러니 멀리서 높이서 바라보는 거대한 시야로 지금의 잘못을 연역하여 사고한다면 앞으로 네가 살아갈 수많은 경우의 수에서 더 많은 퍼즐조각들로 하나씩 맞춰갈 수 있을거야. 그래서 잘못은 그 자체로도 배움이고 더 나은 배움으로 너를 안내하고 그것은 너를 점점 더 세상에 쓸모있는 사람이 되게 하여 네 인생을 가치있게, 부유하게 만들지. 아주아주 많은 면에서...아주아주 다양한 시점에서... 아주아주 적절한 무언가로서...

남의 잘못을 찾아내기는 쉬운 일인데 자기의 잘못은 요술쟁이가 소매깃으로 물건을 감추듯 감추는 법이다. 사람들은 남의 행동 중에서 잘못된 것에만 눈길을 던지고 있다. (중략) 그러는 사이에 그는 욕심이 불타올라 그 욕심때문에 옳고 그름을 헤아릴 능력을 잃고 마침내 착한 사람들의 위치에서 점점 멀어지고 만다. 중요한 것은 이미 저질러 놓은 그릇된 일을 곧 착한 일로 그 자국을 덮어버리는 데 있다. 이와 같이 행동하는 사람은 구름을 헤치고 떠오르는 달과 같은 존재이다. (쟝빠따[3])

이제 다른 이가 네게 잘못을 했을 때는 어찌 해야 할지에 대해 얘기해보자. 네 주변에는 크고 작은 실수나 잘못으로 너를 힘들게 또는 피곤하게 하는 이들이 적지 않을거야. 이러한 사람을 대할 때도 지금껏 언급한 인식의 눈으로 바라봐야 할거야. 무시나 비난, 심지어 경멸이라는 감정을 앞세운다면 너에게도 신경질, 짜증과 같은 감정이 올라오게 되거든. 그저 **'모르는구나.'하며 바라보렴**. 대부분이 성격탓으로 이를 무마시키려 하는데 성격이나 성향 역시 습관이 만든 것이며 습관은 인식에서 비롯된 것이기에 성격탓이라고 무마시키지 않길 바란

---

3 젊은 날의 사색, 데카르트 외, 2010, 휘닉스

다. 그러한 상대가 너와 밀접한 연관이 있거나 네가 가까이 하고자 하는 누군가라면 네가 몸소 보여줌으로써 알려주길 바래. 지시하거나 가르치려 하기보다 그저 보여주면 된단다.

때로는 잘못을 저지른 이가 네게 도움을 청할지 몰라. 이 때에는 2가지만 명심하렴. 우선, 그 **잘못된 사태가 그 사람 혼자의 힘으로 해결될 일이라고 판단된다면** 돕지 마라. 이는 그가 스스로 길러내야 할 힘을 지켜주기 위함이야. 네가 도와주지 않아 원망을 받더라도 괜찮아. 원망받는 것보다 상대가 스스로 성장하는 것이 더 가치롭거든. 스스로 해결할 수 있는데 돕는다면 오히려 그 힘을 기를 기회를 네가 빼앗은 것이 될 수도 있으니 네 잘못이 쌓인단다. 그러니 스스로 해결할 수 있도록 독려만 해주렴. 이성적으로 찬찬히 이해시키고 설득시킬 수 있을거야. 그리고 만약, **혼자힘으로 해결하지 못할 경우 도와라.** 네가 할 수 있다면 네가 돕고 네 역량으로 부족하다면 더 도움되는 사람을 찾아 네가 무릎을 꿇고 도움을 청해서라도 끝까지 도와라. 그리고, **네가 도왔을 경우 그 어떤 것도 바라지 마라.** 오로지 너의 선택이었고 네가 쓰여야 할 곳에 쓰인 것이니 이에 대한 보상도 너의 삶 어떤 시점에 네게 올 것이니 도움받은 상대에게 뭔가를 요구하거나 기대하지 않길 바란다. 물질적인 것은 물론이고 인정, 칭찬과 같은 감정적인 것까지 모두. '내가 이렇게까지 도왔는데 나한테 이런 대접을?'과 같은 생각은 아예 하지마라. **상대는 상대 인생에서, 너는 네 인생에서 스스로 치른 대가에 보상이 오는 것**이니 네 할일 했으면 그것으로 된 것이다.

그저 너는 배움으로 전체적인 시야를 가진 것에 감사하렴. 물론, 그 시야가 '이건가?' 영원히 알 수 없을지 모르지만 '전체로서의 너'를 볼 수 있도록 계속 너를 탐구하여 점검, 검열해야 해. 이렇게 **너를 들여다보는 탐구는 지금의 잘못**

이 전체에서 필요하기 때문에 존재했음을 깨닫게 해 줄것이고 이러한 사고활동은 네 인생에 함유된 **너의 정신이 가는 역사를 바람직한 방향으로 이끄는 아주 중요한 토대**가 될 것이야.

우주의 시선으로 지구를 봐봐. 많은 오류들이 있지만 그 오류들도 다 해야 할 일이 있어서 그런 미운 모습으로 등장한 것이거든. 우주가 완전을 향해 가는 길에 오류도, 오류가 아닌 것도 존재하는거야. 이렇게 너를 하나의 우주로서 바라보는 시야를 갖는다면 지금 미운 모습으로 네 인생에 등장한 '잘못'도 결코 **쓸데없는 오류가 아니라 쓸모있어서 네게 개입된 '의도된 오류'**가 되는 것이지.

'나같은 사람이 잘못할 리가 없잖아!'라면서 잘못한 적이 한 번도 없다고 말하는 사람도 있어. 자신이 아는 것이 옳으니 결코 자신의 잘못은 없다는 자만한 사람이지. 또한 잘못을 모르거나, 잘못을 인정하지 않거나, 잘못할 일이 벌어질까봐 아무런 시도도 하지 않고 자신의 한계에 갇혀 사는 사람이야. 아무것도 하지 않으면 아무 일도 일어나지 않거든. 뭐라도 하기 때문에 잘못도 하고 실수도, 실패도 하는 것이거든! 그러니, '나는 잘못이 없어!'라는 사람은 잘못을 모르는 것이 잘못, 시도하지 않고 자신의 몫을 삭감시킨 것이 잘못이야.

또한 **네게 잘못한 누군가가 있다 하더라도 네가 지적하고 벌하려 하지 마라.** 길 잃은 양을 네가 벌할 필요는 없단다. **길을 잃은 그 자체만으로도 이미 벌을 받고 있는 것**이니 상대의 벌은 상대의 몫으로 남겨두고 그저 너는 너 자신을 키우는 것에 더 의미를 두기 바란다. 그렇게 한다면 원망도, 배신감도, 복수도… 이런 무서운 단어가 네 인생에서 힘을 쓰지 못할거야. 세상 살면서 네가 알고 저지르는 잘못이 1이라면 모르고 저지르는 잘못이 100이 넘는대. 그러니, 네가 알고 저지르는 잘못만이라도 줄여가며 살면 된단다.

자, 5가지로 정리해보자.
첫째, 누구나 잘못할 수 있어. 그러니 자신을 부정한 사람으로 여기지 말 것.
둘째, 잘못했을 경우 '잘못'은 인식의 결여나 결핍이 원인이니 '반성'이라는 감정말고 '자각'의 정신활동에 집중하여 '잘못'이라는 미운 모습으로 네 인생에 등장한 녀석의 의도를 파악할 것.
셋째, 가래나 콧물과 같이 네 속에는 오물도 있어. 나쁜 것이 네 밖으로 나오면 다시 주워담지 않듯이 같은 잘못을 하지 않기 위해 배움에 널 머물게 할 것.
넷째, 누군가가 잘못한 후 네게 도움을 청할 때 스스로 해결할 수 있는 것을 돕는 것은 오히려 상대가 힘을 기를 기회를 뺏는 너의 잘못으로 이어지니 도우면 안된다. 또한, 정말 도와야겠다 판단된다면 끝까지 너의 모든 것으로 도울 것.
다섯째, 네게 누군가가 잘못했을 경우, 잘못한 그 자체가 이미 벌이니 네가 벌 주려 하지 마라. 이는 원망, 복수와 같은 무서운 단어가 네 인생에서 멀어지게 하기 위해 등장한 사건이니 오히려 네게 잘못한 이에게 감사할 것.

사랑이 넘쳐서 모든 것을 주고 싶은 맘이 가득하지만 먼저 산 한사람으로서 줄 수 있는 것은 네 정신이 제대로 된 방향을 향해 바람직한 '이성의 역사'를 써나가도록 권유하는 것밖에 없구나. 엄마는 엄마의 전부를 너에게 주고 싶단다...

열여섯번째 편지, 감정

'괜찮아 괜찮아', '잊어버려', '좋은 생각만 해', '너는 충분히 멋진 사람이야'라는 몇 마디 말은 '위로'가 아니라 '위장'이야. 괜찮지 않은데 괜찮아야 한다는 명령이고 잊혀지지 않는데 잊으라는 강요이고 지금 좋고 멋지지 않은데 그 감정을 외면하라는 회피야. '다 잊어버리고 우리 즐기자!' 같은 말들은 특히 위험할 정도로 위장된 말이지. 이성을 버리고 감정만으로 시간을 보내면 나중에 뿔난 이성이 널 다그쳐서 더 힘든 시간을 네게 몰고갈 지도 몰라. 더한 것도 있어. '뭐 그 정도 가지고 그래? 나는~~~'이라며 자기 과거를 들먹이며 그 정도는 아무것도 아니라고 하는 말은 외면해 버려. 너와 어떤 관계에서 어떤 분위기에 그런 말을 했을지라도 그런 말에는 '네 감정은 별 게 아니야.'라는 조롱이 담겨 있는 것이야.

위로는 안개같아. 위장하지.

살다보면 위로가 필요할 때도, 누군가를 위로해줘야 할 때도 있지. 그런데 '위로'란 게 '위장'된 이면이 있단다. 가만 떠올려보면, '위로'부터 건네주는 대화에서 어쩌면 공감받지 못했던 기억이 있을거야. '위로'는 너의 심정을 이해한 것처럼 너를 착각에 빠뜨리기도 해. **위로의 이면에는 오히려 너의 심정을 무시하라는 의도도** 숨겨져 있거든. 아! 혹시 엄마의 말이 네게 오해를 살지도 모르니 이 말부터 먼저 해야겠다. 네게 위로를 건네는 그 모든 사람들이 너에게 어떤 의도를 가졌다는 것은 아니야. 의도가 있다면 널 도우려는 의도가 존재하겠지. 네가 누군가를 위로할 때도 마찬가지구. 그러니 이 글은 '위로하는 사람'이 아니라 '위로' 자체가 가진 본성에 초점을 맞춘 이야기로 들어주길 바래.

모든 것은 힘의 원리에 의해 현실로 드러난단다. 인간은 본능적인 생명력을 지니고 있지, 생명의 힘말이야. 인간은 스스로 인간답게, 살아가기 위한 힘을 지니고 있어. 힘의 강도나 정도의 차이는 있겠지만 모두가 하나의 생명체로서 자기안에 그 힘을 본유(本有)하고 있어.

상황을 이기는 힘,
자기 스스로를 진단하고 그것을 치유하는 힘,
소멸되어 가는 감정까지도 다시 소생시킬 수 있는 힘.

'위로'는 어쩌면 너 스스로 꺼내쓸 수 있는 그 힘들을 꺼내쓸 기회를 없애버리는, 어쩌면 그런 힘이 있었는지조차 망각시켜 되려 너를 약하게 만드는 경우가 많아. 살면서 위로, 위안받고 싶은 마음은 누구에게나 있지만 그 위로와 위안이 정말 필요한 때인지는 자기 스스로가 이미 알고 있거든. 알고 있지만 감정에 휩싸여 누군가에게 기대고 싶은 것이거든. 또는 자기 스스로 이미 위로없이도 일어설 힘이 있는데 지팡이짚고 일어나는데 길들여진 것이지.

그런데 기억을 더듬어보렴. 정말 필요한 때가 아닌데 또는 스스로 해갈이 가능한데 '위로'부터 받게 되었을 때 결코 공감이 일어나지 않았을거야. 게다가 '위로'를 원한 게 아닌데 상대가 배려한답시고 '위로'했을 때 오히려 할말을 잃었을거야. 물론 상대는 의도하지 않았겠지만 '위로'란 게 그래, 의도와는 무관하게 바라지 않던 상황에서 만난 '위로'는 오히려 무시받는 느낌을 주기도 한단다. '위로가 필요했던 사태'를 파악하기 전에 '위로'로 인해 감정부터 진정되면 냉철해질 것 같겠지만 전혀 아닌 경우가 더 많아. **'강하고 단단한 이성'이라면** 감정이 강할 때 오히려 힘을 발휘하지만 그렇지 않은 이성이라면 감정이 요동칠 때 제대로 자리잡지 못하고 본질을 삐딱하게 또는 희미하게 보게 되지. 심지어 본질을 외면하기도 해. 감정이 먼저 움직이면 대개 이성이 제 힘을 못써. 이성적인간이 이성의 기능을 쓰지 못한다구.

그래서,

'위로'는 안개같은거야.

뚜렷하게 볼 수 없도록 네 판단의 시야를 막아버리는...

그리고 또 이런 면도 있단다. **'위로'에 길들여진 사람에겐 늘 '위로'받을 일이 계속 생겨.** 아니, **'위로'받을 일을 계속 끌어당기지.** '위로받을 일이 없으면 되려 난감한' 인생으로 자기 인생을 몰고 가. **모든 현실은 너의 사고의 표현**이거든. 네가 사고한대로 현실에 드러나. 위로에 길들여졌기 때문에 위로받을 일이 많아진다는 원리지. '위로'가 계속 필요하다는 것은 스스로 이겨낼 힘이 거의 바닥나고 있다는 증거겠지? 계속 '위로'를 구하고 받게 되면 '위로'받는 것도 습관이 되고 습관이란 녀석은 어떻게든 네 육체에 자기가 뿌리박혀 있으려는 본성이 있어서 계속 그런 사태를 몰고 오도록 너를 그 쪽으로 향하게 해. 너의 잠재의식도 '우리 주인은 위로받아야 해'라고 기억하고 세상은 '너는 위로가 항상 필요한 인간이지?' 하며 계속 위로가 필요한 상황을 네게 일으키지. 반면, **네가 '위로'를 거부한다면** '위로'는 네 인생의 불필요한 장식일거야. 오히려 너는 네안에 이미 지니고 있는 힘을 이용하기 위해, 다시 말해, **너 스스로 이겨내는 힘을 키우기 위해 '위로'로부터 등을 돌림으로써 온전히 자기 힘으로 네게 올 모든 방해물들을 제거하는 것**이지.

위로는 인정받고 싶은데 그러지 못했을 때, 난감한 상황에서 이성적으로 판단을 내리지 못할 때, 억울한 일로 인해 자신의 진실을 알아주길 바랄 때, 이런 경우에 갈구하거든. **너 스스로 널 인정해주는 걸로 부족하니?** 물론 타인의 인정이 참 달콤하기도 하고 나 스스로 나를 인정하기까지 난감할 수 있어. 그 땐 위로라는 감정보다 이성적인 조언이 필요한 것이고 진실을 남들이 알아주길 바

위로는 안개같아. 위장하지.

란다면 진실을 행한 너 자신을 너 스스로 일단 믿고 왜 진실이 희석되어 드러났는지 그 연유에 대해 행위를 점검해볼 필요가 있겠지. **'위로', 즉 감정을 달래는 것이 불필요하다기보다는 '이성'과 '행위'를 점검할 기회를 감정으로 인해 가볍게 여기거나 점검할 기회조차 너 스스로 없앨 수 있다는 의미**란다.

그럼에도 불구하고 살다 보면 정말 '위로'가 간절할 때가 있어.
인간은 모두가 나약하니까.

인간이 성장한다는 것은 점점 힘이 강해진다는 의미야. 힘이 강해지는 과정은 순간순간 너의 모든 힘을 최대한 끌어올리는 반복된 경험으로 만들어지지. **힘을 키우려면 힘을 키울 상황이, 계기가 필요하지? 그러니까 너를 강하게 하기 위해 네 인생에 미운 모습으로 등장한 것이 바로 '위로가 필요한 상황'**이란다. 어떤 '사태'를 통해서 힘이 키워지고 힘이 커지는 과정에 '위로가 필요한 감정'이 생기는 것이니 그 사태와 사태로 인해 너를 키울 수 있는 성장의 기회에 감사해라. 그러니 위로가 필요한 상황에 대한 이해와 감사를 먼저 보내고 위로받으려는 감정은 잠시 뒤로 물리렴.

좀 더 보태자면, 어떤 사태를 만난다는 것은 생전 겪어보지 않은 경험이라 낯설 수밖에 없고 경험이 없으니까 방법도 모르고 그래서 다치기도 하거든. 다치면 병원에 가듯 감정이 심하게 다치면 '위로'가 필요하지. 그런데 무작정 병원에 달려가지는 않아. 늘 병원부터 찾는 사람이 있고 스스로 치료하는 사람도 있고 다양해. 그래서 **'위로'가 필요한 순간이 왔다는 것은 네가 낯선 경험을 했다는 것이며 이는 곧 너를 강하게 하기 위한 등장이라는 연관이 네 정신에 자리잡히길 바래.** 아무 일도 하지 않으면 아무 일도 일어나지 않는데 네가 뭔가를 시도했기에 그 결과가 현상과 감정으로 나타난 것이야. 그러니 **위로가 필요한 상황이 네게 등장한 것은 네가 성장하고 있다는 증거지!**

그래도 정말 '위로'가 필요하다면 그 '위로'를 제대로 해줄 수 있는 사람에게 가렴. 그리고 가서 말하렴. 지금은 아무 말도 말고 그냥 '위로'받고 싶다고. 도움을 청하지 않았는데 도움을 주는 것이 오히려 상대를 나약한 길로 인도한단다. '위로'도 도움의 한 줄기거든. '잘될거야', '괜찮아', '잘하고 있어' 무턱대고 위로부터 건네는 사람보다 진심으로 네 상황에 귀기울여 물어주고 들어주고, 네게 부족한 이해를 해석해주고 용기있게 조언도 주는, 그래서 너의 이성과 행동을 점검케 해주는, 그런 이를 찾아가 대화를 나누렴. 마음을 열렴. 너를 보여주렴. 그리고 그의 말에 귀기울이렴. **무턱대고 해주는 '위로'에 길들여진다면 너는 너의 힘을 오히려 잃게 되니까.**

또한, 네게 '위로'를 구하는 이들이 널 찾아오기도 할 것이고 '위로'가 필요한 이를 만나게 되는 경우도 생기겠지. 그럴 때도 너는 지금까지 말한 대로 정신의 기준을 지키며 상대를 대하길 바래. '위로'를 원하면 묻지 말고 '위로'해주고, 만약 그렇지 않다면, 상대의 속내까지 진심으로 네가 이해한 후 '위로'가 필요하다면 위로를, 아니라면 그저 침묵한 채 평소처럼 대해. 곁을 내주는 것만으로도 큰 힘이 되니까. 어줍잖은 위로와 조언, 칭찬은 상대에게 해가 돼.

'세상의 칭찬은 맛있는 음식[1]'과 같아. 맛있는 것의 유혹에 감정이 지배당하면 마지막엔 반드시 탈을 내지. 달콤한 설탕에 길들여지면 반드시 치아가 썩게 돼. 위로도 마찬가지야. '괜찮아 괜찮아', '잊어버려', '좋은 생각만 해', '너

---

1 루미시집, 잘랄 아드딘 무하마드 루미, 2019, 시공사

는 충분히 멋진 사람이야'라는 몇 마디 말은 '위로'가 아니라 '위장'이야. 괜찮지 않은데 괜찮아야 한다는 명령이고 잊혀지지 않는데 잊으라는 강요이고 지금 좋고 멋지지 않은데 그 감정을 외면하라는 회피야. '다 잊어버리고 우리 즐기자!' 같은 말들은 특히 위험할 정도로 위장된 말이지. 이성을 버리고 감정만으로 시간을 보내면 나중에 뿔난 이성이 널 더 다그쳐서 더 힘든 시간을 네게 몰고갈 지도 몰라. 더한 것도 있어. '뭐 그 정도 가지고 그래? 나는~~~'이라며 자기 과거를 들먹이며 그 정도는 아무것도 아니라고 하는 말은 외면해 버려. 너와 어떤 관계에서 어떤 분위기에 그런 말을 했을지라도 그런 말에는 '네 감정은 별 게 아니야.'라는 조롱이 담겨 있는 것이야.

물론, 이와 같은 말들을 누가 하느냐에 따라 다르기 때문에 앞서 말한 대로 **진정으로 위로해 줄 수 있는 사람에게로 가서 위로받으라는 것**이지. 그들은 결코 널 조롱하거나 비하하지 않고 네 감정을 존중하면서 자신의 과거 경험을 진솔하게 들려줄테고 네게 이 말들은 **'위로'를 너머 조언과 충고로 긴 시간 널 강하게 도울 강장제가 되거나 해로운 곳에서 널 구해낼 해독제가 될거야.** 이제 '위로의 위장술'을 이해할 수 있겠지? 그렇다면, 너는 진정한 '위로'를 건네는 사람이 될 수 있고 따라서, 네게도 진정한 '위로'를 해줄 사람을 곁에 두게 돼.

네 곁에 좋은 사람이 많길 바란다면 네가 먼저 좋은 사람이 되야 하지.
세상이 아름답길 바란다면 네가 먼저 아름다워져야 하지.
따뜻한 사람이 많은 세상이길 바란다면 네가 먼저 따뜻한 사람이 되야 하지.
믿을만한 사람이 많길 바란다면 네가 먼저 신뢰있는 사람이 되야 하지.

네가 원하는 세상에 걸맞는 사람이 네가 먼저 되면 돼. 그러면 많은 이들과 깊고 충분한 신뢰로 연결되는 것을 경험할 것이야. 뿐만 아니라 쉽게 꺼내지 못하는, 인생을 살면서 누구나 하나씩 가슴에 묻고 살 수밖에 없는 그런 일조차도 서로 '위로'를 나눌 수 있는 사람을 곁에 두게 될거야. 이렇게 **'위로'가 필요했던 사태가 오히려 '신뢰'있는 너를, 관계를 이끈단다.** 바로 이 점이 '위로를 몰고 온 사태'가 네 인생에서 해야 할 일이었던 것이야. 네게 미운 모습으로 등장한 모든 것들은 네 인생에서 널 위해 해야 할 역할을 하러 등장한 것이란다. 즉, 신뢰있는 사람을 네 곁에 머물게 하기 위해, 그런 이들과 삶에서 꼭 필요한 지혜를 나누게 하기 위해 세상이 네게 '위로받을 사태'를 만들어 주었다는 것을 넌 깨닫게 될거야.

세상은 큰 가르침을 얻을만한 사람에게는 큰 대가를 치르게 한다고 말했지? 그리고 '위로가 필요한 사태'를 통해 네가 큰 가르침을 얻을만한 사람인지를 테스트하는 거야. 그 때 '위로'받으며 감정만 달랜다면 큰 가르침을 얻을 기회를 잃게 되지. 세상은 어느 누구에게도 예외없이 '위로가 필요한 사태'를 던져. 네가 외부로부터의 '위로'에 길들여질지 아니면 꼭 필요할 때만 위로에 의지하고 너의 내면을 더 강하게 할지 현명한 사람이 되길 바래.

인간의 정신엔 경험이 지나다닌 길이 주름으로 새겨져. 경험의 역사가 정신의 역사를 만들지. 깊은 주름은 펴기가 어려워. 잦은 경험이 깊은 주름을 만들겠지? 위로에 길들여지지 않는다면 네 정신에는 이성이 감정을 이기는 주름이 깊게 패일 것이고 위로에 길들여진다면 네 정신에는 위로의 길이 만들어질 것이야. 어떤 길이 네 정신에 깊은 주름을 내길 바라니? '외부로부터의 위로'는 달콤하고 따뜻해. 그만큼 안기고 싶고 자주 느끼고 싶지, 하지만, 꼭 기억해. '외부로부터의 위로'에 길들여지면 너는 점점 스스로 강해질 기회를 잃게 된다는 것을. '위로'가 자기 '진가'를 네 인생에서 제대로 발휘하지 못했기에 그 일을 마무리지으려고 지속적으로 '위로받을' 일을 몰고 온다는 것을.

혹 '위로를 외면하면서까지 꼭 강해져야 해?' 라고 묻는다면 이렇게 말해주고 싶단다.

약한 너를 위로로 안심시키는 것보다
강한 너로 키워 스스로를 대견해하는 쾌락이 훨씬 크다고.

강한 것이 이미 네 안에 존재하는데 꺼내쓰거나 키워내지 않는 것은
너를 낭비하는 것이라고.

네가 강해질수록 네 힘이 필요한 곳은 더 많아질 것이니
너의 낭비는 곧 세상의 낭비가 된다고.

그러니
위로가 필요한 상황이 올 때
너를 키워 세상에 더 필요한 존재가 될 수 있다고.

아이야… 가슴에 담아두렴. 너는 누군가에게 정말 필요한 시점에 꼭 필요한 '위로'를 줄 수 있는 사람이 되어야 한단다. 내면이 강한 사람이 누군가에게 정신적으로, 정서적으로 힘이 되어줄 수 있는 사람이야. 불필요한 '위로'를 차단하고 내면의 힘을 더 키워내는 선택은 그래서 너를 점점 더 소중하고 필요한 사람이 되도록 이끌어 준단다. 위로가 필요할 때 위로 대신 스스로 애쓰는 너의

모습을 본다면 엄마의 마음은 미어지겠지. '괜찮아'라고 달려가 따뜻하게 안아주고 싶겠지. 그럼에도 불구하고 네가 스스로 이겨내야할 시기라면, 너의 선택이 그러하다면, 엄마는 달려가지 않을거야. 안아주지도 않을거구. 나... 중에... 강해지고 단단해지고 커진 너를 네가, 세상이 더 원할테니까. 엄마는 널 위로하고픈 엄마감정을 뒤로 하고 너의 성장에 환하게 미소지을거야...

열일곱번째 편지, 정신

대응하지 말고 대비하는 인생이 되어야 해. 스스로 자가진단을 통해 필요한 접종을 한 정신은 아주 활기차게 날개를 퍼덕이지. 부러져 땅에 널부러진 채 질척대는 그런 정신은 아닐거야. 네가 미쳐야 할 그것의 강력한 뿌리가 되어 너를 더 높게 크게 넓게 쓰이는 거대한 나무로 키워줄 것이야.그렇다면 세상의 모든 이치를 깨닫는 성자는 아니어도 적어도 네 인생을 당당히 개척할 전사는 될 것이야. 조금 더딜지는 몰라도 적어도 가야할 항로를 벗어나지는 않을거야.

네게 접종되어야 할 광기(狂氣)는 어디에 있니?

'너희들에게 접종했어야 할저 광기는 어디에 있는가[1]?' 엄마는 어느 날 니체의 이 한탄에 꽂혀버렸단다. 그러면서 '광기의 접종'을 너희들에게 제대로 해주었는지 곰곰히... 계속... 정말 계속... 생각에 잠겼지. 그러면서 너희들이 태어났을 때부터 기록한 아가수첩을 들춰봤어. 홍역부터 간염까지. 참... 많은 접종들이 너희들에게 투입되었더구나. 얼마전 코로나. 그리고 지금 독감예방주사까지. 나라에서 맞아야 한다는 접종은 빠뜨리지 않은 것 같은데 어떤 지침도 없는, 그러니까 엄마 스스로 알아서 너희에게 접종시켰어야 할 것들은 제대로 했는지 엄마는 엄마를 돌아보았고 **혹여 엄마가 빠뜨린 것이 있다면 이제 '어른'의 대열에 들어선 네가 스스로 접종하길 부탁하려** 이 편지를 쓴다. 그렇게 함으로써 너부터 먼저 스스로가 '어른으로의 인간'이 되어야 하고 또 너희로부터 탄생할 또 다른 생명에게 그 접종의 의무를 다해주길 바라는 마음으로 말이야.

---

[1] 차라투스트라는 이렇게 말했다, 니체, 2000, 책세상

광기(狂氣)...
'미친 기운'

기억하니? 네가 어렸을 때 뭐라도 좋아하면 엄마는 항상 이렇게 말했지. '아이야, 이왕 좋아할거면 미치도록 좋아해라. 잘 하는 걸 좋아하고 좋아하는 걸 잘 하는 건 누구나 다 하는 것이니까 너는 그 이상으로 미치도록 빠져봐'라고. 좋아하는 것을 너머 배고픔도, 할 일도 잊은 채 그것에 푹 빠져있길 항상 바랬지. 그래야만 진짜 아는 것이며 진짜 할 줄 아는 것이니까. 진짜 너를 미치게 하는 그것이야말로 네가 네 인생에서 풀어야 할 숙제이자 사명이거든. 그렇게 네가 무언가에 푹 빠질 때마다 엄마는 너를 미치도록 빠뜨릴 그것이 무엇이든 너무 반가웠고 또 앞으로 너를 빠뜨릴 대상도 몹시 궁금해졌지.

그런데 **지금 너는 무언가에 미쳐있는 거니? 만약 아니라면 네게 광기의 접종이 필요하겠구나.** '너희들에게 접종했어야 할 저 광기는 어디에 있는가?'에 빠져 있던 엄마의 하루처럼 너 또한 너 자신이 무엇에 미쳐 있는지, 아직 접종이 안되었다면 스스로 접종하고 접종이 되었는데 내성이 생겨 기능하지 못한다면 다시 한 번 더 접종해야겠다. 미쳐야 미친단다. 진짜 널 미치도록 하는 그것이 세상이 네게 부여한 숙제이며 진짜 널 '그것'밖에 모르게 하는 '그것'을 발현시키는 것이 신이 이 세상에 널 출현시킨 이유이며 진짜 '되면 좋은 것'이 아니라 '안되면 안되는 그것'이 인간으로서 네가 유일하게 해야 할 업(業)이란다. 엄마의 곁에 너희들이 머물 때, 그러니까 18세 정도까지라고 하자. 어른의 보호아래 네가 삶을 유지시킬 때까지 엄마는 너의 정신에, 신체에, 영혼에 많은 자극들을 준 듯하다. 정신에는 책으로, 신체는 운동으로, 영혼은 너의 느낌과 선택을 지지하며 너의 삶의 보호자로서의 의무를 다하려 했지. 너희들을 제대로 키워내야 한다는 대명(大命)에 순종한 채 수많은 순간순간의 접종을 챙기려 애썼고 어쩌면 그런 엄마의 애씀이 네가 지금 꿈을 향해 가고 있는 근성의 토대가 되어 있는 것도 같아.

그러나, 아이야... 이제 너는 어른이란다. 그래서 당부하건데. 혹여 엄마가 놓쳐버린 부족이 네 인생에서 힘을 쓰기 전에 스스로 접종하기를 바란다. 우선, **네 정신의 강인함을 위해서는 책이 유일한 접종**일 것이야. 왜 사람들은 신체에는 나약해질까 두려워 수많은 예방접종을 하면서도 정신의 나약함에는 소홀한지 모르겠다. 신체를 단련시키는 명령체계도 정신에 있는데 말이야. 네가 엄마의 보호에 있을 때 파올로코엘뇨, 빅터플랭클, 오그만디노, 프랭클린 등의 책을 두루 읽게 했지. 이를 통해 삶의 방향이나 현실적 낙관주의, 삶을 제대로 운용하는 덕목들이 너에게 접종되었을 것이라 믿는다. 하지만 이제 어른으로서 지녀야 할 지식의 부족은 스스로 채워나가야 해. 부족한 지식이라면 국영수가 아니라 네가 미쳐있는 내지 미치고자 하는 그것에 대한 탐.구.를 말하는 것이야. 더 이상 탐구하지 않아도 될만큼의 지식을 기본으로 갖추지 않으면 하나에 미쳐가는 과정에서 기초가 부실해지지. 부실한 기초에 탑을 쌓는 것은 말 그대로 미친 짓이고.

충분한 탐구가 쌓인다면 인생의 솟구치는 어떤 지점을 반드시 만날 것이야. 그 때 비로소 광기덕에 진짜 너만의 인생을 진짜 너답게 진짜 네 삶을 예술로 만들어가겠지. 광기의 접종이 제대로, 제때 이뤄졌다면 말야. 너만이 할 수 있는 너만의 일에서 프로페셔널한 너의 존재가치가 증명되는 것이지. 진정 주체적 인간으로 널 세워두겠지. 이제 어른의 대열에 들어선 너이기에 앞으로 너의 정신에 접종해야 할 책들을 조금 꺼내놓자면, 앞서 열한번째 편지에서는 네가 책으로부터 무엇을 구해야 하는지에 대해 열거했다면 이번에는 열거된 작가들을 통해 네 정신에 구체적으로 무엇을 접종해야 하는지에 주목해서 읽어주길 바래.

에머슨을, 몽테뉴를, 세네카를 읽으며
인간과 인생에 대한 기본적인 마인드와 자세를 숙지할 것이며

애덤스미스를, 토마피게티를, 나심탈레브를 읽으며
시류와 세상에 대해 인지할 것이며

릴케를, 소로우를, 톨스토이를 읽으며
삶의 결을 온화하게 다듬어야할 것이며

소크라테스를, 공자를, 노자를, 귀곡자를 읽으며
삶의 근본이 되는 원리를 깨달아 네 삶의 기준으로 삼아야 할 것이며

바가바드기타를, 루미를 읽으며
초월된, 위대한 우주의 이치로 너를 들여다볼 것이며

쇼펜하우어를, 니체를 읽으며
인간본성에 대한 가열찬 비판을 너의 욕구로 승화시켜야 할 것이며

에피쿠로스를, 루크레티우스를, 리처드파인만을 읽으며
생물로서 너의 근원물질을 이해해야 할 것이며

오비디우스, 호메로스를 읽으며
네가 지닌 인간의 생명력이 얼마나 신비롭고 위대한지 그 기운을 느껴야 할 것이며

아우구스티누스를, 괴테, 아우렐리우스를 읽으며
네 삶의 오류를 씻어줄 성찰을 체화해야 할 것이며

볼테르를, 올더스헉슬리를 읽으며
영혼의 눈으로 세상을 관조하도록 너의 의식을 확장시켜야 할 것이며

데이빗호킨스를, 스캇펙을 읽으며
너의 의식이 인간에게 효율적으로 기능하도록 연마해야 할 것이며

세익스피어를, 호라티우스를 읽으며
높은 시선의 소리에 네 감각이 반응하도록 널 이끌어야 할 것이며

조지허버트를, 블레이크를 읽으며
네 시선에 온 우주를 담아 광활한 시야를 갖추도록 해야할 것이며

데카르트를, 스웨덴보그를 읽으며
보이는 존재의 실체적 진실과 그 너머의 거대한 시선을 믿어야할 것이며

프루스트를, 카잔차키스를, 도스토예프스키를 읽으며
철학입은 삶을 사는 법을 배워야할 것이야.

이 외에도 네게 접종시켜줄 너무나 위대한 책들이 많지만 열한번째 편지와 지금의 편지에서 언급한 책들만이라도 꼭 찬찬히… 음미하며 숙독한다면 너의 내면 깊은 곳으로부터 네 삶의 가치와 목적이 선명하게 드러날 것을 엄마는 믿는단다. 이렇게 시대와 세대를 너머 인류의 책으로 존재하는 위대한 성현들의 가르침이 차곡차곡 네게 접종된다면 **너의 정신은 너와 모두를 위한 훌륭한 효모가 될 것**이라 분명하게 말할 수 있단다.

너의 영혼을 위해서는 어떠한 접종이 필요할까.에 대해 더 많은 시간 고찰해 보았는데, 영혼이란 단어는 이미 수없이 거론했으니 더 말하지 않아도 알겠지만 그래도 아무리 강조해도 지나치지 않으니 간단히 몇 마디만 하자면, 인간의 육체는 신체와 정신, 영혼으로 구성되어 있으며 많은 이들이 간과하는 영혼에 대해 양자 물리학자인 울프(Fred Wolf) 박사는 '영혼은 0.0001%만 육신속에 있고 나머지 99.9999%는 육신밖의 우주에 퍼져 있다[2]'고 했어. 위에서 거론한 책들로 네 지성이 다져지면 영혼이 너의 주인인 것을, '영혼의 자극'인 감각이 너의 주체인 것을 이해할 수 있을 것이니 이 얘기는 여기까지만 하고 영혼의 접종은 어찌 해야 할지 하던 얘기를 계속할게.

지금 시대를 대변하는 3단어가 있다면 예측불가, 불확실성, 급변이란다. 그만큼 과거 100년이 지금 10년, 과거의 10년이 지금 1년의 속도로 변하고 있대. 너무 빨리 변해서 예측이 불가능할뿐더러 그러다 보니 확실한 것이라곤 없지. 심지어 대학들어갈 때 배운 것이 졸업할 때는 무용한 지식으로 전락한다는 말까지 나오니 너에게는 그 무엇보다 영혼을 위한 접종이 지속되어야 할 듯하다. **새로운 세상을 낡은 지식으로 대응하기엔 버겁겠지?** 독감이 오기 전에 독감예

---

2 왓칭, 김상운, 2011, 정신세계사

방을 위해 약을 주입하듯 새로운 시대를 위해서 너는 **초민감성을** 접종시켜야 해. 한마디로, 너의 의식을 열고 무엇이든 해보지 않은 짓, 평소와 다른 짓을 수시로 하렴. '**안하던 짓**'을 하란 말이지. 늘 네비게이션을 켜고 안전한 길로만 다닌 사람은 네비게이션이 없으면 새로운 길을 갈 수가 없어. 인생의 길도 마찬가지란다. 안전한 곳만 가다 보면 불안전에 부딪히게 되고 늘 편안한 쪽만 선택하면 불편을 견뎌낼 능력을 상실하지. '**불편함을 견디는 능력**'이야말로 부모의 보호아래 편하게 살아온 네게 필요한 능력이 아닐까?

이렇게 세상이 빨리 변하는, 급류의 시대라는 의미는 새로운 것이 쏟아져 나오는 시대란 말이잖아. 그러니 너의 의도나 의지와는 상관없이 넌 늘 불편함과 맞닥뜨릴 수밖에 없단다. 그런데 잘 됐지. 이러한 불편함들을 너는 민감하게 느끼고 그 느낌으로 새로운 감정과 새로운 판단을 해낼 수 있으니 말야. 그러니 **네 머리 속에 고정되어 있는 인식을 의심하고 새롭게 자극을 주는 영감에 너의 판단을 맡겨 봐**. 이를 위해 일부러 '안하던 짓'을 하면서 의식을 더 민감하게 키워내란 말이지. 바로 '**안하던 짓하기**'가 영혼을 위한 접종인 것이야.

또한 **너의 환경을 위해서는 사람이 접종일거야.** 네게로 오는 모든 사람들은 네게 자원이 되어주는 존재거든. 물론, 널 피곤하게 곤란하게 아프게 하는 이들도 있지. 호연도 악연도 모두 인연이란다. 어느 누구도 호연만 지니고 인생을 살 수 없고 악연만 연거푸 등장하지도 않아. 이 모든 인연은 각자의 성질, 성향대로 네게 자극을 주어 너의 감정과 지성의 근육을 키우기 위해 네 인생에 등장한 것이야. 지식은 크게 셋으로 나눌 수가 있어. 이론으로 습득한 명시적 지식, 그리고 실천으로 체득한 실천적 지식. 명시적+실천적 지식이 합쳐져서 만들어진 너만의 암묵적 지식. 자, 네 인생에 네가 경험한 실천적 지식은 분명 한계를 지닐텐데 그 외의 경험은 바로 네게 온 사람으로부터 무상으로 얻게 되는 고급자원이야. 그들의 경험이 네게 간접적이지만 새로운 실천적 지식으로 쌓여 네가 공부해 온 명시적 지식에 힘을 보태어 미래를 살아갈 암묵적 지식으로 승화된단다.

너도 살면서 자주 느껴왔고 또 느끼게 될 것이야. 변화가, 공부가 필요하다는 느낌. 이 느낌이 있을 때, 크게 3가지를 명심하길 바란다. **읽는 책을 바꾸고 가는 장소를 바꾸고 만나는 사람을 바꾸고. 자, 네 정신과 영혼과 환경에 필요한 접종인 것이지.** 아이야. 이제 어른으로 진입한 너를 세상에 당당하게 세우기 위해 강하게 단련시키려면 사람을 통해, 책을 통해, 그리고 안해 본 행동을 통해 네게 수시로 예방접종을 하렴.

'썰물이 빠지면 비로소 누가 발가벗고 헤엄치는지[3]' 온 세상에 드러난단다. 나이를 먹어가며 자신의 입에서 멈춰야 할 말이 있다면 '나도 할 수 있었는데…', '나도 하려 했는데…'라는 비탄의 소리가 아닐까? 이 비탄의 소리는 반성처럼 들려. 그래서 넌 착각하겠지. 오히려 널 더 둔감시키며 후회에 감염시켜 버리는 줄도 모르고 말이야. **대응하지 말고 대비하는 인생이 되어야 해.** 스스로 자가진단을 통해 필요한 접종을 한 정신은 아주 활기차게 날개를 퍼덕이지. 부러져 땅에 널부러진 채 질척대는 그런 정신은 아닐거야. 네가 미쳐야 할 그것의 강력한 뿌리가 되어 너를 더 높게 크게 넓게 쓰이는 거대한 나무로 키워줄 것이야. 그렇다면 세상의 모든 이치를 깨닫는 성자는 아니어도 적어도 네 인생을 당당히 개척할 전사는 될 것이야. 조금 더딜지는 몰라도 적어도 가야할 항로를 벗어나지는 않을거야.

---

3 워렌버핏의 명언

이제 네게 학교라는 울타리도, 부모가 만들어줄 그늘도 어쩌면 소용없을지도 몰라. 너 스스로 너를 푸른 잎이 무성하게, 철마다 달콤한 열매를 맺게, 드넓은 그늘을 수많은 이들에게 내어줄 수 있는 나무로 자신을 키워내야 해. 그렇게 숲의 일부가 되어 너의 정신의 기운, 정기(精氣)를 맘껏 뿜어내야 해. 너의 '광기'를 위해 꼭 필요한 '접종'을 스스로 할 수 있는 어른이 되렴.

열여덟번째 편지, 시류

이제 어른들말 믿지 마라. 현재 19세기의 잔재교육들이 너희들에게 주입되었다면 스스로 바꿔야 한다. 과거와는 달리 현대는 급변, 불확실성, 예측불가성으로 대변된단다. 너무 빨리 변하니 이제 어른들이 너희들에게 도움이 되기는 어려워. 2040년의 세상은 오늘날과 완전히 다르고 극도로 정신없는 세상이 될 것이야. 그러니 그 누구보다 자신에 대해 잘 알아야 해. 물론 자기 자신을 알고 자신의 성장을 도모하는 것이 어제오늘의 계명은 아닐거야. 하지만 21세기를 사는 지금 너희에게는 너무나 절실하다는 것이지. 너무 당연하잖아! 팀페리스가 세계적으로 성공한 많은 이들을 인터뷰해서 얻어낸 미래사회에 대처하는 방법이 제발 자신이 누구인지 어떤 삶을 원하는지 아는 것부터라잖아.

결국, 사고를 바꾸면서 행동을 변화시키고 행동을 변화시키면서 더 큰 시야에서 사고해야 해. 그렇게 변하는 시류에 절대적 가치를 지닌 너를 아는 것부터 시작해야 이불변응만변할 수 있어.

불안의 시대, 뱀장어처럼 키워서 미안해

올해엔 경기가 더욱 어렵다네.. 안 그런 해가 있었나? 물가가 하락한 적이 언제였지? 매년 금리어쩌구, 물가어쩌구, 경기어쩌구. 계속계속 불안이 가중되는 시대로 가는 것 같아서 기성세대로서, 부모로서 엄마는 너에게 아주 미안하기도 하고, 책임감도 느끼고. 이런 글로라도 그 책임의 일부를 탕감하고도 싶고. 20대들을 상대로 대화하거나 강의하면 의외로 너무나 현실을 모르고 있는 것에 깜짝 놀라. 그리고 카페에서 삼삼오오 모여 대화나누는 애기엄마들의 얘기가 귀에 들리기도 하는데 아직도 자식을 자신들이 자라온 방식대로 교육시키려는 경향이 짙은 것 같아. 그렇게 자신들이 자라온 방식대로 최선을 다해서 키운 결과가 꿈이 없고 경제력도 없고 결혼도 하지 않으려는 이런 보편적 문화 속의 한 청년이라면.... 너무 씁쓸하겠지.

안타깝지만 괜찮아.. 모르면 배워서 알면 되지. 그런데 문제는, 청년들이 시대에 무지한 것의 근원이 부모(엄마세대)의 인식에 저항없이 따른 결과일 수도 있겠다 싶어. 이는 모르는 것보다 더 무서워. 그릇된 인식으로 가득차 있는 것이거든. 모르면 배우면 되는데 안다고 여기면 영... 바뀌지 않거든... 이런 이유로 엄마가 네게 하고 싶은 말들을, 아니, 꼭 해야만 할 얘기들을 오늘해볼까 해. 이제는 **아는 힘보다 사는 힘이 필요한 시대야.** 물론 사는 힘을 위해 아는 힘이 우선되어야 하지만.

자, 불안의 시대, 네가 알아야 할 것은 3가지야.

시류(時流)를 알고
너 자신을 알고
자본의 흐름을 알고...

많이 아는, 정말 교육열이라고는 세계 최고라 할 수 있는 우리나라의 젊은이들 대다수가 급변의 시대, 상당한 불안감에 시달리고 있지? 아... 이는 정말 기성세대의 잘못도 가미되었겠지만 너무 아는 것에 치중한, 사는 것을 당연하게 받아들이는 오만함이 문화로 자리잡힌 것도 같아. 우선 미안하다... 엄마세대가 너희들에게 안정된 직장을 갖게 하기 위해 자신만의 재능을 죽이고 뱀장어처럼 키웠어.

먼저 언급하지만!
절대 뱀장어가 되서는 안된단다!
학교에서 우등생이 사회에서 열등생이 되는 전형적인 스타일이지... 자, 우선 엄마가 강의할 때 주로 얘기해주는 동화인데 읽어보렴. 왜 뱀장어가 되면 안되는지 이해하게 될거야.

동물들이 모여 '새로운 미래'의 문제에 대처할 수 있는 기념비적인 일을 시작해야만 한다고 결론을 내려 학교를 만들었다. 그들은 달리기, 나무오르기, 날기, 헤엄치기 등으로 짜여진 교과 과목들을 만들었다. (중략) 오리는 수영과목에서 실로 눈부신 실력을 발휘했다. (중략) 날기 과목에선 겨우 낙제점을 면했으며 달리기 과목은 더 형편없었다. (중략) 토끼는 달리기 과목에서 선두를 차지하며 당당하게 학교 수업을 시작했다. 그러나 수영과목의 기초를 배우느라 (중략) 토끼는 신경쇠약증에 걸리고 말았다. (중략) 다람쥐는 나무오르기 과목에선 따를 자가 없었다. 그러나 날기 과목에서 교사가 땅바닥에서부터 시작하지 않고 나무 꼭대기에서부터 날기를 시키는 바람에 다람쥐의 좌절감은 커져갔다. (중략) 독수리는 문제아였다. (중략) 큰 날개를 퍼덕여 다른 학생들을 방해하는 바람에 자주 지적을 받았다. 독수리는 교사에게 자기 나름의 방식으로 나무 꼭대기까지 올라가게 해달라고 주장했지만, 그 주장은 끝내 받아들여지지 않았다. 그 결과 누구보다 활공능력을 가진 독수리였건만 졸업할 때까지 끝끝내 문제아 취급을 받을 수밖에 없었다. 학년이 끝날 무렵, 수영도 곧잘 하고 달리기와 오르기와 날기까지 약간 할 줄 아는 비정상적인 뱀장어가 가장 높은 점수를 얻어, 졸업식장에서 답사를 읽는 학생으로 뽑혔다. 한편 대초원에 사는 야생 개들은 학교에 땅파기와 굴파기를 교과과목에 포함시키지 않는 바람에 남들처럼 학교에 입학할 수 없었다.[1]

네가 어렸을 때 미리 달콤한 쵸콜렛을 먹이고 쓴약을 먹였던, 그렇게 널 위해 널 속였던 그 때처럼 달콤함 뒤에 현실을 알려줬어야 했는데, 진짜 사랑하니까 제대로 미래를 살게 해줄 능력을 키워줬어야 했는데 어쩌면 **'사랑'**이라는 미명 아래 달콤한 쵸콜렛만 계속 먹였던 것인지도 모르겠다. 제대로 알고 너의 재능

---

1 '조지리비스(George Leavis)의 동물학교(Animal School)', 영혼을 위한 닭고기수프, 잭캔필드/마크빅터한센, 1997, 푸른숲에서 발췌

을 키우는 쓴약을 먹였어야 했는데 그러지 못한 어른들의 무지함이.... 어쩌면 쓰디쓴 맛의 현실을 너희들이 꽤 오랜 시간 감당해야만 하는 결과를 몰고온 것이 아닌가 싶어. 학교에서 열심히 배우고 좋은 성적 받으면 성공하는, 그러한 엄마세대의 가치관대로 너희들을 위의 우화처럼 뱀장어로 키웠어. 정말 사랑하는데... 몰라서 저지른 잘못일거야. 삶의 변화를 제대로 인지하지 못한 무지일 수도, 시대가 지나가는 속도에 둔감해서 저지른 오류일 수도... 이렇든 저렇든 부모세대의 무지는 심각해.

'한국의 학생들은 미래에 필요없는 지식과 곧 없어질 직업을 위해 하루 15시간을 공부한다[2]'는 세기의 미래학자 앨빈토플러의 충고, 그리고 2040년이 되면 대부분 쓸모없어질 교육[3]을 위해 시간을 투자한 너희들이 유발하라리가 말한 '무용계급[4]'의 주인이 되어가는 듯하여 안타깝기 그지 없구나. 그래서 오늘 엄마의 비장한 마음을 담아 이 글을 쓰고 있는지도 몰라. 이제는 알아야 하고 변해야 해. 먼 시선에서 네가 지나온 시간을 잠깐 뒤돌아보고 혹 잊고 온 것이나 놓친 것이 있다면 다시 시작해도 돼. 앞으로 100년을 더 살아야 할 인생, 잠시 되돌아가도, 멈춰 생각하다 걸어도 결코 늦지 않단다. 20대를 통틀어서라도 네가 원하는, 너를 미치게 할, 네 목숨을 바쳐서라도 이루어야 할 너만의 업(業)을 찾는다면 그것이 훨씬 빠른 지름길일거야.

이왕 얘기시작한 김에 좀 더 리얼하게 현실을 짚어보자.
일단 여러가지 매체를 통해 알려진 바와 같이 지금 젊은이들은 부모세대보다

---

[2] 부의 미래, 앨빈토플러, 2006, 청림
[3] 지금 하지 않으면 언제 하겠는가, 팀 페리스, 2018, 토네이도
[4] 초예측, 유발하라리 외, 2019, 웅진지식하우스

잘 살 확률이 절반 이하[5]인, 연금의 불확실성까지 우려[6]되는, 중산층의 붕괴에 따른 청년빈곤과 실버파산[7], 평균수명 140세의 재앙과도 같은 노후(사진참고), 중국의 시체놀이 확산에 버금가는 한국의 은둔형 외톨이의 증가[8] 등등… 무시무시한 문화에 점점 익숙해져가는 것인지 무감각해지는 것인지 포기하고 인정한 채 사는 것인지… 안타깝고 미안하기 그지 없구나. 중산층이 붕괴되어 부의 양극화가 심해진 것도 모자라 극단적인 빈익빈부익부현상으로 치닫는 것은 익히 알고 있고 부자들은 첨단과학을 이용해 유전자를 변형시켜서라도 우성인자를 만들어서 태어나게 할 것[9]이고

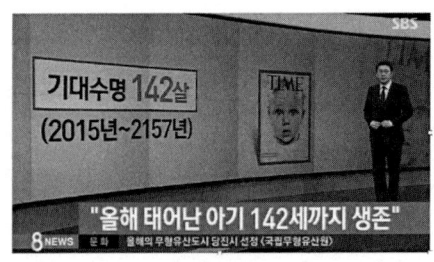

---

5 축의 전환, 마우로기옌, 2020, 리더스북
6 지금 하지 않으면 언제 하겠는가, 팀페리스, 2018, 토네이도
7 조선일보, 2021. 03. 29. 환갑 넘어도 자녀 대학 뒷바라지… 청년빈곤·실버파산 동시 우려
8 경북도민일보, 2023. 07. 05. '졸업식이 장례식' 시체사진 찍는 中청년들, 한국은?
9 The Economist, 2015. 8. 22, Editing humanity

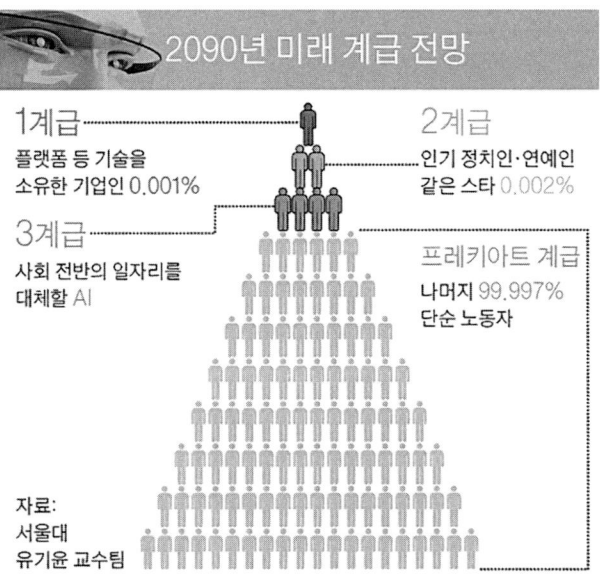

벌써 7년전이네... 2017년 서울대에서 무서운 연구결과[10]를 발표했지. 2090년, 20대의 너희가 노후를 즐길 그 때, '미래도시에 존재할 4계급'을 발표했어. 충격적이었지만 반박할 수 없었고 오히려 공감에 고개를 끄덕이게 했던.

연구팀에서 제시한 4계계급 중 가장 상위계급은 플랫폼을 소유한 자들(0.001%), 두번째 계급은 인기 정치인이나 연예인, 그리고 스타성있는 개인(0.002%), 그리고 놀랍게도 세번째 계급이 인간이 아닌 인공지능이야. 더 정확하게 말하자면 **법인격을 지닌 인공지성**이지. 아직 등장하지 않았지만 곧 서서히 도시의 여기저기에 출현할 것으로 예측하고 있다고 발표했어. 마지막으로 우리같은 서민들, 자영업자나 전문직 종사자, 직장인들을 보통의 시민, 즉 '프레키아트'라고 부르는데 이들이 99.99%이상이 될 것이라고 해, **1%도 안되는**

---

10 월간조선, 2017. 10. 24. 미래 사회 "인공지능 권력에 의해 0.003% 대 99.997% 초양극화 사회된다"

이들이 지배우위에서 부를 독식하고 나머지 거의 대다수의 서민들이 프레키아트가 될 것이라 예측했어. 특히, 프레키아트의 삶은 노동의 가치가 급격하게 하락하여 경제적으로 커다란 빈곤에 처하며 도시 인프라는 더 이상 발전하지 못한 채 유지될 것으로 전망했어. 2017년에 전망한 2090년... 먼 미래같니? 지금 너의 할머니 할아버지같은 나이로 네가 살고 있을 세상. 네가 중장년층을 어떻게 보내느냐에 따라 대비가 되어 있는지 그렇지 않은지 결과로 드러날 때야.

몇 년전에 한 모임에서 이런 대화를 나누는데 자영업에 종사하는 한 어른이 화를 내더라구. 자기가 얼마나 열심히 사는지 아냐고? 내 노동의 가치가 왜 떨어지냐고? 어림없는 소리 하지 말라고! 화를 내시는 그 분의 모습이 너무 안타까웠어. **인간노동의 가치가 떨어진다는 의미는 절대적인 가치를 말하는 것이 아니라 상대적인 가치를 의미**하는 것이야... 내가 아무리 숙련되더라도 더 잘 하는 누군가, 무언가에 비해 상대적으로 하락한다는 것이지... 이와 함께 물론 인간존중의 가치는 상승될 것이야. **인간존중은 상대적으로 가치가 상승되고 인간노동의 가치는 상대적으로 하락하고...**

지금까지 죽... 나열한 것을 들으니 어떠니?
현실로 느껴지지?
아니라구?

그러길 바라지만 네가 어떻게 여기든 감정보다는 근거로 따져볼 때. 이 사실들을 무시할 수가 없어. 너희 세대 대부분이 먹고 살 걱정을 하고, 꿈을 포기하고, 연애도, 결혼도, 출산도 포기하면서 점점 불안에 시달리고 있다는 것만으로도 무시가 안돼. 그렇게 점점 시민계급의 노동의 가치가 AI에 밀려 하락, 추락하고 있는 것을 현실에서 경험하고 있기에 예측했던 전망이 현실이 되어가는구나로 인정하지 않을 수가 없어. 아울러 이러한 **불안의 급증은 안정을 찾는 젊은이들을 양산했고 그렇게 부는 바람은 결국 우리나라에 안정된 직장을 선호하는 문화**를 만들었는데 이 역시 아주 무서운 결과를 예고하지.

글로벌 투자의 대가 짐 로저스는 한국의 공무원 열풍은 대단히 부끄러운 일이라고, 사랑하는 일을 찾는 청년이 줄어들면 한국은 몰락의 길을 걸을 것[11] 이라 경고했거든. 출산율의 급락, 실업률, 이직률, 퇴사율 등을 감안할 때 이 또한 무시가 안되는 발언이지. 분명 이러한 불안한 사실들이 **누군가에게는 무시해도 괜찮은 예고정도로, 누군가에게는 재앙과 같은 무서운 경고로** 다가올거야. 여하튼 이러한 추측이나 예견에 대한 대안은 지니고 있어야 하지 않겠니? 그냥 이대로는 안되지 않겠니? **모르면 당한다. 알면 대비할 수 있구.** 우리 부모세대는 각성하고 너희 세대는 더 나은 삶을 위해 현실을 직시하고 미래에 도전해야 해.

우리 어떤 마인드가 필요할까?
우리 '사는 힘'을 길러볼까?
우리 진짜 제대로 자기 인생 살아내야지?

이제는 **'비현실적 낙관주의'가 아닌, '현실적 낙관주의'를 사고에 주입해야 할 때**야. 비현실적 낙관주의란 '열심히 살면 될거야.', '고생끝에 낙(樂, 즐거울 락)이 올거야.' 뭐 이런 류의 추상적인 낙관주의를 일컬어. 하지만 현실적 낙관주의는 말 그대로 현실적이지. '고생끝에 낙(落, 떨어질 낙)이 올지도 모르니 대

---

11 조선일보, 2016. 10. 25. 투자의 귀재 짐 로저스, '한국 공무원 열풍은 대단히 부끄러운 일'

비한다', '열심히 사는 것은 기본이다. 제대로 알고 살아야 한다.' **발을 허공에서 휘젓지 말고 까치발을 뜨더라도 똑바로 땅에 붙이고 어떤 방향으로 무엇을 해야 할지 알고서 희망을 품으란** 말이란다. 이제 오류가 있는 관성적 사고는 바꿔야 해.

사고방식과 행동방식. 인간이 삶을 살아가는 2가지의 유일한 방식이지. 사고하는 대로 행동하고 행동하는대로 결과가 나오니까. 그렇게 삶은 이어지니까. 이제 **어른들말 믿지 마라.** 현재 19세기의 잔재교육들이 너희들에게 주입되었다면 **스스로 바꿔야 한다.** 과거와는 달리 현대는 급변, 불확실성, 예측불가성으로 대변된단다. 너무 빨리 변하니 이제 어른들이 너희들에게 도움이 되기는 어려워. 2040년의 세상은 오늘날과 완전히 다르고 극도로 정신없는 세상이 될 것[12]이야. 그러니 **그 누구보다 자신에 대해 잘 알아야 해.** 물론 자기 자신을 알고 자신의 성장을 도모하는 것이 어제오늘의 계명은 아닐거야. 하지만 21세기를 사는 지금 너희에게는 너무나 절실하다는 것이지. 너무 당연하잖아! 팀페리스가 세계적으로 성공한 많은 이들을 인터뷰해서 얻어낸 미래사회에 대처하는 방법이 제발 자신이 누구인지 어떤 삶을 원하는지 아는 것부터[13] 라잖아.

결국, 사고를 바꾸면서 행동이 변하고 행동이 바뀌면서 더 큰 시야에서 사고해야 해. 그렇게 변하는 시류에 절대적 가치를 지닌 너를 아는 것부터 시작해야 이불변응만변[14] 할 수 있어. 엄마는 꼭 말하고 싶어. 역사적으로 힘들지 않았던 시대는 없어. 또한 천재도, 영웅도, 장인도 탄생하지 않았던 시대도 없었고. 다들 지치고 불안해하는 문화 속에서도 누군가는 자신의 삶을 제대로 일구

12, 13 지금 하지 않으면 언제 하겠는가, 팀페리스, 2018, 토네이도

14 이불변응만변(以不變應萬變) : 변하지 않는 1가지로 만가지 변화에 대응한다.

고 있어. 너도 그래라. 그래야만 한다. 엄마는 널 그리로 안내할 것이야. 그러기 위해 이제는 너의 사고를 너 스스로 변화시켜야 해. 성장(성공)마인드로 너의 정신을 승격시켜야 해. 네게 불안을 조장하거나 우울에 빠지게 할 의도는 1도 없어! 엄마가 이런 얘기를 하는 이유는 앞서 말했듯이 시류를 알고! 너를 알고! 자본을 알면 위기는 기회라는 뻔한 말을 네 삶으로 들일 수 있기 때문이야.

분명한 것은 불안한 시대 맞아. 하지만 또 분명한 것은 지금 억만장자에서 조만장자가 탄생한, 시대가 대변하듯 기회가 곳곳에 숨어있는 시대인 것도 사실이야. 문화가 불안과 침체로 흐르더라도 **네가 통제할 수 없는 것에는 귀를 열지 마라.** 눈길도 주지 말고 마음도 열지 마라. 단, **네가 통제할 수 있는 것은 너 자신!** 뿐이니 너 자신에게 집중해라! 자본은 절대 줄어들지 않아. 흐르지, 이동하지, 세상에 돈이 부족해서 누군가가 가난해지는 것이 아니라 부(富)의 이동을 알지 못하고 흐름에 올라타지 못해서 부에서 멀어지는 것이야.

자, 그래서 어떻게 살면 될까? 불안과 예측불가, 불확실이 보편이 된 현실에서 어떻게 하면 너다운 너의 인생을 만들어갈까? 이를 위해 엄마가 낙타와 거미, 그리고 포도나무에서 배울 점들을 하나씩 거론하려고 해. 그것을 너의 마인드에 심어주길 바래. 엄마가 물질적으로는 풍요롭게 네게 상속해 줄 수는 없을지 몰라. 네게 이렇게 하면 부자가 될거야. 라고 정보를 줄 수 없을 지도 몰라. 하지만. 정보든 기회든, 그러니까 보이는 것과 보이지 않는 모든 것을 흡수할 수 있는 위대한 정신은 조금이라도 알려줄 수 있을 것 같아. 지금 100세시대, 엄마세대도 모두 자신들의 노후를 준비하느라 너희 세대와 같은 불안을 느끼고 있단다. 그러니 엄마도 너도 이 정신을 함께 자기 것으로 만들어보자. 살던 대로 살다가, 남들 하는대로 하다가 고착된 정신은 깁스한 다리와 같아. 오랜 시간 깁스를 하던 다리는 재활이 필요할 정도로 제 기능을 하지 못하지. 정신도 마찬가지야. 이제는 **정신의 깁스를 풀고 유연하게 사고하기** 위해 우리 기본이 되는 맥(脈)이 되어줄 정신부터 하나씩 채워보는거야. 그렇게 정신의 질서가 체계를 잡으면 환경이 어떻든, 시대가 어떻든, 어떤 놈이 뭔 짓을 하든 우뚝 서서 너다운 삶을 당당하게 살아갈 수 있어.

자, 지금부터 너의 '아는 힘'을 바탕으로 '사는 힘'의 기본이 되어줄 3가지의 마인드를 낙타와 거미, 포도나무로부터 하나씩 배워보자.

열아홉번째 편지, 사명

결코, 코끼리도, 벼룩도, 개구리도, 칠면조도 되지 마라.
말뚝에 매인 채 자란 코끼리는 자라며 힘이 넘쳐도 그 줄을 끊지 않는단다.
닫힌 비이커 속에서만 뛰어본 벼룩은 뚜껑을 열어도 더 높이 뛰지 않는단다.
서서히 따뜻해지는 물속 개구리는 온기를 즐기다 서서히 익혀져 죽는단다.
사육사가 주는 먹이에 길들여진 칠면조는 추수감사절, 주방으로 옮겨진단다.
밍크나 사양쥐에게서 배우렴.
그 녀석들은 덫에 걸리면 자기 다리를 스스로 물고 뜯어 잘라버리고서라도
덫에서 빠져나가지!

불안의 시대 - 낙타처럼!

불안의 시대지만 우리 낙타처럼 시작해보자! 우선 엄마에게 낙타를 들여다보게 해준 계기는 니체였어. 그 글귀부터 함께 나누고 싶구나.

시작은 낙타와 같아라.
고요한 사막
고요한 시간
고요가 널 불러 세워둔 곳.
그 곳에서 꿈이 시작된단다.

어떻게 정신이 낙타가 되고, 낙타는 사자가 되고 드디어 사자는 아이가 되는 것인지, 나는 이 정신의 3단계 변화를 그대들에게 말하고자 한다. 무엇이 무거운가? 억센 정신은 이렇게 묻고, 낙타처럼 무릎을 꿇고 짐을 잔뜩 짊어지고자 한다. 억센 정신은 이 가장 어려운 것들을 스스로 거머쥔다. 이렇게 (중략) 자신의 사막으로 달려간다. 그러나, 고독한 사막에 이르면 두번째의 변화가 일어난 다. 여기에서 정신은 사자가 되고, 그는 자기만이 있는 사막에서 자유를 군주로 추대하고자 한다. 승리를 쟁취하고자 그는 크나큰 용과 겨룬다. 정신이 더 이상 군주나 신이라고 부르지 않을 크나큰 용은 어떤 것인가? 크나큰 용이 '그대는 마땅히 하지 않으면 안된다'고 말한다. 그러나 사자의 정신은 '나는 원한다'라고 말한다. 새로운 가치를 창조하는 것-그것은 사자라도 감히 할 수 없다. 그러나 새로운 창조를 위하여 자유를 창조하는 것-그것은 사자라도 감히 할 수 있다. 나의 형제들이여, 스스로 자유를 창조하여 의무에 대하여 신성한 거절을 하기 위하여 사자가 필요한 것이다. 사자도 감히 할 수 없는 것을 아이가 능히 할 수 있는가? 어찌하여 약탈하는 사자는 또한 아이가 되어야만 하는가? 아이는 순결이요, 망각이며 새출발이고 유희이며 스스로 돌아가는 바퀴요, 최초의 운동이며 신성한 긍정이다[1].

어디까지 걸어야 할지, 어떤 길을 걷게 될지 아무 것도 모른 채, 낙타는 목적지까지 운반할 짐을 싣기 위해 앞무릎을 꿇고 자신의 등을 내밀지. 정신의 강인함으로, 순종하는 자세로 더없이 무거운 짐을 지고자 무릎을 꿇고 순종하지. 그렇게 자신의 등위로 가득 짐이 실리면 사막위 자신이 가야할 길로 첫발을 내딛지. 오아시스를 어디서 만날지 모르니 자기 안에 그간 비축해 놓은 정신의 샘물을 믿고 기약없는 길을 밤낮으로 계속 걷지.

그렇게 걷다 '너는 마땅히 해야 한다!'는 이름을 가진 용을 만나자 사자의 정신을 지닌 낙타는 이렇게 말해. '**나는 하고자 한다**'라고. 타인에 의해 실린 짐이지만 '나는 하고자 한다'는 의지를 내비쳐. 그런데 천년이나 나이먹은 금빛

---

[1] 그대 자신이 되어라, 니체, 2016, 부북스

의 용이 '모든 가치는 이미 창조되었고, 이 창조된 일체의 가치, 내가 바로 그 것이다. 따라서 '나는 하고자 한다'는 요구는 더 이상 용납될 수 없다[2]'며 '하고자 하는 것이 아닌 마땅히 해야 하는 것'이라고 다시 일러주지. 너의 의지나 너의 뜻으로 네가 창조하는 것이 아니라 이미 창조된 것을 받아들이는 자유가 바로 너의 의무라고, 더 고양된 억센 정신으로 자신의 짐을 바라보라고, 그렇게 '마땅히 해야 하는' 짐으로 인정하라고, 그렇게 '하고자 하는'이 아니라 '마땅히 해야 한다'고 낙타에게 명하지.

애초에 네가 정해서 싣기로 한 짐은 아니란다. 너는 하고자 하는 의지와 의도와 의무를 지녔다고 여기지만 금빛 용은 너의 의지가 아닌, 이는 창조된 것의 실현이라, 그러니 그것을 옮기는 것만이 너의 의무라 일러준단다. 네 짐은 세상이 창조를 위해 네 등에 실은, 마땅히 옮겨놔야만 할 짐이란다. 그렇게 너는 **사자의 정신으로 무장되고 용의 부름으로 아이처럼 맹목적인 순종으로 이 창조의 놀이를 위해** '거룩한 긍정[3]'을 지닌 아이가 되는 것이지. 그렇게 '모든 사물의 가치는 네게서 빛나는[4]' 네가 되는 것이지. 어떤 짐을 싣는지도, 이 막막한 사막에서 어디로 얼마나 가야 하는지도 모를 길을 그저 무릎꿇고 자신의 등을 내어준 낙타처럼 이 불안한 시대, 네 가슴 깊숙한 곳에서 너에게 주어진 숙명적 과제를 찾아 무릎꿇는 낙타가 되어보렴.

유일한 것은 대체불가하단다. 너는 유일하고 세상은 유일한 너만이 해야 할 유일한 '창조'의 씨앗을 심으라 신호한단다. **너무나 보편일률적으로 안정된 직장을 선호하는 세상에서 왜 지금의 화두는 '창의', '창조', '직관', '메타'와 같은**

2, 3, 4 차라투스트라는 이렇게 말했다, 니체, 2015, 책세상

초월의 의미를 지닌 단어들일까? 안정된 직장을 선호하는 보편다수의 분위기에서 왜 초월적인 개념이 화두가 된 것이냐고... 왜 취직을 원하는 이들이 이렇게 많은데 왜 기업은 인재가 없다고 아우성들이냐고... 왜 직업을 가지려는 이들이 청년부터 노년까지 부지기수인데 왜 1인기업의 등장이 보편화되냐고...

이 모순에 대해 너는 읽을 수 있어야 한다.
세상이 19세기 방식으로 지금까지 건설해온 인간의 피라미드, 그 위에 군림하는 부의 독식, 부의 불균형을 변화시키려는 거대한 작업을 시작했다는 것을.
세상은 자신이 부를 독식한 자들의 노예로 사는 것조차 망각하며 살아가는 다수를 위해 세상을 재편하기 시작했다는 것을.
세상은 균형을 위해 인간본성대로, 자신의 천재성을 드러내게끔 개개인을 일깨우기 시작했다는 것을.
세상은 한쪽으로 기울어진 저울을 바로 잡기 위해 다른 쪽에 힘을 실어주기 시작했다는 것을.
세상이, 우주가 하는 유일한 일은 조화와 균형과 진화로 일체를 이루는 것이니까.

자, 앞으로 직장과 취업에 목을 매는 삶이 바람직하겠니, 너만이 창조할 수 있는 부여받은 의무를 지고 나가는 것이 네게 효율적이고 유리하겠니? 꿈을 꿀 생각은 일치감치 접고 연애와 결혼, 출산을 미루며 단지 생존을 위해 노예를 자처하는 삶을 너는 선택하겠니, 너를 알고 너를 키워 무겁더라도 너만이 이뤄낼 너의 꿈을 위해 아이처럼 뛰어보는 삶을 너는 선택하겠니? 자, 세상의 눈으로, 우주의 시선으로, 절대자의 사랑으로 너를 들여다보렴. **과연 어떤 이에게 비결과 묘수를 던져주고 어떤 이에게 운과 기회의 순간을 길 앞에 놔주겠니?**

그러나, 한가지! 낙타처럼 맹목적으로는 살지는 마라.

커다랗고 강인한 정신을 지닌 이는 더 크고 무거운 짐을 싣게 되어 있단다. 어려운 일은 어렵게 가지 쉽게 갈 수 없는 법이야. 프로는 아마츄어처럼 자신을 다루지 않지. 비결이나 노하우를 쫓으며 쉽게 갈 방법을 찾지 않지. 먼길, 긴 시간, 자기 스스로 정한 기준에 자신을 맞추고자 기본기를 다지지. 자, 네 꿈이 크다면, 네 삶이 소중하다면, 너 자체가 너무나 사랑스럽고 위대한 존재라면 **네가 네 짐을 결정하거라. 낙타처럼 타인이 어떤 짐을 싣든 무관심하지는 말아라.**

네 사명, 네 삶의 목적.
네 맑은 영혼에서 들리는 그 것이
네 등에 실려야 할 짐이란다.
앞서 융이 말한 **'창조되어야 할 그것'** 말이야.

대다수의 사람들은 '단순한 무지와 착각때문에 부질없는 근심과 쓸데없는 노동에 시달리느라, 인생의 달콤한 열매를 따보지도 못한 채 살아가고[5] 있지. '실제 노동하는 사람은 하루하루를 성실하게 살 겨를도 없고, 남들과 인간다운 관계를 유지할 여유도 없고 그렇게 하려 들다가는 그의 노동력은 시장에서 가치가 떨어지고[6]'마니까... **열심히 살며** '일자리를 얻으려고, 빚더미에서 빠져나가려 애쓰지만 스스로 한계점에 다다라 (중략) 내일 갚겠다고 약속하지만 끝내 갚지 못한 채 (중략) 감옥에 들어갈 죄만 빼고는 온갖 수단을 동원하여 남의 비위를 맞추고 고객을 얻으려 애쓰고 이웃을 설득하여 구두나 모자나 코트를 만드는 일감을 얻어내거나 식료품 주문을 받아내기 위해 알랑거리고, 예의 바르

5,6 월든, 헨리 데이빗 소로우, 2017, 열림원

게 몸을 움츠리거나 반대로 크게 부풀려 빈약하고 덧없는 관대함을 보이지[7]' 그러나, 그것이 자기 스스로를 노예로 만들고 있음을 모르는 무지 속에서 내면의 자아는 숨이 막힐거야. 어쩌면 '인간이 평범한 생활방식을 택한 것은 그것이 다른 무엇보다도 마음에 들었기 때문[8]'일 것이야. 그렇지. 남들처럼, 보이는대로, 가는대로 그리 사는 게 오히려 마음을 편하게 하지.

하지만 너는 결코 남들 가는대로 가지 말고 **네가 원하는 꿈. 세상이 너를 통해 이루고자 하는 것이 무엇일까에 대한 해답, 너의 존재를 증명해줄 의무와 책임이 바로 네가 등에 짊어질 짐이라는 사실을 항상 기억하길 바란다. 오직 한 사람이 짊어지기에도 고단한 것이 한 인간의 삶**이다. 낙타처럼 자기 등에 무엇을 싣는지도 모른 채 타인앞에 무릎꿇고 마음껏 짐을 싣도록 허락하지 말거라. **너를 사랑하는만큼, 네가 원하는 삶의 목적지까지 운반해야만 하는 너의 사명을 위한 짐을 스스로 짊어지고 스스로 목적지까지 운반하는 것이 진정한 삶의 소유자로서의 태도**인 것이다.

가끔 지인들의 삶이 보일 때가 있어. 자신의 책임이 아닌데도 온갖 것을 다 떠안고 사는 이들이 있지. 겉으로는 착하게, 헌신하는 자처럼 보이지만 이는 어리석은 것이란다. 자선은, 도움은 자신이 자신의 삶을 진정 사랑하고 그 사랑이 충분히 삶에 정착되어 현실화된 너머의 잉여에서 이뤄져야 한단다. 너의 삶에 너는 없고 타인의 삶을 온통 네 어깨에 짊어지고 산다면 엄마는 너무 슬플거야. 하지만, **너의 삶을 단단히 구축하고 그로 인해 흘러넘친 잉여를 세상에 나누며 산다면 엄마는 너무 기쁠거야.** 물론, 부모인 엄마부터 네게 짐이 되지 않을 것이야. 그래서 우리 부모세대도 100세가 넘는, 인류역사상 처음인 초고령

7, 8 월든, 헨리 데이빗 소로우, 2017, 열림원

화 사회에서 스스로의 짐을 스스로가 짊어질 정신이 필요하지. 너희 세대와 마찬가지로 말야. 자식에게 짐이 되는 부모형제가 되지 않으려면 자기 삶부터 먼저 일정 궤도에 진입시켜야 한단다. 부모도, 자식도, 지인들도 개개인 모두가 그렇게. 너무 많은 짐을 싣고 사는 사람은 삶이 너무 고되어 삶을 사막처럼 여겨. 타인의 짐이걸랑 내려놓거라! 만약 네게 힘이 있다면 스스로 그 짐을 지고 걷도록 그에게 실어줘라. 그것이 그 사람을 진정 위하는 것이란다.

타조는 가장 빠른 말보다 더 더 빨리 달리지만 아직도 그 머리를 무거운 대지 속에 무겁게 처박고 있다. 아직 날지 못하는 사람도 이와 마찬가지다. 이런 사람은 대지와 삶이 무겁다고 말한다. 중력의 악령이 바라고 있는 것이 바로 그것이다! 그러나 가벼워지기를 바라고 새가 되기를 바라는 자는 자기 자신을 사랑해야 한다. 이것이 나의 가르침이다. 그렇다고 허약한 자나 병자의 방식으로 자기 자신을 사랑해서는 안된다. 자애라는 것조차도 그들에게서는 악취를 풍기기 때문이다!

나의 가르침은, 사람들은 자기 자신을 건전하며 건강한 사랑으로써 사랑하는 법을 배워야 한다는 것이다. 자기 자신을 참고 견뎌냄으로써 쓸데없이 배회하는 일이 없도록 하기 위해서다. 이과 같은 배회는 자신에게 세례를 베풀고는 그 자신을 '이웃사랑'이라고 부른다. 지금까지 자행된 것 가운데 가장 고약한 기만과 위선이 행해진 것도 바로 이웃사랑이라는 말 아래서였다. 그것도 이 세계에 짐이 되어온 자들에 의해[9].

자신의 짐을 스스로 싣지 않고 빈 손으로 걷거나 남의 짐만 잔뜩 싣고 무게를

---

[9] 차라투스트라는 이렇게 말했다, 니체, 2015, 책세상

감당하지 못하는 이나 매 한가지란다. 이들의 내면은 제대로 단단해지지 못해서 자신을 드러내지 못하고 땅속에서만 사는 두더지같거나 형체를 알아볼 수 없는 미끌거리는 내면을 들키기 싫어 단단한 것으로 겉을 무장시킨 어패류같아. 그러니 **너는 안과 밖, 그리고 그것을 싣고 떠나는 너의 길까지 모두를 살펴야 할 것**이야. 아름다운 겉모습과 그보다 더 광채로 빛나는 내면, 그렇게 온전한 너를 만들며 길을 걷는다면 비록 삶이 사막과 같다 할지라도 맹목적인 너의 순종의 미덕이 때가 되면 오아시스를 만나게 할 것이며 때가 되면 길동무를 자처한 이들을 네 앞에 등장시켜 널 외롭지 않게 도울 것이며 때가 되면 저어기 어딘가에서 울창한 나무그늘도 발견할 수 있을 것이야. 그리고 때가 되면 드디어 네가 도달할 목적지가 네 눈앞에 찬란하게 펼쳐지지.

앞서 언급했듯이 지금은 급변, 예측불가, 불확실성의 시대야. 변화에 따르지 못하면 제 아무리 노동의 강도가 높고 제 아무리 코끝의 땀이 마르지 않도록 일한다 한들 그에게서는 인간이 지닌 신성을 발견할 수 없단다. 세상의 변화에도 불구하고 여전히 스스로를 누군가의 노예로, 아니 비참한지도 모른 채 자기 스스로 노예로서의 삶을 자청하여 열심히 일하는 이들에 대해 소로우 역시 이렇게 표현하고 있구나.

밤낮없이 짐마차를 몰고 장터를 돌아다니는 마부를 보라. 그의 내면에 어떤 신성이 꿈틀거리고 있단 말인가? 그의 가장 큰 의무는 말에게 물과 먹이를 주는 것이다. 운송업의 대가와 비교할때 그의 운명은 그에게 무엇일까? 그는 그저 '세간의 평판'이라는 나리를 위해 마차를 몰고 있을 뿐이리라. 그가 어떻게 신성하며, 어떻게 불멸의 존재이겠는가? 그가 얼마나 비굴하게 굽실거리는지, 온종일 얼마나 막연한 불안에 떨고 있는지를 보라. (중략) 그는 자기가 한 일로 얻은 평판, 즉 자기에 대한 자신의 평가에 얽매여 있는 노예이자 포로일 뿐이다 [10].

결코, 코끼리도, 벼룩도, 개구리도, 칠면조도 되지 마라.
말뚝에 매인 채 자란 코끼리는 자라며 힘이 넘쳐도 그 줄을 끊지 않는단다.
닫힌 비이커 속에서만 뛰어본 벼룩은 뚜껑을 열어도 더 높이 뛰지 않는단다.
서서히 따뜻해지는 물속 개구리는 온기를 즐기다 서서히 익혀져 죽는단다.
사육사가 주는 먹이에 길들여진 칠면조는 추수감사절, 주방으로 옮겨진단다.
밍크나 사향쥐에게서 배우렴.
그 녀석들은 덫에 걸리면 자기 다리를 스스로 물고 뜯어 잘라버리고서라도 덫에서 빠져나가지!

결코 타인의 삶 속에서 기생하며 노예처럼 살지 마라. 끓는 물 속의 개구리도, 말뚝에 매인 코끼리도, 비이커속 우스꽝스런 벼룩도, 그릇된 사랑과 감사에 길들여진 칠면조도 되지 말거라.

자신의 삶을 위해 자기가 누구인지를 아는 것!
자기가 걸어야 할 자신의 길에 순종하는 것!
이 시대에 가장 필요한 정신이라고 감히 말할 수 있단다! 이 정신이 너의 정신이라면 분명히 너는 이 불안의 시대에 너를 너로써 우뚝 세워줄 충분히 강인한 정신을 가진 것이야.

엄마는 가끔 **'나는 나를 내 인생의 실험도구로 삼는다고, 임상실험중이라고, 인생이란 게 나를 대상으로 삶을 실험하는 한편의 연구같다'** 고 말하지. 내일이

---

10 월든, 헨리 데이빗 소로우, 2017, 열림원

란 게, 인생이란 게 어차피 가보지 않은 길이잖아. 내가 '살아가지만' 어차피 살아보지 않은 삶을 사는 사람이잖아. 내가 '원하는 삶을 이루는 것'을 할 수 있느냐 없느냐. 그것을 증명해보는 것이지. 그러니 내가 나를 대상으로 어떤 실험을 할지, 어떤 연구결과를 도출하길 원하는지 알아야겠지. 물론, 네가 너의 삶을 찾고 네가 어떤 존재인지를 알아내는 것은 참으로 어려운 일이야. 맞아, 어려워. 그러니까 누구나 가능한데 아무나 그렇게 살지 못하는 것이지.

그렇다면 남의 짐을 싣고 남이 이끄는 곳으로 따르는 것은 쉬울까? 주인이 살기 쉽니, 노예가 살기 쉽니? 주인은 주인대로의 어려움이 있지만 그건 자기 삶을 위해 어려운 것이지, 노예는 자기 삶이 아니라 주인의 삶때문에 어려운 것이니 어떻게 살아야 하겠니? 자신에게 주어진 인생 전체를 저당잡힌 채 비굴하면서도 어리석게 사는 것은 제 아무리 쉬운 삶이라 하더라도 가고 싶지 않은 길이지 않니? 자신의 운명에 비칠 생생한 푸른빛을 애써 숨기며 '평생 화장대의 쿠션이나 짜며 영원을 해치지 않고도 시간을 죽일 수 있다는 다부진 태도[11]'를 보이는 하녀처럼 스스로가 노예가 되고자 자청한 삶은 제 아무리 쉽고 편해도 글쎄...

네 정신이 때로는 너의 영혼에 거짓을 말할 때도 많을거야. 왠지 이렇게 살아도 될 것 같은 그런 느낌을 주기도 하지. 하지만 느낌이라는 것도 습관이 되면 길들여진단다. 늘 남의 짐을 싣고 걷는 사람은 자신의 짐이 어디에 있는지조차 이미 기억속에서 잊어버렸을 뿐 아니라 찾을 생각조차 안하지. 길들여졌고 적응되어버린. 어쩌면 세상의 뜻을 거역한 대가를 치른다고도 할 수 있지. 너 자신을 진정으로 사랑하거라. 그것이 가장 기본이란다. 너의 못남까지도 사랑

---

11 월든, 헨리 데이빗 소로우, 2017, 열림원

해보렴. 잘난 것이 존재하기 위해 못난 것도 존재해야 해. 선이라는 단어가 존재하기 위해선 악이라는 단어가 존재하는 것처럼, 빛은 어둠과, 위는 아래와, 시작은 끝과, 여기는 저기와 함께 공존하는 것이 진짜거든. 그러니 **너의 못남까지도 너의 것**이란다. 너 자신을 있는 그대로 사랑하는 기본이 너 스스로 너를 귀한 존재로 인식시키지. 이러한 너에 대한 사랑과 감사, 존중의 참의미가 네 속에서 우러나올 때 진심으로 타인을, 자연을, 세상을 사랑할 줄도 알게 돼.

그러니, 이 불안의 시대, 남들과 같은 둥지 속에서 남들가는 속도에 한발 더 뻗으려 더 불안해지는 삶을 뒤로 하고 무릎꿇고 너만의 짐을 네 등에 싣고 묵묵히 걸으렴. 그렇게 강인한 정신을 소유한 소수들이 걷는 길을 너도 걸어보렴. 그리고 걷다가 오아시스를 만날 때 한번씩 확인하렴. 네 등에 짐이 제대로 실려 있는지, 짐의 무게는 얼마나 가벼워졌는지, 혹시 너도 모르는 새에 불필요한 짐들이 섞이지는 않았는지 말이다. 또한, **하나가 너무 많아도 안된단다.** 많은 하나로 인해 다른 많은 것을 지니지 못했다면 아무리 하나가 많고 크더라도 절룩거리는 인생을 걷게 될거야. 인생을 살면서 관계도, 경제력도, 건강도, 사회적위치도, 정서도 모두 중요하지. 그것들이 골고루 잘 실렸는지 확인할 수 있는 정신을 위해 늘 네 길을 걷고 네 목적을 향하고 네 짐을 스스로 떠안아라. 네 등의 짐을 살펴줄 이는 너밖에 없으니까 말이야.

스무번째 편지, 이타

처음 도약이 어렵지. 도약판도 없고 어디에 첫번째 거미줄을 매달아야 집을 지어낼 수 있을지도 몰라. 하지만 기는 것밖에 못하는 자신일지라도 자연을 믿고 막막한 세상을 향해 그냥 비상(飛上)한거야. 뛰다가 날다가 기다가 다 해본거야. 그렇게 연결된 첫번째 거미줄. 이 1번의 성공이 2번, 3번의 성공으로 이어지면서 거대한 입체거미왕국의 주인이 된 것이지. 그리고 그 방법을 뒤늦게 태어난, 그리고 조금 나약한 자기와 같은 친구들에게 알려주지.

진정한 성공이란 자신의 경험으로 누군가의 성공의 토대가 되어주는 사람이란다. 그러니 증거가 되어줘야 해. 증명해주어야만 해. 될 수 있어서 시도하는 것이 아니라 되어야만 하니까 시도하는 네가 되어야만 해.

불안의 시대 - 거미처럼!

흔히 '개미'처럼 살라고 하지? 부지런하게... 그런데 이제 시대가 바뀌었단다. 개미는 면으로만 다니지, 2차원이야. 개미는 죽으라고 일만해. 아니, 죽을 때까지 일만해. 무엇을 위해서? 여왕을 위해서. 과거 엄마의 엄마, 그러니까 너의 조부모들의 시절에는 우리나라가 그렇게 죽으라고 일만 해도 되는 사회였어. 산업화가 시작되고 일단 보릿고개를 넘기기 위한 노동자가 필요했고 기술이 요구됐으니까. 대량생산, 대량소비의 시대를 개척하기 위해 많은 노동자들이 정말 '떠돌이 찰리[1]'처럼 살아야 했지.

그 때는 그래도 괜찮았어. 가장 한명의 월급으로 온 가족이 먹고 살 수 있었으니까. 한 집에 아이가 3~4명은 기본이었고 게다가 3대가 같이 사는 가족도 많았지만 월급으로 충당이 됐고 정년퇴직해서 노후도 그럭저럭 마련이 됐었어.

---

1 찰리 채플린(Charlie Chaplin, 1889~1977) : 영국배우, 코미디언, 영화감독, 음악가로 무성영화시기에 크게 활약한 인물. 모던타임즈(Modern Times)는 1936년에 제작된 찰리 채플린의 코미디 영화로 산업화된 자본주의 사회의 기계적으로 반복되는 현대인의 삶을 대변한 영화.

영화 모던 타임즈 한 장면

그런데 시대가 바꼈잖아. 지금은 4인가족도 드물고, 정년퇴직은 소원하고, 설사 정년퇴직을 해도 살아온만큼 살아갈 날들이 기다리고, 혼자 벌어서 아이 하나 키우기도 버거운 세상이야. 그런데 찰리처럼 매일 직장에서 똑같이 나사를 조이고 있다고? 그렇게 정해진 경제적, 환경적 조건에 자신을 끼워맞춘다고? 그것도 개미처럼 부지런히? 아직도? 여전히? 왜? 도대체 왜? 무엇을 위해서? 그렇게 사는 것이 너의 인생을 보장해 줄 것을 믿니? 이러한 자각이 살짝 일어나면서 '안정'이라는 가치가 결코 쉽지 않다는 것을 알게 된 것이야.

적당히 받아서 적당히 누리고 적당히 연명해도 괜찮다는... 그저 찰리의 21세기버전으로 사는 것은 너무 자기 인생에 미안한 일이지 않겠니? **먹고 사는 문제를 해결하기 위해 꿈도 자유도 모두 뒤로 물려버린 채 말이야.** 앞서 우리나라의 '공무원열풍'에 대한 짐로저스의 말을 들려줬지만 이러한 열풍에 대해서는 짐로저스같은 투자의 귀재만이 할 수 있는 소리가 아니라 엄마같이 평범한 사람도 느끼고 있는 것이란다!!!

제발제발 개미가 되지마!

매일 똑같이 누군가를 위해 자신의 삶 위를 평면으로 기어다니지 마!!!

제발제발 찰리가 되지마!

너도 나도 그도 그녀도 모두 찰리같아.

취업열풍!! 뭐니? 찰리가 되겠다고 앞다투고들 있잖아!!!

너는 그 줄에 서지 마!!!

제발제발 안정을 추구하지 마!!!

성공자는 오히려 불편한 쪽을 택하고 남들이 포기한 곳에 숨은 기회, 즉 '오물속 진주'를 발견하는 귀재들이야!!! 그러니 안정을 쫓지 마!!!

제발제발 불편함을 선택해!

불편함을 이기는 능력이 쌓이면 지속적인 안정을 갖게 된단다.

그러니 일시적이고 한정적인 안정에 길들여지지 마!!!

IBM의 전회장인 로메티는 성공하려면 '무섭고 겁이 나더라도 기회가 오면 무조건 잡아라. 불편한 상황으로 자신을 밀어넣어라. 성장과 편안함은 공존하지 않는다[2].'고 했어. 그렇지. 결코 편안하게 성장하는, 성공하는 일은 없어. 성공이란 성장을 전제하고 성장이란 변화를, 변화란 지금의 파괴를 의미해. 관성과 인식에서 벗어나는 자의 몫이지. 그렇게 '아무도 하지 않는 일은 대개 필요하지만 위험하고 어렵지만 (중략) 남들이 책임을 포기한 곳에 기회[3]'가 숨어 있단다.

자, 그러니까. 그러니까 말이야. 이제 거미가 어떻게 사는지를 하나씩 들여다

---

2 매일경제, 2017.4.19. [CEO 인사이트], 로메티 IBM회장의 뉴칼라
3 질서너머, 조던 피터슨, 2021, 웅진지식하우스

보자구! 다시 강조하건데 **거미처럼 살아보자**. 참고로 이 글은 거미나 거미줄의 원리와 같은 생물학적인 소견이나 의미를 다루는 글이 아니라 우리가 보편적으로 접하는 거미와 거미줄에게서 무엇을 배울까에 집중한 글인 점을 참고해서 읽으렴.

자, 거미줄을 자세히 들여다본 적이 있니? 엄마는 거미줄 들여다보는 걸 좋아하거든. 작든 크든 넓든 좁든 거미가 1번째 거미줄을 칠 때, 그러니까 거미가 거미줄을 치기로 맘먹었고 첫번째 줄에 도전할 때... 그 때... 어떨까? 막막하지 않겠니? 디딜 도약판이 있는 것도 아니고 그저 이 나무에서 저 나무까지 오로지 바람을 타고 본능에 의지해서 날아야 해. 잘은 모르지만 여러번 실패하지 않았을까? 바닥으로 수차례 곤두박질치지 않았을까? 날지도 뛰지도 못하잖아. 꼬리에서 내린 줄에 대롱대롱 몇 시간을 매달려 있기도 했겠지? 오로지 기는 것밖에 못하는 자신이 공중을 날든지 점프하든지 저쪽 나무까지 가야 하잖아! 얼마나 두려웠을까? 그렇게 바람을 타고 날게 하는 힘은 오로지 단 하나야. **자기가 살 집을 만들어야 한다는 것. 생존이지.** 어떻게든 지어야 한다는, 이렇게 지어야 한다는, 커다란 그림만 있을뿐 바람도, 천적도 모든 영향도 변수들이라 미리 예측할 뿐이지 계획할 수 없어.

새로운 무언가에 도전하는 너 역시 거미도 해내는 그것을 해야 하는거야. 할 수 있어서 하는 게 아니라 해야 하니까 하는거야. **시도(試圖)**. 자.., 여기서 도(圖)가 '그림 도'야. 뛸 도(跳), 길 도(道), 법 도(度)가 아니라 그림 도라구. 그저 커다란 그림, 비전을 향해 뛰는거야, 나는거야. 바람에, 자연에 의지하여 자신을 믿고 큰 그림의 시작을 위해 뛰는거야. 그 막막함... 그럼에도 불구하고 그 그림을 그려야 한다는 단 하나의 목표만으로 시도하는거야.

그렇게 첫번째 거미줄이 여기서 저기로 이어졌어. 여러번 실패했든 어쨌든 실패가 경험이 되어 1번째 줄을 성공적으로 이었어! 그런데 그 짓을 또 해야 해. 2번이나 더 해야 해! 왜냐면 면을 만들어야 하잖아! 점이 선이 되고 선이 면이 되려면 최소 3줄이 기본이잖아! '면'이 생겨야 그 다음에 그것을 넓히든 채우든 멈추든 하지. 무조건 3개의 줄이 필요해. 이 3줄을 성공시키면 일단 한숨 쉴 수 있지. 하지만 방심하면 안돼. 기초만 만들었지, 기초가 기본이 되는 것은 다른 차원의 문제거든. 여하튼, 2번 더 해야 해. 그런데 할 수 있어. 첫 도약에서 넘어지고 곤두박질치며 배운 것이 있거든. 노하우도 생겼고 자신감도 얻었어. 2번을 성공적으로 마무리하고 한숨 돌리고 싶지만. 아뿔싸. 생각해 봐. 면은 채우지 않으면 비어 있어. 어떤 곤충이 날아와 걸리겠니? 그냥 통과하는거지. 자, 그래서 쉴 수 없어. 무조건 빨리 면을 채워야 해. 먹이가 걸려야 먹고 살지. 거미는 가로세로의 직선줄에는 점성이 없고 그 직선들을 연결하는 가운데 연결줄에 점성이 있어. 3개로 연결된 가운데를 서둘러 줄로 메우지 않으면 아무 먹이도 잡히지 않아… 기초밖에 건설하지 못했으면서 결과를 손에 쥐려하는 발상은 자만이지. 기본까지 가야 해. 아주 작은 3개의 선으로 된 면이라도 서둘러 면을 채워 하루의 양식이라도 벌어야 하지. 3줄로 1개의 면을 만들어야 겨우 기본이 만들어지는거야.

그런데 첫 비상보다 더 어려운 고비가 와. 바보가 아닌 이상 먹이가 풍부한 곳에 터를 잡겠지. 날파리뿐만 아니라 커다란 잠자리나 나방들도 많은 곳에 집을 짓기 시작한 거미는 다시 줄과 줄을 연결해 면을 채우기 시작하지만 처음엔 줄 간격이 느슨하니까 먹이가 줄 사이로 빠지기도, 또 도망가기도 해. 놓쳐버려. 때론 자신을 시험에 들게 하려는지 덩치 큰 나방이 거미줄을 끊어버리기도 해. 이런 실패를 몇 번 겪으면서 조급해지지. 빨리, 더 촘촘하게 그 동안 무시했던

개미보다 더 부지런하게 면을 채워, 아... 안되겠다. 삼각으로 안되니 사각으로, 오각으로, 팔각으로, 그 이상으로 확장시키지. 이제 어느 정도 큰 나방이 제 아무리 떼를 지어 와도 튼튼해졌어. 그 뿐인가. 면이 넓어져서 먹이를 잡을 반경도 넉넉히 확보되었지. 좀 쉬어도 돼. 가만히 있어도 알아서 먹이가 걸리잖아. 이 때 거미는 '여유'라는 단어의 의미를 처음으로 알게 되지.
아...여유란...
부지런하게 기본을 만들어야만 느낄 수 있는 안정감이구나...
그저 힘들다고 잠깐 쉬는 도피가 아니구나...
이런 여유를 더 길게 갖는 것, 여유의 지속이 자유구나...
그러니 자유를 위해선 어떤 단계까지는 개미보다 부지런히 달려야 하는구나...

자, 제 아무리 거미라도 개미처럼 부지런하게 같은 행동을 무진장 반복해야 할 구간이 바로 기초에서 기본을 다지는 구간이야. 이 때는 방법이 없어. 무조건 면을 메우는 것만 해야 해. **양으로 승부**를 걸어야 할 때지. 즉, 생각도 하지 말고 무조건 행동만 개미처럼 반복해야 해.

드디어 좁든 넓든 면이 생겼어... 이제 조금만 기다리면 먹이감이 걸릴 거야. 기본적인 생존이 해결되겠지... 조금 쉬어갈 수도 있고 약간의 간식도 먹을 수 있을거야. 그렇게 잠시 쉬면서 거미는 자신이 만든 거미줄 전체를 한눈에 담아보지. 기초공사가 제대로 되었는지 기본이 잘 갖춰졌는지... 안으로는 부피와 밀도를 채우고 밖으로는 반경을 넓히면서... 그리고 신기해하지. 자기는 그저 바람타고 줄을 연결했을 뿐인데 먹이가 알아서 걸리네!!!

그래, 지금 현대 사회는 플랫폼의 시대야. 연결의 시대지. **연결이란 것은 존재**

와 존재가 만나는 것이기에 무엇이든 존재하게 해야 하니 막막한 공간으로의 **비상(飛上)이 전제**되어야 해. 비상하기 위해 그림이 필요하고 그림에 대한 간절함이 비상을 도전케 하고 이 첫 비상이 플랫폼의 기초가 되고 그렇게 첫 연결이 플랫폼의 기본이 되는 거야. 연결을 해놓으면 알아서 먹이가 걸리는.... 작은 먹이지만 먹이를 맛본 머리좋은 거미는 더 큰 비전을 그릴 수 있게 되었어. 애초에는 몰랐던, 없었던 생각이었지만 **작은 시작을 했더니 큰 비전이 그려진거야!** 역시 욕구한다는 것은 이미 그 방법까지도 알고 있는 것이라더니 이를 경험으로 깨달은 것이지. 기본적인 생존을 해결한 거미는 이런 생각에 도달하지. 아... '면'을 '입체'로 만들어야겠다... 이제는 얼마나 더 질적으로 튼실한 집을 얼마나 더 넓게, 얼마나 더 근사하게 짓느냐에 도전하는 것이지. 이미 거미줄치는 방법은 터득했고 먹이로 배도 채웠고... 앞으로는 얼마나 더 강력하고 촘촘하게 질적으로 우수한 건설을 하느냐에 자신의 능력을 시험하려 하지. 신난지! 아주 재미나지! **도전이 이렇게 커다란 쾌락인줄** 예전엔 몰랐지.

불안의 시대, 취업이 어렵다는 의미는 생존이 어렵다는 의미야. 집 하나 사기도, 자식 하나 키우기도 버거운 시대... 하지만 아이야. 너와 너의 사랑하는 사람들을 위해 너의 생존부터 해결해야 한단다. 그것부터 해결해 놓고 그 다음 비전으로 나가야 해. 무엇을 위해서 얼마나 강력하게, 단단하게, 진지하게 너의 삶을 살아갈지, 그 삶이 어디서 어떤 기능으로 세상에 쓰일지... 모든 동물의 우선순위인 생존부터 해결하고 이제 진짜 너의 삶을 만들어 보는 것이지.

그런데 가만... 조금 더 큰 그림을 그리고 다시 도약하려는 순간, 다소 연약해 보이는 거미가 자꾸 자기 거미줄에 와서 먹이를 먹어버리네. 어떻게 할까? 와서 턱턱 걸려드는 남아도는 먹이를 그냥 먹게 냅둬도 아무 상관이 없을 것 같

아. 오히려 부패되기 전에 먹어주니 잔밥이 남지 않아 고맙기도 하고. 그런데 그게 다가 아니라 그 작은 거미는 저쪽 한 구석에 둥지를 틀어버리네! 뭐, 괜찮지 않을까? 친구삼기도 좋고 말동무도 생기고. 그렇게 한마리, 또 한마리... 힘없는, 나약한, 도움이 필요한 거미들이 자기도 이 거미줄을 토대삼아 자기만의 집을 지어도 되겠냐고... 그렇게 몇마리든 기생하길 원하는 작은 거미들이 집을 짓기 시작하니까... 이건... 뭐... 처음에 혼자 힘겹게 지어놓은 집이 어마무시한 사이즈로 커진거야... 사방으로, 그것도 각자 개성있는 모양으로. 세상에 하나밖에 없는 유일한 집들이 서로 연결되어 엄청난 규모와 강도와 점성을 가진 위대한 건축물이 탄생된 것이야.

진정한 위대함이란 혼자를 함께로, 초라한 시작을 점진적인 확장으로, 자신의 실패를 타인의 경험으로 연결하며 구축되지. 네 생존이 해결되고 네가 더 큰 비전으로 나아갈 때, 처음엔 다소 귀찮을지도, 버거울지도 모를, 네 도움이 절대적으로 필요한 듯한, 어쩌면 어떤 거대한 존재가 네게 보낸 듯한, 그런 나약한 존재들이 네게 나타날거야. 그런데 그 소수의 힘들이 뭉치면, 네가 그들과 손을 잡고 같은 비전을 도모하면, 일이 업(業)이 되고 업은 위업(偉業)이 되고 위업이 곧 삶의 과업(課業)이었음을 깨닫게 되어 너도 몰랐던 너의 위력(威力)이 세상에 드러나게 돼. 위대하지... 정말... 너는 너의 생존을 위해 개미처럼 치열했을 뿐인데 그저 그렇게 양을 쌓았을 뿐인데, 할 수 있어서 한 것이 아니라 해야 하니까 했을 뿐인데... 어떻게 됐니? 너는 너의 삶이 걸어갈 길을 자연스레 걷게 되고 함께 할 동반자들을 만나게 되고 그 힘은 이제 너의 능력을 너머 자연스럽게, 자동적으로, 자체적으로 모두의 힘으로 모두의 것으로 모두 함께 키워져! 모두의 잠재력이 하나둘 터져나오면서 정말 위대한 건설이 눈앞에 펼쳐진 것이야! 실제 네 인생을 그렇게 펼쳐야 해!

자, 면이 입체가 되기 시작하면서, 즉, 다른 차원으로 질적승화가 일어나는 순간 아주 기하학적 모양의 거대한 왕국이 되지. 끝도 없이 확장되고 그러다가 자기보다 더 큰 거미집과 연결되더니 그 숲 속 나무들 사이에서 가장 크고 강하고 여러 전사들을 거느린 왕국이 되었어. 그 지역의 온갖 먹이들이 알아서 계속 걸려드니 먹이감도 너무너무 풍부해서 나누고 또 나눠도 계속 남아 돌아.

이렇게 면이 입체가 될 때... 이 때 네가 정말 중요하게 여겨야 하는 것이 2가지가 있어. 첫째, **부피와 밀도**란다. 입체에는 공간이 존재하지. 즉, 부피와 밀도가 채워지지 않으면 그 입체는 부실해져. 부피는 밀도에 따라 그 질(質)이 좌우되고 촘촘한 밀도는 압축되고 응축되어 고착되거나 폭발하지! 자, 처음엔 개미처럼 양으로 승부를 걸고 다음엔 질적인 승화를 위해 밀도를 촘촘하게... 전체를 보면서 디테일도 놓치지 않게... 알겠지? 그리고 **둘째, 너의 자세를 점검해야 할 때가 온 것**이야. 네가 영웅으로 군림하고자, 약한 자를 지배하고자 첫 도약을 한 게 아니잖아. 그저 그림을 지니고 너의 그림을 위해 첫 비행을 한 것이잖아. 그러니 **너의 몫은 네가 치른 대가만이 너의 몫일 뿐. 함께 하는 자들과 이룬 모든 것들은 그들의 몫**이어야 해. '영웅'이 되려는 순간, 이들과의 관계엔 금이 가기 시작하고 갈등이 싸움으로, 싸움은 파괴로. 파괴는 더 큰 원망과 복수로 이어진단다. 결국, **시도할 때의 기본의 가치가 파괴되고 가치가 파괴된 곳의 형상은 서서히 몰락의 길을 예고하지**. 어떤 기업이든 창업자정신, 기업의 철학이 무너지면 서서히 내분이 조장되고 그렇게 비리와 사기와 암투가 싹트면서 세상에서 사라지는 것이야. 그러니, 너의 몫은 딱 네가 한 만큼이고 나머지는 네 것이 아니니 절대 탐하지 마라. 그래야 **지속성, 확장성, 영속성**이라는 진정한 플랫폼의 그림을 그려나갈 수 있단다.

거미줄이 든든하게 만들어지면 지속적으로 계속 확장되면서 '노동'하지 않아도 먹이가 알아서 걸려들어. 개미처럼 매일매일 죽으라고 여왕개미를 위해 일하는 게 아니라 너와 네가 사랑하는 모두를 위해 너는 든든한 거미줄을 만들고는 경제적인 자유를 누리며 누군가를 도울 수 있는, 하고 싶은 것을 하고 하기 싫은 것을 하지 않을 자유를 누리게 되는 것이지. 진정한 플랫폼의 주인이 되는 거야. 자, 그렇게 네 몫도, 타인의 몫도 넉넉하게, 입체화된 거미왕국에서 이제 거미는 거의 할 일이 없어. 그래서 약한 거미들을 도와주고... 조금 부실한 곳을 손봐주고... 걸려든 먹이들을 나눠먹으며 그렇게 공생하는거야... **공생은 공유로부터 시작되지. 공유하는 모두가 탐욕없이 '공진화(Co-evolution)'의 방향을 향한다면 Non-zerosum, 즉, 승승의 판을 벌어지게 된단다. 이것이 바로 공공의 선(Common good)을 행하는 것이야.** 신기하지? 그저 자신의 그림을 향해 도약했을 뿐인데, 각자가 그렇게 약하면 약한대로 강하면 강한대로 자신의 현실을 박차고 한발 내딛었을 뿐인데 이 연결이 거대한 공진화를 이뤄 공공의 선으로 향하는...이 위대한 원리를 꼭 네 삶으로 가져가렴.

처음 도약이 어렵지. 도약판도 없고 어디에 첫번째 거미줄을 매달아야 집을 지어낼 수 있을지도 몰라. 하지만 기는 것밖에 못하는 자신일지라도 자연을 믿고 막막한 세상을 향해 그냥 비상(飛上)한거야. 뛰다가 날다가 기다가 다 해본거야. 그렇게 연결된 첫번째 거미줄. 이 1번의 성공이 2번, 3번의 성공으로 이어지면서 거대한 입체거미왕국의 주인이 된 것이지. 그리고 그 방법을 뒤늦게 태어난, 그리고 조금 나약한 자기와 같은 친구들에게 알려주지.

진정한 성공이란 자신의 경험으로 누군가의 성공의 토대가 되어주는 것이란다. 그러니 증거가 되어줘야 해. 증명해 주어야만 해. 될 수 있어서 시도하는 것이 아니라 되어야만 하니까 시도하는 네가 되어야만 해.

그런데 미안하지만 이대로 놀고 먹기에는 좀 인생이 아쉽지 않니? 능력이 있는데 소비하지 않고 소진시키는 것은 지나친 낭비같지 않니? 이를 위해 신은 결코 인간을 나태에 머무르게 하지 않는 것 같아. 거미줄을 방해하는 수많은 요소들이 많아. 바람도, 천적도, 집보다 더 커다란 곤충도. 또 보은을 잊고 떠나는 거미도. 언제 어디서든 공격이 있고 배신이 있을 수 있어. 성공했지만 그렇게 집이 부서지기도 해. 주변부터 서서히 파괴되지. 너덜너덜해져. 거미는 그래도 아직은 안심해. 자신은 중앙을 제대로 잘 지키고 있거든. 중앙으로 친구들을 불러모으고 아직은 튼실한 중앙을 지키고 있어. **중심이 흐트러지면 전체가 무너지지만 중심을 지키면 전체를 보호할 수 있지.** 그리고 다시 재건할 수 있거든. 주변에 바람으로 끊어진 거미줄들을 보수하면서 강력한 바람이 불면 함께 중앙에 모여 중심을 지켜내지.

그래도 혹시 몰라, 자연의 엄격한 계산에 의해 거미줄이 통째로 날아갈수도 있고 결코 흐트러지지 않을 듯한 거미줄도 짐승들의 장난이나 산불과 같은 전혀 예측하지 못한 타격에 의해 갑자기 사라져 버릴지도 모를 일이야. 이러한 변수들은 언제든 곳곳에서 등장해. 그런데... 거미는 절대 기죽지 않아. 바람에 의지해 첫번째 거미줄을 이은 경험은 결코 잊지 않았거든. 그렇게 자신이 해본 것을 알려주고 함께 키워낸 동반자들도 있잖아. 그들과 다시 시작할 수 있거든. 그렇게 시작은 1번만 하면 되는 것이거든. **1번뿐인 시작을 제대로만 하면 제 아무리 신이 자신을 테스트해도 세상이 자신 농락하듯 타격을 입혀도, 악마가 요란하게 장난을 쳐도 다시 일어설 수 있어.** 그래서 성공하는 사람이 계속 성공하는 것이야. 성공도 습관이지.

어떤 쓰나미를 만나든 끄덕없이 다시 재건에 성공한 거미에게 이번엔 뜻밖의 선물이 찾아온단다! 자기들보다 덩치가 수억배나 커다란 인간이 찾아와서 유... 심... 히 들여다 보더니 뭘 만들어, 그리고는 스파이더맨이래! 그렇게 그 인간은 떼돈을 벌어! 자기한테 저작권도 주지 않고 말야. 거미집이라는 영화도 나오고 암튼 자기에게서 가져간 것으로 다들 잘 사는거야. 고맙다는 말도 없이... 그리고 또 다른 인간이 찾아와서 유... 심... 히... 살펴보더니 자기가 애써 만들어놓은 거미줄을 가져가기도 해. 인간이 입을 옷을 만든대나... 암튼 연구를 위해서래. 왠지 아니? 거미줄은 엉키거나 꼬이지 않거든.

숱하게 자기 안에서 뽑아낸 것은 독특할 수밖에 없어.
자신안의 것만이 세상에서 유일한 것이야.

아무도 흉내내도 따라할 수 없는, 말 그대로 정말 돈이 되는 것들뿐이야. 네 안에 있는 그것도 그래. 남들이 모방은 해도 똑같이 만들어내지 못해. 거미줄처럼 말야. 거미가 무수히 뽑아낸 창조물의 그 신비로운 단백질성분이 왜 꼬이지 않고 엉키지 않고 끊어지지도 않는지, 그 점성은 어떻게 유지되는지, 인간의 뇌는 아직도 그 비밀을 풀지 못하고 있어.

아이야.
거미처럼 살아라.
네 안에서는 무수한 창조물이 끊임없이 나온단다.
그것을 믿고 도약판이 없어도 자연에 모든 것을 의지하고 여기서 저기로, 비상하렴.

숱하게 넘어져도 괜찮아. 거미의 정신으로 개미보다 부지런히 그렇게 너의 창조물들을 세상에 뿌려봐. 그러면 너를 닮고 싶고, 네 손을 잡아줄 누군가가 반드시 너와 동행을 원한단다. **공감하고 공유하고 공존하며 공진화를 이뤄 공공의 선을 추구하는, 딱 너와 같은 동류의식을 지닌 이를 만나게 된단다.** 그렇게 너는 너의 뜻을, 그는 그의 뜻을 위해 함께 바라는 세상을 건설하게 될거야.

그렇게 네게서 나온 모든 것은 창조야. 그 창조가 너, 그리고 너와 함께 한 모두의 공공의 이익으로 돌아가는 멋진 플랫폼을 건설하렴... 이 시작이 지금 시대에 가장 어울리는 시도야. **너의 첫 도약이. 네가 전혀 예측하지도 못한 세상 속 어떤 존재에게까지 영향을 미치는... 이 기가막힌 연계, 연관, 연결, 그리고 연쇄...** 이게 세상이 돌아가는 이치란다. 네 인생을 선순환시키는 이치란다. 그러니, 단 1번뿐인 도약을 거미처럼... 기는 것밖에는 못하던 거미가 두려움을 안고 바람에 의지해 날아서는 결국 첫번째 거미줄을 만들었듯 너도 날아보렴... 그렇게 너의 첫번째 성공이 크게 멀리 널리 이로운 첫걸음이 되게 오로지 너로써, 네가 할 수 있는 그것으로 비상을 시도하렴!

스물한번째 편지, 끈기

돋보기에 태양의 열이 모이는 시간

대나무가 7년씩 뿌리를 뻗어내리는 시간

나비가 애벌레와 번데기 시절을 견뎌내는 시간

매미가 땅속에서 10여년을 유충으로 버텨내는 시간

포도나무가 그 가는 가지로 울타리끝까지 오르고야마는 시간

네가 원하는 지점에 도달하기 위해 포기하고 인내하며 극복해야 할 그 긴 시간.

모든 성공은 이 시간들을 지나야만 이뤄지는거야. 그렇게 성공이란 대나무는 대나무가, 나비는 나비가, 매미는 매미가, 너는 네가 되는 것이야. 오로지 그 자체가 되는 것이야. 세상엔 이런저런 성공이 많지. 그 성공 모두는 아름다운 성취지. 그런데 거기서 '이런저런'을 빼보렴. '이런저런을 빼고 무엇이 이런저런을 만드는지 생각해보렴. 이런저런을 만들어내는 그 자체의 힘. 성공이란, 너란, 진정한 삶의 아름다움이란 무엇인지 그 자체를 보려고 해봐. 모든 것의 '자체'를 만드는 힘이 끈기와 인내란다.

불안의 시대 - 포도나무처럼!

너도 알다시피 엄마는 자연에서, 책읽고 글쓰며 결이 고운 이들과 소소한 지혜를 나누며 살고 싶은 꿈이 있잖아. 그래서 흙마당있는 집으로 이사가고 싶고 그렇게 마음을 결정하고 난 후부터 엄마가 원하는 집마당 풍경들을 하나씩 상상하고 적고... 이렇게 소소한 행복이 참 아름답단다. 상상하면 할수록 그 시간이 빨리 당겨질 것 같기도 해. 텃밭엔 엄마가 좋아하는 깻잎과 아욱, 무, 오이를 심고 마당엔 다양한 꽃과 나무를 심고 현관까지 이어지는 계단은 온통 수국으로 넘쳐나게 해야지. 그리고 마당엔 잔디를 깔고 본채와 연구소는 디딤돌로 이어놔야지. 디딤돌이 끝나는 지점에는 작은 연못을 만들어 엄마가 좋아하는 물고기들을 키우고 대문 열고 들어온 오른쪽부터 할아버지, 할머니의 나무를 심고 엄마나무도 심어야지...

자연은... 참으로 무한한 지혜를 엄마에게 선물해. 씨앗을 심으면 무한히 자신을 모두 내어주는 자연에 의해 씨앗은 열매를 맺지. 엄마와 네가 가슴에 품은 꿈의 씨앗도 자연속에서 그렇게 열매를 맺겠지. 작은 풀벌레들, 태양, 별, 달, 구름, 바람, 새, 물... 이 모든 자연이 그저 묵묵히... 오로지 자기본성 그대로를 지켜내고 있어. 그렇게 무엇에라도 견뎌내면서도 자기로써 살아내려는 힘, 그 끈기... 자연에게 받은 가장 큰 선물은 **'일관성'**과 **'묵묵히'**야.

작은 씨앗에는 그 생명이 앞으로 어떤 길을 가야 할지에 대한 알고리즘이 모두 담겨있다고 생각되지 않니? 가벼운 입김으로도 날아갈 정도의 작은 채송화씨앗 하나만 봐도 어떻게 그 똑같이 생긴 작은 것에서 그렇게 다양한 컬러의 채송화가 피어나는지 너무 신기해. 잣나무 솔방울 속에 쏙쏙 감춰진 하나의 씨앗은 어떻게 하늘높은 줄 모르고 죽죽 뻗어 셀 수 없이 많은 잣을 만들어 낼까? 너무 신기해. 매일 볼 때마다 키를 키우는 설악초는 어쩜 그렇게 다채로운 '하양'을 만들어 내는지, 그리고 무심하게 자기 씨를 툭툭 던져버려서 테라스 여기저기에서 씨를 줍느라 애먹었었지. 너무 신기해. 도대체 이 힘을 어떻게 표현할 수 있을까? 그 작디 작은 좁쌀만한 씨앗들이 온갖 과일로, 꽃으로, 나무로 그렇게 모양도 크기도 쓰임도 다르게, 아름답게 자라나는지 너무너무 신기해. 식물만이 아니겠지. 결코 마르지 않고 유유히 자기 갈 길 가면서 수많은 생명을 품은 물길이나 너무 정직하게 한결같아서 흐트러진 정신을 바로 잡게 만들어주는 해와 달, 하늘과 땅과 물이 엄마의 시선에 항상 머무르는 그런 곳에서 산다면 매일이 아름다울거야. 그치? 상상만 해도 좋다!! 이런 신기한 상상은 비단 엄마만 느끼는 것은 아니겠지만 이 소소한 감정들이 엄마를 너무나 행복하게 해준다면 이 자체가 엄마에겐 특별한 선물이지.

사람도 마찬가지겠지. 그 작은 씨앗같은 아가들이 세상에 나와 자신의 길을 걷는, 인간으로서의 본성을 지키며 묵묵히 자신의 모양새를 만들어가는 여정은 만물의 씨앗과 다르지 않겠지... 이 길은... 꾸준히 자신을 믿으며 탐구하며 극복하며 장엄한 자연의 일부로 살아가는 사람에게 주어진 특권이라고 할 수 있어.

자연을 바라보면...
어떻게 이렇게 한결같을까...
어떻게 이리도 영원할까...
어떻게 저리도 흐트러지지 않고 자신의 자리를 지켜낼까...

그 지속과 영원의 숭고함이 너무나 신성해서 이들 앞에서는 어떤 가식도 거짓도 혼탁도 용납되지 않거든. 그 일관된 묵묵함... 우리가 사는 삶의 태도도 이래야 하지 않을까? 언젠가 덩쿨을 무심코 바라본 적이 있어. 벽에 강력접착제를 발라놓은 것도 아닌데, 저 가는 줄기는 어찌 이 거센 비바람에도 저리 서로를 의지하며 벽을 타고 위로만 오를 수 있을까. '포도나무는 원래 가지가 늘어지는 성질이 있어서 받쳐주지 않으면 땅에 닿게 되는데, 그래도 똑바로 서 있으려고 덩쿨손으로 뭐든지 닿기만 하면 껴안고 올라간다네. 몇 번이고 미끄러지고 이리저리 헤매면서 기어 올라가[1]'. 포도나무덩쿨뿐만 아니라 모든 덩쿨이 이리 애쓰며 자신의 자리를 지켜낸단다. 이는 가는 가지의 물리적 힘만으로는 불가능할거야. 그 작은 가지는 툭!하면 끊어지고 후!불면 날아가. 자연의 거대한 힘이 준 본성에 자신의 작은 힘을 내맡긴 것이지. 그렇게 본능적으로 타고난 힘을 끌어내는거지. 엄마도 너도 그래야 해.

덩쿨은 자연과 거래하면서, 자연은 더 큰 세계와 거래하면서, 농부는 대지와 거

---

[1] 키케로인생론, 키케로, 2009, 동서문화사

래하면서, 인간은 세상과 거래하면서 그렇게 자기 길을 찾아 애먹고 애쓰고 애달파하며 자리를 지켜가지. 그렇게 자기 생을 본연의 자세에 충실하며 미끄러지지 않게, 떨어지지 않게, 과하지도 않게 그렇게 지.속.을 영.원.으로 이어가지. 결국, 거대한 자연 자체의 힘과 본성에 의지해서 우린 모두 생긴 모양대로 애쓰고 있는 것이야. **먹기 위해 포도를 수확하는 즐거움도 크겠지만 그 양적인 수확보다 그것들이 자라며 보여주는 그 경이로운 신비함속에서 우리는 위대한 자연이 내게 보여주는 진리의 힘을 읽어낼 수 있어야 하지 않을까?** 오로지 자신이 가야할 길, 맺어내야 할 열매, 씨를 만들기 위해 화려한 꽃을 떨궈내는 희생, 그러게 자기만한 크기로 땅으로 다시 스며드는 영원성까지...

꾸준히... 묵묵히... 한결같이... 일관되게...
자기 생을 살아가는, 자기 길을 걷는다는 것은 덩쿨처럼 뒤도 옆도 보지 않고 그저 올라야 할 곳을 향해 부여잡고 매달리는 힘이 아닐까? 가장 자연스럽게 본성에 따르는 삶이라 할 수 있지 않을까? 우리도 그렇게 자연의 힘을 제대로 이용하는 지혜로운, 자연에게 선택받은 행운아가 되어야 하지 않을까? 엄마는 덩쿨을 보며 네게 '끈기'라고도, '인내'라고도 하는 귀중한 가치를 말해주고 싶었어. 제발 간절히 바라건데, 이 두 글자에 담겨진 자연의 본성, 자연의 영원성, 자연의 강력한 힘을 감지하는 네가 되길 바란다. 인간도 자연의 부분이기에 이 가치를 삶에서 실천한다면 그 어떤 것에도 자연은 너와의 거래에 결코 냉정하지 않을거야. 오히려 후하게 너의 길에 선물을 내놓을거야.

끈기는 根氣(뿌리근, 기운기)야. 뿌리깊게 기본에 충실한 기운이야. 본성에서 벗어나지 않는. 끈기에 대한 엄마의 첫번째 해석은, **끈기는 끈기(粘力,점력)야. 끈적거리는 성질**이지. 덩굴이 벽을 타고 오를 때 마치 강력접착제를 붙여

놓은 것과 같아. 자신의 길에 딱 달라붙어서 떨어지지 않는 근성이야. 네가 가야할 길이라면 포도나무처럼 미끄러지고 쓰러지더라도 그 길에서 떨어지지 마라. 어떤 길에도 돌부리가 있으며 어떤 길에도 위험은 도사린단다. 그것들을 대할 때마다 길에서 벗어나 다른 길을 찾아 헤매는 것은 포도나무가 사과나무가 되겠다고 설치는 것과 같아. 벽타고 오르기 어려우니까 꼿꼿하게 스스로 서 보겠다고 떼쓰는거야. 근본바탕을 거부하면 본성을 잃어. 본성을 잃는 것은 너의 자아를 없애는 행위지. 너는 너의 길에서 강력한 점력, 끈기로 붙어 있어야 해. 그것이 자연이 네게 허락한 것이며 자연이 가진 무한의 힘을 네가 이용하는 것의 대가야.

두번째 해석은, **끈기는 끊기**란다. 네 길이 명확하다면, 그 길이 네 길이라면 너는 다른 곳을 보면 안된다. 아주 어릴 적에 돋보기로 종이를 태워본 적이 있지? 바닥에 종이를 깔고 해의 뜨거운 열을 돋보기에 모아서 한참을 버티면 종이가 타기 시작하지. 운동장, 해, 돋보기, 종이. 자, 이렇게 같은 조건으로 시작하지만 1~2명의 아이만 종이에서 불을 피우는 데 성공하지. 왜인지 아니? '어? 내 자리가 불리해!', '어? 내 종이는 두껍나봐.', '어? 저 아이는 벌써 불이 붙었네!', '어? 집에 갈 시간이네!' 어?어?어? 하면서 본연의 자세를 흐트러뜨리기 때문이야. 태양의 열이 한 곳에 모여 임계점에 도달해 종이를 태울 때까지는 무조건 기다려야 해. 집중해야 해. **집중을 위해서는 자기가 들고 있는 돋보기 외에는 모든 신경을 끊어줘야 해.** 옆에서 뭔 소리가 나더라도 그냥 한 곳에만 집중해야 해. 결국, 저어기 구석에서 혼자 조용히 쭈그리고 앉아 꼼짝도 안한 녀석이 가장 먼저 종이를 태우지.

끈기란 주변에서 널 유혹하는 모든 것들을 끊어내는 것에서 시작된단다. 묵묵히… 일관되게… 한결같이… 끊어내고 절대 이탈하지 않을 정도로 끈적거리는 정신, 그렇게 참아내고 또 참아내는 인내. 이 단어가 자신의 것이 되기 위해서는 '그것' 외에는 모든 것을 먼저 내려놓는 **'포기'가 선행되어야 해.**

모든 것을 맛볼 줄 아는 전적인 만족, 이것이 최선의 취향은 아니다. 나는 '나', '그렇다', 그리고 '아니다'를 말할 줄 아는 반항적이며 까다로운 혀와 위장을 높게 평가한다. 이것저것 가리지 않고 온갖 것을 씹어 소화하는 것은 돼지나 하는 일이다. (중략) 역겨운 존재는 추종하는 자들이다. (중략) 그런 자들은 사랑은 하지 않으면서 사랑에 의해 살기를 원한다. 나쁜 짐승이 되느냐 아니면 짐승을 부리는 나쁜 조련사가 되느냐, 이것말고는 달리 선택의 가능성이 없는 사람들에게 화 있을지어다. (중략) 허구한 날 기다려야만 하는 자들을 나는 가련하게 생각한다. (중략) 세리, 소상인, 왕, 그리고 땅을 지키고 가게를 지키는 모든 자들 말이다. 진정 나 또한 기다리는 것을 배웠다. 그것도 철저하게 배웠다. 그러나 나는 다만 나 자신을 기다리는 것만을 배웠다. 그리고 무엇보다도 나는 서는 법, 걷는 법, 달리는 법, 도약하는 법, 기어오르는 법과 춤추는 법을 배웠다[2].'

너도 그래라. 너도 결코 네가 가야할 곳이 정해지면 머뭇거리지도 기다리지도 서두르지도 마라. 그저 묵묵히 걸어라. 그렇게 **네가 너를 키우며 걸어라. 기는 법부터 나는 법까지 스스로 깨칠 수 있도록 너를 기다려주며 잘 데리고 걸어라.** 끈기는 어쩌면 노력과는 무관해. 노력이 필요하다면 글쎄… 유혹을 떨치는 노력이 필요하다면 필요하겠지. 능력이 뛰어나서, 재주가 좋아서, 재능을 타고나서, 돈이 많아서, 물론, 상당히 부럽지. 하지만 자신의 인생을 가치있는 성공으로 이끌기 위해서는 **'영원히 지속되는'자기자신만의 본성이 기본이 되어야**

---

[2] 차라투스트라는 이렇게 말했다, 니체, 2015, 책세상

한단다. 일시적인 것보다는 조금 더디더라도 지속가능한 것에 너의 힘을 쏟길 바란다. 모죽은 7년씩이나 뿌리를 내리는데 시간을 쏟지. 그리고 싹을 낸 후부터는 어떤 나무들보다 빠른 속도로 하늘을 향해 자신을 뻗어올려. 하루에 30센티미터에서 심지어 1미터까지 자라기도 한대. 대나무가 뿌리를 내리는 7년, 끈기와 인내로 버틴 결과야.

돋보기에 태양의 열이 모이는 시간
대나무가 7년씩 뿌리를 뻗어내리는 시간
나비가 애벌레와 번데기 시절을 견뎌내는 시간
매미가 땅속에서 10여년을 유충으로 버텨내는 시간
포도나무가 그 가는 가지로 울타리끝까지 오르고야마는 시간
네가 원하는 지점에 도달하기 위해 포기하고 인내하며 극복해야 할 그 긴 시간.

모든 성공은 이 시간들을 지나야만 이뤄지는거야. 그렇게 성공이란 대나무는 대나무가, 나비는 나비가, 매미는 매미가, 너는 네가 되는 것이야. 오로지 그 자체가 되는 것이야. 세상엔 이런저런 성공이 많지. 그 성공 모두는 아름다운 성취지. 그런데 거기서 '이런저런'을 빼보렴. '이런저런을 빼고 무엇이 이런저런을 만드는지 생각[3]'해보렴. 이런저런을 만들어내는 그 자체의 힘. 성공이란, 너란, 진정한 삶의 아름다움이란 무엇인지 그 자체를 보려고 해봐. 모든 것의 '자체'를 만드는 힘이 끈기와 인내란다.

돋보기를 통과한 빛에 종이가 불타고 대나무가 싹을 틔우고 애벌레는 나비가 되고 매미는 날개를 가지며 포도나무는 드디어 포도를 탄생시키지. **지나온 양**

---
3 알랭 드 보통이 그의 책(행복의 건축, 2007, 이레)에서 13세기 링컨의 주교 로버트 그로세테스트의 말을 인용한 글.

적인 시간이 쌓이면 분명 화학적 변화를 동반한 질적인 창조가 이뤄진단다. 그렇게 되면 그 때부터는 자체가 자생력으로 자기발화를 시작해. 한 번 붙은 불은 이제 더 이상 외부의 힘을 필요로 하지 않아. 그냥 타오르지. 열매도 단맛을 품고 나비도 매미도 자신의 날개로 세상을 날아다니고 대나무도 매일 하늘높은 줄 모르고 자신을 키워. 모두... 다르지 않아. 자연이 네게 보여줌으로써 증명하잖니. 나무도, 나비도, 매미도, 모든 생명체는 이 질기고 당찬 인내를 지니고 태어났단다. 너의 본성에 맞는 길을 찾았다면 포도나무와 같아라. **끈기(끊기)를 먼저 하고 끈기(점력)있게 끈기(인내)로 네 길을 가렴.**

이런 너라면 자연은 넘치는 화답을 네게 보내줄거야.
뒤로 옆으로 시선을 돌리지 마라.
누구에게도 방법을 구하지 마라.
남들이 가는 길로 들어서지 마라.

늘 코를 킁킁거리거나 입맛을 쩍쩍 다시거나 귀를 쫑긋거리는 사람은 절대 본연이 지닌, 무취무미무음의 자체가 지닌 가치를 알 수 없는 법이야. 누군가가 해왔던 실험들, 걸었던 길이 안전하다 착각하지 마라. 인생의 가치는 자신이 자신의 길을 스스로 만드는 것에 있단다. 네가 풀숲의 이름모를 벌레만을 연구하는 사람이라 벌레 외에 그 어떤 것을 보지 못한다 한들 네게 벌레는 온우주인 것이다. 네가 꿀벌들의 수려한 벌집만을 쳐다보며 꿀벌외에 수만종의 곤충을 모른다 한들 꿀벌은 네게 대자연인 것이다.

그렇게 네 길을 가렴. 오히려 길도 방법도 모르니 네 마음대로 해볼 수 있지. 네 본성에만 의지하면 된단다. 할 수 있어서, 될 수 있어서, 걸을 수 있어서 가는 것이 아니라 해야 하니까, 되야 하니까, 걸어야 하니까 걷는 것이란다. 안가본 길은 그렇게 믿음으로 걸어야 한단다. 그리고 그 값어치가 네 몸값이란다. 그러니 포도나무와 같아라. 아무런 접착제도 없을 것이야. **너를 붙잡아줄 것은 오로지 너 자신, 너의 끈기뿐**이야. 네가 가야할 그 길은 너의 본성에서 너보다 큰 너의 자아가 이끄는 길일 것이야. 너도 자연의 일부라 자연에 의지한다는 것은 너의 본성을 믿는다는 의미지. 그렇게 너 자신을 믿고 당당하게 오르렴. 그렇게 너와 네 길이 온우주의 조화를 위한 길임을 가슴속에 품고 믿으렴. 그 지독했던 끈기가 마지막에 보랏빛의 동그란, 달콤한 포도로 자신의 창조를 세상에 알리듯 너의 길에서 끈기로 버틴 그 시간도 너 자체를 세상의 창조물로서 드러내 보인단다. 비로소 그 때 너와 네가 지켜야 할 모든 이들을 위한 값진 가치로 보상된단다. 묵묵히... 일관되게... 한결같이... 그렇게... 네 길을 걸으렴. 끈기있게 말이야.

자, '불안의 시대', 기는 것도 뛰는 것도 나는 것도 수영하는 것도 아닌, 적당한 뱀장어가 되지말고 낙타처럼 앞무릎을 꿇어 너의 삶의 짐을 묵묵히 지고 사막을 걷되 결코 남의 짐을 대신 지고 살지 말 것이며 거미처럼 도약판없는 비상과 개미의 시간을 치열하게 보낸 후 경제적 자유로 부를 소유하고 나약한 이들에게 나눌 것이며 포도넝쿨처럼 어떤 접착제가 없어도 본성을 믿고 꿋꿋이 너의 하늘로 너를 드높이 올리렴. 그렇게 달고 맛난 열매를 맺으렴. 엄마는 항상 너를 사랑하고 응원하고 모든 것을 다 주고라도 네가 살아갈 시대에 너를 주인공삼아 너만의 삶을 개척하는 멋진 청년이 되길 바란단다.

스물두번째 편지, 자세

언젠가는 나타나야만 할 '그 사람'!

'미래의 너'는 누구니?

용기가 부족한 '지금의 너'를 업고 안고 들쳐매고 달리는 자 누구니?

온갖 세상의 공포에 길잃은 강아지마냥 낑낑대면서도 어떻게든 미래로 걷게 한 자 누구니?

중력의 힘으로 너를 끌어 내리려 세상이 아우성칠때조차 '순간'을 이기고 높은 곳을 바라보게 한 자 누구니?

자꾸만 안주하고자 작아지는 난장이같은 너에게 '일어서! 이 난장이야!'라고 호통치는 자 누구니?

바로 '미래의, 가능성의, 잠재된 너' 아니니?

그러한 '미래의 너'가 지금의 너를 예측가능한 사람으로 믿게 하렴!

네 몸값이 얼마니?

자, 단도직입적으로 묻겠다!
네 몸값이 얼마니?
또는
네 몸값이 얼마이길 바라니?

아하... 감히 자식의 몸을 값으로 매긴다고? 그런 의미가 아닌 거 알지? 온세상을 다 준다고 해봐라, 너와 바꿀 수 있나 ㅎㅎㅎ. 세상에 네가 베팅할 네 몸값은 얼마냐는 말이야. 예를 들어, 워렌버핏이 자기와 점심식사를 하며 부자가 되는 이야기를 듣는 댓가로 우리 돈 40억이 넘는 비용을 청구했어. 워렌버핏의 몸값의 일부겠지. **자신의 경험이 즉, 정신이, 일상이 물질로 환원**된 것이 식사한끼에 40억이란 말이야.

자신의 경험 즉, 정신을, 일상을, 물질로 환원한다... 이는 엄마가 살면서, 정말 정말 중요하다고 여기는 것이지만 현재 엄마의 강의를 듣는 많은 이들이 머리로만 이해하지, 실천으로 이어가기 상당히 어려워해. 오늘은 이런 얘기를 네게 들려주려 해. 엄마도 사실 어렵단다. 그래도 책을 꾸준하게 읽고 엄마와 함께 책공부를 하는 이들은 이를 실천으로 옮기는 데 적극적이야. 이 말인즉슨, **자신을 배움에 머물게 하는 이들은 앎을 삶으로 이어가는 것이 진정한 '앎'의 가치**임을 알지. 그렇게 '앎'의 욕구를 채워가지. 너도 그러하길 바란다. 하지만, 실천하기 위해서는 우선 어떤 현상이든 논리로 이해하는 것이 우선되어야 한단다. 이 글을 통해 네 정신에 엄마의 당부가 주입되길, 그렇게 삶에서 꾸준히 실천되길 바란다.

자신의 몸값을 높이는 방법, 여러가지 없다. 단 2가지! 너의 모든 일상에 이 2가지를 채워, 쌓아, 갖춰 나가는 하루하루가 된다면 당장 눈앞에 돈다발이 굴러 들어오는 일은 없겠지만 네 몸값은 네 바로 뒤에서 차곡차곡 상승그래프를 그리고 있다가 어느 순간, '경제적 자유'라는 이름으로 네 앞에 등장할 것이야. 자, 지금부터 시작할테니 잘 들어줘~~.

첫번째, 대체불가한 사람이 되어라!

네가 하는 일에서부터 시작해야 한다. 네가 어떤 곳에 몸담고 있든 대체불가한 사람이 되길 바래. 너 아니면 안되게끔 같은 일을 하더라도 한끗차이를 만들라는 말이지. 엄마가 잘 아는 어떤 회장님은 신입사원일 때 복사를 아주 잘했대. 신입이니 일도 서툴고 능력도 모자라고, 그래서 상사들이 시키는 복사만이라도 진짜 군소리 안듣게끔 했었대. 사실 대부분은 '내가 복사나 하려고 그 어려운 공부해서 입사한 줄 알아?' 하며 속을 부글부글 끓일텐데 그는 그러지 않았어. 그렇게 시작부터 '아! 저 친구한테 일을 맡기면 손이 안가!' 소리를 들었지. 그렇게 시간이 거듭되면서 신뢰가 쌓이고 서서히 중요한 일, 보안이 필요한 일에 하나하나 투입되고 점점 없어서는 안될 인물이 되어 갔지. 그러다가 회사에 당당히 사표를 내고 지금의 회사를 차렸고 국내 굴지의 독보적인 회사를 일군거야. 음... 여기서 독보적이란 것은 자산규모로 대기업 수준은 아니지만 현재 많은 청년들이 입사를 희망하는, 순위안에 드는 회사의 회장이 된 것이야. 그 회사를 차릴 때 많은 사람들의 전폭적인 지지와 신뢰로 모두가 발벗고 회사창업을 도왔대. 그렇게 자신만의 스타일을 회사에 고스란히 대입하여 어떤 대기업도 가지지 못한 규칙과 체계를 만들고 현재 한국에서 이름만 대면 '아! 거기!! 그 회사 대단해...'라는 말을 듣는 회사로 키웠어.

사실 세상에 존재하는 '일'이라고 보면 다 거기서 거기란다. 높은 빌딩을 건설하는 예를 들어보자. 나르고 쌓고 뚫고 조이고 파고 채우고 박고 끼우고 꾸미고... 이 단순한 작업이 모여서 건물이 되는 거야. 그치? 일만 보면 그렇다는 것이지. 조감도와 설계도를 기본으로 하여 '일'은 그런 단순한 행위의 조합이고 조화지. 따라서, '일의 능력이나 역량'도 다 거기서 거기야. 그러니, **능력믿고 몸값 조금 나간다고 뻐기는 것은 한치앞밖에 보지 못하는 어리석은 사람들의 태도야.**

'능력'이란 것은 시대에, 관습에, 조직에, 환경에 무조건 지배당하게 되어 있어. 능력은 더 크고 높은 능력과 무조건 만나게 되어 있고 그렇게 만나는 순간 자신의 우세했던 능력은 열세가 되지. 긴 시간을 두고 봐봐. 능력을 더 가진 자를 만나는 순간. 자신의 몸값은 멈추게 된단다. 멈춘다는 것은 정체이며 정체는 퇴보지. 퇴보는 내리막길이고 내리막길은 천천히 가든 빨리 가든 0으로, 마이너스

(-)로 가는 길이니 무용한, 그러니까 버려지는, 그래서 폐기되는 길로 가게 돼. 그렇다고 능력을 무시하라는 말은 결코 아니란다. 미안하지만 능력이 출중한 것은 기본이라는 말이야. **능력없이 능력 이상의 것을 채울 수는 없거든.** 구구단을 외우고 방정식을 풀듯이 능력은 구구단이란 의미야. 그런데 대다수의 청년들이 능력이 소진되어 가면 또 다른 능력을 위해 자격증에 도전하지, 또 그게 아니다 싶으면 또 다른 자격증에... 자, 자격증을 따는 순간 세상은 다른 자격을 요하지.

그렇게 계속 수많은 자격증을 따지만 결국, 세상은 더 나은 자격을 요하는 자격증코스를 만들어내고 계속 자신의 시간과 비용만 소진시킨 꼴이 돼. 물론 그 도전의 과정이 무의미하다는 뜻은 아니야. 엄마는 그렇게 **일시적인 것을 쫒는 것이 안타까워. 지속적이고 확장가능하고 영속적인 것에 집중**해야 한단다. 그렇다면, 대체불가한 사람, 능력말고 뭐? 능력이 정량화된, 구체적인 것이라면 **비능력적인 부분, 그러니까 정량화되지 않고, 추상적인 부분이 더 중요**하다고 말하려 해.

보이는 모든 것은 보이지 않는 것의 결과니까.
보이는 것을 돋.보.이.게. 하는 것은 보이지 않는 곳의 순도와 밀도와 채도니까.
보이는 것을 위대하게 만드는 힘은 보이지 않는 정신이니까.

반짝인다고 다 불빛이 아니야. 보이지 않는 차이는 똑같은 반짝임이라도 번갯불과 반딧불이만큼 커다란 차이로 드러나. 보이지 않는 것에 집중해라. 네게 '보이지 않는 것'이 무엇일까? 너의 전부를 걸어서 네가 대체불가한 사람이 되게 하는 1단어가 있다면 다름아닌 '자세'란다.

자세(attitude)!

자세에 대한 얘기는 너무 많이 거론했지만 자세는 능력을 훨씬 능가하는 보물같은 너의 자산이야. 영어로 a~z까지를 숫자 1~26으로 변형하여 더하기를 했을 때 지식(knowledge), 능력(ability), 힘(power), 돈(money), 기술(skill), 아이디어(idea), 관계(relationship), 리더십(leadership), 외모(appearance)등등 수많은 성공 요소들 가운데 100이 되는 것은 자세(attitude)밖에 없어. a+t+t+i+t+u+d+e = 1+20+20+9+20+21+4+5 = 100!

그래서,
자세는 모든 것을 좌우한단다!
Attitude is Everything!

자세. 크게는 내적자세와 외적자세가 있겠지. 내면 즉, 정신과 가슴에 무엇을 품고 있는지, 그것들이 어떤 질서를 유지하고 어떤 밀도와 부피로 채워져 있고 어떻게 서로 연계되고 있는지에 따라 외적자세는 드.러.난.다. 네가 드러내는 것이 아니라 저절로 드러나. 네가 아무리 감추려고 해도 드러나게 되어 있어. 명품을 걸치고 근사한 명함을 내밀지만 내면이 부실한 자는 명함내미는 손길과 눈길에서부터 가짜, 부실, 포장이 들통난단다. 고수는 이를 알아채지. 하지만, 명함도 부실하고 명품을 걸치지 않아도 고수는 알아채. **깊은 눈빛과 당당한 혀, 정당한 이해와 판단, 말끔한 차림새, 야무진 입가에서 정신과 가슴이 얼마나 어디서 어떤 식으로 살아 숨쉬는지 그대로 느낄 수 있지.**

자, **현재의 능력보다 더 중요한 것은 미래의 가능성이란다!**

능력은 기본, 가능성이 몸값!
능력은 기준, 가능성은 수준!
능력은 수입, 가능성은 자산!
능력은 유한, 가능성은 무한!
능력은 가지, 가능성은 뿌리!
능력은 가변, 가능성은 불변!

자세는 가능성을 보장하지, 즉, 너의 무한한 몸값을 자산으로 불려주는 무기가 바로 자세야! 그러니, 유한하고 상대적인 '능력'에 자신의 몸값을 기댈 것인가. 무한하고 절대적인 '자세'에 자신의 몸값을 자가증식시킬 것인가! 답은 뻔하지? 어떤 방향이 지름길이고 효율적인지 너무 뻔하지? 네가 어디에 집중해야 할지 너무너무 뻔하지? 다시 말하지만, **무한하고 불변한 가치에 집중해야 해. 집중하는 곳은 무조건 커져.**

"당신은 그의 키가 어째서 커 보이는지 아시오? 당신은 그 신발의 높이를 계산해 넣으시오" (중략) 부귀와 명예는 제쳐놓고 셔츠 바람으로 나오게 하라. (중략) 마음이 건전하며 그 모든 부분이 유능하고 잘하게 보이는가? 그 마음이 자기 것으로 풍부한가, 또는 남의 것으로 풍부한가? 요행으로 얻은 것은 없는가? 뽑아든 칼을 눈을 똑바로 뜨고 쳐다볼 수 있는가? 입으로건 목으로건 어디로 생명이 달아나도 꼼짝도 않는지, 마음이 침착하고 공평하고 만족하는지를 봐야 하는 것이며, 이런 것으로 우리들 사이에 있는 극도로 많은 차이를 판단해야 한다[1].

---

1 에세이 나는 무엇을 아는가, 몽테뉴, 2007, 동서문화사

자, 다 내려놓고 공평하게 셔츠바람으로 맞짱떴을 때 진짜 몸값이 드러난단다! 당당하니? 자신있니? 할수있니? 시작할까? 그런데 혹여 우려되어 하는 말이지만 '자세'라 해서 차렷!한 채 예의를 우선시 내지 중시하라는 의미가 아니란다. 내적 자세를 채워 외적으로 흘러넘쳐 드러나게 하라는 말이야. (그리고 예의는 기본이구.) **'진(眞)'이라는 한글자를 네 정신과 가슴에 심어놓으렴.** 진실, 진심, 진정, 진짜. 진가. 이것이 심긴 이는 아주 조금 예의가 없더라도 편안함으로 승격될 것이며 아주 조금 서툰 거짓이 들통나도 깊은 배려로 인식될 것이며 아주 조금 난처한 오류를 지니더라도 스스로 책임을 다하기 위한 것이라 더 감동을 줄 것이며 아주 조금 미운 모습으로 나타나더라도 상대를 더 빛나게 하기 위한 태도라 오히려 정(情)을 얻을 것이야. 반면, 차렷만 하는 자세는 상대를 가까이 두지 못할 것이며 좋아만 하는 자세는 상대에게 신뢰롭지 못할 것이며 진지만 하는 자세는 상대를 편하게 하지 못할 것이며 분석만 하는 자세는 상대를 품지 못할 것이며 반성만 하는 자세는 상대에게 무능함을 드러낸 것이며 예스만 하는 자세는 상대가 중요한 판단이 필요할 때 너를 외면할 빌미를 주게 돼.

이렇게 자세가 갖춰진다면
멀리 보고 두루 품고 깊이 알지만
결코 냉정하게 치밀한 부분까지 놓치지 않는 네가 될 수 있단다.
귀한 사람을 곁에 머물게 하며
소중한 순간을 함께 일궈나갈 인재와 함께 하는 네가 될 수 있단다.
일과 삶이 분리되지 않아
오히려 일이 삶 속으로, 삶이 일과 함께 가치를 상승시키는 네가 될 수 있단다.
그렇게 너의 가치는 점점 상승될 것이란다.

자, 또 한가지 보태고 싶은데 오해없이 듣길 바란다. **네 몸값을 결정하는 주인은 네가 되어야 한다.** 즉, 직장인이 목표가 되서는 안된다는 말이야. 네 몸값을 남이 결정하게 하지 말고 스스로 결정하여 베팅해야 한다. 월 1000만원. 어마어마하지? 그래도, 그렇다 하더라도! 직장은 너를 그 한계에 길들여지게 해. 그러니 부르는 게 값이 사람이 되려면 제약있는 곳에 널 너무 오래 머물게 하여 네가 누군가에게, 어떤 것에 의해 길들여지게 해서는 안될 것이야. 직장을 다니더라도 그곳에 뼈를 묻을 생각은 하지 마라. 흔한 말로 너는 뼈를 묻겠다는 각오로 임하지만 직장은 네 뼈를 원치 않는단다. 직장생활을 오래 하면 할수록 다른 대체가능한 사람이 반드시 등장하기 마련이고 너는 '대체불가'가 아니라 '대체가능'한 방향으로 계속 살아온 자신과 반드시 마주할거야.

대체불가한 사람...
쉽지 않지만 간단하단다.
불변한 것을 네 삶의 중심에 두고 우선적으로 집중하면 돼.

지금까지 거론했던 자세. 진정성을 중심으로 일과 사람과 자원을 대하고 자세를 키우기 위해 하루 일정시간 자신을 연마하는 것을 반드시 행하고 가치에 어긋나는 어떤 유혹에도 타협하지 않는다면 너의 뿌리는 깊고 굵고 넓게 뻗을 것이며 다른 나무들이 무수한 열매를 주렁주렁 맺어 네게 시샘을 불러일으키는 부러운 순간이 있더라도 결국, 긴 인생 너만의 튼실한 열매는 그 어떤 것으로도 대체할 수 없는 값어치로 드러날 것이야. **희소성이지. 특별함이지. 탁월함이고. 독보적이지.** 자, 이렇게 자기 자신의 진가를 만들 때까지 너의 몸값을 상승시킬 수 있는 자세를 갖추는 데에 매일의 일정시간을 반드시 투자하기 바란다.

특별하고 탁월하고 독보적이라 희소한 너라면 세상의 조화에 가장 이로운 사람이 되는 것이란다. 세상은 각자 다른 개성을 요구하고 그 개성이란 보여지는 것에는 없어. 눈코입 다 비슷하고 하는 일들 다 거기서 거기라고 말했지. '진짜는 서서히... 비둘기처럼 조용히 찾아오는 사상... 그것이 세계를 끌고 가지 않는가?[2]'라는 니체의 말처럼... 너의 대체불가성은 조용히 네게서 자라난단다. 그렇게 솟구칠 지점을 향해 너를 키워내렴. 가끔은 남들처럼 가야 하지 않을까? 나만 뒤처지는 것은 아닐까? 우려와 조급이 널 닥달할지 모르겠지만 괜찮아, 그렇게 연마중이라면 너는 **더 큰 비상을 위해 잠시 뒤로 물러나 채색된 것들을 조용히 벗겨내고 자신만의 원색을 찾아가는, 비슷한 일상 속 어떤 하나에 깊이 고뇌하는 그 시간이 너의 몸값을 상승시키고 있는 것이니까.**

자, 이제 자신의 몸값을 높이는 2번째 방법을 얘기할께.
두번째, 예측가능한 사람이 되어라!
예측가능한 사람.... 이는 다시 3가지로 구분지어 설명해야 할 듯하다.

우선, 다른 이들에게 예측가능한 네가 되길 바란다.

왜 자기자신이 아니라 다른 이들에게부터 예측가능한 사람이 되라 얘기하냐면 인간은 본능적으로 '유리한' 쪽으로 행동을 옮긴단다. '유리하다'는 것에는 상호작용이 전제되어 있고 상호작용의 기본은 주변인들과 이뤄지지. 즉, 주변인들과 유리한 상호작용이 이뤄진다면 너 스스로를 크게 성장시킬 수 있어. 단, 주변인에게 유리한 자가 되라는 것은 비위, 아첨, 아부, 눈치와는 다른 격을 지닌, **인정, 교류, 공평, 평등, 정의와 같은 단어들이 적용되어 어우러진 관계맺**

---

2 차라투스트라는 이렇게 말했다, 니체, 2000, 책세상

음을 의미한단다. 자, 주변인들에게 예측가능한 사람이 된다는 것은 기본중의 기본이란다. 그런데 모든 일이 그렇지만 기본이 가장 어려워. 그래도 기본이 부실하면 안되는 것쯤은 알지?

'너의 삶이 어느 수준까지 오르길 바라니?'

어떤 누구든 전체 인생에 단 한번뿐일지라도 분명 '솟구치는' 시점이 있단다. 그 솟구치는 시점을 흔한 말로 '기회'라고도 하고 '행운'이라고도 하지. 말 그래도 '때'를 만나는 그 지점이 있어. '그 때'에 우리는 번개와 같은 폭발적인 반짝임으로 자기 인생의 궤도에 변혁을 일으키지, 궤도에 가속도가 붙거나 변화가 일어나거나 원하는 고지까지 궤도가 이어지지. 무조건 네 인생에도 그 때가 있어. 주변인에게 '유리한 사람'이 된다면 주변인들이 너의 '그 때'를 더 앞당겨 줄 것이야.

자, 예측가능한 사람은 무조건 유리하다. 잘해주는, 착한, 좋은 사람도 어떤 깊이까지는 유리하지만 예측가능한 사람이 더욱 유리하단다. 이유는 단순해. 가령 약속을 하면 '걔는 언제 올지 몰라'로 예측하게 하는 이가 있고 '걔는 늘 제 시간을 지키잖아'로 오히려 관심밖에 서있는 이도 있어. 어떤 사람이 유리할까? 또 어떤 일을 책임졌을 때 '걔가 이걸 해낼까?' 싶은 사람도 있고 '걔는 안되도 되게 할 사람이야' 싶은 이도 있어. 어떤 사람이 유리할까? 또 어떤 사람이 신뢰가 높니? 뿐만 아니라 '걔는 늘 제 시간을 지키잖아'라거나 '걔는 안되도 되게 할 사람이야' 류의 사람들은 타인의 감정이 낭비되는 것을 막지. 왜 안오지? 올까? 언제 올까? 오고 있나? 전화해 볼까? 무슨 일이 있나? 왜 연락도 없지? 와 같이 타인이 신경쓰지 않아도 될 것을 신경쓰게 하지 않으니 깊이까지 타인의 소중한 감정을 보호해주는 이로운 사람, 유리한 사람인거지. 다시 말하지만, 타인에게 예측가능한 사람이 되는 것은 기본이란다. 이 기본이 지켜졌을 때 가장 크게 얻는 선물은 바로 '**신뢰**'야. 상대는 무조건 네게 큰 배려를 받는 것이거든. **배려**는 더 큰 배려로 돌아온단다. **모든 가치는 자체동력으로 움직여.** 신뢰가 배려로 이동하여 서로 연계되면 그렇게 움직이는 자체동력은 너의 몸값을 치솟게 만들 것이야.

'안되는 것도 되게 하려는 사람'이라면 당연히 누구나 그 사람과 함께 하고 싶어하거든. 이는 능력을 뛰어넘은 '가능성'에 대한 신뢰지. 즉, 이런 이에게선 비전과 '될 것'이라는 긍정의 믿음이 심겨 있기에 누구나 이런 이와 함께 하고자 해. '걔는 뭐가 되도 될 사람이야'라고 누구에게나 긍정의 추측을 만드는 사람. 어떠니? '걔는 안돼. 그 자세로 뭘 한들 되겠어?'라는 소리를 듣는 사람과 '걔는 뭐가 되도 될 사람이야'라고 주변에 인식된 사람. 세상에 긍정과 부정의 에너지가 딱 반으로 나뉘어 존재한다고 볼 때 주변 모두가 널 향해 어떤 에너지를 주길 바라니? 과연 너의 꿈이 어떤 에너지를 필요로 한다고 보니? 너라면 어떤 이에게 더 후한 몸값을 지불하겠니? 혹시 약간의 오해가 있을까 싶은 우려에 한마디 덧붙이자면, 칸트처럼 뭐든 정확한 사람이 되라는 것은 아니야. 사람이 살면서 부득이하게 약속을 못 지킬 때도 있단다. 그럴 땐 미리 말해주면 돼. 이는 약속에 진심을 다하는 배려로 상대에게 전해지거든. 그러니까, 해야할 말을 상황종료 후에 말하면 '변명'이지만 상황전에 말하면 '배려'가 되는 것이지. 약속을 지키는 신뢰있는 사람이 될지 변명하는 사람이 될지 이 작은 차이는 상대의 감정을 낭비하지 않도록 배려하는 크고 깊은 마음으로부터 시작된단다.

둘째, 너 스스로에게 예측가능한 네가 되길 바란다.

귀결이 이끄는 사람, 증명해 내는 사람, 결과를 정하고 과정으로 입증하는 사람이 되란 말이야. 결과가 어떻든간에 과정이 좋았다면 괜찮다는 말을 엄마는 개인적으로 싫어해. 아니, 거부해. **결과가 좋지 않으면 과정 역시 그러했을 거야. 들어간대로 나오게 되어 있거든.** 튼실하지 못한 열매를 맺는 나무에게 그래도 애썼다고 쓰다듬고 마는 것보다 뿌리부터 다시 점검해주는 것이 훨씬 나무를 위한 배려와 사랑이잖아. 매년 부실한 과실을 수확하려 노동을 한다면... 뭐, 그것도 선택이긴 하지만 자기 자신을 그러한 삶에 머무르게 하는 것은 우주의 종양[3]과 같은 존재로 살겠다고 자처한 꼴이 돼. 인간의 몸에는 그냥 아무 의미없는 종양도 있고 나쁜 종양도 있어. 이 역시 신체를 구성하는 세포지. 우주도 마찬가지야. 이로운 세포, 해로운 세포를 함께 품고 진화해. 분명 자기만의 색을 지닌 각각의 세포가 모여 있을텐데 아무 기능이 없거나 오히려 해가 되는 세포라면 우주 입장에선 불필요하다고 여기지 않을까? 자신이 소홀히 한 그것 역시 온 인류의 미래라는 천에 짜넣어[4] 진대. 그러니 네가 하나의 유익한 우주의 세포가 될지, 있으나 마나거나 유해하게 기생하는 세포가 될지는 '결과로서 증명'해내는 것으로 너 스스로 입증해야 해.

너 스스로 예측가능한 사람이 되라는 의미를 더 크게 확장시켜 보면, **미래의 너에게 예측가능한 네가 되길 바라는 의미도 있어.** 너의 분신을 만들어 봐. 퓨처셀프(future-self)말야. 미래의 너라면 분명 '네가 원하는 모습'을 지녔겠지? '미래의 너'는 어떤 사람이고 싶니? 어떤 사람이니? 어떤 사람이어야 하니? 분명 '바라는 너'가 있을거야!! 그러한 미래의 네가 현재의 너를 보면서 '아! 역시 너는 나의 과거다! 분명히 지금의 나같이 되겠군.' 이러한 믿음을 주는 사람이 되라는 의미야. 분명, 미래의 너는 지금의 너를 이끌고 미래의 너는 지금 네 꿈

---

3 황제의 철학, 마르쿠스 아우렐리우스, 2004, 세종
4 차라투스트라는 이렇게 말했다, 니체, 2000, 책세상

을 실현시킨단다. 미래의 너는 지금 너의 가능성을 끄집어내고 미래의 너는 지금 너의 부족함을 그 가능성으로 채워주지.

언젠가는 나타나야만 할 '그 사람'!
'미래의 너'는 누구니?
용기가 부족한 '지금의 너'를 업고 안고 들쳐매고 달리는 자 누구니?
온갖 세상의 공포에 길잃은 강아지마냥 낑낑대면서도 어떻게든 미래로 걷게 한 자 누구니?
중력의 힘으로 너를 끌어 내리려 세상이 아우성칠때조차 '순간'을 이기고 높은 곳을 바라보게 한 자 누구니?
자꾸만 안주하고자 작아지는 난장이같은 너에게 '일어서! 이 난장이야!'라고 호통치는 자 누구니?

바로 '미래의, 가능성의, 잠재된 너' 아니니? 그러한 '미래의 너'가 지금의 너를 예측가능한 사람으로 믿게 하란 말이야! 고개들고 봐. 거울앞에 널 세우고 네 눈을 똑바로 봐. 네 앞에서 활짝 웃고 있는, 변화된, 이뤄낸, 원하던 네가 있지 않니? 그 어떤 꽃보다 활짝, 그 어떤 색보다 영롱하게, 그 어떤 수정체보다 맑게, 그렇게 환한 웃음 짓고 있는 네가 있지 않니? 쓰러진 너를 일으켜 세우고, 주저앉으려는 너를 들쳐매고, 뒤돌아보는 네가 더 밝은 빛을 보도록, 절뚝거리는 너를 부축해서라도 지금의 자리까지 데려온, 그렇게 네 앞에서 두 팔가득 너를 보듬어줄 '미래의 너'. 네가 바라보고 걸어야 할 곳은 바로 '원하는 너, 미래의 너'란다. 옆으로도 뒤로도 고개 돌리지 마라. 너의 가치를 증명해내는 것이 '인생의 성공'이야. 즉, **성공이란 '뒤를 돌아보지 않는 것'**이란다.

사회적 지위나 성별에 관계없이 인생이란 용기를 보여주어야 하는 전쟁터다. 비애는 겁쟁이의 몫일 뿐이다. 인생은 병상에서 죽든 들판의 텐트 속에서 죽든 하등 차이가 없는 공정한 경기이다. 그 둘 사이에 차별을 두려는 어리석은 행위를 절대 허용하지 않는다. 지금 할 일 뒤로 미루고 절망하는 것은 비겁이자 패배이다. 인간은 실패하기 위해서가 아니라 성공하기 위해서 태어난다 [5].

셋째, 세상에게 예측가능한 네가 되길 바란다.

네가 그렇게 타인에게, 그리고 미래의 너에게 예측가능한 사람이 된다면 반드시! 당연히! 결단코! 넌 온 우주에, 세상에 예측가능한 존재가 되는거야! 온우주가, 세상이 네게 준비된 그 업을 이루게 도울거야. 예측가능하니까! 해낼 거니까! 그렇게 우주의 조화와 세상의 진화에 유리하게 쓰일 것이 확실하니까! 세상은 항상 네게 관심을 기울이며 네게 더 거대한 임무를 맡기고 널 무조건 신뢰할 것이야. 그렇게 너는 믿는 자에게 결코 배신하지 않는 든든한, 위대한 파트너와 손을 잡게 되지. 너의 든든한 파트너인 우주는, 세상은, 절대적인 존재는, 나아가 널 세상에 있게 한 창조주라 불리는 존재는 결코 네게 허투루, 또는 정당하지 않은 보상을 하지 않는단다. 현명한 신들은 결코 인간을 지지대로 삼지 않으며 [6] 혹여 네가 오늘 보답받지 못한 것은 열배가 되어 되돌아올 것 [7] 이야.

신의 계산은 너무나 치밀하고 정확하단다. 엄마는 네게 어떤 메세지를 강력하게 전하고 싶을 때, 꼭 네가 확신을 가지고 들어주길 바랄 때 성현들의 글귀를 인용해. 수백, 수천년간 수많은 사람들을 통해 전해진 고서나 연금술에는 거

---

5 소로우의일기, 헨리 데이빗 소로우, 2003, 도솔
6 구도자에게 보낸 편지, 헨리 데이빗 소로우, 2005, 오래된미래
7,8 아카바의 선물, 오그만디노, 2001, 학일

역, 거부, 거절할 수 없는 진리가 담겨 있거든. 그렇게 엄마가 네게 전하려는 뜻을 이들의 글을 통해서라도 더 확신있게 전하고 싶어.

1마일 앞으로 더 나아가는 것은 너 자신이 자진해서 해야 할 특권이며 이것을 회피해서는 절대 안된다. 이것을 무시하고 다른 사람과 마찬가지로 조금밖에 않는다면 실패할 것이며 그 책임은 모두 너에게 있는 것이다. (중략) 보상이 늦다고 탓하지 마라. 지불유예는 그만큼 너에게 이익이 생기니 복리이자를 적용하리라[8].

자, 네 몸값을 올리는 단 2가지 대체불가한! 예측가능한! 사람에 대해서 지금까지 얘기했어. 이 둘은 결코 기술이나 능력처럼 한순간 집중한다고 얻어지는 것이 아니란다. 일체의 좋은 사물의 근원은 수천겹[9]으로 되어 있단다. 책을 읽고 읽은 것을 실천하며 매일 조금씩 자신을 변화시킨다면, 그렇게 순간순간 너 자신을 깊이 들여다 본다면 분명히 너는 2가지를 모두 겸비한 사람이 되어 있을 거야. 수천겹으로 정제된 네가 된다면 너는 자신의 태양과 굽힐 줄 모르는 태양의 의지를 숨긴[10] 웅장하고 위대한 것으로 제대로 갖춰지는 것이야. 너는 귀하고 소중한 존재로서 꼭 쓰여야 할 곳에 쓰이는, 그렇게 유리하니 우주의 보호아래에서 네 몫을 다해내는 삶을 살게 될 것이야.

그러니 기본. 기본. 기본. **아무리 강조해도 지나치지 않는, 기본을 깊게 다지렴.** 그렇게 갖춰진 인간의 격. 즉, 인격이 너의 무한한 몸값을 만들어 줄 것이야. '돈'을 쫒지 말고 '기본이 되는 자세'를 갖추렴. 그러면 자연스럽게 너의 몸값의

9,10 차라투스트라는 이렇게 말했다, 니체, 2000, 책세상

가치는 상승한단다. 이런 너라면 분명 너를 구성하는 그 충분했던 기본들이 기쁨에 넘쳐 현존하는 존재 속으로 뛰어들어 단 한번의 솟구침이 아니라 연속적인 솟구침의 인생을 맞이하게 될 것이 분명해!

스물세번째 편지, 습관

원하는 네가 되었을 때 넌 어떻게 생각하고 말하고 행동하겠니?

더 나은 사람, 더 나은 삶, 더 높은 목표를 이루고자 하면 더 나은 습관이 필요하겠지?

낡고 고치고 싶은 기존의 습관은 새로운 습관으로만 바꿀 수 있단다.

지금 너의 모습에서 변화가 필요하다면 기존의 습관을 내몰 새로운 습관이 필요해.

3달만 '해야할 것'에 자발적 구속을,

3달만 '하고 싶은 것'에 의지적 단절을,

3달만 '이성'에 힘을 주는 의도된 각성을,

3달만 '감정과 조언으로 둔갑한 악마'에게 무관심을 보낸다면

너는 반드시 3달 뒤, 네가 간절히 바라던 그 모습을 갖게 될 것이야.

고무줄인간이면 곤란해

앞의 편지에서 '자세'에 대해 이야기를 했는데 자세는 습관과 연관이 깊지. 그래서 네 몸값의 가치를 올려줄 멋진 자세, 올바른 습관을 어떻게 하면 지닐 수 있는지 조금 더 구체적으로 얘기해보려 해. 엄마는 너희들을 보면 너무 신기해! 아무리 생각해도 젊은 너는 똑똑하구! 사람은 본능적으로 시대가 원하는 능력을 스스로 타고나나 봐. 엄마에겐 그리 어려운 디지털이 너에겐 너무나 자연스럽잖아. 검색하나에도 끙끙대는 엄마인데 너는 어떻게 모든 것들을 그렇게 쉽게 다루지? 놀라워!! 이렇게 습득이 빠르고 중독도 깊은 너희 세대이기에 꼭 묻고 싶단다!

너의 성공을 위해 너는 무엇으로 너를 중독시킬래?

지금 너의 일상, 이 모두는 네가 그동안 반복한 행동들의 결과지. 습관화된 것이지. 하지만 더 나은 사람, 더 나은 삶, 더 높은 목표를 이루고자 하면 더 나은 습관이 필요하겠지? **낡고 고치고 싶은 기존의 습관은 새로운 습관으로만 바꿀 수 있단다.** 지금 너의 모습에서 변화가 필요하다면 기존의 습관을 내몰 새로운 습관이 필요해.

당신의 믿음은 곧 당신의 생각이 되고
당신의 생각은 곧 당신의 말이 되고
당신의 말은 곧 당신의 행동이 되고
당신의 행동은 곧 당신의 습관이 되고
당신의 습관은 곧 당신의 운명이 된다.
- 마하트마 간디 -

엄마가 참으로 귀하고 감사히 여기는 글이야. 성현(聖賢)의 가르침이 따분하고 진부하지만 항상 이러한 경구들에 인생의 바른 길이 놓여 있음을 명심하렴. 자, 어떻게 너의 믿음이 너의 운명이 되는지… 즉, 운명은 주어진 것일까? 만드는 것일까? 엄마는 결코 정답을 알 수 없는 질문에는 엄마가 정답을 정해버려. 그래서 이 질문에도 역시 '운명이 정해져 있더라도 내가 바꿀 수 있다'라고 정리하기로 했어. 운명이 내게 주어졌다 하더라도 엄마는 변화시킬 수 있는 존재이며 엄마 스스로 자신의 운명을 만들어서 그것으로 엄마의 인생을 결정짓겠다는 의지라고도 할 수 있지. 자, 네 운명은 네가 스스로 결정할 수 있단다. 타고난 운명이 제 아무리 너를 옥죈다 해도 너의 믿음으로 더 굳건하게 변화시키고 키워나갈 수 있는지에 대해 이제부터 단계별로 설명할거야.

너에게 '바라는, 원하는' 바가 있지?
없다고?

없다면 찾을 필요가 없으니 그저 사는대로 생각하면 된단다.

모른다고?

모른다면 있는지 없는지도 모르는 것이니 있다는 전제로 찾으면 된단다.

아직 못 찾았다고?

괜찮다.

찾는다는 것은 무조건 네 안에 있다는 증거이니 네 안을 들여다보면 된단다!

어떻게 들여다보는 지 모르겠다고?

안 보이더라도 기다리면 스스로 나온단다. 기다려라.

가령, 어떤 일을 하고 싶다거나 누구처럼 살고 싶다거나 하는 그런 바람들. 멸종위기 동물들을 지켜내는 삶을 살고 싶다거나 정의로운 사회를 위해 법을 집행하는 사람이 되고 싶다거나 책으로 사람들에게 삶의 진리를 알려주고 싶다거나 그림으로 자신의 잠재력을 확인하고 싶다거나. 사람들마다 다양한 꿈을 꾸지. 이는 단지 생명공학자, 판사, 정치인, 작가, 화가와 같이 규정된 직업을 의미하는 것이 아니야. 직업 이상의 가치를 품은 바람(wish)이자 소원이자 꿈이지. 그림을 그리고 싶다면 단순히 화가라는 직업을 갖는 의미를 떠나서 디자인을 할 수도 있고 그림을 가르칠 수도, 취미로서 그림을 그릴 수도 있고 다양한 업종에서 자신의 꿈을 펼칠 수 있지.

우선 가장 중요한 시작은 **너 스스로 '원하는 네가 될 수 있다'고 믿.는. 것부터여야 해.** 네 안에는 무한한 잠재력이 있거든. 지구상에서 가장 창의력과 잠재력이 넘치는 곳이 무덤이라잖니. 사람들이 너무 쓰지 않고 죽어버려서 그 곳에 거의 다 있다잖아. **'원하는 네가 되었을 때 너는 무엇을 생각하고 어떻게 말하고 행동할까?'** 그 때 그 모습처럼 생각하고 말하고 행동하렴. '된 것처럼' 말이야. 미래의 '원하는 너 자신'으로 현실을 사는 것이지. **결과로부터 지금을 산다**는 의미야. 지금에 서서 미래를 바라보는 것이 아니라 미래에 서서 지금을 바라보고 살라는 말이지. **to가 아니라 from**의 자세로 말이야. '되고 싶다', '되면 좋겠다'가 아니라 '안되면 안된다!'가 믿음이야. '되었다고' 믿는 것, 된 것처럼 말하고 행동하는 것! 즉, **바라기보다 믿는 것!**

그리고 나서 이제부터 중요하다! 행동이니까! 행동이 어떻게 습관이 되느냐에 대한 단계를 알려줄거야. 그림을 잠깐 보렴.

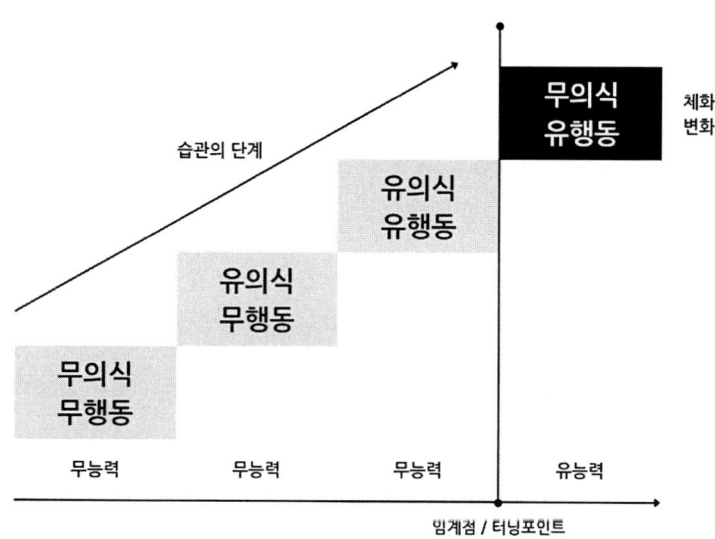

[습관형성단계]

1단계는 네가 무슨 행동을 어떻게 해야 하는지, 아니, 자신의 행동이 바뀌어야 하는지조차 인지하는 못하는 **무의식, 무행동의 단계**야. 쉽게 예를 들어서 네가 아주 어릴 때는 너에게 양치질 한번 시키려면 이리저리 도망다니는 널 쫓느라 엄마가 무지 애먹었거든. 아가인 너에게 양치질은 아주 낯설고 불편한 것이었지. 처음 하니까. **해야 한다는 생각도 없고(무의식) 스스로 하지도 않지(무행동)**. 그 때 엄마는 네게 매번 얘기하면서 널 달랬어. '치카치카 안하면 이가 아야해'라고. 어린 너는 양치질을 왜 하는지, 어떻게 하는지, 안하면 어떻게 되는지 전혀 몰랐지. 그러니 안했지. 마찬가지야. 현재의 네가 바라는 미래의 너의 모습을 그리지 않으면 우리는 **'내가 뭘 모르는지도 모르는'** 바보처럼 살게 돼. 매일매일 그날이 그날이지. 하지만 '바라는, 원하는 네'가 있다면 분명 지금과는 다른 무언가를 해야 한다고 여기게 되거든. **바라는 모습을 상상하는 것만으로도 지금의 자신을 변화시키는 힘**을 갖게 돼.

그래서 2,3 단계는 '변해야겠다.'는 마음을 갖게 된 단계야. 유의식이지. 의식하지만 행동으로 이어가기엔 아직은 힘든 단계. 알지만 힘들다고. 낯서니까. 작심삼일이라는 말처럼 3일 겨우 하고 말지. '스스로 양치질할래?'라고 물으면 아가들은 엄마가 해주는 게 싫으니까 혼자 한다고 해. 하지만 다음날은 빼먹고 그 다음날은 무슨 일인지 하루 종일 칫솔을 입에 물고 있고. 그렇게 어떤 날은 하고 어떤 날은 안하고 어떤 날은 잊어버리고 어떤 날은 매우 집요하게 하고... 이렇게 들쑥날쑥해. 이해하겠지만 어떤 행동이든 아차하고 빼먹고, 하기 싫어서 안하고, 귀찮아서 안하고, 그러다가 이래선 안되겠다 싶어서 해내고.. 이렇게 반복하면서 2,3단계는 길게 갈수도, 짧게 갈수도 있어. 목표가 높을수록 2,3단계는 아주 오래 지속되겠지. 대부분 70~100일정도 반복하면 습관이 된다고 하는데 바로 이 70~100일의 거의 대부분의 날들이 2, 3단계야. **실패**

가 가장 많은 구간, 포기가 가장 쉬운 구간이 2단계지. 그러다가 서서히 '이러면 안되겠다!'라며 3단계로 이어져. **하기로 한 것(유의식)을 먼저 행동(유행동)**하는 방향으로 마음을 다지게 되지.

처음 시도하는 것은 낯설어. 어려운 것이 아니야. 낯설뿐이지. 독서를 하자고 하면 어렵다고들 해. 어려운 게 아니라 낯설지. 낯서니까 하기 싫고 안해지는 것뿐이야. 하지만 매일매일 생각하고(유의식) 행동하는(유행동) 횟수가 많아지면서 점점 **낯선 것은 익숙한 쪽으로, 익숙한 것은 잘해지는 쪽으로** 향하게 된단다. 지금 너는 어떠니? 아직도 양치질이 어렵니? 바보같은 질문이지? 처음 유학을 떠난 친구들은 영어가 낯설지. 그러다 보니 생활도 어렵고 여러가지 힘들 것이야. 하지만 영어를 의식적으로(유의식) 떠올리며 영어만 사용하지(유행동). 어느 순간 귀가 뚫리고 말이 자연스러운 날이 오는 거야. 낯선 것은 반드시 익숙한 방향으로 가게 되어 있어. 그렇게 영어를 잘하는 능력(유능력)의 단계가 되는 것이지.

책상앞에 앉아 있는 시간이 아주 긴 엄마에게 운동은 필수야. 그래서 시작한 것이 만보걷기인데 처음엔 만보가 너무너무 힘든거야. 그래서 어떤 날은 하다가 말고 어떤 날은 '오늘 하루쯤이야'싶어서 알면서도 안하고 어떤 날은 '그래도 해야 하잖아'라며 스스로를 달래서 해내고. 이렇게 유의식과 무행동, 유의식과 유행동의 과정을 왔다갔다했지. 지금? 만보는 껌이야. 안하면 오히려 몸이 알아채서 무의식적으로 하게 돼.

이렇게 2,3단계의 무수한 반복을 통해 어느 순간, **4단계. 생각하지 않아도(무의식) 그 행동을 하게 되는(유행동)** 단계에 도달해. '체화(體化)'된 것이지. 마치 지금 양치질을 안하면 너무나 찜찜하듯이 말야. 엄마의 경우, 책을 읽지 않으면 하루를 시작할 수 없어. 지난 5년이상을 매일 새벽에 책을 읽었으니까 중독된 것이지. '하기 전의 내'가 '원했던 미래의 나'로 '지금' 되어 있는 것이지. 바로 이것이 습관이야. 변화를 원해 반복으로서 체화된 것이고 이제 몸이 스스로 알아서 하는 것. 밥먹는 것처럼. 화장실가는 것처럼. 몸이 알아서.

결국, 습관은 반복반복반복된 행동으로 자신을 중독시킨 결과야. 앞서 언급했던 '정신의 깊은 주름'에 습관이라는 이름을 붙여도 좋다. 자, 그렇다면 다시 물을께.

너는 무엇으로 너 자신을 중독시키겠니?

많은 젊은 친구들이 게임중독, 알콜중독, 쇼핑중독에 빠지곤 하는데 이 과정도 마찬가지로 위의 4단계를 거친 결과야. 처음엔 할까말까(유의식)하지만 안하는 날도 있었겠지. 그런데 2,3단계에서 감정이 이성을 항상 이겨 버린거야. 그래서 2, 3단계는 **냉정한 이성이 지배해야 하는 구간**이란다. 감정이라는 놈이 이 구간을 점령하고 있어. 그래서 강력한 전투력을 구비한 '이성'을 투입시키지 않으면 감정에 무조건 지게 돼. 그렇게 2, 3단계를 게임과 같은 쾌락의 감정에 지배당하면 4단계에서 게임이 몸에 체화되는 것이지. **이성이 감정을 굴복시킬지, 감정이 이성을 굴복시킬지. 선택을 자주만 요구받을 구간이고 매번 선택을 해내야만 할 구간**이 2, 3단계야.

그리고 특히, 3단계에서 주의할 것이 있어. 경계해야만 하는 놈이 자주 찾아올거야. 바로 '**자만**'이야. '이쯤하면 되지 않겠어?'라는 자만. 인간은 관성과 항상

성에 늘 지배를 당하거든. 제자리로 돌아가려는 강력한 힘이 손에 든 무기가 '자만'이야. 이 쯤에서 며칠 멈춰도 괜찮을 것 같은 자만말이야. 그래서 엄마는 **인간은 고무줄**이라고 표현하기도 해. 그러니까, **3단계는 네가 고무줄인간인지를 테스트받는 단계**이기도 해. 내가 좀 하는 것 같거든! 그럴 때 살짝 자만이 올라오고 경계를 허술하게 풀어버리는 순간, 바로 1단계로 되돌아가. 고무줄을 늘일 때는 힘을 줘야 하지만 한손이라도 고무줄을 놓으면 순식간에 원래의 길이로 돌아가 버리잖아. 주변을 한 번 봐봐. 대부분의 사람들이 뭔가를 끝까지 완수하기보다는 대충 끝내기 위해 요령을 찾고 있어. 독서는 물론, 운동, 취미할 것 없이 뭐든 대충하고선 성공하길 바라거든. 그렇게 혹여 네가 중간에 고무줄처럼 되돌아갔다고 하더라도 괜찮아. 1단계부터 다시 하면 되니까. 중요한 것은 불파만지파참(不怕慢只怕站)[1]이니까! **전쟁같은 2, 3단계에서 이성이 무조건 이기도록, 자만에 빠지지 않도록, 완전히 몸에 체화될 때까지 반복과 훈련을 거듭하면 반드시 4단계**로 넘어가게 되어 있어. 그러니 멈추지만 않으면 돼.

절대 2, 3단계에 머무르는 사람은 없어. 어떤 식으로든 습관이란 것은 만들어지게 되어 있거든. 고무줄처럼 다시 기존의 관성화된 습관으로 돌아가든 치열한 반복을 통해 새로운 습관이 만들어지든 누구나 1단계 또는 4단계로 이동하지. 시간은 무엇으로라도 채워지게 되어 있어. 좋은 습관이든 나쁜 습관이든 반복하면 네 몸은 반복에 복종하게 되어 있단다. 그래서, **2, 3단계는 양을 쌓는 단계**여야 해. 양을 채우면 반드시 폭발직전의 단계인 임계점을 만나게 돼. 처음엔 임계점을 향해 네가 반복하지만 나중에는 임계점이 네게 찾아올거야. 그만해도 된다는 기쁜 소식을 알려주려는 것이지.

---

1 불파만지파참 : 느리게 가는 것은 두렵지 않으나, 중도에 멈추게 될까 그것이 두렵다.

결과부터 역으로 정리해보렴. 너는 너에게 무엇을 중독시켜 습관으로 만들고 싶니? 긍정적인 사고? 건강한 육체? 논리적인 이성? 성실성? 자. 갖고 싶은 것이 참 많지? 다시 한번 물을께.

원하는 네가 되었을 때 년 어떻게 생각하고 말하고 행동하겠니?

'네가 원하는 네가 되려면' 어떤 것들로 널 중독시켜야 할까? 이 질문으로서 네가 당장 변해야 할 부분은 명확해 질거야. 명확한 그것이 무엇인지 안다면 1단계는 통과야. 결국, **성공하는 사람. 자신의 인생을 가치있게 만들어가는 사람들은 모두 2, 3단계에서 이성이 감정을 이긴 사람들**이야. 2, 3단계가 키(key)야. 성공의 키. 가치의 키, 꿈의 키. 하지만 **2, 3단계의 터줏대감은 악마야.** 악마를 이기는 방법은 유일해. 반복밖에 없어. 계속하는 수밖에 없어. 꾸준하게, 끝까지 하는 수밖에 없어. 악마얘기 알지?

악마 셋이 인간을 좌절시키기로 내기를 했어. 악마1은 천재지변을 일으켰지. 쓰나미나 지진과 같은. 그런데 인간들은 너무 뛰어난 두뇌와 협동으로 이를 극복하더라구. 악마1 실패! 악마2는 신체를 훼손시키기로 했어. 다양한 사건사고들로 팔다리, 심지어 정신을 훼손시켰지. 그런데 이게 왠일? 인간들은 특유의 '불굴의 의지'로 위대한 기적을 일궈내는 거야. 그래서 악마2도 실패! 악마3은 좀 더 신중하게 고민했지. 시간을 길게 투자해서 서서히 인간들을 좌절시키기로 결정했어. 그래서 매번 인간의 귀에 속삭였단다. '괜찮아, 오늘 하루쯤이야... 괜찮아. 너 한사람 정도는... 괜찮아. 너 지금 피곤하지? 쉬어도 돼. 오늘 하루 쉰다고 뭐가 달라지겠어? 지금도 충분해. 괜찮아' 라고 매일매일, 순간순간 달콤하게 속삭이면서 **'미루는'** 습관을 갖게 한거야. 결국, 그렇게 가끔, 또는 자주 악마의 유혹에 넘어간 인간은 '그래, 내가 뭐가 되겠어?' '이렇게 살다가 죽지 뭐'라고 좌절해 버린거야. 악마3 성공!

다시 말하지만, 2, 3단계의 터줏대감은 악마야. 널 포기시키려, 좌절시키려 괜찮다고 위로하고 지금도 충분히 멋지다는 말로 너를 지금 그 자리에 머물게 하지. 네가 더 이상 성장하길 원하지 않아. 말로는 달콤한 위로로 들리겠지만 결국 네게 '괜찮다. 지금도 충분히 괜찮다. 그렇게 열심히 살 필요없다'고 말하는 모두는 악마처럼 네가 성장하길 원하지 않는 이들이야. 네가 변화하기로 결심했다면 이 모든 조언처럼 둔갑된 간섭주의자들에게서 귀를 닫아야 할거야.

딱 100일만!

100일만 네 눈과 귀를 멀게 하면 100일 뒤 그들은 이렇게 말할걸.
'너니까 해낼 줄 알았다', '이야~ 달라졌는데!', '와우 뭐가 되도 되겠는걸!'
'그러다가 어떤 이는 '어떻게 했어? 나도 너처럼 해보고 싶어'라고 부러워도 하지. 네가 100일간 집중한 그 시간이 성장을 원하는 누군가를 위해 먼저 경험으로 증명해낸, 그렇게 보여준 귀한 시간인 것이야.

네 꿈을 이뤄주는 바람직한 습관으로 널 중독시켜 봐. 그러면 처음에 네가 바라던 '원하는 나', 믿었던 '미래의 나'가 네 시야에 보이기 시작할거야. 사람은 될 것 같으니까 하지, 되지 않을 것 같으면 하지 않아. 본능적으로 자신이 감지해. 스스로 할 수 있을 것 같으니까 시도하는 것이거든. **욕구한다는 것은 이미 그 능력도 자신안에 있음을 믿는 것까지여야 해.**

너의 촉을 믿어라.

너의 감을 직관해라.

너의 운을 스스로 만들어라.

너의 미래를, 운명을, 삶을 더 거대한 시선에 의지하여 따라라.

의식하지 못하니 행동도 없는 1단계

의식은 하지만 행동으로 이어지지 않는 2단계

의식해야 행동으로 이어지는 3단계

의식하지 않아도 자연스레 행동으로 체화된 4단계.

아주 간단하단다. 100일에 답이 있단다. 2, 3단계, 아무리 어려워도 길어봤자 100일이야. 3달정도지. 2, 3단계가 아무리 널 괴롭혀도 3달만 악마에게 이겨보렴. 그렇게 4단계에 발을 내디뎌봐.

3달만 '해야할 것'에 자발적 구속을,

3달만 '하고 싶은 것'에 의지적 단절을,

3달만 '이성'에 힘을 주는 의도된 각성을,

3달만 '감정과 조언으로 둔갑한 악마'에게 무관심을 보낸다면 너는 반드시 3달 뒤, 네가 간절히 바라던 그 모습을 갖게 될 것이야.

100일간의 성취-간단하든 복잡하든 무엇이든 네가 하기로 한 것-는 작은 성공이라고 할 수 있지. 작은 성공은 또 다른 도전에 강력한 자기발화의 불씨가 돼. **자기발화력.** 소수만이 지닌 능력이란다. 외부에서 동기부여를 얻는 것이 아니라 내면에서 스스로 동기부여의 불씨를 지필 수 있는 자. 이 귀한 **자기발화력을 만들어주는 힘은 바로 100일의 집중**에 있어!

자, 간디의 말을 다시 한 번 소리내어 읽어보렴!

당신의 믿음은 곧 당신의 생각이 되고
당신의 생각은 곧 당신의 말이 되고
당신의 말은 곧 당신의 행동이 되고
당신의 행동은 곧 당신의 습관이 되고
당신의 습관은 곧 당신의 운명이 된다.
- 마하트마 간디 -

길고 장황하고 진부한 말들이지만 네 인생을 네가 원하는 바대로 가치있게 만드는 것은 아주 단순한 곳에 답이 있어. 원하는 자신이 되기 위해 중독시킬 단 하나의 행동만이라도 100일간 해내는 것! 100일간은 결코 이성이 감정에 지지 않도록! 100일간은 결코 행동에 초점맞춰 반복하도록!

간단하지? 쉽지? 짧지? 할 수 있지?
이 100일을 끌고 가는 강력한 견인동력은 처음에 말한 **'원하는 네가 된다는 믿음'**으로부터야.

스물네번째 편지, 시간

어떤 이는 일주일에 한 번씩 자신이 시간을 어떻게 썼는지 계산해보고는 그렇게 많은 지출을 한 것에 놀랐대. 그래서 시간을 절약하려 애썼지만 1주일 뒤 다시 계산해보니 별로 절약된 것이 없었대. 그래서 되돌려받을 요량으로 문을 걸어 잠그고 지난 1주일을 곰곰이 떠올려 봤지만 그 어디에서도 되돌릴 수 없다는 사실을 깨달았지. 분명 자신은 시간을 절약하려 애쓰며 살았는데 그 어디서도 절약되지 않았고 되돌려지지도 않았던거야.

한마디로, 자기도 모르게 시간이 없어지는거야. 사기를 당했는지도 몰라. 사람이 돈계산은 철저하고, 돈으로 사기를 당하면 분기탱천하고 분노하며 이를 갈지만 황금같다는 시간은 계산도 안하고 사기당하는지, 도둑맞는지도 몰라...

감시하는 자가 없으니 도둑맞지 않도록!

신은 왜 시간을 한줄로만 세워놨을까? 능력있는 사람은 시간을 배로 쓸 수 있도록 두줄, 세줄로 세울 수도 있었을텐데. 능력있는 사람은 일도 이일 저일 여러가지를 할 수 있으니까 시간도 여기선 이렇게, 저기선 저렇게 쓰면서 두세개의 인생을 살 수도 있을텐데 말이야.

인간 모두가 공평하게 지니고 있는 것이 무엇인지 곰곰이 생각해보면 단 2가지 밖에 없는 것 같아. 몸? 누군가는 장애로 태어나지. 돈? 이건 당연히 아니구, 환경? 누군가는 여기서 또 저기서 다 다른 환경에서 태어나. 또 뭐가 있을까? 이래저래 아무리 생각해도 모든 인간에게 공평하게 주어진 것은 시간과 대자연밖에 없는 듯해. 그 가운데 인간이 통제가능한 유일한 것은 시간이구!

그래서, 이런 생각이 들더라구. 나중에... 아주아주 나중에... 인생의 모든 시계가 멈췄을 때, 신 앞에서 어떻게 인생을 살았는지 심판받아야 할 그 때. 신도 누구에게나 공평하게 적용할 1가지를 지니고 있어야 공정한 심판을 할 것 같아서 시간을 단 1줄만 세워놓은 것 같아. 모든 인간이 한평생 살아온 것에 대한 평가기준이 시간이라면 불만은 없겠지? 공평한 잣대니까 어떤 비교도 변명도 못할거잖아. 물론 시간은 계산하기도 편하구. 그저 산술계산뿐이니 말야. 그래서 오늘은 '시간'에 대한 얘기를 하려 해. 아! 그리고 앞서 100일의 시간이 얼마나 중요한지에 대해 아주 강조했지? 이번 편지에서는 그 100일에 대해 네가 더 구체적이고 정량적으로 이해할 수 있도록 엄마만의 상상력을 동원해서 얘기할테니 잘 읽어 줘.

어떤 사람이 자신이 앞으로 50년을 더 살 것 같아서 그것을 시간으로, 분으로, 초로 계산해보고 놀랐대. '아니, 인간이 이렇게나 엄청나게 많은 시간을 갖고 있는데 감시하는 사람이 아무도 없다고? 도둑맞기 십상인데! 하면서 말이야. 그렇게 계산해 보고는 너무나 많은 재산이 자신에게 주어졌다는 것에 감사하게 되었대. 시간도 자신의 자원이잖아. 무료로 받은 자원. 그런데 '시간이 벌써 이렇게 됐어?', '시간가는 줄 몰랐네'라는 말을 자주 하는 걸 보면 우리가 의식하지 못한 상태에서 시간이 어딘가로 가버리나 봐. 어디로 갔을까? 허공으로 사라졌을까? 아닐걸!. 시간도 자기 길을 가고 있으니 어딘가로 간 것이지. 4차원적인 발상이지만 어딘가로 갔다면 어딘가 도착했을테고... 결국, 누군가에게로 내 시간이 보태진거지. 시간을 엄청 잘 활용하는 누군가에게로.

감시하는 자가 없으니 시간은 자주 도둑맞나 봐.

앞서 얘기했듯이 나중에.. 나중에... 네가 어떻게 인생을 살았는지를 심판받기 위해 신 앞에 서게 될 때, '시간을 어떻게 썼는지 보자! 공짜로 주어진 것에 감사하며 아끼고 귀하게, 꾹꾹 눌러서 즙까지 짜내가며 잘 사용했느냐, 아니면 대충 생각조차 하지 않고 남는 게 시간이라면서 그냥 흐르는대로 냅뒀느냐?'라고 물으면 넌 어떤 대답을 할 수 있을까? 사실, 시간을 어떻게 소모했느냐에 인생을 살아온 모든 자세가 다 담겨있다고 해도 과언이 아닌 것 같아. 밀도와 채도와 순도와 탁도 모두가 어떻게 시간위에 드러나는지에 따라 가치있는 인생이, 그렇지 않은 인생이 되는 것이잖아. 누구에게나 공평하게 주어진 시간을 자기 스스로 사용하지 않으면 시간은 자신의 길을 따라 정말 제대로 귀하게 써줄 사람한테로 간다! 자기것도 못 챙기는, 게다가 사기당하고 도둑맞는 어리석은 사람은 되지 말아야겠지?

도둑맞도록 방치한 개인의 잘못이 크지. 어떤 변명도 할 수 없지 않겠니? 어떤 이는 일주일에 한 번씩 자신이 시간을 어떻게 썼는지 계산해보고는 그렇게 많은 지출을 한 것에 놀랐대. 그래서 시간을 절약하려 애썼지만 1주일 뒤 다시 계산해보니 별로 절약된 것이 없었대. 그래서 되돌려받을 요량으로 문을 걸어 잠그고 지난 1주일을 곰곰히 떠올려 봤지만 그 어디에서도 되돌릴 수 없다는 사실을 깨달았지. 분명 자신은 시간을 절약하려 애쓰며 살았는데 그 어디서도 절약되지 않았고 되돌려지지도 않았던거야.

한마디로, 자기도 모르게 시간이 없어지는거야. 사기를 당했는지도 몰라. **사람이 돈계산은 철저하고, 돈으로 사기를 당하면 분기탱천하고 분노하며 이를 갈지만 황금같다는 시간은 계산도 안하고 사기당하는지, 도둑맞는지도 몰라...** 좀... 이상하지? 그리고 시간은 착각하게 해. 너를 놀려대지. 1년? 길지. 그런데 하루는? 그리 길게 느껴지지 않아. 시간은 언제나 똑같은 속도로 흐르는데 말야. 그리고 '쏜살같이'라는 말이 제법 잘 어울리는 것도 시간이야. 시간은 정말 쏜살같이 흘러. 엄마도 언제 벌써 이 나이가 되었는지 모르겠어.

엄마가 오래전부터 자주 들춰보는 세네카[1] 는 '세상에 자신의 귀중한 시간과 맞바꿀만한 가치가 있는 것은 아무것도 발견할 수 없다!'고 확언하며 자신의 말을 믿어달라고 당부했어. 엄마의 생각도 이와 같단다. 세네카가 젊은 루킬리우스에게 쓴 편지가운데 시간에 대해 당부한 구절이 있는데 딱 엄마가 네게 해주고 싶은 말이 그대로 담겨 있어. 잘 읽어봐.

내일에 의지하는 것을 줄이기 위해서는 오늘을 확실히 확보해 두어야 하네. 미루고 있는 사이에 인생은 달려서 지나가 버리니까. 모든 것은 남의 것이지만 시간만은 내 것이라네. 자연은 그렇게 달아나기 쉽고 넘쳐 흐르기 쉬운 것만 우리의 소유가 되게 해주었으나, 그 소유를 빼앗는 일은 누구든지 그럴 마음만 있으면 해낼 수 있다네. 더욱이, 언젠가는 반드시 죽게 되어 있는 우리 인간들은 너무나 어리석어서, 아무리 하찮고 가치가 낮은 것, 교환이 가능한 것이라도 그것을 받으면 반드시 빚으로 여기면서도 (자연으로부터) 시간을 받은 것에 대해서는 자신에게 갚을 의무가 있다고 생각하는 사람은 아무도 없다네. (중략)

대부분의 사람들이 자신의 잘못만은 아닌데도 어려움에 빠졌을 때처럼, 누구나 너그럽게 봐주기는 하지만 도와주는 사람은 없네. 그럼 어떻게 할까? 나는 자기 손안에 남아있는 것이 아무리 적어도 부족함을 느끼지 않는 사람은 가난하지 않다고 생각하네. 그렇지만 자네는 자네의 것을 소중히 지키길 바라네. 그리고 적절한 시기에 시작하게나. 우리 조상[2] 들이 생각한 것처럼 '바닥이 난 뒤에 절약하는 것은 이미 늦은 것'이므로 실제로 맨밑바닥에 남은 것은 가장 적

---

1 인생철학이야기, 세네카, 2017, 동서문화사
2 베르길리우스 '노동의 나날' 중에서 발췌

을 뿐만 아니라 가장 나쁘기도 하다네 [3].

엄마도 숱한 시간들이 흘러가버리게도, 스스로 내버리기도, 어디서 사기당했는지도 모르게 보낸 나날이 많았어. 그래서 '시간과 돈'을 같다고 여기기로 했지. 아주 구체적으로 말야. 그래서 돈처럼 시간도 어떤 은행에 저축하려고 시간은행을 만들었어. 이 은행은 무조건 복리로 불려주는 곳이지. 왜냐면, 랄프왈도 에머슨[4] 이 알려줬거든. 신은 무조건 복리로 계산한다고. 그러니까 엄마의 시간은행 역시 무조건 복리로만 불려서 되돌려주는 곳이야. 그리고 아주 철저하게 세심하고 알짤없이 정확한 곳이지. 여기에 시간을 저축하기로 했어. 음. 엄마가 했던 방법을 알려줄께. 아주 간단해.

첫째, 하루를 30분 단위로 쪼개서 작성했지.
지금 현금잔고가 얼마가 있는지 알아야 어디서 얼마를 저축할 수 있을지 아는 것처럼 똑같이 해본거야. 1주일정도의 하루를 쪼개서 평균을 내보니까 하루에 3시간 정도의 시간을 늘 도둑맞고 있었더라구.

둘째, 그렇게 도둑맞은 3시간을 저축하기로 결정했지.
도둑이 가져가기 전에 내가 쓰기로 한거야. 여기저기 흩어진 통장을 다시 재정리하듯이 이 3시간을 빼려니 그간 관성처럼 지냈던 하루 일상도 다시 재배치시킬 필요가 있었고 그렇게 3시간을 한꺼번에 모았어.

셋째, 모은 3시간에 무언가를 꾸준히 하기로 했어.
엄마의 경우는 책을 읽기로 했지. 2019년 2월부터지. 지금은 글쓰기도 같이 하

---

3 삶의 지혜를 위한 편지, 세네카, 2016, 동서문화사
4 자기신뢰철학, 랄프 왈도 에머슨, 2020, 동서문화사.

면서 시간도 더 늘였지. 여하튼 일정 시간을 정해서 3시간을 그렇게 지켜낸거야. 복리로 불어난다잖아. 그러니까 안할 이유가 없지. 책과 글로 정한 이유는 양이 쌓이면 압축되고 폭발하여 질적인 승화가 일어나는 원리 때문이거든. 책과 글을 통한 사유의 시간은 항상 바쁜 것들에게서 밀렸었는데 '이 소중한 것을 차곡차곡 쌓아보자. 책과 글은 삶의 가장 근원을 알려주고 시야를 넓혀주면서 깊이 사고하여 현명한 판단을 할 수 있게 도우니까.'라고 생각했던거야. 제일 기본이 되는 것에 충실하기로 한거야. 또, 책을 읽는 모두가 성공하는 것은 아니지만 성공한 모두는 책벌레라고 하잖아.

넷째, 그렇게 하루 3시간 독서를 성공하면 1원, 2일이면 2원, 3일 4원, 4일 8원. 이렇게 숫자계산을 하기로 했어.
복리로 말야. 그저 재미로 시작했다고 여기겠지만 엄마는 이러한 진리를 믿고 있거든. '돈은 정신의 물질화'. '보이는 것은 보이지 않는 것으로부터', '물질은 관념의 형상화'. 이러한 명제는 진리거든. 그리고, 인간의 본성상 눈에 보이도록 정확하게 정량화해서 수치로 적으니까 꽤 감각적이었어. 느낌이 좀 새롭더라구. 정리도 되고.

다섯째, 그렇게 100일을 했어.
습관을 만드는데 100일은 해야 하잖아. 그랬더니 글쎄, 정말 복리!!로 불어났는데 대단하더라구!. 3시간의 독서로 얻은 배움은 너무나 엄청났어. 지식의 축적, 사유의 시간덕에 불필요한 것들, 가령 느닷없이 벌어지는 일들, 감정낭비, 쓸데없이 기웃거렸던 모임 등 모든 것들이 정리되고 진짜 엄마가 추구하는 것이 무엇인지 알게 되었어. 결국, 불필요한 일로 소모되는 시간을 얼마나 유용하게 쓰게 됐는지 몰라. 시간은행에 얼마나 많은 시간이 복리로 불어났겠니?

하다못해 어디가 아파서 병원에 가는 것도 시간, 돈 낭비잖아. 철저하게 지켜냈던 3시간이 이렇게 엄청나게 쓸모없는 일들을 다 몰아내버렸어. 어디 시간뿐이겠니? 감정도, 비용도 다 번 것이지. 1,2,4,8,16으로 불어나는 숫자는 100일이 되면 얼마가 되는지 아니? 오른쪽 표를 봐봐. 놀랍지? 딱 100일만이야!

여섯째, 이렇게 100일을 하니까 또 다시 100일도 하겠더라구. 그래서 또 100일 더 한거야.

그렇게 엄마는 새벽에 태양마중을 나가고 책을 읽는 시간을 5년도 넘게 이어가고 있고 매일 에세이한편씩을 3년째 쓰고 있지. 도둑맞은 3시간을 이렇게 효과적으로 사용한 것이야. 이 두가지에 집중하니 현재 불필요한, 쓸모없는 것들로부터는 해방되었어. 얼마나 많은 자산을 축적한거니? 하루 3시간X5년=5475시간! 정량적인 것만으로도 엄청난데 비정량적인 부분, 그러니까 그 시간을 지켜내려던 의지나 결의, 자세부터 책을 읽으며 축적된 지식이나 성현들의 지혜가 나중에 얼마나 엄청난 보상으로 돌아올지 너무 기대가 돼.

상상만 해도 흥분되지!!! 물론, 책을 읽는다고, 글을 쓴다고 저 위의 도표의 금액이 딱 100일 뒤에 통장에 들어오진 않아. 하지만, 어차피 통장의 돈도 은행에 있지 지금 엄마주머니에 없잖아. 그냥 거기에 있는 거잖아. 저 돈도 엄마는 그냥 시간통장에서 스스로 몸집을 불리고 있다고, 언젠가는 이 꾸준하게 쌓은 양이 질적으로 폭발할 때가 올 것이라고 믿고 있거든. 이것이 바로 **'정신의 물질화', '관념의 형상화'**지. 꾸준한 축적은 반드시 어떤 보상으로 돌아와. 물론, 지금의 이 안정된 생활, 너희들이 잘 자라주는 것으로 벌써 그 보상을 받는 것일수도 있어.

Day	Amount	Day	Amount		
1	1	51	1,125,899,906,842,620	10의1승	십
2	2	52	2,251,799,813,685,250	10의2승	백
3	4	53	4,503,599,627,370,500	10의3승	천
4	8	54	9,007,199,254,740,990	10의4승	만
5	16	55	18,014,398,509,482,000	10의8승	억
6	32	56	36,028,797,018,964,000	10의12승	조
7	64	57	72,057,594,037,927,900	10의16승	경
8	128	58	144,115,188,075,856,000	10의20승	해
9	256	59	288,230,376,151,712,000	10의24승	자
10	512	60	576,460,752,303,423,000	10의28승	양
11	1,024	61	1,152,921,504,606,850,000	10의32승	구
12	2,048	62	2,305,843,009,213,690,000	10의36승	간
13	4,096	63	4,611,686,018,427,390,000	10의40승	정
14	8,192	64	9,223,372,036,854,780,000	10의44승	재
15	16,384	65	18,446,744,073,709,600,000	10의48승	극
16	32,768	66	36,893,488,147,419,100,000	10의52승	항아사
17	65,536	67	73,786,976,294,838,200,000	10의56승	아승기
18	131,072	68	147,573,952,589,676,000,000	10의60승	나유타
19	262,144	69	295,147,905,179,353,000,000	10의64승	불가사의
20	524,288	70	590,295,810,358,706,000,000	10의68승	무량대수
21	1,048,576	71	1,180,591,620,717,410,000,000	10의72승	겁
22	2,097,152	72	2,361,183,241,434,820,000,000	10의76승	업
23	4,194,304	73	4,722,366,482,869,650,000,000		
24	8,388,608	74	9,444,732,965,739,290,000,000		
25	16,777,216	75	18,889,465,931,478,600,000,000		
26	33,554,432	76	37,778,931,862,957,200,000,000		
27	67,108,864	77	75,557,863,725,914,300,000,000		
28	134,217,728	78	151,115,727,451,829,000,000,000		
29	268,435,456	79	302,231,454,903,657,000,000,000		
30	536,870,912	80	604,462,909,807,315,000,000,000		
31	1,073,741,824	81	1,208,925,819,614,630,000,000,000		
32	2,147,483,648	82	2,417,851,639,229,260,000,000,000		
33	4,294,967,296	83	4,835,703,278,458,520,000,000,000		
34	8,589,934,592	84	9,671,406,556,917,030,000,000,000		
35	17,179,869,184	85	19,342,813,113,834,100,000,000,000		
36	34,359,738,368	86	38,685,626,227,668,100,000,000,000		
37	68,719,476,736	87	77,371,252,455,336,300,000,000,000		
38	137,438,953,472	88	154,742,504,910,673,000,000,000,000		
39	274,877,906,944	89	309,485,009,821,345,000,000,000,000		
40	549,755,813,888	90	618,970,019,642,690,000,000,000,000		
41	1,099,511,627,776	91	1,237,940,039,285,380,000,000,000,000		
42	2,199,023,255,552	92	2,475,880,078,570,760,000,000,000,000		
43	4,398,046,511,104	93	4,951,760,157,141,520,000,000,000,000		
44	8,796,093,022,208	94	9,903,520,314,283,040,000,000,000,000		
45	17,592,186,044,416	95	19,807,040,628,566,100,000,000,000,000		
46	35,184,372,088,832	96	39,614,081,257,132,200,000,000,000,000		
47	70,368,744,177,664	97	79,228,162,514,264,300,000,000,000,000		
48	140,737,488,355,328	98	158,456,325,028,529,000,000,000,000,000		
49	281,474,976,710,656	99	316,912,650,057,057,000,000,000,000,000		
50	562,949,953,421,312	100	633,825,300,114,115,000,000,000,000,000		

1원을 100일간 복리로 불렸을 때

감시하는 자가 없으니 도둑맞지 않도록!

간혹 참견하기 좋아하는 사람들은 '시간을 그렇게 빠듯하게 쓰면 힘들지 않냐'고, '왜 그렇게까지 자신에게 가혹하게 사냐'고 할거야. 그렇게 말하는 이들은 정말 중요한 것을 모르는거야. 오히려 시간을 이렇게 분절시켜서 내가 주체적으로 사용할 수 있으면 훨씬 많은 여유를 즐길 수 있어. 늘 시간이 부족하다고 입에 달고 사는 사람이 열심히 사는 게 아니야. 정신없이 사는 것이지. 관리하지 못하는 것이지. 무엇에 우선적으로 시간을 써야 할 지 모르는 것이야. 내가 주체적으로 시간의 주인이 되면 쉴 시간도 스스로 줄 수 있어.

나태해지는 것과 여유있는 것은 다른 차원이거든. 겉으로는 비슷해 보여. 미루면서 시간을 도둑맞는 것과 내가 나의 편함을 위해 시간을 허락하는 것은 완전히 다른 게임이지. 시간을 소비하는 것과 투자하는 것의 차이이며 시간의 주인이냐 노예냐의 차이지. 그래서 오히려 **바쁜 사람이 더 게으른 것**이야. 시간을 분절해서 사용하고 우선순위에서 시간을 저축하는 습관을 들여봐. 얼마나 여유있고 안정된 방향으로 인생이 흘러가는지.

위의 6단계를 너도 꼭 해보길 바래. 그리고 반드시 우선해야 할 것을 정해서 무슨 일이 있어도 타협하지 않고 그것을 지켜내는 것이야. '**신독(愼獨)**'이지. 신독이란, 누가 보든 안보든 스스로 타협없이 지켜내는거야. 이렇게만 한다면 남들이 따라하고 있는 '아이젠하워의 시간매트릭스'는 굳이 필요없어. 저절로 되니까. 매트릭스라는 도구를 활용하여 자신을 거기에 끼워맞춰서 사는 것은 어쩌면 시간이 나를 지배하게 할 수도 있지만 엄마가 알려준 6단계를 그대로 따라해 봐. 결코 시간이 널 지배하지않고 네가 시간을 지배하게 돼. 그리고 뭣보다 재밌어!!! 네게 가치있는 것, 가령, 건강, 자기계발과 같은 것들을 시간의 우선에 배치시켜서 무조건 그것에 일정시간을 투입하는거야. 음... 만약 어떤 행위를 5년 이상 꾸준히 반복했을 때 그 행위가 인생전반에 도움을 줄까?라고 스스로에게 질문했을 때 '그럼!'이라 대답할 수 있다면 바로 그것을 시간 우선순위의 첫번째로 매일 반복하면 돼.

엄마가 권한다면 책과 운동이야. 네 몸이 가장 중요하거든. 신체와 정신. 책과 운동이지. 엄마는 독서, 글쓰기, 만보걷기를 매일 하잖아. 당장에 효과가 없어 보여도 이로 인해서 위에서 언급한 것과 같이 불필요한 것들이 인생에 진입하지 않도록 했고 어떤 경우에라도 맑은 정신으로 깊이 사고하며 몸을 바지런히 움직일 수 있게 된 듯해. 돈, 질병, 관계, 지식 등. 이 모든 것들은 모든 이의 인생에 들락날락하는 것들인데 네가 맑고 깊고 넓고 건강한 몸을 가진다면 이렇게 드나드는 것들 가운데 좋은 것들은 네게 오래 머물고 안 좋은 것들은 자기랑 맞지 않다고 빨리 나가버려.

너는 소중한... 귀한 토양이잖아. 귀한 토양인 네게 하루하루 진한 액기스의 양분을 우선적으로 투입한다면 스스로 자체정화를 해낼거야. 네게 불필요한 요소들은 알아서 소멸되는 것이지. 비옥한 토양이어야 네 안의 꿈의 씨앗들이 더 튼실하게 자라지.

엄마에게 너는 세상에서 가장 귀한 존재란다. 하지만, 엄마보다 널 더 귀하게 여겨야 하는 사람은 너 자신이어야지. 귀한 너를 귀하게 지켜내는 것이 네 삶을 위해 너무나 중요한 너의 의무겠지. 그래서, **자신에게 집중하고 자신을 소중히 잘 키워가는 사람이 이타적인 사람**이야. 나아가 귀한 사람은 귀하게 쓰는 게 신의 공정이며 신은 항상 이로운 방향으로 세상을 진화시키지. 너를 귀하게 대접하여 보다 안정되고 충만한 인생을 지속적으로 만들어 가렴. 그러기 위해 꼭 일정시간을 내어 널 가치있께 만들어줄, 영속적으로 네게 보탬이 되는 행동에 시간을 우선적으로 사용하기 바란다.

올더스헉슬리를 읽으며 메모해 둔건데 네게도 들려주고 싶구나.

그대의 삶이 계속 사라져 간다는 사실을 생각하라,
시계가 울릴 때마다 [5].

---

[5] 영원의 철학, 올더스 헉슬리, 2014, 김영사

스물다섯번째 편지, 창의

너는 제발! 진짜! 도둑이 되어라.

훔치지 말라고, 가져가지 말라고 한 것 말고 훔치라고, 가져가라고 마구 뿌려놓은 세상의 모든 것을 맘대로, 마음껏 담으렴. 무상으로, 아무것도 없이 태어났으니 세상이 준 것을 무상으로 누리는 것만으로도 너는 도둑이야. 단, 선한 도둑! 세상의 모든 것을 자기 것으로 훔쳐 자기 안을 꽉꽉 채우고, 그리고 다시 세상에 내놓는. 선한 도둑, 바람직한 도둑. 제대로 훔치고 제대로 내놓는 진짜 도둑.

창의란
세상이 네게 허락한, 아니, 모두에게 공개하고는 다 가져가라 외치는 모든 것들 가운데 네가 정한 목표를 도둑의 간절함으로, 도둑의 건강함으로, 도둑의 집요함으로, 도둑의 기발함으로, 도둑의 협동심으로, 도둑의 예리함으로, 도둑의 민첩함으로, 도둑의 민감함으로 네 것으로 흡수해 버리는, 그렇게 세상의 것을 네 것으로 만들어 다시 세상에 내놓는, 바로 그것란다!

창의? 도둑에게 배우렴

이 세상이 온통 창의창의창의를 주장하며 다들 그것을 갖기 위해 안달이 난 듯하지? 창의라... 너무 다들 그것을 원하니까 굉장히 쉽게 얻을 수 있는 것도 같고 또 원하는 사람이 많다는 건 갖기 어렵다는 말이 되니 얻기가 어려운 것도 같고... 도대체 창의가 뭐길래, 그리고 어떻게 하면 창의로운 사람이 될 수 있는 것이지? 창의란 지식을 너머선 초월적 지식이잖아. 학원에 다닌다고 배울 수 있는 게 아니잖아. 반드시 경험이 뒷받침되었을 때만 가질 수 있는 것이잖아. 창의로 세상에 드러난 창발(創發)이 4차혁명시대라 불리는 현실에 아주 중요하고 필요한, 지극히 개인적인 능력인 것은 인정하는데...

창의로운 사람이 되는 것이 많이 어려울까?

아닐걸! 엄마는 그리 생각하지 않아. 정말 단순해. 오랜 시간, 많이 비용을 들여야 키울 수 있는 능력은 아닌 것 같아.

한마디로, 도둑처럼 살면 된단다!

도둑은 일단 목표가 확실해. 도둑은 이 집을 털까 저 집을 털까 탐색끝에 정확하게 한 집을 정하지. 그 집안 금고 속, 금고 속 보석을 갖는 게 목표야. 정해버렸지. 가질 것이라고, 반드시 갖고야 말겠다고 믿어버리지. 그리고 그 믿음을 현실로 만들기 위해 바로 행동에 들어가지. 큰 도둑일수록, 값나가는 보석일수록 염탐하고 준비하는 시간을 길게 투자하지. 매일 그 집 앞에서 몇명이 드나드는지, 입구가 어디인지, 동선이 어떻게 되는지, 경비가 몇 명인지, 집주인의 일거수일투족까지. 그 집을 직접 드나들었던 사람마냥 구석구석을 샅샅이, 다 파악하기 전까지 디테일한 어떤 것도 놓치지 않으려 염탐하지. 그렇게 길고 디테일한 시간을 투자해. 삼각김밥으로 끼니를 떼우면서 목표한 그것을 자기 손에 넣으려 한순간의 방심도 허용하지 않지.

그리고 **모여서 작당하지.** 망보는 인간, cctv를 박살내는 인간, 금고를 기가 막히게 여는 인간을 모으지. 그 보석을 손에 넣기 위한 최첨단장비까지 아낌없이 투자하지. 모든 한계를 극복해내야만 하거든. 그리고 목표한 보석을 손에 넣고 난 이후 확실한 분배를 위해 철저하게 계약하지. 훔친 보석을 들키지 않게 어디서 어떻게 나눌지까지 작당에 작당에 작당을 수시로, 치밀하게, 아주 비밀스럽게 하지. 때론 혼자이기도 때론 여럿이 연합하기도 하면서 각자가 가진 최고의 능력으로 시너지를 만들어내지.

만약에 들켰을 때, 튈 경우도 미리 대비해. 경찰보다 빨리 뛰기 위해 수시로 체력도 연마하고 그 집 근처 은신처도 마련해두고 골목골목 샅샅이 네비게이션보다도 더 선명한 지도를 머리속에 넣어 외워버리지. 일단 들켰다 하면 방법은 하나. 무조건 경찰보다 빠르게 뛰어야만 하고 더 꼭꼭 숨어야 하니까. 그리고 또 있어. 육체를 연마하는 것과 함께 자신의 촉과 감을 키우는 것도 게을리 할 수 없지. 아! 그러니까 '들켰다!'라는 것을 촉, 감으로 순간 캐치해내야 하거든. 그래서 언제나 이들은 자신의 직관을 따르지. 감을 키우고 촉을 다듬지. 촉이 없거나 둔하면 그냥 잡혀버리거든. 항상 자신의 더듬이를 세운 채 세상과 민감하게 소통하지!

그리고 **때를 기다려. 무조건 기다리지. 무조건**. 아주 성실근면한 자세로 때를 기다려. 목표한 보석을 손에 넣는 그 순간만을 상상하며 보석을 손에 쥔 것처럼, 그 믿음으로 계속 기다리는거야. 힘을 키우면서, 힘을 키울 때까지 말이야. 더 빠르게 뛰고 더 민첩하게 담을 넘고 1초라도 더 빨리 금고를 열기 위해 자신의 오감과 이성과 기술을 최대한 한계치까지 끌어올리고 한치의 빈틈없이 합을 맞추기 위해 수없이 서로간의 동선을 체크하며 연마하지. 그러다 보면 때를 기다리는 게 아니라 때를 만들어 내게 돼. 그리고 이때다! 감이 오면 미루지 않고 바로 행동으로 옮기지.

퇴근이란 것도 없어. 꼭두새벽부터 밤늦은 시간까지 불평이 없어. 자나 깨나 무조건 한생각뿐이야. 그러다 보니 엄청난 발상들이 마구마구 떠오르지. 여기로 침입하려 했는데 저기가 낫겠네. 이렇게 금고를 여는 것보다 저렇게 열면 더 빠르겠네. 이 도구보다는 저 도구가 낫겠네. 전혀 생각지도 않았던 기발함에 놀라면서 계속 모의하지. 각자가 최대한 '놀랄만한 기발한' 것들을 찾아서 다시 모이지. 잠긴 것은 반드시 풀리고, 막힌 곳은 반드시 뚫리고, 가려진 곳은 반드시 드러난다는 철저한 믿음 아래 끊임없이, 될 때까지,

그래선지 **그들의 모임에선 늘 환호가 터져.** '이야!! 이런 방법이 있었어?', '이야! 이렇게 하면 되겠네!', '이야! 이거 성공하면 대박나겠네!', '이야! 대단하다! 굉장한걸!'. 작당할 때마다 그들은 목표를 이룬 그 시점을 확신하며 서로 하이파이브를 외치며 매일 된 것처럼 행동하고 된 것처럼 부르짖고 된 것처럼 기뻐하지. 결정하고 과정으로 입증해가는, 말 그대로 철학의 실천이야. 서로의 믿음은 더 끈끈해지고 서로가 없이는 안된다는 것까지도 알게 되지. 서로에 대한 의지가 확고해. 사실 조금씩 서로를 의심하고 견제하기도 하지만 그래도 보석을 손에 쥘 때까지는 무조건 믿고 움직여야 한다는 사실을 정확하게 알아. 그렇게 믿음으로 서로를 대하니까 그들의 머리 속에서는 전체 설계도는 물론, 설계를 현실화시키는 시나리오가 더 세밀하게 그려져. 그렇게 치밀하게 모두가 한치의 오차없이 시나리오대로만 움직이기로 암묵적 다짐과 약속도 하지.

자, 드디어 그 날이 왔어! 전체를 주도하는 대장의 머리는 초조하고 긴장되지만 모두의 숨소리 하나까지 놓치지 않으려 온몸의 감각을 집중시키며 지시하지. 나머지도 마찬가지, 대장의 숨소리도 놓치지 않도록 자신의 모든 세포를 열어두고 초긴장하지만 실전에선 완전 전문가야. 집중력도 대단해! 그 떨리는, 긴장되는 순간에도 초집중을 발휘해서 자기가 해야 할, 딱! 그것에만 엄청나게 몰입하지.

우리가 영화에서 보는 도둑의 모습에서 '악'을 빼고 들여다 보렴. 창의는 바로 거기에 있단다. '자기 것이 아닌 것'을 '자기 것'으로 만들기 위해 '자기에게 없는 것'을 '자기에게 있게' 하기 위해 작당과 모의, 민감, 초집중으로, 때론 혼자, 때론 연합하는 그 힘이 **'없.는.것.을 있.게.'** 하는 것이야.

우리는 모두 자연의 도둑이야.
무상으로 다 가져가라 허락된 그것을 내 것으로 가져가는 도둑이라구.
우리는 모두 공개된 비밀을 풀어내는 도둑이야.
단 1초도 쉬지 않고 변하는 세상이라 비밀번호가 계속 바껴.
우리는 그 것을 풀어내는 도둑이지.
우리는 모두 누군가의 도둑이야.
누구를 만나도, 어디를 가더라도 그 모두에서 무언가를 나의 머리와 가슴에 담게 되지.

너는 제발! 진짜! 도둑이 되어라.

훔치지 말라고, 가져가지 말라고 한 것 말고 훔치라고, 가져가라고 마구 뿌려 놓은 세상의 모든 것을 맘대로, 마음껏 담으렴. 무상으로, 아무것도 없이 태어났으니 세상이 준 것을 무상으로 누리는 것만으로도 너는 도둑이야. 단, 선한 도둑! 세상의 모든 것을 자기 것으로 훔쳐 자기 안을 꽉꽉 채우고, 그리고 다시 세상에 내놓는. 선한 도둑, 바람직한 도둑. 제대로 훔치고 제대로 내놓는 진짜 도둑.

창의란
세상이 네게 허락한, 아니, 모두에게 공개하고는 다 가져가라 외치는 모든 것들 가운데 네가 정한 목표를 도둑의 간절함으로, 도둑의 건강함으로, 도둑의 집요함으로, 도둑의 기발함으로, 도둑의 협동심으로, 도둑의 예리함으로, 도둑의 민첩함으로, 도둑의 민감함으로 네 것으로 흡수해 버리는, 그렇게 세상의 것을 네 것으로 만들어 다시 세상에 내놓는, 바로 그것이란다!

그리고
세상에서 가장 유일무이한 창조가 뭐냐면
바로 너란다!

너는 이 세상을 통틀어 단 1사람이지. 그러니 네게서 나오는 그것도 유일무이한 것이야. 그러니 남과 같지 마라. 남을 따르되 배워서 네 것으로 재창조해라. 오로지 너에게서 나오는 그것이 이 시대 경쟁력이라 일컫는 유일한 창조란다!

창조(創造), 시작하여 만들어내는 것
창의(創意), 창조하고자 하는 뜻
즉, 창조와 창의, 즉 뜻과 행위가 결합되면
창발(創發), 현실로 발현된단다!

오로지 너에게 심겨져 있는 그것부터 창조하거라.
네가 세상에서 유일하니까 네게서 나오는 모든 것도 유일하단다!

스물여섯번째 편지, 이기

세상은 너를 보고 있단다. 엄마가 너를 낳았고 네가 잘 자라고 있는지 유심히 살피듯 세상의 눈도 자신의 창조물인 너를 유심히 정성껏 바라보고 있단다. 그러니 너는 남들이 어떻든, 남들이 뭐라하든 너 자신부터 키워나가길 바란다. 바로 이 점이 세상이 네게 가장 원하는 것이야. 자신의 창조물 모두가 각자 자기 자신을 키워내는 것. 제발 옆으로 시선 돌리지 말고 각자가 자신을 먼저 바라보고 자신을 먼저 세우고 자신을 먼저 이기고 자신을 먼저 돕고 자신부터 먼저 바르게 키워 자기존재 위에 당당히 서는 것! 그렇게 자신부터 지배해내는 자로 너를 키워내라.

너부터 키워내야 할 타당한 이유

혹시 새로운 목표를 세웠니? 그렇다면 자, 잠깐 눈을 감고 목표를 다짐했던 그 순간앞에 너를 세워봐. 그리고 당당한지 잠깐 자신을 돌아보렴. 민망하기도 자신있기도 담담하기도 여러 감정이 교차해도 괜찮아. 이미 지나간 것은 지나간 대로 의미가 있다는 노랫말처럼 괜찮아. 그러나, 오늘 엄마는 네게 명령하려 해. 이유는? 엄마니까! 엄마는 네게 부탁도 제안도 할 수 있지만 부모로서 네게 명령할 권리도 아직은 있단다. 그래서 엄마의 오늘 말투도 명령하듯 할테니 그리 알고!

네게 '목표'가 생겼다는 것은 2가지의 의미가 있어. 첫째, 세상이 너를 통해 이루려는 새로운 과제가 주어진 것. 둘째, 지금의 목표가 목표인 것은 네가 목표보다 작다는 의미. 네가 쉽게 할 수 있는 것은 목표가 되지 않겠지. 그러니 목표가 생겼다면 오로지 너를 키우는 것에 집중하는 게 옳아. 자, 그래서 오늘의 편지는 **너를 키워내야 하는 타당한 이유를 얘기할까 해.**

살다보니 참으로 어려운 것이 '자신을 키우는' 것이더라. 부모로서, 선배로서, 교수로서, 여기저기의 위치에서 말 그대로 '키우기' 위한 많은 말들을 해왔는데 그 어떤 대상도 내가 변화시키기 어렵더구나. 그래서 알았지. **'내가 통제할 수 있는 것은 오로지 나 자신밖에 없다. 오히려 어떤 대상을 키우는 것이 쉽지, 내가 나를 키우는 것이 젤 어렵다'** 는 것을.

**세상에 통제가능한 대상은 오로지 자신밖에 없고
세상에서 키워내야 할 대상도 유일하게 자신밖에 없단다.**

왜냐면, 변화는 기존의 관성을 통제하는 것부터 시작하니까. 내가 변화를 보여줌으로써 내 말에는 힘이 실리고 힘은 신뢰로 이어지고 상대의 마음에서 동감을 이끌어내지. 게으른 사람이 천만번 부지런하라고 외쳐봤자 그 혀는 조롱받기 십상이야. 부지런한 사람의 단 1번의 보여줌이 훨씬 효과가 크지. 부지런하라고 천만번외치는 그 에너지를 단 한번 부지런함을 보여주는 데 쏟았다면 조롱은 면할 수 있었을텐데 말이야.

그러니 통제가능한, 키워내야 할 유일한 대상은 자신밖에 없단다.
너부터 키워라!
다른 사람 변화시키려 말고 너 자신부터 변화시켜라.

왜 너부터 키워야 하는지…
이에 대해 네가 논리적으로 이해하고 행동으로 이어지도록 하나하나 조목조목 얘기해보자.

첫째, 문제없는 인생은 없다.

문제란 한계앞에 네가 서 있다는 의미란다.

한계란 경험의 누적결과다.

경험이란 실천의 기억이다.

기억이란 감정의 강도(强度)다.

감정이란 느껴진 감각이 가슴으로 전해진 것이며

감각이란 외부에서 네게 자극을 준 것이지.

즉, 문제란 외부의 자극에 대한 민감성의 부실로부터 시작되기에 현재 자신의 수준으로서는 결코 풀 수 없으니 문제가 된 것이야. 결국, 문제의 크기는 너의 크기란다. 이 말은 문제가 크면 네가 큰 것이고 사소한 것이 문제가 된다면 네가 작은 것이 문제지, 문제자체가 문제가 아니란 말이야. 따라서, **문제에 직면할 때엔 문제에 초점맞추지 말고 너의 크기를 키우는 것에 초점맞춰야 한다.** 그러면 어제의 문제는 더 이상 문제가 아니게 되며 어떤 문제라도 자신을 키우는 것에 집중하는 한 너에게 발생하는 모든 '문제'는 자체함유된 '해결'에 의해 스스로 풀어진단다. 산아래에서 보는 시야와 산중턱, 산꼭대기에서 보는 시야는 완전히 다르겠지? 문제를 보는 시야는 너를 키움으로써 얻을 수 있기에 문제 이면의 해결 역시 너를 키움으로써 획득할 수 있는 것이다. 우리는 죽을 때까지 높은데 있음으로써 낮은 지대에서 일어날 지 모르는 모든 재난을 피할 수 있는 것이야.[1] 그러니 너를 키워라!

둘째, 번아웃(burnout). 사람들은 힘들 때 이런 말을 많이 하더구나. 아.. 연말에 일이 몰려서 몸도 마음도 다 지쳤어요. 번아웃이예요. 오마이갓!! 심(心)과

---

1 소로우의 일기, 헨리 데이빗 소로우, 2003, 도솔

신(身)이 모두 지쳤다고? 그래서 out이라고? 미안하지만, 그런 일은 없다. 몸과 마음이 모두 아웃된다는 건 생명이 꺼질 때나 쓰는 말이지. 번아웃은 네 한계가 거기까지임을 드러내 알려준 것이니 얼마나 감사한지. 자, 다른 이면으로 본다면 **한계를 너머서서 더 크게 너를 키울 때가 바로 지금**이라는 신호지! 그런데 번아웃을 얼마나 자주 느끼니? 1년에 1번? 2번? 자, 한계까지 자신을 사용한 주기가 1년에 1, 2번 정도라는 것이며 그 때 한계를 극복한다면 더 이상 그와 같은 강도에는 번아웃이 오지 않아. 즉, 너를 스스로가 키워낸 것이지. 그러니. 스트레스가 심하다고, 한계에 부딪혔다고 불평하기보다 '앗싸! 나를 키우려 세상이 나에게 기회를 줬구나!'하며 신나해야 한다! 같은 현상이라도 반드시 그 이면을 보면 다른 해석으로 다른 결과를 내지. 그러니 번아웃의 기회를 포착해서 너를 키워라! 번아웃이 올 때마다 쾌재를 불러라!!!!

셋째, 그래서 보이는 모든 것은 보이지 않는 것들의 증상이다. 번아웃과 같은… 느껴지고 보이는 증상은 보이지 않는 너의 한계를 드러내는 것이야. 월급이 적다고? 그 월급이 너의 지난 시간의 결과지. 자꾸 아프다고? 그것 역시 보이지 않는 독소와 염증의 증상이지. 왜 나한테만 자꾸 이런 갈등이 생기냐고? 이것 역시 판단과 해석의 부족이라는 보이지 않는 정신의 증상이지. 자, 그래서 너 스스로 만든 지금의 현실, **경제적, 신체적, 관계적, 환경적, 정신적, 정서적 모든 것은 보이지 않는 자기 자신의 내면이 외적으로 표출된 것이라 인정**하고 자신을 키워내야 할 범주로 알아야 해. 열심히 하는데 돈이 없다면 돈을 버는 것보다 부자마인드를 키워야 하며 너무 잘해 주는데 늘 관계가 어렵다면 상대가 문제가 아니라 사람을 바라보는 관점과 이해도를 키워야 하며 별 특별한 일도 없는데 늘 우울하다면 감정과 이성사이의 균형이 깨진 것이니 자신의 육체가 어떻게 서로 연결, 연계, 연동되어 연쇄반응을 일으키는지 배워야 한단다.

그러니 너의 모든 드러나는 것들의 신호를 따라 너의 작은 부분부터 키워라!

넷째, 신체의 크기는 유한하지만 정신의 크기는 무한하다. 커질 수 있는 것을 키우지 않는 것은 낭비야. 낭비가 쌓이면 소모되지. 그렇게 점점 세상의 쓰임에 무용한 사람이 되어가지.

지식은 유한하나 지혜는 무한하다.
시력은 유한하나 시야는 무한하다.
능력은 유한하나 잠재력은 무한하다.
인식은 유한하나 의식은 무한하다.

자, 유한한 것에 집중하면 '유한'에 부딪히지만 **무한한 것에 집중하면 멈춤이 없어.** 그래서 유한한 것까지 에둘러 키워낼 수 있게 되지. 앞서 말한대로 보이지 않는 것이 보이는 모든 것을 대변하니까. 그러니, 무한한 것을 키움으로써 유한의 한계를 넘어서라.

그렇게 무한하게 스스로를 키운다면
너의 지혜에 네 인생의 군더더기는 소멸될 것이고
너의 시야는 보이지 않는 것을 보는 힘을 가질 것이며
너의 잠재력은 너도 몰랐던 너의 강인함을 드러낼 것이며
너의 의식은 누군가에게 전파되면서 점진적으로 전체의 변화를 도모할 것이다.
그러니 반드시 너를 키워야 한다!

세상은 너를 보고 있단다. 엄마가 너를 낳았고 네가 잘 자라고 있는지 유심히 살피듯 세상의 눈도 자신의 창조물인 너를 유심히 정성껏 바라보고 있단다. 그러니 너는 남들이 어떻든, 남들이 뭐라하든 너 자신부터 키워나가길 바란다. 바로 이 점이 세상이 네게 가장 원하는 것이야. **자신의 창조물 모두가 각자 자기 자신을 키워내는 것**. 제발 옆으로 시선 돌리지 말고 각자가 자신을 먼저 바라보고 자신을 먼저 세우고 자신을 먼저 이기고 자신을 먼저 돕고 자신부터 먼저 바르게 키워 자기존재 위에 당당히 서는 것! 그렇게 자신부터 지배해내는 자로 너를 키워내라. 인간은 본성상 누군가의 지배를 받기보다 누군가를 지배하길 원하지. 하지만 드높은 의식수준을 가진 자는 자신만을 지배한단다. 그리고 모두와 '함께 하길' 원하지.

그렇게 권력이 아니라 권위를 지니지.
강압이 아니라 제안을,
지시가 아니라 공감을,
강요가 아니라 권유를,
타박이 아니라 포용을,
제로섬이 아니라 넌제로섬을 추구하는 네가 되길 바란다.

땅에서 솟지 않는 것이 무엇이 있니? 모든 것은 대지로부터 솟아난단다. 너는, 우리 각자는 거대한 대지야. 자기 안에서 많은 것들이 창조되니까. 거대한 대지가 그 속에 품은 것들을 하나씩 내놓듯이 너 역시 매일매일 새로운 하루를 창조하는 것이란다. 부여받은 시간과 자연으로부터 호흡하고 말하고 표정짓고 글을 쓰고 그림을 그리고 아이디어를 생산하고... 어제와 다른 너를 창조하지. 네가 비옥해지면 질수록 네게서 나오는 모든 창조물들은 높은 곳으로 올라 네게 올 모든 작은 것들을 없애고 품고 다듬을 수 있는 것이지. 그래서, 너부터 비옥하게 키워야 한단다.

더없이 지혜로운 자들이여! 내가 생명 자체의 심장부 속으로 그리고 그 심장의 뿌리에까지 기어들어갔는지를 진지하게 눈여겨보라! (중략) 보다 약한 자 위에 주인으로서 군림하려는 의지는 보다 강한 자에게 예속되어야 할 것이라고 자신을 설득한다. 약자도 주인이 되는 즐거움 하나만은 버릴 수가 없다. 보다 작은 자가 한층 더 작은 자에 대해 즐거움과 힘을 갖기 위해 보다 큰 자에게 헌신하듯, 이렇게 더없이 큰 자 또한 헌신하며 힘을 얻기 위해 그의 생명을 건다. 모험과 위험, 목숨을 건 주사위 놀이, 이것이 더없이 큰 자가 하는 헌신이다[2].

너를 키워 더 큰 곳으로 너를 향하게 해라. 더 큰 곳에서 더 크게 쓰이고 더 소중한 사람으로서 헌신해라. 그러면 더 큰 보상이 네게 온다는 자연의 원리를 알게 될 것이야. 그렇게 너를 포함한 각자가 자기의 중심에 서 있지만 변방까지 드리워진 서로의 그림자로 인해 주변은 안정과 평화를 갖게 될 것이야.

우주의 배분법칙은 '가진 자가 더 많이 갖게 된다'는 것이란다. '있는 자는 받아 더욱 풍족하게 되고 없는 자는 있는 것까지 빼앗기리라[3].' 주인이 하인 3명에게 각가 은화 1개씩을 주고 길을 떠났지. 그리고 돌아와서는 그 은화를 어떻게 보관했는지를 물었어. 하인1과 2는 은화 1개를 10개와 5개로 불렸고 하인3은 잃어버릴까봐 잘 보관하여 주인에게 정성껏 가져다 주었지. 주인은 하인1과 2에게는 각각 10과 5에 해당하는 상을 내렸지만 하인3이 고이 간직했던 은화1개는 10으로 불린 하인1에게 주도록 명했단다.

---

2 차라투스트라는 이렇게 말했다. 니체, 2000, 책세상
3 마태복음 25장 29절

성서에 나오는 이 이야기의 깊은 뜻을 잘 들여다보렴. 누군가는 '가난한 자의 것을 빼앗아 부자에게 주었다.'라고 단편해석을 하기도 하지만 진정 '가진 자가 더 갖게 된다'에 대해 조금 더 깊이 들여다볼 필요가 충분히 있단다. 모두가 똑같이 받은 은화 1개를 하인1과 2는 잃을 각오를 하고 그것을 어떤 식으로든 부풀렸어. 하인1, 2가 은화 2개를 15개로 부풀린 것이야. 그렇다면 15명에게 각각 은화 1개씩을 나눠줄 수 있는 선을 행한 것이지. 하인3은 우둔하게 잃을까 고이 간직만 한 것이고. 그래서 부풀려 나눌 능력이 있는 하인1, 2에게 주는 것이 당연하다는 것이지.

가진 자는 계속 더 가지게 되고 없는 자는 있는 것마저 잃게 되는.
이 성경구절은 쇼펜하우어를 비롯한 데이빗호킨스, 소로우와 같은 성현들의 글에서도 숱하게 접하게 된단다. 단지 경제적 차원의 가난뿐만 아니라 외적인 모든 차원의 부는 내면의 가난에서 비롯되지.

그러니 너를 키우는 것이 우선이란다. 너부터 키우는 것이 니체가 말한 '더 큰 자가 하는 헌신'이며 성경에서 말한 '많이 가진, 더 커진 이가, 더 크게 많이... 그래서 더더더 나누어 더더더 귀하게 쓰일 수 있는', 진정한 이타이며 원리에 부합한 삶이란다...

그렇게 너를 키운다면
정신의 부는 판단의 힘으로
정서의 부는 안정의 힘으로
지식의 부는 지혜의 힘으로
경제의 부는 나눔의 힘으로

관계의 부는 소통의 힘으로

사회의 부는 계승의 힘으로

문화의 부는 인간다움의 힘으로 우주의 조화에 이로운 사람으로 모두에게 영향을 미치게 될 것이야. 그렇게 가진 자가 더 많이 갖게, 그래서 전체를 더 풍요롭게 이끄는 것이 우주의 배분방식이니까. 이렇게 전체에서 부를 다룰 줄 모른다면 영혼이 취약하다는 증거[4] 란다.

그러니! 너를, 너부터 키워내라!

너를 크게 쓰이게 해라!

목표는 세상이 너를 통해 이루려는 결과이니 의무로 여기며 너를 키우고

문제는 너의 현재 크기를 말해주는 것이니 감사히 너를 키우고

번아웃과 같은 한계는 무한에서 유한으로의 경계를 지나는 중이니 너를 키우고

보이는 모든 증상, 현상을 통해 보이지 않는 부실을 점검하며 너를 키우고

그렇게

무한성의 정신에 양식을 줌으로써

네 속에서 창조될 모든 것들을 높이 솟구치게 하렴.

이것이 목표 앞에 선 너에게 제안도 당부도 권유도 아닌 엄마의 명령이란다.

---

[4] 삶의 지혜를 위한 편지, 세네카, 2016, 동서문화사

스물일곱번째 편지, 하루

'하루'의 가치를 모르는 사람이 어찌 '인생'의 가치를 알아갈까.

'하루'의 또 다른 이름이 '영원'임을 모르는 사람이 어찌 '시간'을 귀하게 사용할까.

'하루'의 의미를 모르는 사람이 어찌 '목적있는 삶'을 살아낼까.

'하루'의 변화를 느끼지 못하는 사람이 어찌 '변화의 영속성'을 추구할까.

'하루'의 목표가 없는 사람이 어찌 '자기채색'의 명암과 농도를 조절할까.

'하루'의 우선행동이 없는 사람이 어찌 '자기길'이라 당당할 수 있을까.

'하루'의 소중함을 모르는 사람이 어찌 '타인의 소중함'을 이해할까.

거대한 우주의 시선으로 하루살이처럼 살아라

매미와 모죽이야기를 앞서 들려줬지? 여름마다 시끄럽게 울어대는 매미는 이 여름한철을 위해 땅속에서의 10여년을 견디지. 모죽은 7년 이상을 땅속에 뿌리를 내리다가 어느 순간 땅위로 쑥... 그 줄기를 하루 30센티미터 이상으로 눈에 보이도록 뻗어 올리지. 이들의 땅속 시간은 인간의 눈에 보이지 않아. 하지만, 이들이 멈췄거나 자고 있거나 죽어버린 것이 아니라 분명 자기만의 화학변화의 진통을 겪고 있었고 충분히 그 시간을 보낸 후 여름 한 철 세상이 떠나가라 울어대고 하늘높은 줄 모르고 마구 자신의 키를 키워내지.

무서운 성장이고
무서운 외침이고
무서운 솟구침이고
무서운 자기발현이야.

자기 자체를 세상에 우뚝 세우지. 잠시 시선을 저…어기 거대한 우주의 관점으로 옮겨볼까? 140억년도 더 된 억겁의 시간, 초신성, 빅뱅시대부터 오늘 이 시간을 하나의 통으로 보자구. 연결성이 없어 보이지만 '너'라는 존재 역시 엄청난 시간, 유전과 진화의 힘으로 지금 21세기 너의 모습으로 등장한 것이겠지. 그리고 100여년이라는(매미의 온생인 여름한철이 우리의 100년과 뭐가 다를까?) 시간동안 '나 여기 있소'하며 자신의 존재가치를 맘껏 드러내는 것은 본능이자 숙명이자 소명이 아닐까?

이번엔 시선을 조금 좁혀서 너의 인생 100년만 볼까?
생의 마감을 준비하는 '미래의 너'는 '지금의 너'에게 뭐라고 말해줄까?
'넌 진짜 너의 삶을 살았구나'라고?
'넌 죽은듯이 살았구나'라고?
'넌 남의 삶을 대신 살았구나'라고?
'넌 인간답게 살았구나'라고?
'넌 짐승처럼 살았구나'라고?
어떻게 말해주고 싶니?

미생물부터 두발달렸거나 네발달렸거나 무수한 발이 달렸거나 모든 생명체들이 '자기만의 인생에서 자기 존재가치를 지닌 채 자기답게 사는 것'은 분명 '세상의 조화를 위해 그렇게 존재하는 이유'가 있기 때문이란다. 두 발로 당당히 서서 앞을 보고 걸을 수 있도록 세팅되어 지금, 여기, 그 자리에서 너는 너의 존재를 어떻게 얼마나 발현시키고 있니? 네 삶을 사는 것일까? 남의 삶을 사는 것일까? 네 삶이 시드는 것도 모르는 것은 아닐까? 네가 지나보내는 시간이 그저 생명연장에만 쓰이는 것은 아닐까? 네 삶의 모양새가 그저 동물처럼 먹고 자고 싸고 놀고 일하는 데만 소모되는 것은 아닐까? 네 삶의 방향이 어디로 향하는지 지금은 어디쯤인지 몰라 여기 기웃, 저기 기웃, 멈췄다가 뒤로 갔다가 생각만 많아진 채 한걸음도 나아가지 못하는 것은 아닐까? '삶의 진리 밖으로 쫓겨나 가축이나 짐승이나 목석과 별반 구분되지 않은 삶을 살고 있는 것은 아닐까[1]?'

엄마는 이렇게 너무나 중요한 질문을 스스로에게 할 줄 아는 네가 되길 바래. **물음표를 스스로에게 던져 자기 안에서 해답을 찾아가는, 그렇게 자기실현을 이뤄가는 여정이 인생**이란다. 끊임없는 자기 내면을 향한, 자기 삶을 원하는 자리로 이동시키기 위해, **하루를 물음표로 시작하여 마침표로 끝내고 잠들기 전 느낌표로 마감하는 연속된 나날이 너의 인생**이길 바란단다.

자기여정을
자신의 가치를 위해 우주의 조화에 합당하게 사용되도록 시간을 조절하는 자,
자기여정을
자기만의 자체목적을 위해 무상으로 주어진 모든 자연을 이용할 줄 아는 자,
자기여정을
자기실현의 실제적 가치를 향해 묵묵이 자신만의 길을 만들어갈 줄 아는 자,
자기여정을
자기사명을 증명하기 위해 자신의 것으로 오롯이 채색할 줄 아는 자.

엄마의 바람은 그럴듯한 명함을 쫓으며 너의 인생을 몽땅 허비하기보다 너만의 인생을 너의 시선으로 너의 보폭으로 너의 길을 걸으며 너 자체가 명함이 되

---

[1] 세네카는 [삶의 지혜를 위한 편지, 2016, 동서문화사]에서 우둔한 본성과 자신에 대해 무지한 인간을 가축과 짐승, 목석과 아무런 차이가 없는 인간이라고 묘사했으며 이런 인간은 실제 진리밖으로 쫓겨난 것이라고 했다.

는, 그런 삶을 네가 살아주길 바란단다. 자기 삶을 사는 사람은 세상이 원하는 방향으로 향하기에 세상은 이로운 개체를 결코 소멸시키지 않아. 그래서 괴로운 사태로부터도 보호해. 매미와 모죽의 땅속 수년은 네 인생의 수십년과 맞먹겠지. 그들은 그 속에서 치열하게 자신의 본체를 드러내기 위해 하루하루 자기와의 사투를 벌였을거야. 애벌레가 매미가 되고 모죽이 엄청난 속도로 자신을 뻗어올리듯 너 역시 하루하루의 보이지 않는 변화가 쌓이고 쌓인다면 분명 그 화학변화의 시간을 통해 질적인 승화가 일어난다는 대자연의 원리를 믿으렴.

우리가 7년간 참을 수 없는 욕망에 시달린다면, 그것은 콩코드에서 17년간 여전히 자신의 뿌리를 내리며 고난과 궁핍의 세월을 보내고 있는 나무를 보지 못했기 때문이다. (중략) 모든 사람의 마음에는 밀물과 썰물의 조류가 흐르고 있어 마음 깊이 자신만의 항구를 품는다면 제 아무리 대영제국이라 해도 나무토막처럼 가볍게 띄울 수 있다는 것을 우리는 믿지 않는다. 그 누가 알겠는가? 바로 다음 날 17년간 뿌리를 내린 그 나무가 땅위로 솟구칠지[2]!

매일매일이 그렇게 '마냥 주어진 하루'라는 생각은 이제 그만. 엄마는, 그리고 너는 오늘 하루 살아났고 살아있단다. 수많은 사람들이 예기치않게 새로운 하루를 얻지 못하는데도 우리에게는 또 '하루'라는 선물이 주어진 것이란다. 왜? 세상은 엄마와 네게서도 하루를 빼앗을 수 있었을텐데 우리에게 또 새로운 24시간을, 새로운 생명을 주었을까? 네가 쓰는 하루가 세상에 이롭기 때문이겠지. 네 생명력이 더 필요하기 때문이겠지. 네 삶이 이로운 방향으로 가고 있기 때문이겠지. '네 하루의 화학변화'를 위해 네가 잘 쓰여 봐. 네 앞에 있는 소소한 음식 하나, 네 발이 닿는 어떤 곳 하나, 네가 읽는 책 한줄, 네 앞에 있는 한

---

2 월든, 헨리 데이빗 소로우, 2017, 열림원

사람, 네 귀에 들리는 말 한마디, 네 한올의 머리카락에까지 모두 네가 새롭게 얻은 생명력을 불어넣어 봐. 오늘 선물받은 '하루'에 '감사'의 호흡을 깊이 불어넣어 봐.

노는 것도 아니고 하는 것도 아니고
듣는 것도 아니고 말하는 것도 아니고
가는 것도 아니고 멈춘 것도 아니고
주는 것도 아니고 받는 것도 아니고
이도저도 아닌 것들로 온통 네 시간이 도배되게 하지 말거라.
어설프게 서 있지 말고 네가 있어야 할 자리에 꼿꼿하게 서거라.
과거는 끝났고 미래는 오지 않았으니 오로지 오늘, 지금만이 네게 주어졌단다.

큰 꿈은 꾸지만 하루하루를 이도저도 아니게 보내는 사람은 말 그대로 허상가이자 망상가야. 될 것 같은 감정에만 사로잡혀 있지 되게 하려는 의지는 박약한, 그래서 나태하고 미련한 사람이란다. 감정이 이성을 지배해버린 결코 자기 자신도 자신을 이겨내지 못하는, 의지할 누군가만 찾아다니는 것에 에너지를 낭비하는 그런 인생을 사는 것이란다. **하루하루를 제대로 살지 못하면 너의 꿈은 네게 지쳐 다른 주인을 찾아 떠난단다.**

'하루'의 가치를 모르는 사람이 어찌 '인생'의 가치를 알아갈까.
'하루'의 또 다른 이름, '영원'을 모르는 사람이 어찌 '시간'을 귀하게 사용할까.
'하루'의 의미를 모르는 사람이 어찌 '목적있는 삶'을 살아낼까.
'하루'의 변화를 느끼지 못하는 사람이 어찌 '변화의 영속성'을 추구할까.
'하루'의 목표가 없는 사람이 어찌 '자기채색'의 명암과 농도를 조절할까.

'하루'의 우선행동이 없는 사람이 어찌 '자기길'이라 당당할 수 있을까.
'하루'의 소중함을 모르는 사람이 어찌 '타인의 소중함'을 이해할까.

'하루'라는 가치를 소중히 여기는 사람이라면 '하루'를 응당히 **자기몫으로 주어진 자기소유라고 여기지 않아. 감사하게 무상으로 받은 귀한 보상으로 여기지.** 이런 사람은 그 '하루'라는 선물에 대해 해야할 것, 가야할 곳, 줘야할 것, 들어야 할 것, 봐야할 것, 읽어야 할 것, 버려야할 것, 익혀야 할 것을 대가로 지불할 줄 안단다. 이 모든 '대가지불'을 '행동'이나 '실천'이라고 말하는 것이야.

**목표를 위한 행동이 없는 하루는 소모의 하루이며
목표를 향한 행동이 있는 하루는 투자의 하루란다.**

목적성을 지니고 사는 삶, 이유를 알고 사는 삶, 가야할 길을 걷는 삶을 사는 사람은 그래서 단순한 삶을 살 수 있어. 이게 맞나, 뭘 해야 하나, 저 길이 더 좋을까, 남들은 왜 저럴까로 시선이 분산되지 않기 때문에 오로지 오늘 해야 할 행동, 지금 손에 쥔 것으로 '하루'를 투자하지. 하루를 쓰.여.지.게 만들지. 기웃거릴 시간도 간섭할 에너지도 필요없다는 것을 알지. 그저 묵묵히 자신의 삶을 사는 것으로 하루를 보내기에 말 그대로 '쓸데없는' 것에 치여 살지 않지.

거대한 우주의 시선으로 하루살이처럼 살아라.

오늘 하루가 너의 인생이란다. 오늘 하루가 전체를 시작하는 날이란다. 오늘 하루가 네 미래를 설계하는 첫날이라 여기고 하루를 맞이하렴. 지금 네가 서 있는 그 자리부터 정돈하고 걸으면 된단다. 진리에 마음을 메어두고 너의 관념속 정신을 풀어내렴. 이치가 내준 길을 따르고 사실에 의존해 걷는 너의 다리를 잠시 멈추게 하고 너의 꿈으로 시야를 넓히렴.

**전체의 시각에서 부분을 이해하고
일체된 통합에서 독창을 드러내며
목적된 길 위에서 목표로 달려가고
진리의 이치에서 사실을 의심하고
인생의 큰틀에서 하루를 살아가렴**

이렇게 하루를 보내는 너라면 퇴계가 말씀하신, 달리는 말 위에서도 개미집을 밟지 않는 '경(敬)'을 실천하는 삶을 사는 것이야.

스물여덟번째 편지, 욕구

항상 상상은 행위와 사건에 앞선단다. 잉태된 그것의 배양을 위해 너의 몸, 그러니까 정신과 감정, 영혼까지 모두는 미적분을 시작해. 보이지 않는 상상이라는 무형이 널 자극하면 네게 충동을 일어나 가슴에서 진동을 일으키고 보이는 유형의 네 몸이 파동으로 감지하는거야. 심장이 떨리고 혈액이 갑자기 마구 움직이는 듯 혈관이 붉어지고 갑자기 소름돋듯 몸이 떨리기도 하고 이마에 진땀이 나기도 하고 온몸의 솜털이 곤두서기도 하고... 그렇게 몸의 미세한 구석구석에서 작든 크든 어떤 신호들이 네게 감지되지. 처음의 잔잔한 파동은 점진적으로 요동치게 되고 가끔 난동으로 소동으로 정신못차리게도 하지만 그렇게 파동이 격해질 때 파장이 일어나고 파장은 너의 외부세상이 일으키는 어떤 파동과 만나 너를 중심으로 주변까지 진동시켜. 이 진동의 강도와 확장성에 따라 네 안에서 배양되는 그 상상이 형태를 지니고 세상이 바라는, 네가 원하는 모습으로 드러나게 되는 것이야. 무형의 유형화, 믿음의 현실화, 정신의 물질화. 상상의 현시화. 너의 상상은 너를 미적분하여 창조를 일으키는 것이야.

영혼의 미적분을 감지하렴!

인간은 누구나 무언가를 바라지. 소망하고 욕구하지, 추구하지. 누구처럼 되고 싶고 그것을 갖고 싶고 먹고 싶고 보고 싶고 그 곳에 가고 싶고 그렇게 하고 싶지. 이러한 '욕구'가 없다면 인간이라고 할 수 없어. 인간의 본성은 '욕구'에 있으니까.

욕구하지 않으면 '만족'이나 '불만족'과 같은 단어도 소용없겠지?
바라는 바가 없는데 무엇에 만족하고 또 무엇에 불만족할까?
그렇게 되면, 충만이란 단어도 존재하지 않겠지.
바라는 바가 없는데 충분히 만족스러운 느낌을 가질 수 없으니까.

여기서 잠깐, 단어를 정리하고 넘어가면 좋을 듯한데 말야. 욕구, 욕심, 욕망, 탐욕 등에 공통적인 **욕(慾)**은 **心(마음 심) + 欲(하고자 할 욕)**이야. 즉, 무언가를 하고자 하는 마음이야.

욕구란 뭔가를 구하는 마음, 욕심이란 욕구하는 마음, 욕망이란 바라는 마음. 무언가를 바라면 충동이 일고 이를 '욕구'라고 표현할 수 있을텐데 욕구하는 그것, 원하는 그것, 한마디로 너의 '꿈'이지. **욕구자체는 물론 실체가 없지만 실체를 위한 씨앗이지.** 아무 것도 없는 무(無)에서 유(有)로 발현되는, 그러니까 네게 '욕구'가 생겼다는 것은...

네 안에 씨앗이 심긴 것이야!

네가 무언가를 잉태한 것이야!

네 안에서 창조가 시작된 것이야!

항상 상상은 행위와 사건에 앞선단다. **잉태된 그것의 배양을 위해 너의 몸, 그러니까 정신과 감정, 영혼까지 모두는 미적분을 시작해.** 보이지 않는 상상이라는 무형이 널 자극하면 네게 충동을 일어나 가슴에서 진동을 일으키고 보이는 유형의 네 몸이 파동으로 감지하는거야. 심장이 떨리고 혈액이 갑자기 마구 움직이는 듯 혈관이 붉어지고 갑자기 소름돋듯 몸이 떨리기도 하고 이마에 진땀이 나기도 하고 온몸의 솜털이 곤두서기도 하고... 그렇게 몸의 미세한 구석구석에서 작든 크든 어떤 신호들이 네게 감지되지. 처음의 잔잔한 파동은 점진적으로 요동치게 되고 가끔 난동으로 소동으로 정신못차리게도 하지만 그렇게 파동이 격해질 때 파장이 일어나고 파장은 너의 외부세상이 일으키는 어떤 파동과 만나 너를 중심으로 주변까지 진동시켜. 이 진동의 강도와 확장성에 따라 네 안에서 배양되는 그 상상이 형태를 지니고 세상이 바라는, 네가 원하는 모습으로 드러나게 되는 것이야. **무형의 유형화, 믿음의 현실화, 정신의 물질화. 상상의 현시화.** 너의 상상은 너를 미적분하여 창조를 일으키는 것이야.

따라서, 욕망, 욕구, 욕심은 세상에 없는 무언가를 너에게서 창조해내는 시작이라고 할 수 있어. 그러니 **네게 '바라는' 무언가가 감지(感知)됐다는 것은 너의 순수하고 자체고결한 영혼이 네 안에서 창조를 암시한 화학작용을 시작했다는 신호야.** 신호가 오면 무조건 관심을 가져야 해. 관심이 있으면 들여다보게 되고 들여다 볼수록 오래, 깊이 더 보고 싶고 오래, 깊이 보니 자세히 알게 되고 자세히 아니 이해하게 되고 이해하니 갖고 싶어지고 갖고 싶으니 더 소중히, 아끼게 되지. 그리고, 소중한 이와 나누고 싶어지지... 네 상상이, 네 창조가, 네 욕구가 가는 길이야.

그러니까 욕구한다는 것은 **지금과는 다른 너로 새롭게 태어나는 것, 나아가는 것, 향하는 것, 흘러가는 것, 스며드는 것, 나눠지는 것. 그렇게 세상의 일부가 되어 세상의 진화에 쓰여지는 것...** 결국, 욕구가 널 떨게 하지 않으면 공유로도, 진화로도 연결되지 않아. 그러니 네 안에서 실체로 이어지길 기다리며 이리저리 헤매고 다니는 너의 간절함을 수시로 들여다보렴. 그것을 보라고 네 영혼이 널 자극하는 신호를 절대로 무시하지 마렴.

실체없는 욕구가 실체를 갖기 위해서 필요한 것은 단 하나.
너의 의식 속 믿음이야.

원하는 것이 있다면 이미 가졌다는 믿음, 어딜 가고 싶다면 이미 그 곳에 있다는 믿음, 어떻게 되고 싶다면 이미 그렇게 되었다는 믿음, 무엇을 보고 싶다면 이미 네 눈이 보고 있다는 믿음, 누군가처럼 되고 싶다면 이미 그 사람처럼 살고 있다는 믿음. 이렇게 **믿음을 실제, 실체로 형상화시키는 너의 의식적 각성과 의미있는 질주와 의도된 변화!** 이러한 의식활동이 너의 미적분을 가속화시킬거야. 거대하게 만들거야. 욕구는 믿음이라는 의식의 힘으로 가열차게 현실로 향하지. 다시 말해, 욕구를 현실로 이어주는 다리가 바로 믿음이야! 믿음이라는 다리를 튼실하게 해주는 재료가 너의 의식활동이구!

욕구, 욕심에 대해서는 철학자 에피쿠로스[1]가 알려준 바를 언급하는 것이 네게 기준이 되면 좋을 듯해. 자연스럽고 꼭 필요한 욕구가 있어. 가령 목마를 때 물을 마셔야 하는 것과 같은 것이지. 자연스러운데 꼭 필요하지 않은 욕구가 있어. 이는 사치스런 식사와 같은거야. 사치에 해당하니까 어쩌면 탐욕이라고도 할 수 있겠지? 마지막으로, 자연스럽지도 필요하지도 않은 욕구야. 씁쓸하지만 많은 이들이 이 것들을 얻으려고 사는 것 같기도 해. 명예나 지위같은 것인데 에피쿠로스의 표현으로는 왕관이나 동상같은 것이라고 했어.

물론, 젊은 날엔 남들이 알아주는 직업을 갖고 싶고, 명예도 탐나고 썩 있어보이는 명함을 선호하기도 하지. 그래서 그건 다 쓸데없는 탐욕이야!! 라고 감히 말해선 안될 것 같아. 그런데 중요한 것은 자연스럽고 정당하게 그것들이 너에게로 찾아온 것이 아니라 너의 소신이나 정의와 맞바꾼 것이라면 그것은 탐욕을 넘어 네가 악덕에 물들고 있는 것이야. 남의 것을 부정한 방식으로 취한 것이라면 이는 죄가 되겠지. 또한 정당한 대가를 치르고 얻은 것이라도 그 자리를 유지하기 위해 정의와 소신을 버리고 타협과 손잡는다면 이 역시 죄라고 할 수 있을 것 같아. 물론 법적인 테두리안에서의 죄는 아닐지라도 앞서 얘기했듯 신탁인 양심을 어기니 악덕에 물들어가는 중이라고 네가 스스로를 이해시켜야 할 것이야. 너의 영혼을 혼탁시키는 악덕은 명시적인 법을 어기는 것처럼 당장 네게 과태료나 벌금이 내려지지는 않겠지만 반드시 인생의 어떤 시점에서 고귀한 무언가의 손실을 예고하는 대가로 치르게 되어 있단다.

---

1 에피쿠로스 쾌락, 에피쿠로스, 2022, 현대지성

이런 꼰대같은 말들을 네게 하는 이유를 굳이 찾자면 아마 우리 사회에 너무나 만연되어 있는 꼴값들 속에서 혹여 네가 왕관이나 동상을 위해 정말 인간으로서 지켜야 할 소중한 것들을 하찮게 취급하거나 관심조차 두지 않을까 싶은 우려때문일거야. 가랑비에 옷젖듯... 그렇게 너에게 젖어들고 있는 탐욕의, 물욕의, 소유의 사회가 약간 원망스럽기도 하지만, 이러한 문화가 되기까지 기성세대인 우리가 알고 행했든 모르고 행했든 일정부분 기여한 것에도 책임이 있고, 그럼에도 불구하고 이 글을 읽는 너를 비롯한 청춘들은 결코 그 방향으로 힘을 소진시키지 않길 바래. 그저 감정적으로, 우려심으로 하는 말이 아니라 이성적인 논리로서 조금 더 부연설명을 해볼게.

지금 당장 좋아 보이지만 짧게 끝나는 삶이 있고
지금은 그다지 보기 좋은 모습은 아니지만 점점 좋아지면서 끝까지 좋은 상태로 가는 삶도 있어.

당연히 이 말만 들으면 누구나 후자를 택하겠지. 하지만 사람은 자극이, 감정이, 이성을 종종 마비시키는지라 눈 질끈 감고 부정과 손잡곤 하거든. 정말 잘 지켜가다가 어떤 한 순간때문에 나락으로 향했음을 당하고서야 깨닫는 사람들이 많아. 그 찰나의 순간 어떤 누구는 이렇게, 어떤 누구는 그래도 저렇게 행동하지. 그 선택은 **영혼의 순수한 미각을 가진 이가 아니라면 참으로 결정하기가 어렵단다.**

그러니 꼭 경계하렴. **네 영혼이 미적분을 시작할 때 저~어기 어디선가 때를 기다리다가 기지개를 켜는 놈이 꼭 있어!** 개구리처럼 울어대기도, 광대처럼 방긋대기도, 사자처럼 으르렁대기도, 독버섯처럼 향기로 유혹하기도 하는, 그런 놈들말야. 너의 감지를 축하하러 오는 천사옆에 기지개를 켠 악마도 꼭 함께 등장한단다. **천사의 손에는 소망의 활력과 고통의 화살이 들려 있고 악마의 손에는 비겁과 기만과 자만의 계약서가 화려한 포장지에 감춰져 들려 있지.** 네 눈에는 고통의 화살이 먼저 보일 것이고 이것을 피하기 위해 네가 악마와 계약을 해버릴 수도 있어.

왜?
네 이성이 이 순간 마비되거든.
비겁과 기만과 자만은 포장지에 쌓여 있어 눈에 보이지 않거든.
그리고 약간 망설여질 뿐 그다지 아프지 않거든.
그저 큰숨한번 쉬거나 눈한번 질끈 감으면 아무도 모르거든.
남들도 다 그렇게 하니까 그래도 된다는 착각에도 빠지게 되거든.

바로 그 순간. 세상을 상대로 사기쳐도 괜찮다고, 이 정도 부정은 눈감아주겠지 싶은 그런 순간! 이 순간은 너의 **진정한 욕구가 탐욕으로 전이되는 순간**이야. 네게 비겁을 허용하면서 그동안 지켜왔던 숭고함과 순수함을 기만하는 순간이며 '자만'이라는 간질병[2]에 걸려드는 순간이지. 올곧은 정신, **자신의 영혼을 싸구려로 취급하지 않으려는 정신**은 제 아무리 악마가 개구리처럼 울어대고 광대처럼 널 웃기고 사자처럼 네게 으르렁대고 독버섯처럼 널 황홀에 빠뜨리더라도 거부할 수 있는 **모루의 정신**이어야 해. 강한 망치질과 뜨거운 열이 쇠를 얼음처럼 녹이고 형태를 바꿔버릴 정도로 너를 내리치더라도 끄떡없는 모루의 정신.

---

2 그리스철학자열전, 디오게네스 라에르티오스, 2008, 동서문화사

항상 우리 모두는 비슷비슷한 선택앞에 서게 된단다.

두 벌이 같은 곳에서 같은 먹이를 먹어도
이 벌은 침을 만들고, 저 벌은 꿀을 만든다.
두 사슴이 같은 풀과 물을 먹어도
이 사슴은 배설물을, 저 사슴은 순수한 사향을 만든다.
두 갈대가 같은 물을 먹어도
이 갈대는 텅 비어있고, 저 갈대는 설탕으로 가득 찬다.
둘 사이에 만 가지의 유사점이 있어도
그 차이는 한평생 인생만큼 크다[3].

꼭 명심하길 바래.
악마는 항상 너보다 더 부지런히 열심히 일한다는 것을.
악마는 항상 네게 관심이 많아서 네 일거수일투족에 모두 관여한다는 것을.
악마는 항상 너보다 능력이 출중해서 너와 계약할 때 아주 섬세하고 성실하게 임한다는 것을.

자, 이제 많은 이들이, '전 욕심이 없어요.'라고 스스로도 진심인지 거짓인지 모르는 애매모호한 말들을 하지만 우리는 좀 더 깊이있는 관점에서 이 말에 대해 얘기를 나눠보자. 에피쿠로스가 말한 첫번째 욕망, 자연스럽고도 꼭 필요한 욕망에 우리는 하나를 더 보태자. 단지 먹고 사는 생존만이 아니라 바로 너 자체로서 너를 증명해 내도록 이끄는 너의 꿈도 포함시키자. 인간은 또한 자신의 타고난 재능을 충분히 발휘하기 위해서는 단순히 목숨을 연명하기 위한 생

---

3 루미시집, 잘랄 아드딘 무하마드 루미, 2019, 시공사

계 이상의 더 큰 요구를 충족시키지 않으면 [4] 안되니까. 꿈만큼은 끝까지 크게 크게 욕구하길 바래.

**꿈이란 네가 문을 열고 세상으로 내보내주길 기다리는 세상의 명령이야.
꿈이란 너를 통해 세상에 조화를 이루고자 창조주가 심어놓은 씨앗이야.
꿈이란 너의 의식속에서 때를 기다리고 또 기다리는, 네가 잉태한 자식이야.
꿈이란 네가 창조의 주체자로서 세상에 창발시켜내야 할 인류가 네게 부여한 책임이야.**

네가 아니면 안되기에, 너여야만 하기에, 너로부터 태어나 네가 오로지 너의 존재라는 사실을 확인시켜 줄 또 다른 너의 실체라고 할 수 있지. 익숙한 관성대로 살기에도 버거운 세상이지만 네 안에서 꿈틀대는, 마구 소리치며 네 가슴을 두드려대는 그 진동의 정체를 위해 무엇이든 시도하렴. 실체없는 욕구가 충동으로 요동치게 만든 그 진동을 결코 외면하거나 방관하거나 회피하지 말아라. 처음 시도하는 것들, 그것에 대한 간절함이 때론 보편적이지 않아 보이겠지만 지속적으로 영원히 점점 나은 삶을 보장해 준단다.

왜냐면, 세상이 네게 심은 것이니까, 그렇게 네가 세상의 명령에 순종하고 너라는 현실적 주체에게 의무를 부여한 것이니까, 그러니 네게 상상으로 전해진 신호인 꿈을 실체화시키기 위해 세상이 네게 보탬을 줄테니까, 세상이 널 보호해주고 세상이 너의 힘을 필요로 할 것이니까. 그렇게 너와 세상의 연합과 연계가 시작되는 것이니까. 어쩌면 이러한 욕구야말로 가장 이치에 맞는, 온우주가 강렬히 지원하는 욕구인 것이지. 즉, **너의 상상은 우주의 욕구와 연결된단**

---

[4] 수상록, 랄프 왈도 에머슨, 2013, 나래북.

다! 그래서 진정한 이기는 전체를 위한 이타인 것이야.

그러니, **맘껏 욕심내렴.**

만일 단 한 사람이 자기 본능 위에 반석처럼 몸을 세우고 단단히 거기에서 지키고 있으면, 이 거대한 세계가 도리어 자기 편으로 향하여 오리라는 것, (중략) 인내하라, 모든 선한 것 위대한 것의 영을 반려로 하여, 그대들 자신의 무한 생명을 꿰뚫어봄으로써 위안을 삼고, 우주 원리의 연구와 전달, 본능을 우세하게 하는 것, 세계를 개혁하는 것을 일삼아라. 이 세계에서 그 한 단위가 되지 못하는 것은 큰 치욕이 아닌가[5].

욕구로 출렁이는 가슴을 현실이 억누르게 허락하지 말아라. 욕구는 너의 창조물이니 옆에서 시끄럽고 천박하게 소리질러대는 개구리, 사자, 광대의 소리에 귀를 막고 너 자신에게 집중하렴. 그렇게 너를 치욕에 빠뜨리지 않도록 너 자신을 더 깊게 사랑하렴. 너 자신과 네 안에서 널 통해 나오려는 너의 가치로운 꿈이 실체로서 발현되어 세상이 바라는 조화와 일체를 이루도록 끊임없이 욕구하고 또 욕구하렴. 그렇게 궁극의 행복과 쾌락을 네 인생에 선물하렴.

자신이 자기존재 위에 서지 않고 어디에 서야 되겠니?
너 자신위에 너를 세워라.
그리 가는 길은 지금 네 심장을 두드리는 그 갸날픈 진동에서부터 시작된단다.

---

5 수상록, 랄프 왈도 에머슨, 2013, 나래북

스물아홉번째 편지, 자유

'자유'에 '윤리'와 '선(善)'이 결여되면 '악'이 된단다.

'자유'에 '정의'가 결여되면 '누군가를 '구속'하는 '비굴한 권력'이 된단다.

'자유'에 '절제'가 결여되면 '탐욕'이 된단다.

'자유'에 '철학'이 결여되면 '이기'가 된단다.

'자유'에 일정기간, 일정부분의 '구속'이 없다면 '방종'이 된단다.

그리고

'자유'에 '자신의 사명'이 결여되면 '염세나 냉소주의자'가 될 수 있단다.

자유에도 감각이 있어, 초고수 자유인이 되어라

참 이상하지? 우리는 '개인의 자유'가 보장된 민주주의에서 어떤 구속없이 사는데도 불구하고 왜 모두가 한결같이 '자유'를 원할까? 원한다는 것은 현재 없기 때문이지. 자유롭지 않으니 자유를 원하는 것이지. 그런데 원한다면 그것이 무엇인지 알아야 할텐데 '자유가 뭐지?'라는 질문에 선뜻 답하기가 어렵거든. 너는 무엇이라 답할 수 있겠니? 오늘은 네게 '자유'에 대해 얘기하려 해!

우선 '깊이에 따라 다른 자유'에 대해 이야기할께.

첫째, 자기 마음대로 하는 것을 자유라고 부르는 이들이 있지. 누가 보든 말든 남이 듣든 말든 세상이 어찌 되든 말든 자기 마음대로, 의무도 책임도 없는 이것에도 자유라고 이름을 붙이는 이들은 있지만 상식적인 기준에서 이는 자유가 아닌 '방종'이지. 가장 낮은 수준의 자유야. freedom과 liberty. 둘 다 자유지만 전자는 그냥 자유, 후자는 '책임'을 전제한 자유.

둘째, 내가 가고 싶은, 보고 싶은, 하고 싶은, 먹고 싶은, 사고 싶은 것들을 모두 할 수 있는 자유를 누리는 이들이 있지. 부럽지. 쉬고 싶을 때 쉴 수 있고 자고 싶을 때 잘 수 있으며 놀고 싶을 때 놀 수 있고 사고 싶을 때 살 수 있는 자유. 이 말은 하기 싫은 것은 안 할 수 있는 자유도 지녔다는 의미이지.

아마 대다수의 사람들이 이를 원하겠지. 이런 자유를 '경제적·시간적 자유'라고 하면 느낌이 오지? 돈때문에 직장에 가야 하고 시간이 없어 주말에만 놀아야 하는 것이 아니라 돈과 시간으로부터 자유로워져 자신이 주체적으로 일상을 선택할 수 있는 자유. 그런데 이런 자유는 아주 능력이 출중한 사람이나 아무 능력도 없는 사람이나 다 가질 수 있어. 능력이 있으면 돈이 시간을 사서 자유를 얻지만 아무 능력이 없으면 아무도 찾지 않아서 아무렇게나 살 수 있으니까 가고 싶은데 가고 자고 싶을 때 잘 수 있지. 돈? 이런 이들은 여기저기 구걸도 잘 해. 빌리기도 잘하구. 극과 극의 이 두 부류는 겉으로 보이는 행태는 크게 다르지 않지만 누가 뭐라 해도 후자를 자유롭다고 하지는 않겠지?

그런데 참 이상하다. **대부분의 사람들이 왜 자유를 원하면서도 갖지 않거나 갖지 못하는지 아니?** 인간의 본성은 '익숙'해지면 '편안'해지거든. '구속'에 익숙해지면 '구속'자체를 '자유'로 착각해. 지배당하는 것에 익숙해지면, 즉. 속박이 없으면 오히려 허망하고 공허하게 느낀단다. 퇴직하면 자유로운데 계속 회사에 나가고 싶어하거나 직장을 때려치우고 나왔어도 오히려 더 직장을 구하지. 시간도 돈도 자유로운데 행복하지 않고 그래서 다시 행복을 위해 다른 속박을 찾아다녀. 아마 대다수가 이럴텐데 자유가 주어져도 그것을 어떻게 누리는지 몰라서 오히려 속박당하는 쪽으로 발길을 옮겨. 실제 가난한 사람들은 '돈이 많아지면 오히려 어떻게 써야할지 몰라서 불안'해지는 심리 때문에 계속 가난을 택한대. 속박에서 벗어나려 발버둥치지만 결국 다시 속박을 택하면서 자유로부터 멀어지지. 앞서 얘기한 말뚝에서 결코 벗어나지 않는 코끼리처럼 말이야. 그렇게, 주는 사료와 구속된 공간, 지배자의 명령에 편하게 익숙해진 것이지. 시간과 돈이 있어도 자신이 누군가, 무언가로부터 속박당하지 않으면 오히려 불편해 한다면 이는 진정한 자유라고 할 수 없어.

여하튼 시간과 경제로부터 자유로워지는 것은 아무나 가질 수 있는 것은 아니야. 하지만, 앞서 말한대로 '정신'의 자유가 없다면 지배당하는 쪽에 머무르거든. 우리는 이런 경우를 아주 많이 봐. 많은 것을 가졌는데 방황하거나 방탕하게 살지. 너무나 자유로우니까. 모든 걸 다 가졌으니까. 뭐든 할 수 있으니까. 그러다보니, 실제 우리는 정말 많이 가진 사람이 무언가 하지 말아야 할 것에 중독되거나 자살하는 경우도 많이 봤지. **물질은 풍부한데 자기정신이 없는 삶**. 이는 결코 자유로운 삶이라고 할 수 없어. 오히려 너무나 빈곤한 삶인 것이지.

자유는 비물질이야. 비물질은 비물질의 공간인 정신속에 담겨 있어. 손에 쥐어지는 것이 아니지. 그러니 **정신이 없으면 자유가 있을 공간이 없어**. 정신이 굴절되면 자유도 굴절되고 정신이 고여 부패되면 자유도 부패돼. 통이 맑지 않고 혼탁한데 어찌 그 곳에 담긴 것이 맑게 유지되겠니? 그래서, 우리는 '자유' 앞에 수식어를 붙여. '진정한 자유'라고. 이에 대해 고민해야 할 필요는 있어. 시간과 경제적으로 자유로운 이들을 너머선 궁극의 자유. 극소수(정말 극소수일거야)만이 세번째 자유를 소유하겠지.

셋째. 최고의, 궁극의 자유라고 할 수 있는 자유야. 첫째, 둘째와 비슷해 보일 수 있지만 차원이 다른 진정한 자유지. 가고 싶고 먹고 싶고 갖고 싶은, 소유

할 것들을 선택하는 것뿐만 아니라 가장 중요한 '자신만!'의 삶, 자신만의 '삶!' 즉, '자신의 삶'을 선택할 수 있는 자유.

자.기.삶.을.선.택.할.자.유.

자기 안에 커다란 꿈과 야망을 소유하고 자신에게 그것을 실현시킬 수 있는 도구를 쥐어주고 그것을 위해 매일 자신의 변화를 즐기고 자신이 걸어갈 길을 묵묵히 걷는 자, 소신있는 자, 주체적인 삶을 사는 자. 이러한 사람들은 명품옷이나 근사한 세단, 멋진 집을 아무리 준다 해도 그것을 거부할 자유가 있어. 제 아무리 명예를 준다 해도 외면할 수 있는 정신의 자유. 돈으로 모든 것을 살 수 있지만 결코 **돈으로도 살 수 없는 정신을 소유한 자의 몫**이야. 그 어떤 것과도 결코 자신의 소신을 바꾸지 않아. '**소유**'보다 '**존재**'에서 더 큰 만족감을 느끼니까.

추상적이라고 느낄 수도 있겠지만 이러한 자유는 **자신이 추구하는 것들로 내면이 꽉 들어찬 사람만이 얻을 수 있는 자유야**. 첫째, 둘째 자유와 양태는 비슷하지만 질적으로 엄청난 차이가 있어. 물질이나 공간, 시간을 초월한 깊이 있는 영적진화를 위해 더 실천적으로 삶을 이끄는 자들, 자기 경향이나 습관, 관성, 주변시선이나 관습, 나이와 같은 제한된 것들로부터 비틀거리지 않고 해방된 정신을 지닌 자들이야말로 '진정한 자유'의 소유인이지. 헨리데이빗소로우가 하버드를 뒤로 하고 월든호숫가에서 '자발적 가난'을 택하고 살았던 2년간의 자유, 몽테뉴가 모든 것을 뒤로 하고 옥탑방에서 글과 책으로 인생을 즐겼던 자유, 포조가 루크레티우스의 금언서를 찾으러 모든 인생을 걸고 떠날 수 있는 자유. 만져지지도 보이지도 않지만 그 자유의 크기는 감히 측량될 수 없거든. 보편적이지도 않고 이해받기 어려울 수도 있지. 세번째 자유야말로 인간이 누릴 수 있는 최상의 자유, 궁극의 행복이 아닐까?

자, 이제 '범주에 따라 다른 자유'에 대해 이야기할께.

첫번째 범주는, 시간도 돈도 없는 이들이야. 아마 대다수의 직업을 지닌 노동자들이겠지. 자신의 시간을 돈과 맞바꾼 사람들이야. 하루의 일정시간과 능력을 '월급'이라는 일정한 돈과 맞바꾸는 것이지. 능력이나 규모에 따라 수입의 차이가 있을 뿐 시간과 맞바꾼 돈으로는 자유를 누리긴 어려워. 석유왕 록펠러의 말처럼 '너무 바빠 돈벌 시간이 없는' 그런 사람들이지.

두번째 범주는, 시간은 없는데 돈이 많은 이들이야. 우리 주변에서 쉽게 보는 전문직 종사자들이나 소규모 사업가들이야. 돈을 버느라 너무 바빠 돈을 쓸 시간이 없지. 그런데 안타까운 것은 이들이 돈과 명예는 얻을 지 몰라도 크게 잃는 것이 건강이란다.

세번째 범주는, 시간은 많은데 돈이 없는 이들이야. 우리는 대충 이들을 백수라 하니 여기에 대해서는 더 할 말이 없구나.

네번째 범주는, 시간과 돈이 다 많은 이들이야. 그야말로 자유인이지. 돈이 돈을 버는, 시간의 함수에서 벗어난 업을 지닌 사람들의 삶이야. 이들의 대부분은 니콜라스나심탈레브가 언급한 '수입의 자가증식성[1]'을 가진 업에 종사하는 자들이야. 음반이나 베스트셀러의 주인이라고 하면 쉽게 이해가 되지? 이들은

---

1 블랙스완, 니콜라스나심탈레브, 2018, 동녘사이언스

돈과 무관하게 자신의 시간을 온통 자신의 창작을 누리는 자유로운 사람들이지. 노래가 좋아서 노래를 부르고 저작권으로 자신이 좋아하는 노래를 시간, 돈과 무관하게 즐길 수 있는 인생, 그림이 좋아 그렸을 뿐인데, 글이 좋아 썼을 뿐인데, 자기가 잘하는 것을 그저 했을 뿐인데 요즘같이 네트워킹된 세상에서 돈으로 환원하는 것이지. 엄마가 지속적으로 얘기하는 **'정신의 물질화'. '관념의 형상화'**. 바로 보이지 않는 자신의 창조가 돈으로 환원가능한 세상에서 이를 외면한다면 아마 평생 돈과 시간을 맞바꾸는 인생을 살아야겠지? 말 그대로 **시간과 돈의 노예가 아니라, 시간과 돈의 주인인 사람들**이야.

니콜라스나심탈레브도 자신은 천성적으로 사색을 좋아하는 사람이라며 월스트리트의 그 대단한 직장을 관두고 책을 쓰기 시작한 것이야. 물론 이런 주인공이 되는 것은 어려운 일이겠지만, 글쎄... 무언가의 결과로 '자유'를 내 삶에서 누릴 수 있다면 그만한 대가를 치러야 하지 않을까? 어려운 만큼 거대한 자유를 소유하잖아. 몇십년을 일정한 생활비를 위해 똑같은 시간에 출퇴근하고 정해진 시간에만 밥을 먹고 차가 아무리 막혀도 연휴에만 놀러갈 수 있는 구속된 삶을 선택하는 것과, 모호하고 희미하지만 자신의 창조물을 위해 십수년, 아니 몇십년을 준비해 지속적이면서 영속적인 수입을 창출하는 것과 어떤 삶이 더 어려운 삶일까? 둘 다 쉽지 않지. 이래저래 삶은 다양하고 모든 삶은 존중받을 만 하지만 엄마는 **시간과 돈을 초월하여 너의 일상이 돈이 되는** 그런 삶이 네 삶이길 바래. 진정한 자유. 시간과 돈에 무관한 삶. 오로지 자신의 인생을 즐기는 삶. 그리고 그것이 돈으로 환원되는 삶.

자, 이제 마지막으로 '수준에 따라 다른 자유'에 대해 이야기할거야.
시간을 중심으로 언급하자면, **주인이 시간을 허락할때만 자유를 누릴 수 있는**

부류. 과거 노예와 같은. 시간이 자신의 것이 아니라 누군가에 의해 저당잡혀 있기에 주인이 허락할 때만 자유가 보장되지. 하수란다.

시간을 내야만 자유를 누릴 수 있는 부류. 그래도 이들은 스스로 시간을 요령껏 낼 수 있는 사람들이야. 개인 사업을 하는 이라면 가능하겠지? 하지만 중수란다.

시간과 무관하게 산다면, 즉, **자신의 시간을 자신이 마음대로 조정하며 살 수 있는 부류.** 시간을 자신이 주체적으로 소유한, 좀 더 커다란 회사, 그러니까 직원 500명 이상을 두고 거의 모든 권한위임이 되어 있는 경우지. 고수야.

그런데, 하수, 중수, 고수. 어떤 삶의 방식을 지녔든 그것과 무관하게 시간과 공간에서 초월하여 **언제 어디서든 자유로우면 초고수**라고 할 수 있지. 몸이 시간에 매여 있어도 정신이 자유로운 사람, 몸은 일을 하더라도 자신의 사유가 끝없이 움직이며 신체의 얽매임과는 상관없이 자신이 모든 시간을 지배하는 사람, 자신의 정신이 오직 자신의 길 위를 걷는 사람, 이런 사람들의 특징은 현재 자신의 삶과 자신이 추구하는 삶에 제 아무리 커다란 괴리가 있다 하더라도 항상 자신이 도달할 지점을 향해 현재를 과정으로 여기며 묵묵히 자신만의 자유를 누리지.

초고수의 자유인이 되어라.

자신의 내면에서 위도가 더 높은 지역을 탐험하는 것은 어떨까? (중략) 당신도 당신 내면의 신대륙과 신세계를 발견하는 콜럼부스가 되어 교역로가 아니라 사상이 오가는 새로운 항로를 개척하라. 인간이라면 누구나 한 제국의 황제다. 이 제국에 비하면 러시아 황제의 제국은 얼음으로 남겨진 언덕의 아주 작은 나라에 불과하다.[2]

우리같이 평범한 사람들은 대부분 시간과 돈에 얽매어 있어. 돈을 벌기 위해 일을 해야 하니까. 하지만 언제나 초고수가 될 수 있어. 돈을 벌기 위한 일을 평생 하는 것이 아니라 진정한 자유의 시간을 자신에게 주기 위해 일정기간 구속을 택하고 그렇게 '돈을 벌기 위한 일'을 하는 그 기간조차 정신이 자신의 길을 걷고 있는 사람이어야 해. 너의 업(業)을 찾아 그 업에서 자유를 누리며 결국, 돈으로부터 해방되고 시간을 지배하는 네가 되어야 해. 그러니 너의 내면에서 더 높은 지역을 탐험하여 너만이 너를 지배할 수 있는 제국을 건설하거라. 그렇게 너만의 삶에 대한 사유가 네 속에 넘쳐 흐르도록 초자유인이 되어라.

**진정한 자유는 물리적, 물질적인 것을 초월한
정신의 자유를 지닌 상태에서 시간과 돈으로부터 해방된 사람의 것**이야.

자유가 시간과 돈만으로 가질 수 있는 것이 아님을 이해했지? 시간과 돈으로부터의 자유를 원한다면 무엇보다 초월된 정신이 필요하다는 말이야. 초월된 정신은 영적진화를 통해 만들어갈 수 있어. 이러한 정신의 소유자라면 비단 일정기간 돈이나 시간에 구속당하더라도, 아니 자발적인 구속을 스스로에게 가하면서 영원한 자유를 누릴 수 있으나 정신에 자유가 없는 상태에서 시간과 돈에서만 자유롭다면 오히려 맹탕이나 잡탕같은 인생이 될거야. 뭘 하는지도 모르게 살아 맹탕같거나 이것저것 잡다하게 열심히만 살아 잡탕같거나.

---

2 월든, 헨리 데이빗 소로우, 2017, 열림원

지금까지 얘기한 것들을 통해 네가 명심하길 바라는 것은
'자유'에 '윤리'와 '선(善)'이 결여되면 '악'이 된단다.
'자유'에 '정의'가 결여되면 '누군가를 구속'하는 '비굴한 권력'이 된단다.
'자유'에 '절제'가 결여되면 '탐욕'이 된단다.
'자유'에 '철학'이 결여되면 '이기'가 된단다.
'자유'에 일정기간, 일정부분의 '구속'이 없다면 '방종'이 된단다.
그리고
'자유'에 '자신의 사명'이 결여되면 '염세나 냉소주의자'가 될 수 있단다.

결론적으로 자유의 부피는 내면에 있으며 자유의 속도는 무엇을 기준으로 어디를 향하느냐에 있으며 자유의 확장과 가치는 자신의 자유를 어떻게 활용하느냐에 달려 있지.

그리고 자유는 2가지 방향을 향해야 해.
내적으로는 **'심연속 깊은 소리'**로,
외적으로는 **'세상의 흐름'**으로.
그런 사람이 진정한 자유인이라고 할 수 있어.

모든 일이 어떻게 끝날 것이며 어떤 뜻을 가지고 있는지에 대해서 겸허한 마음으로 인식한 사람, 여유있게 사는 시민 하나하나가 그들의 조그마한 정원을 손질하여 낙원으로 꾸밀 줄 알고 불행한 사람마저 그 무거운 짐을 지고 허덕거리면서도 끈기있게 스스로의 길을 걸어가고 있으며, 모든 사람들이 똑같이 이 햇빛을 다만 1분간이라도 더 오래 쳐다보고 싶어한다는 사실을 알아차린 사람은 - 그렇지, 그런 사람은 말없이 자기 자신 속에서 스스로의 세계를 창조하는

것이다. 그리고 그 역시 인간이기 때문에 행복하다고 할 수 있다. 그리하여 그는 아무리 제약을 받고 있더라도, 항상 마음속에서도 자유라는 즐거운 감정을 간직하고 있다. 자기가 원하면 언제라도 감옥같은 이 세상을 벗어날 수 있다는 그런 자유의 감각 말이다.[3]

잔소리같겠지만. 너무 까다롭게 구는 사람, 이것저것 따지는 사람, 깐깐함이 지나쳐서 틈이 없는 사람, 늘 감정에 휘둘리는 사람, 이들과는 다툼하지 마라. 그들은 내면이 자유롭지 않아서야. 가진 것이 많다 해도 내면에 공간이 없으니 그 어떤 것들과도 섞일 수 없고 그러다보니 정화가 되지 않아서 늘 부딪히는거야. 스스로도 알거야. 자기자신을 존중하지 않거나 존중할 수 없다는 것을. 이런 사람들은 스스로 내적성장을 하지 못하면 변하지 못해. 제 아무리 심리치료나 코칭을 받으며 외부에서 도움을 줘도 변화시키기 어려워.

가장 근원적인 것이 바뀌지 않으면서 외적인 것을 조절한다고 해서 변화가 일어나지는 않아. 설령 변화되더라도 일시적이야. 사실 엄마가 늘 이래서 어려웠지. 그래서 내면을 채우려 새벽에 책읽기를 이렇게 5년이 넘도록 하고 있고.

너는 아직 충분히 젊으니 **시작부터 초고수의 자유를 추구하길 바래**. 물론 살다가 일정시기 불안속에 있을 수도 있겠지만 반드시 내적 성장만이 내면의 자유를 가져다준다는 사실을 잊지 말고 불안한 시기 속에 있더라도 외부에서 도움을 구하기보다는 스스로 변화하도록 너에게 의무를 부여하렴. 모든 시간이 너를 본래 너의 자리로 이동시키기 위해 주어진 것이란다. 그러니 평범한 일상 어떤 시기에 잠시라도 외부세계와의 의도적 단절을 선언하고 어딘가에서 널

---

[3] 젊은 베르테르의 슬픔, 괴테, 1999, 민음사

정화시키는 시간을 가져보렴. 그렇게 잠시만 뒤로 물러나 있으면 된단다. 너의 내면과 만나는 시간이 충분히 쌓이면 너는 초고수의 자유인이 될 것이야.

나는 외면적 자아만 조타수에 남겨두고, 항해가 순조로우면 키를 고정시켜 외부 세계를 완전히 차단한 채, 생각이라는 유쾌한 선원들과 함께 갑판 아래 선실에 틀어박혔다.[4]

---

4 월든, 헨리 데이빗 소로우, 2017, 열림원

서른번째 편지, 계승

네게 스며들게 하지 말고 네가 스며들게 하렴. 오로지 너자체로서 너를 채우는거야. 타인에게 보여지기 위한 포장, 관습에 얽매인 낡은 사고, 자신이 아닌 누군가의 꿈을 대신하고 있는 무지, 나아가 자기 것이 아닌데 자기를 채우고 있는 수많은 사고의 관성들... 그렇게 스며든 것들이 너를 채우게 하지 말고 네 것으로 채우고 흘러넘쳐 스며들게 하렴.

네게 스며들게 하지 말고 네가 스며들게 하렴

어제, 지난 해 받아놓은 설악초 씨앗을 주차장 화단 곳곳에 마구 뿌려줬어. 꽤 양이 많더라구. 그리고 누군가에게 선물할 일이 있어 꽃집에도 들렀지. 꽃향기가 아주아주 진하더라... 우리 집 거실에도 꽃향기가 가득하단다. 어떤 연유로 여러 다발의 꽃들이 집으로 왔고 꽃 좋아하는 엄마는 2개밖에 없는 화병에 깨끗이 정수된 물을 받아 한송이한송이 정성껏 꽂아 거실 테이블에 놓았지. 그랬더니 세상에~~ 많은 꽃들이 등장한 우리 집은 온통 꽃향기로 가득 차버렸어. 꽃에, 꽃향기에 엄마가 점령당해 버린거야! 아... 이 느낌 너무 좋아! 그런데 순간 이런 의문이 들더라구!

거실 공기를 꽉 채우던 사람과 사물들의 내음이 어디로 사라진걸까? 아니면 우리 집 거실이 꽃향기가 스며들만큼 거실 공기중에 그리 많은 진공이 존재했던 걸까? 분명히 공기는 진공상태일 수가 없거든! 무언가로 꽉 채워져 있었을텐데 꽃이 그 모든 향을 이기고 자신의 것으로 온통 다 채워버렸어. 너무 신기하지 않니? 향기가 스며드는 거 말야. 눈에 보이지 않고 만져지지 않지만 그 작은 꽃들이 얼마나 가득 자신이 품던 향을 뿜어 냈으면 거실 전체가 꽃의 향으로 가득 채워지는 걸까? 이렇게 **'채워지고 스며드는' 것에 대한 관찰과 소중함**에 대해 좀 우습지만 - 엄마는 아줌마잖아 - 며칠 전 대파를 썰면서도 살짝 느꼈단다. 엄마는 그저 대파를 썰었을 뿐이야. 대파와 엄마 사이에는 아무 것도 없었어. 공기밖에. 그런데 대파썰면서 눈물콧물... 너무 매워서 혼났지. 뭐지? 대파가 자기를 썰어 댄다고 화가 나 매운 향을 엄마 눈으로 발사해 버린건가? 어떻게? 공기 사이사이를 비집고 아무리 엄마가 눈을 꼭 감아도 눈으로 들어가버려... 암튼 말도 안 되게 엄마를 괴롭혔어. 도대체 어떻게? 대파가 얼마나 매운 향을 응축해서 품고 있었으면 칼로 잘리는 순간 그 작은 틈새로 품고 있던 향을 있는 힘껏 뿜어내고서 공기입자들을 다 뚫고 자신을 해치는 엄마를 향해 강력하게 매운향을 쏘아댄거야. 무섭게 말이야. 꽃이나 대파뿐이겠니? 계피는? 생강은? 녹차케익을 구울 땐? 김치를 썰 땐? 오랫동안 보관된 옷을 꺼낼 땐? 거실 한켠에 놓인 장미 허브는?

꽃은 꽃이 되기 위해 자신의 모든 생을 걸지. 물론 꽃은 속임수야. 창조를 위한 속임수. 꽃이 향을 뿜어 자기 씨를 퍼뜨려줄 벌과 나비들을 불러모으지. 그렇게 움직이지 못하는 자신을 대신해 날개달린 녀석들의 도움으로 씨를 마구 퍼뜨리기 위해 꽃은 화려하게 자신을 뽐내고 향기로서 유혹하고 그리고는 스스로를 시들게 한 후 장렬히 씨를 떨구고 전사하지. 그런데 씨를 떨구기도 전에 잘려진 꽃들은 자연의 본능을 다해내지 못한 원한을 자기 몸에 가득 담았는지 더 짙고 깊게 향을 머금은 것 같아. 그렇게 세상 여기저기로 옮겨지면서도 자기의 향을 고스란히 품고 있잖아.

그렇게 꾹꾹 채운 향을 어떻게든 마지막 꽃잎이 시들때까지 세상에 내보내지. 그렇게 존재하는 모든 생명체는 오로지 그 자체가 되기 위해 온 생을 걸지. 그렇게 자신의 몸체에 자기만의 향을 가득 담아 온세상에 자기로써 스며들지. 자신을 자신으로 채우고 그렇게 흘러넘쳐 세상으로 스며드는거야.
인간인 우리도 그래야 되는 거야.

설악초가 채송화의 향을 가질 수 없듯이 너도 타인의 사상과 정체가 아닌 네 것으로 널 채우길 바래. 지금 많은 젊은이들이 자기의 머리 속에 있는 기준과 관념들을 자기가 주입한 것인지 타인에 의해 주입된 것인지, 자신의 향을 담기 위해서인지 타인의 향을 더 진하게 보태기 위해서인지 구분조차 하지 못한 채 너무나 바쁘게 앞만 보고 뛰는 것 같아. 잘 보이려 애쓰고 '보여지는 것'에 더 집중하고 상대와 자신을 비교하고 과거의 경험을 회피하고... 그러다가 공허함에 시달리고 자신의 길을 잃고 '사는 대로 생각하는', 이번엔 몇 등인지, 학점은 얼마인지, 오늘은 얼마를 벌었는지, 몇 사람의 구독자를 모아야 하는지, 집을 장만하려면 얼마씩 모아야 하는지, 연비는 어떻게 되는지, 경비는 얼마나 드는지... 하루하루 숫자들여다보기에 급급한 삶을 살고 있는 것은 아닐까? 과거 엄마도 그리 어리석은 긴 시간을 보냈었지....

자신의 것으로 자신을 꽉 채운 너 자신이 되길 바란단다. 모든 생명에는 자체의 향이 있고 이 향은 어떤 경로로든 대기로 흡수되지. 여기저기서 발사된 모든 향들은 강력한 향이 나약한 향을 흡수하며 서로 섞이고 그렇게 세상의 곳곳으로 옮겨져. 우주가 그 향을 뽑아서 있어야 할 자리로 뿌리거든. '향'은 단지 '냄새(smell)'만 의미하는 것이 아니라 너의 생명전체를 말하는 것이야.

오로지 자기로서 채워져 뿜어내는 '기(氣, energy)'!.
기운, 에너지, 정체성...
그런 거...
너를 너로써 채워가는 시간들을 통해 너만의 색채로 너만의 향으로 너만의 기운으로 너만의 선명한 길을 찾아 **너는 네가 되어야 해.**

너만이 느끼는 미세한 찰나들이 네 심장을 두근거리게 할 때,
너의 경험이 네 머릿속을 지배하던 묵은 관념들을 제대로 닦아낼 때,
너의 하루 중 오롯이 너 자신과 만나는 경이로움을 경험할 때,
너의 내부에서 일어나는 요동에 네 세포가 전율할 때,
너의 돌처럼 단단했던 마음에 어떤 순간이 틈을 만들 때,

너는 너 자체로서 채워지고
채워지면 흐르게 되고
흐르면 세상에 너라는 존재가 스며드는 것이지.

네게 스며들게 하지 말고 네가 스며들게 하렴. 오로지 너자체로서 너를 채우는거야. 타인에게 보여지기 위한 포장, 관습에 얽매인 낡은 사고, 자신이 아닌 누군가의 꿈을 대신하고 있는 무지, 나아가 자기 것이 아닌데 자기를 채우고 있는 수많은 사고의 관성들... 그렇게 스며든 것들이 너를 채우게 하지 말고 네 것으로 채우고 흘러넘쳐 스며들게 하렴. **지금 너는 무엇으로 채워져 있니?** 입력된 것이 출력되겠지. 지식으로, 경험으로 입력된 것들이 네 안에 채워졌다가 흘러나와 세상으로 내보내는 모든 것의 근거가 되지.

네 입으로 들어가는 대로 너는 너를 채우고 있겠지
네 귀로 듣는 대로 너는 너를 채우고 있겠지
네 눈이 보는 대로 너는 너를 채우고 있겠지
네 다리가 서있는 대로 너는 너를 채우고 있겠지
네 손길이 닿는 대로 너는 너를 채우고 있겠지.

이 모든 감각들이 너의 이성으로, 관념으로, 사상으로, 정체로 만들어지겠지. 그렇게 입력된 것들이 네게 '습관'이란 패턴으로 너의 정신에, 다리에, 심정에, 그리고 영혼에 채워지겠지. 그리고는 네 혀로 흘러넘쳐 세상에 스며들겠지. 네 다리로 흘러넘쳐 세상에 이동하겠지. 네 표정으로, 몸짓으로, 글로, 또 다른 어떤 것으로 흘러넘쳐 네가 세상에 스며드는 것이고 세상은 그렇게 너를 흔적으로 남기겠지.

자, 너로 인해 세상에 무엇이 스며들기를 바라니? 꽃이 꽃으로서 자신의 모든 것을 응축한 그 강인함으로 주위의 모든 공기에 자신을 스며들게 하듯 **'너는 무엇으로 너의 세포 곳곳을 채워 세상으로 흘러넘치게 하겠니?'** 지금 이 순간, 이 질문 하나만 네가 가슴에 담고 느껴봐. 너 자신이 얼마나 귀하고 사랑스럽고 소중한 존재인지... 네게 무엇을 넣어서 어떻게 너라는 사람을 거쳐 세상으로 흘러넘치게 할지... 자존감이 낮다거나 자신이 없다거나 정체성에 혼탁을 일으켜 바닥을 기는 시간들조차 젊은 너에겐 귀중한 너를 채워주는 순간순간인 것이야.

세상에 스며들어도 괜찮은 사람.
이왕이면 더 진한 얼룩으로 스며들어도 괜찮은 사람.

이왕이면 그 얼룩이 지워지지 않고 더 깊이 자욱을 남겨도 썩 괜찮은 사람.
이런 네가 되기 위해 네게 채울 것들을 판단해내는 정신을 갖춘 너라면 너의 삶은 정말 가치로울거야. 세상이 널 지켜주고 우주가 널 보호할거야.

꼭 기억해주길 바래.
네게 스며들게 하지 말고 네가 스며들게 하렴.

편지를 마치며
엄마의 다짐

아이야. 네가 말했듯이 하루는 더딘데 1달은, 1년은 훌쩍이지? 벌써 2024년이 되고 갓난어른인 너는 이유기어른이 되었구나. 이제 이 시대를 함께 살아가는 어른의 동지로서 먼저 살았던 엄마가 새로운 해를 시작하거나 새로운 시도를 앞두고 어떤 마음을 지니는지 진솔하고 담담하게 들려주려 해. 엄마의 나약함을 이겨내게 만들어줄 대상이 있다면 바로 너이기 때문이지. 가끔 아니 자주 의지의 생성욕구가 마구 솟을 때도 있지만 또 반대인 경우도 많아. 그럴 때 너를 떠올리면 감히 생각지도 못한 엄청난 힘이 솟거든. 그래서 30통의 편지를 마치는 이 글은 어쩌면 엄마를 지켜봐주고 엄마에게도 든든한 힘이 되어주길 바라는 엄마의 다짐이자 당부가 될 수도 있겠구나.

첫째, 엄마는 엄마의 의지보다 더 강한 의지를 믿고 가려 해. 점점 나이가 들어가면서 발의 굳은 근육이 가던 길을 멈추게 하고 낡은 혀가 드러나 엄마를 부끄럽게 하기도 해. 그러나 엄마는 늘 새로운 길을 찾고 그 곳에서 새로운 말을 하고 싶단다. 이런 욕구는 엄마 스스로 창조하는 것 같지 않아. 너같이 소중한 존재가 엄마를 통해 세상에 나왔으니 이에 대한 의무를 다하고 싶은 책임감같기도 하고 이런 비상한 의무를 부여하신 어떤 존재의 강렬한 욕구와 의지가 엄마의 퇴보를 제지시키는 것 같기도 하고... 너희들을 '어른'의 대열까지 키운 지금, 심리적으로 독립해야 할 대상은 너희뿐만 아니라 엄마도 그래. 그래서 엄마의 앞으로의 삶도 새로운 삶이어야 한단다. 새로운 길 위에서는 새로운 감각이 열려야 새로운 말과 새로운 걸음을 걸을 수 있겠지. 마치 물과 같아. 어쩌다 길에서 멀어지더라도 그 물은 스스로 물길을 내어 결국 바다를 찾아가지. 엄마의 **새로운 길도 광활한 우주의 중심으로 엄마를 이끌 것**이라 믿어. 결코 지금 엄마의 머리 속에, 경험 속에 없는 길이지만 이 길은 본능적으로 자신의 발현지인 우주의 중심으로 향하겠지.

둘째, 호의가 칼이 될 수 있기에 착한 사람이길 포기하려 해. 너도 알다시피 엄마는 이것저것 퍼주기 좋아하고 관심과 배려라는 이름으로 간섭도 많고 그렇게 오지랖을 부리는 아줌마잖아. 그런데 공부를 하다 보니 **배려가 오히려 상대의 성장을 방해**하는 요인이더라구. 스스로 키워낼 수 있는 시점엔 엄마가 멈춰야 하는데 말이야. 그래서 이제 **베푸는 손에서 오히려 부끄러움을** 느끼게 되었단다. 호의가 칼이 될 수 있음을 안 것이야. 호의가 오히려 그들의 자존심(상대는 모르겠지만 상대의 깊이에서 잠자는 자존심)에 상처를 내고 있었어. 또한 받는 자의 덕목이란 '받았다면 주는 자의 마음과 영예를 위해서라도 제대로 자신을 키워내야' 하는데 오히려 엄마의 호의에 상대는 주는 대로 받는 것에 익숙하게 머물러버렸던 것이야. give and take 보다 give and give를 '사랑'이라 여겼던 엄마였는데 이같은 배려가 오히려 '지각있는 사랑'이 아니었음을 알게 되면서 '피는 물보다 진해서 탈낸다! 엄마를 떠나렴!'을 네게 쓰게 되었고 주변

지인들에게도 엄마는 지각있는 관계를 맺으려고 조금씩 변화하고 있어. 바람직한 어른이라면 부끄러움 안에서 희열을 느낄 줄 아는 어른이어야 하잖아. 뒤에 걷는 자가 항상 엄마보다 못하다면 그건 죄가 되지. **엄마를 계속 부끄럽게 만드는 이가 많을수록 엄마의 행복도 더 커져 갈거야.** 그래서 착한 사람이 아니라 선한 사람이 되려 해. 그렇게 엄마를 뛰어넘어 더 큰 대지로 네가 나아갈 수 있도록 디딤돌이 되어 뒤로 물러나 줄거야. 엄마는 주는 것을, 너는 받는 것을 거부하고 너 스스로 자신의 열매를 맺어 가길 바라기 때문이야.

셋째, 지금 엄마가 서있는 50이라는 나이를 '위대한 정오'로 만들어볼까 해. 엄마의 하루가 새벽 4시부터 시작된지는 오래야. 4시~오전, 8시간을 집중하면 남들이 보내는 하루를 오전만으로도 거의 다 보낸 셈이지. 그렇게 맞이하는 정오는 엄마에게 덤으로 주어진 또 다른 하루를 시작시키며 엄마를 긴장시킨단다. 또한, 50이라는 나이 역시 인생의 정오를 지나는 느낌이야. '덤'. 덤을 받는다는 것은 어떤 의무를 치른 자에게 선물같은 것이지? 제대로 물건값을 치른 사람에게, 풀코스를 주문하는 이에게 서비스가 나오는 것처럼. 엄마는 매일 정오에 제대로 새벽과 오전을 치른 것에 대한 덤으로 새로운 하루를 선물받아. 그렇게 매일 '위대한 정오'[1] 앞에 당당하고 싶고 앞으로도 그럴거야. 엄마에게 '위대한 정오'란 '자유'로 진입하는 문이야. 마음껏 사고하고 마음껏 쓰고 읽고 마음껏 일상을 누려도 전혀 게으르다거나 소모되는 느낌이 없는 정신의 자유를 누리는 시간. 새벽부터 오전이 의무의 시간이었다면 위대한 정오의 문을 열고 들어서는 시간부터는 권리를 누리는 시간이지. 어느 누군가가 길을 내었을지는 모르나 엄마인생에 처음 가보는 길을 위해 이렇게도 저렇게도 마음껏 엄

---

[1] 니체는 그의 저서 차라투스트라는 이렇게 말했다.(2000, 책세상)에서 '위대한 정오'를 '사람이 짐승에서 위버멘쉬에 이르는 길 한가운데로, 저녁을 향한 길을 최고의 희망을 찬미하는 때'로 표현했다.

마자신을 실험하며 탐구하고 실패해도 괜찮은 연습장같은 오후 시간을 맘껏 누리려구. 드넓은 대지 위에 엄마의 정신을 던졌다 떨어뜨리고 다시 주워 담아 또 던지기를 반복하면 엄마의 곳곳에 뿌리박힌 오류들이 떨어져 나가는 것을 느끼거든. 구속된 새벽~오전시간을 보내고 자유를 보장받은 '위대한 정오의 문'을 열고 시작되는 또 다른 하루. 엄마의 일상에 위대한 정오를 더 단단하게 지키려 해. 그러기 위해 새벽~오전까지, 구속과 의무에는 타협하지 않아야겠지. 오후가 하늘 높이 연을 날리는 자유의 시간이라면 새벽~오전은 높이 날 수 있는 연을 만들기 위해 해야 할, 쌓아야 할, 알아야 할 것들에 집중하는 시간인 것이야. 그렇게 하루를 보내듯 지금의 50대를 '위대한 정오'로 보내면 100세 인생의 나머지 시간들은 자유롭게, 그래서 더 위대하게 만들어갈 수 있겠지.

넷째, 더 이상 시간을 부정하는 사람이 되지 않으려 해. 시간이 없다고, 시간이 부족하다고, 시간때문에 못했다고, 내 나이가 그렇다고, 이제 그런 걸 할 나이가 아니라고... 시간핑계대면서 엄마의 한계 안에서 먹던 사탕만 먹으려는 충동이 아직 남아 있거든. 먹던 사탕에 싫증나는데도 자꾸만 편한 것만 찾고 핑계뒤에 숨곤 해. 그래서, 엄마는 새로운 사탕을 맛보라고 엄마를 이끄는 힘에 의지해 보려구. 그 힘은 엄마가 아는 엄마자신보다 엄마를 더 잘 알고 더 크게 쓰려고 엄마라는 사람을 통해 뭐든 시도하는 것 같아. 이러한 시도에 엄마는 시간과 관련된 모든 한계에서 벗어나 보려구. 참 다행인 것은 지금 엄마가 가는 길은 **더 빨리 뛰어야 하는 길이 아니라 제대로만 걸으면 되는 길**이란 사실이야. 얼마나 다행인지 몰라. 속도나 사람경쟁없이 그저 묵묵히 걸으면 모두가 승리하는 그런 길. 젊은 너는 빨리 뛰다가 옆길로 새어 놀다가 다시 길을 잃어 뒤로 돌아가기도 하겠지만 이미 그 시간들을 거쳐 인생의 중반에 선 엄마는 제대로 이끄는 길을 그저 묵묵히 걷기만 하면 되거든. 그러니 시간타령하는 건

아주 꼴불견이지. 엄마가 꼴불견인 건 너도 싫지? 그래서는 안되겠지? 사실 시간이 데려가는 엄마의 길에서 신체는 제동에 걸릴 수밖에 없어. 유연하기보다 굳어지겠지. 하지만 마음과 정신은 나이와 함께 오히려 더 유연하고 탄력적으로 변화시킬 수 있단다. 지금부터 걷는 길은 어쩌면 **신체가 아닌, 정신과 마음의 유연함으로 걷는 길일거야.** 노년은 갖가지 재악(災惡)이 정박하는 항구여서 모든 재악이 그곳으로 도망[2] 쳐 들어온대. 엄마도 나이가 들수록 엄마의 항구로 쳐들어오는 것들이 많아지겠지? 인색, 비굴, 외면, 질병, 궁색, 관념, 아집, 단절... 정신과 마음의 유연함이 이들의 손을 뿌리치는 법을 알려주지 않을까? 제대로 살아내지 못하면 제대로 죽는 것도 어렵잖아. 너희 세대의 말을 빌자면, Well-being해야 Well-dying인거지. 이제부터 엄마의 한차원 높아진 웰빙은 시작되는거야.

다섯째, 이제 하나의 목표만을 남기려구. 네게 쓴 편지에도 목표얘기가 많았듯이 목표없이 사는 건 싫거든. 엄마의 일상은 너무 공개되어 있고 네가 알다시피 매일 아침에 목표를 적는 것은 엄마에게 벌써 10여년을 넘긴 습관이 되어 있지. 그 노트만도 벌써... 몇권인지도 모르겠다. 그 속의 목표들은 하나같이 그 당시 엄마가 어떤 길을 걸었는지를 여실히 증명해 주고 있어. 이룬 것도, 이루지 못한 것도 많더구나. 말 그대로 백만개의 목표가 엄마를 지나쳤고 그 목표 앞에서 늘 도전하고 결과에 승복하며 젊은 인생을 걸어왔지. 그런데 이제 단 하나의 목표만을 남기려 해. 지금까지 수많은 뿌리를 내리고 꽃을 피우고 열매를 맺어왔어. 어떤 것은 시들기도, 어떤 것은 바람타고 꽃씨를 뿌리기도... 또 어떤 것은 제대로 뿌리내리지 못하기도 어떤 것은 화려하지만 맛이 없기도... 그렇게 시도들이 가득했지. 지금 엄마가 가진 명함들이 이를 증명하겠지. 그런

---

2 비온(B.C. 100년경, 그리스 철학자이자 전원시인)의 말(그리스철학자열전, 디오게네스 라에르티오스, 2008, 동서문화사)

데... 이제 아냐. 단 하나의 깊고 굵은, 단단한 뿌리를 내릴 때인 것 같아. 그동안 내린 뿌리들, 시들어 땅에 떨어진 낙엽들, 여기저기 팔려나간 열매들이 모두 엄마가 보낸 인생의 대지 위에 양분이 되어 있나봐. 지금까지 뿌린 모든 씨앗부터 열매까지 어느 것 하나 버릴 게 없었다는 것을 알겠거든. 그렇게 이 열매, 저 열매... 모두를 품어준 대지의 넉넉함덕에 양분이 더 풍성해지고 흙이 더 비옥해지는 것 아닐까? 이제는 이 **토양에 잘 어울리는 단 하나의 뿌리를 더 깊게 내릴 때**라는 걸 느껴. 지난 열매들에 대한 아쉬움 떨치고 단 하나의 뿌리가 엄마인생이 펼칠 숲의 정기가 되어 모두를 품어준 토양에게 감사하고 양분되어준 모든 열매의 가치를 상승시키도록 해야 할 것 같아.

그렇게 인생의 솟구치는 어떤 시점이, 지점이 엄마에게 주어진다면 그간 토양의 양분이 되어준 모든 것들이 비로소 가치를 갖겠지.
그렇게 모든 지나간 시간이 의미라는 제복을 제대로 갖춰 입겠지.
그렇게 모든 행위가 존재해야만 했던 이유를 찾겠지.

어디까지 솟구칠지는 엄마의 몫이 아니야. 엄마의 생은 그 '생' 자체가 가진 목표대로 오를거야. '생은 스스로 기둥과 계단을 사용하여 자신을 높이 세우고자 한다. 생은 먼 곳을, 행복한 아름다움을 내다보고 싶어한다. 그러기 위해 생은 높이 오를 필요가 있는 것이다. (중략) 생은 오르기를 원하며 오르면서 자신을 극복하기를 원한다[3].' 생은 생이 가는 길로 높이 솟으려 스스로를 극복해낼 것이고 엄마는 이런 생에 어울리는 사람이 되기 위해 그저 계속 뿌리를 내리는 것뿐. 나머지는 엄마를 이끄는 힘이 어딘가 마련해 놓은 엄마의 자리에 엄마를 데려다 놓을거야.

---

3 차라투스트라는 이렇게 말했다. 니체, 2000, 책세상.

지금까지 넓게 펼쳤으니 높이 오를 수 있도록 이제 깊게 내려볼께.
엄마의 자리를 든든히 남겨 너의 대지에 필요한 존재가 되어볼께.
그렇게 엄마가 너의 대지에 닿는 날 더 가치있게 쓰일 양분이 되어볼께.
그렇게 가는 길목에서 덕(德)을 보태어 너의 인생에 소중한 디딤돌로 쓰여볼께.
그렇게 '사람이란 가치를 증명하는 존재'임을 보여줄께.

아이야... 엄마의 하루는 네게 다짐답은 이 글이 거짓없는 진실이었음을 증명하는 시간들로 채워질거야... 항상 말하지만 의지가 약한 엄마에게 너는 엄마의 더 큰 의지가 되어준단다. 살과 피를 다 주어도 모자란 아이야... 너의 대지를 위해 새롭게 주어진 너의 모든 시간을 감사히 여기렴... 네가 보내는 젊은 날의 모든 씨앗부터 열매는 어느 것 하나 버려지지 않고 너를 위해 마련된 드넓은 대지의 양분으로 흡수될거야... 감사와 사랑이 그 양분을 고이 담아 부패되지 않게 널 위해 보관해 줄거구...

마지막으로... 꼭 네게 들려주고 싶은 시가 있어. 인생의 어떤 길에서 선택을 강요받을 때, 그리고 힘에 겨워 주저앉거나 돌아가고 싶을 때 엄마를 그 자리에 잠시 세워두고 다시 한걸음 내딛게 해주는 시란다. 화려한 음식이나 든든한 지원군보다 더 강력하게 엄마를 세워주는 시야. 네게도 네 인생의 든든한 모루가 되어줄 시 한편이 담겨있길 바라는 맘으로 이 시를 전하고 싶어.

[가지 않은 길]
로버트 프로스트 (피천득 역)

노란 숲 속에 길이 두 갈래로 났었습니다.
나는 두 길을 다 가지 못하는 것을 안타깝게 생각하면서,
오랫동안 서서 한 길이 굽어 꺾여 내려간 데까지,
바라다볼 수 있는 데까지 멀리 바라다 보았습니다.

그리고, 똑같이 아름다운 다른 길을 택했습니다.
그 길에는 풀이 더 있고 사람이 걸은 자취가 적어,
아마 더 걸어야 될 길이라고 나는 생각했었던 게지요.
그 길을 걸으므로, 그 길도 거의 같아질 것이지만.

그 날 아침 두 길에는
낙엽을 밟은 자취는 없었습니다.
아, 나는 다음 날을 위하여 한 길은 남겨 두었습니다.
길은 길에 연하여 끝없으므로
내가 다시 돌아올 것을 의심하면서…

훗날에 훗날에 나는 어디선가
한숨을 쉬며 이야기할 것입니다.
숲 속에 두 갈래 길이 있었다고,
나는 사람이 적게 간 길을 택하였다고,
그리고 그것 때문에 모든 것이 달라졌다고.

엄마의 유산

초판 1쇄 인쇄 : 2024년 12월 3일
초판 1쇄 발행 : 2024년 12월 5일

글 : 김주원
그림 : 정근아

출판사 : 건율원

출판등록 : 신고번호 제 2024-000026호
주소 : 경기도 양평군 청운면 청운삼성길 64-15
전화 : 010 9056 9736

(C) 김천기, 김주원, 정근아 2024

ISBN 979-11-989986-0-6 03190

* 이 책의 전부 또는 일부 내용을 사용하려면 반드시 저작권자와 건율원의 동의를 받아야 합니다.
* 인쇄, 제작 및 유통상에서 발생한 파본 도서는 구입하신 서점에서 교환가능합니다.
* 단체주문을 원하시는 분은 건율원에 문의주시기 바랍니다.